La chica de la mafia

NEFELIBATA

Teresa Carpenter

La chica de la mafia

Una mujer en el mundo del hampa

Traducción de Ángela Esteller García

Duomo ediciones

Barcelona, 2021

Título original: *Mob Girl*

© 1991, Teresa Carpenter
© de la traducción: 2021, Ángela Esteller García
© de esta edición: 2021, por Antonio Vallardi Editore S.u.r.l., Milán

Todos los derechos reservados

Primera edición: septiembre de 2021

Duomo ediciones es un sello de Antonio Vallardi Editore S.u.r.l.
Av. de la Riera de Cassoles, 20 3.º B. Barcelona, 08012 (España)
www.duomoediciones.com

Gruppo Editoriale Mauri Spagnol S.p.A.
www.maurispagnol.it

ISBN: 978-84-18128-32-5
Código IBIC: FA
DL B 10.451-2021

Diseño de interiores:
Agustí Estruga

Composición:
David Pablo

Impresión:
Grafica Veneta S.p.A. di Trebaseleghe (PD)
Impreso en Italia

A Leslie

Nota de la autora

Las personas y acontecimientos que se narran en esta historia son reales. Los diálogos han sido extraídos de grabaciones policiales o reconstruidos gracias al testimonio de personas presentes en los acontecimientos. Únicamente los siguientes nombres han sido modificados: primo Solly, Paulie Messina, Walter Perlmutter, Matthew Burton, Nathan Pincus, Tilly Palladino, «Beatrice», «Jilly», «Yvette», «Nino» y miembros de las familias Silverstein, Lamattina y Paterno. El nombre de Tommy Luca ha sido cambiado a petición de Arlyne Brickman para salvaguardar su seguridad.

Índice

Introducción

Cuando a primera hora de aquella tarde llegué al apartamento de Arlyne Brickman, las cortinas estaban corridas, y tras ellas, el brillante sol tropical dejaba la habitación en una especie de crepúsculo perpetuo. Todo estaba perfecto, impoluto y ordenado, como si fueran los aposentos de una monja. La única evidencia de vida era una librería de cristal que albergaba tres volúmenes: *Wiseguy, Donnie Brasco* y *Mob Star*. En la cocina reinaba la misma austeridad, excepto por un ramillete de crisantemos violetas.

—¡Son preciosos! —comenté, acariciando uno de los pétalos.

—Teresa —respondió Arlyne—, ¿no sabes que las putas viejas siempre tienen flores frescas para sentirse limpias?

Sonreía de oreja a oreja.

Cuando mi rolliza y pelirroja anfitriona se califica a ella misma de «puta», lo hace de un modo literal. Durante algún tiempo trabajó como acompañante bajo la tutela de una meretriz de Manhattan. Sin embargo, durante nuestro primer encuentro, en julio de 1988, comprendí que también utiliza dicha crítica cruel y autoinfligida de forma más universal, con el sentido de que ha vivido una vida ajena a la tiranía de la reputación. En el mejor y en el peor de los sentidos del término, Arlyne Brickman es una criminal.

La célebre señora Brickman me había llamado la atención poco antes aquel mismo verano, cuando empecé a oír las historias de sus aventuras en el mundo del hampa de Nueva York. No se trataba únicamente de una «princesa de la mafia», hija de un extorsionista judío del Lower East Side con buenas conexiones. Ni tampoco de que solo estuviera «casada con la mafia» por sus asociaciones carnales con un buen puñado de gánsteres. Arlyne se había convertido por derecho propio en mafiosa y se había introducido en los implacables bajos fondos dominados por los hombres, primero como recadera y después como propietaria de un floreciente negocio de apuestas. Más tarde, por miedo, por venganza y por poder, se convirtió en confidente. Durante más de una década llevó encima micrófonos de la policía de Nueva York y Nueva Jersey, así como los de algunos organismos federales, incluido el FBI. Sus misiones de vigilancia de la familia Colombo culminaron en 1986 con la condena de uno de los principales lugartenientes de Carmine Persico.

Veinticuatro meses después, a la edad de cincuenta y cuatro años, Arlyne decidió que había llegado el momento de inmortalizar sus hazañas en un libro. Por suerte, la idea de una primera persona y un escritor por encargo no se incluía entre sus favoritas. Lo que tenía en mente era un autor independiente con carta blanca para escribir un libro sobre ella. Resultó que Arlyne, sorprendentemente, demostró un sofisticado instinto editorial e intuyó que el relato sería más creíble si se presentaba bajo aquel formato.

En una primera instancia, contactó con mi marido, un reportero de investigación y escritor, quien, después de hablar con ella por teléfono, quedó fascinado por su historia. «Aunque me parece que es más de tu estilo», dijo, volviéndose hacia mí. Se refería a mis diez años como reportera de sucesos en el *Village Voice*, en los que había llegado a forjarme una carrera en el estudio de chicas malas. En concreto, de aquellas nacidas en casas «buenas» y con expectativas de clase media, pero que, de alguna manera, se desviaban hacia un camino de crímenes, prostitución y perversidad. Estoy segura de que esta inclinación se cimienta en el hecho de haberme librado «por la gracia de Dios» de tomar ese mismo camino. Aunque eso no es todo. He descubierto que admiro a dichos sujetos de investigación de tan mala fama. En su mayor parte, son mujeres de considerable energía e iniciativa. Pese a su aparente docilidad, Dorothy Stratten, la Chica Playboy cuya corta vida y trágica muerte relaté en 1980 en las páginas del *Voice*, parecía destinada a convertirse en alguien. Lo mismo se podría decir de Robin Benedict, la antiheroína de mi libro anterior, *Missing Beauty*. Benedict se extravió en la órbita de un chulo que advirtió no solo su belleza, sino también su empuje, y la convirtió en una exitosa acompañante. (Dicho empuje tuvo consecuencias letales: Benedict fue asesinada a manos de uno de sus amantes, un eminente biólogo de investigación). Para una mujer, los sótanos del hampa a menudo ofrecen oportunidades que no se encuentran en el mundo normal.

Y eso resultaba de lo más evidente en el caso de Arlyne Brickman.

Desde que tenía doce años, a Arlyne la movió una ambición casi fanática por convertirse en mafiosa. Aunque resulte difícil imaginar que una chica se proponga deliberadamente convertirse en una gánster, quizá sea más sencillo si se entiende el lugar y la época en que la joven Arlyne Weiss pasó sus primeros años. El Lower East Side de principios de siglo era un barrio de poco más de kilómetro y medio cuadrado que albergaba a miles de inmigrantes procedentes del sur y este de Europa. Para la mayoría de los jóvenes de aquel barrio atestado, la búsqueda del sueño americano tomó allí la forma de apuestas ilegales, estraperlo y contrabando. El East Side, por lo tanto, se convirtió en un refugio de bandidos y, en última instancia, en el lugar de nacimiento de la mafia, tanto la italiana como la judía. Durante la década de los treinta y los cuarenta, el padre de Arlyne hizo fortuna a base de chanchullos, pero su principal anhelo fue que respetaran a sus dos hijas. La menor optó por una vida de rectitud. En su posición de hermana mayor, Arlyne tuvo la oportunidad de hacer lo mismo, pero rehusó y prefirió seguir el ejemplo de su abuela materna, propietaria de una funeraria en el barrio y una mujer de influencia y encanto considerables, que también era la benefactora de una banda de mafiosos que se reunían en su sótano. Se deleitaba abiertamente con la «vida del East Side» y animaba de manera tácita a su nieta a seguir sus pasos.

La imaginación de Arlyne también fue espoleada por las publicitadas hazañas de Virginia Hill, la novia pelirroja y extravagante de Bugsy Siegel. Durante su apogeo, Virginia elevó e hizo más sutil el estatus de amiguita de gánster al de celebridad nacional. Un periódico la bautizó como «la mujer con más éxito de toda América». No es de extrañar que la joven Arlyne Weiss no imaginara vocación más elevada que la de novia de mafioso.

La descripción del puesto de trabajo era vaga. Una *mob girl* tenía que ser guapa, puesto que pasaba gran parte de su tiempo sirviendo de «mujer objeto», colgada del brazo de un gánster. Tenía que ser de fiar, puesto que a menudo se la enviaba a hacer recados y a entregar mensajes. Esto era particularmente importante en una época en la que, gracias a que los investigadores federales habían desarrollado una gran habilidad en pinchar teléfonos, las llamadas ya no eran seguras. Oficiar de amante y confidente, una amante *cum geisha* cuya constante compañía proporcionaba al matón cierto alivio de los requerimientos de la vida familiar, a menudo genuinamente tradicional. A cambio de sus servicios, recibía regalos, estatus y –por lo que Arlyne pudo discernir de las hazañas de su abuela y de las columnas de cotilleos sobre su ídolo, Virginia Hill– respeto.

Antes de cumplir catorce años, Arlyne empezó a frecuentar con aires seductores los bajos fondos, y con veinte, ya se había acostado con más de cincuenta matones del Lower East Side, algunos de ellos mafiosos judíos de su mismo clan. Sin embargo, durante la mayor parte de su vida adulta, Arlyne mostró una marcada preferencia por los hombres de origen italiano, los cuales se encontraban técnicamente fuera de su alcance, lo que los hacía infinitamente más deseables. Siempre consciente de su estatus, amasó una lista de conquistas que incluyeron a Tony Mirra, sicario del célebre Bonanno y, brevemente, a Joe Colombo. Aunque, como la propia Arlyne aprendería durante sus más de treinta años en el mundo del hampa, resultaba considerablemente más sórdido vivir el sueño de ser una chica de la mafia que imaginarlo.

Muy alejados de los personajes idealizados en películas y novelas, los miembros de los grupos mafiosos –tal como se revela a través de la mirada de Arlyne Brickman– son desalmados, frívolos, vanidosos y, a menudo, unos narcisistas homicidas más inclinados a pasar el tiempo con sus compinches que con una mujer. Arlyne juró dejar su vida promiscua en varias ocasiones. En 1957, con veintitrés años, se casó con un peletero apellidado Brickman. Sin embargo, esa unión estalló por los flirteos constantes del marido, además de su tendencia al hurto mayor. Con una hija de poca edad y un espíritu infatigable, Arlyne reanudó su búsqueda destructiva de glamur e influencias solo para acabar violada y molida a palos a manos de unos mafiosos a los que consideraba sus amigos.

La violación marcó en la carrera de Arlyne la llegada de una nueva crueldad, nacida simultáneamente de un deseo de venganza y de la necesidad de protegerse. Pasó los siguientes trece años de su vida en una relación tormentosa y a menudo violenta con un mafioso genovés llamado Tommy Luca. Durante ese periodo, también se convirtió en «empresaria», dedicándose primero a las apuestas ilegales y después al tráfico de drogas, y mostrando una constante obsesión por el dinero. Fue esa visión cínica del mundo lo que le permitió evolucionar de forma bastante natural hacia una carrera como confidente. La razón principal de aquella traición era obvia. Una pandilla de usureros amenazaba con hacerle daño a su hija y se limitó a acudir a la policía en busca de ayuda. Sin embargo, una vez superado el tabú de haberse convertido en una soplona, descubrió que, en el fondo, disfrutaba.

Desde el primer encuentro con Arlyne, he tenido la sensación de que convertirse en confidente (se indigna ante este término y prefiere el de «colaboradora») fue su manera de vengarse de todas las humillaciones y abusos que sufrió a manos de la mafia. Sin embargo, estoy segura de que esta explicación es demasiado sencilla. Porque Arlyne no solo entregó a sus enemigos al entrar en nómina de los federales, sino que también empezó a proporcionar información sobre viejos amigos. Aquella colaboración le ofreció cosas que no tenía: poder sobre Tommy Luca, capacidad para protegerse y –en particular– cierto rumbo en su vida. No existe evidencia alguna de que se pusiera del lado de la justicia. Arlyne siempre demostró una actitud curiosamente amoral hacia su trabajo para el gobierno. Lo que sentía más bien parece ser cierto orgullo de mercenaria basado en su propia destreza. Y se entusiasmó al hallar traición y engaño a ambos lados de la ley. El hecho de ser confidente le proporcionaba una emoción que adoraba hasta el punto de la euforia. «Algunas personas beben –me dijo una vez–. Otras se drogan. Yo trabajo. Sencillamente, es lo que me llena».

Habiendo reconocido ese amor por la intriga en Arlyne, a menudo recelé de ella. Porque, para ella, como para la mayoría de los confidentes, la manipulación es un modo de vida. Ya en nuestros encuentros iniciales me quedó claro que era una aplicada observadora de la raza humana y que tenía una tendencia a adaptar las respuestas para complacer a su interlocutor. Tras un sencillo vistazo a mis cincuenta kilos de peso y a mi peinado a lo Louise Brooks, concluyó que yo era una «chica elegante» que podría sentirse ofendida por el papel de chica dura y descarada –y en ocasiones obscena– que utilizaba ante los agentes federales. Por consiguiente, sacó otra de sus máscaras, la de cariñosa madre judía. No me opuse, puesto que reconocí que aquel disfraz, como el resto, representaba un aspecto legítimo de su personalidad. Con el tiempo, me los revelaría todos: el de mujer dura, el de metomentodo e incluso el de la tímida «pequeña Arlyne».

Uno de los desafíos durante mi investigación fue llegar al fondo de sus elusivas razones. Si la primera parte de su vida fue poco convencional, al menos se reveló de acuerdo a los dictados de las emociones humanas. Cuando su marido la engaña, busca venganza. Cuando la violan, siente humillación. Por el contrario, el comportamiento en sus años maduros a menudo parece desafiar cualquier análisis. Aunque profesa un gran afecto por su «tío» Paulie Messina, un matón que al parecer la trató con genuina amabilidad, acaba por delatarlo sin pestañear a los agentes de narcóticos. Traba lo que parecen lazos de amistad con esos mismos agentes y, al mismo tiempo, trafica a sus espaldas con Tommy Luca. De hecho, Arlyne parece no sentir lealtad hacia nadie, una observación que, en algunos momentos, me hizo sospechar que fuera una sociópata que nadaba por la vida cual tiburón, estimulando las emociones humanas en beneficio propio. Sin embargo, una mirada cer-

cana a su historia me condujo a la conclusión de que Arlyne sí
siente lealtad, aunque sea efímera, a quienquiera que alimente
su ego. Cuando Luca es la fuente de afecto y excitación, le es
leal; cuando los agentes le ofrecen dinero y atención, es leal a
los agentes. Es una respuesta primitiva, pero una que concuer-
da perfectamente con su naturaleza impulsiva.

Durante los muchos meses que pasé entrevistando a Arlyne
Brickman –viendo cómo daba de comer con la cuchara a su
perrito faldero, *Lucky*, mientras tejía relatos de intriga– también
llegué a la conclusión de que aquella aparente duplicidad era posible gracias a una habilidad extraordinaria para compartimen-
tar. Para ella, resultaba definitivamente posible sentir aprecio
por una persona a la que, al mismo tiempo, vigilaba. El aprecio procede de un lado de su naturaleza que se encarga de las
cuestiones «personales»; la vigilancia es negocio. Y no permite
que las primeras interfieran con lo segundo. Esto, en ocasiones,
puede resultar en tragedia. Durante los años en que traficó con
drogas junto a Tommy Luca, su hija, que se había rodeado con
malas compañías, iba camino de convertirse en una adicta a la
heroína. Por mucho que afirmara amar a su hija, Arlyne no dejó
el negocio. En muchas de nuestras conversaciones, las drogas se
convirtieron en el único tema que Arlyne no estaba dispuesta a
tratar. Más allá del hecho de que su participación en el comercio de estupefacientes puso en peligro a su propia hija, Arlyne siempre mantuvo la convicción personal de que las drogas
eran deshonrosas. Por lo tanto, había concebido y elaborado un
esquema de racionalizaciones para evitar tener que asumir la
culpa: en realidad, ella no traficaba. No era una camello, solo alguien que echaba una mano y que, a cambio, conseguía algo de
«calderilla» para los gastos de la casa. Pese a que las entrevistas
con autoridades y los documentos obtenidos mediante una soli-
citud presentada en virtud de la Ley de Libertad de Información

indican que Arlyne participó en operaciones de narcotráfico sin que el gobierno lo supiera, su postura parecía ser que, puesto que trabajaba intermitentemente para la DEA y el FBI, cualquier contacto que hiciera –por la razón que fuera– contaba con la aprobación tácita de esas instituciones. Arlyne niega firmemente haber jugado a dos bandas.

Sin embargo, en lo que respecta al relato de los hechos, Arlyne Brickman fue extraordinariamente escrupulosa. Como confidente, siempre se enorgulleció de su profesionalidad al haber proporcionado información de calidad, y para este proyecto aplicó el mismo nivel de exigencia. Cuando le preguntaba algo que no recordaba, su respuesta era siempre la misma: «No lo recuerdo... Y no voy a inventarme nada». (Solo en una ocasión me engañó deliberadamente al sugerir que era la «sobrina» de Meyer Lansky. De hecho, había tejido y refinado aquel mito durante años para mejorar su estatus entre los mafiosos. Y como tal, la consideré una mentira que pecaba más de vanidad que de falsedad). A lo largo de un periodo de dos años, pudimos repasar sus historias muchas veces, y su relato era marcadamente consistente. Me tomé la molestia de contrastar los hechos con miembros de su familia, policía, abogados y agentes federales. En algunos casos surgían discrepancias, y las he anotado convenientemente. Cuando estas se dan, un periodista tiene que decidir a quién creer. En la mayoría de las ocasiones, me he descubierto creyendo la versión de Arlyne. A pesar de sus máscaras y afectación, ella deseaba que este libro sirviera para algo. Y en su relato no ha dejado nada en el tintero –revelando tanto lo feo como lo halagador– para que pueda erigirse como un testamento riguroso de sus hazañas: la vida y época de una chica de la mafia.

¿Cómo describes a una chica de la mafia? Hay toda clase de chicas de la mafia. Está la chica de la mafia que se acuesta con un tipo y con eso ya se vincula a una pandilla... Está la chica de la mafia que se acuesta con muchos tipos diferentes, y consigue montones de regalos y favores. También estuvo Virginia Hill, una tía que se lo montó a lo grande.

Y después estuve yo. Me consideraba por méritos propios una auténtica chica de la mafia.

ARLYNE BRICKMAN

Primera parte

UNO
Laberinto de espejos

Hasta donde alcanza la memoria de Arlyne, cada viernes por la noche la familia Weiss iba a casa de La Abuela. Era una obligación sagrada, una que no podían saltarse en ningún caso. De pequeña, Arlyne anhelaba aquellas salidas con un entusiasmo inocente, dándolas por sentado y sin comprenderlas. Hacia 1944, cuando ya contaba con once años, edad en que el creciente conocimiento de los misterios que se escondían detrás de los acontecimientos ordinarios aguijoneaba su curiosidad, aquellas visitas adquirieron una nueva importancia.

A las tres en punto, nada más llegar de la escuela, Arlyne y su hermana pequeña, Barbara, se bañaban y se cambiaban, poniéndose el vestido que la doncella había dejado sobre la cama. A continuación, se presentaban ante su madre, quien, como era costumbre a esa hora, estaba sentada en una banqueta ante el tocador. Billie Weiss evaluaba a sus hijas con una mirada crítica y después colocaba a la pequeña ante ella. Mientras trenzaba su larga melena de color miel, la cabeza de la niña subía y bajaba dócilmente. Pero aquella idílica escena concluía en el preciso momento en que la mayor se ponía ante el espejo. Ante los estirones de Billie para apretar las trenzas, la muchacha se ponía tensa y presentaba resistencia. Era una batalla doméstica que, puntual como un reloj, tenía lugar cada viernes por la tarde; una batalla que Arlyne Weiss lidiaba con valentía y que Billie Weiss siempre ganaba.

Al anochecer, madre e hijas atravesaban las grandes puertas forjadas de Knickerbocker Village, un bloque de apartamentos de doce plantas que quedaba cerca del East River, justo al norte del puente de Brooklyn. Knickerbocker era un modelo de construcción erigido diez años antes en la que había sido la barriada más terrible de Nueva York, conocida como «Manzana Pulmón» porque muchos de sus tres mil inquilinos, que vivían apiñados, padecían tuberculosis. La demolición de aquellas pocilgas había formado parte de un esfuerzo continuado por limpiar el Lower East Side, un barrio salvaje y con muy mala reputación por el que pululaban prostitutas y carteristas. No es de extrañar que para los judíos de segunda generación como los padres de Arlyne fuera motivo de orgullo dar Knickerbocker Village como dirección postal. Era señal de que se había podido dejar atrás a aquella chusma.

Si se caminaba hacia el norte desde Knickerbocker recorriendo todo Bowery, se llegaba al barrio italiano. Aquello era algo que los Weiss hacían raramente, puesto que décadas de antagonismo entre italianos y judíos no prometían una travesía segura. En lugar de eso, se dirigían hacia el este, por Monroe Street, y se paraban en la tienda de golosinas K&K, donde la señora Weiss compraba cigarrillos. Billie se enorgullecía de ser una mujer moderna. A continuación, y si la abuela así lo había solicitado, la pequeña comitiva se desviaba hacia Hester Street para comprar pepinillos y encurtidos en los puestos ambulantes que exponían sus enormes barricas al aire libre. Arlyne podía olerlos a una manzana de distancia y siempre se sentía horrorizada al ver cómo los vendedores se limpiaban las manos avinagradas en el delantal. Para su edad, era inusualmente muy quisquillosa con el aseo y la limpieza. Y puesto que las calles estaban llenas de cuerpos apiñados y sucios, siempre estaba bastante angustiada cuando el séquito Weiss llegaba al 202 de East Broadway. Allí, alzándose cual santuario sagrado, estaba la funeraria Blum and Oxman.

La fachada de piedra oscura de la capilla estaba desprovista de la mugre que cubría los edificios que la rodeaban, resultado de una limpieza semanal a fondo. Una muchacha irlandesa bastante sencilla, llamada Lily Higgins, pulía los pasamanos de latón que franqueaban la escalera delantera hasta hacerlos brillar. Lily también barría la acera y la calle hasta varios metros más allá de la entrada. En aquel espacio cristalino se congregaba una manada de féminas integrada por parientes de sangre y conocidas honrosas a las que se llamaba «tías», sentadas en sillas plegables o encima de cajas de cartón, utilizadas normalmente durante la *shivá*, para velar a los muertos. Billie pronto se unía a ellas, haciendo caso omiso a los halagos a su sombrero Lartiga o a su pequeño cuello de gasa. Barbara iba en busca de los primos, que correteaban por la sala de embalsamamiento –ignorando alegremente el cuerpo acabado de arreglar que yacía sobre la losa de mármol esperando su sepultura el domingo– en dirección al pequeño jardín trasero, donde jugaban en el estanque de los patos. Arlyne, que hasta hace un año había estado encantada de unirse a ellos, en aquel momento esperaba hasta encontrarse a solas y a continuación se dedicaba a un ritual de concepción propia.

Subía los escalones de baldosas blancas hasta la zona habitable en el piso superior de la funeraria, evitando la cocina, de la que emanaban risas esporádicas y el ruido de utensilios y cacerolas. Para hacerlo, giraba hacia la derecha, hacia la desierta sala de estar. Aquella estancia, iluminada por el resplandor de una chimenea enorme, era una fiesta para los sentidos. Confidentes tapizados con satén rosa y sofás con brocado blanco de patas talladas como si fueran las de un león. Alfombras de estilo oriental y un piano de pared. Arlyne se sentaba durante un

LA CHICA DE LA MAFIA

rato, no en el sofá, puesto que la abuela siempre era muy quisquillosa con la tapicería sucia, sino en el suelo, y disfrutaba de todo aquel esplendor. Cuando ya había tenido suficiente, continuaba con el dormitorio, situado en la parte trasera del piso y con vistas al estanque. Era una estancia pequeña, amueblada de forma menos extravagante, pero, aun así, el sanctasanctórum de una mujer acostumbrada al lujo. El armario estaba repleto de abrigos de piel ordenados con pulcritud. La cómoda estaba cubierta de frascos con caros perfumes extranjeros. Sin embargo, lo que más intrigaba a Arlyne era el cajón superior, que contenía las joyas de su abuela. Un sentimiento de excitación se despertaba en su interior al contemplar toda aquella maraña de pulseras de esmeraldas y broches de diamantes. Normalmente, al rozar las gemas con los dedos, Arlyne sentía la tentación de deslizar una en su bolsillo. Pero la veneración que profesaba hacia su abuela la cohibía y jamás tocaba nada.

En el centro de la habitación había una cama doble con un cabezal de madera oscura tallada como si fueran unos brazos curvos extendidos. A diferencia del resto de las camas de la casa, en las que siempre había una colcha, esta solo tenía una manta. Arlyne encontraba esto completamente fuera de lugar según los gustos de su abuela. Una vez que comprobaba que no había nadie en el exterior del dormitorio, levantaba una de las esquinas del colchón y de uno de los muelles sacaba un pañuelo blanco y grande, anudado en el centro. Al deshacer el nudo, descubría una pequeña fortuna en billetes, entre dos mil y cinco mil dólares. La «calderilla» de la abuela.

Arlyne se quedaba allí, sentada a los pies de la cama, tanto tiempo como osaba, tocando el dinero, arrugándolo, enrollándolo, contándolo, en una especie de delirio. Era el principio de su romance de por vida con el dinero, del cual, como advirtió a los once años, fluía todo lo deseable. El dinero compraba el resplandor de una chimenea antigua y pulseras de esmeraldas. El dinero compraba la limpieza y la seguridad. Compraba el poder y un lugar en la sociedad, y garantizaba que no te confundirían con uno de los judíos pobres de Hester Street que olían a sudor y encurtidos. El dinero era el que alimentaba el estilo de vida rico y poco ortodoxo de la abuela Ida Blum.

Desde la cocina llegaba el seductor sonido de una carcajada. Arlyne volvía a colocar el dinero en su escondrijo y se unía a la jarana. Al atravesar el umbral de la puerta abierta, se topaba con una mesa repleta, en la que había una sopera con sopa de champiñones y cebada, así como platos colmados de estofado y zanahorias. Los miembros de la familia salían y entraban, sirviéndose a su gusto. En el otro extremo de la mesa, inclinada sobre los fogones, se encontraba Ida, resplandeciente con una sencilla blusa y una falda recta. Su cabello color platino estaba enredado en un moño inmaculado. En la mano izquierda llevaba una enorme sortija de diamantes y rubíes. En la derecha, un anillo con la estrella de Oriente. Sus dedos estaban cubiertos de harina del *matzá*.

Al ver a su nieta, Ida se limpiaba las manos, revelando unas uñas largas y perfectas, lacadas con color bermellón. A continuación, las levantaba en un gesto de bienvenida. Arlyne corría para abrazar a su abuela, cogiéndola por la cintura. Ida no le devolvía el abrazo. (No era una *bubba* muy dada a los arrumacos). Sin embargo, la manera en que decía «¡Cariñoooo!» llenaba de placer a la niña, porque significaba que, en aquel momento, merecía toda la atención de aquella gran mujer. Ida regresaba a los fogones, y Arlyne se quedaba encandilada, contemplándola con admiración. No era una mujer hermosa en el sentido convencional. Tenía la nariz muy ancha y los labios demasiado estrechos. A lo largo de su vida, había acumulado mucho peso en la zona de las caderas. Pero había transformado aquella primera impresión de torpeza con fuerza de voluntad. Su postura era siempre perfecta, su dicción, intachable. Pero, pese a aquel aspecto sereno, también había algo terrenal y franco que a los hombres les parecía atractivo. Según observó Arlyne, la abuela siempre estaba rodeada de hombres, la gran mayoría mucho más jóvenes que ella.

Entre aquellos moscardones que sobrevolaban la cocina de Ida el viernes por la noche estaban Jimmy y Jake, los chóferes encargados de conducir la carroza fúnebre durante los funerales. Saltaba a la vista que ambos jóvenes tenían en mucha estima a su benefactora. Jake, un donjuán, flirteaba con Ida amablemente y después seguía su camino. Al otro, sin embargo, le había dado más fuerte. Jimmy el Pagano, tal como se lo conocía, era un alma tímida que parecía incapaz de encontrar novia. Ida se había apiadado de él y se había ofrecido para enseñarle a bailar. Más tarde, cuando terminaba sus deberes de cocinera, le tomaba la mano y lo llevaba a la sala de estar, donde ponía un disco en el fonógrafo. Entonces, para deleite de los allí presentes, le mostraba a Jimmy los primeros pasos en los placeres eróticos del tango. Sus cuerpos no encajaban a la perfección; Ida era mucho más corpulenta que su flaco compañero de baile. Pero Jimmy tenía muchas ganas de aprender y Arlyne encontraba fascinante observar sus siluetas contra el fuego.

Jimmy bebía los vientos por Ida con adoración muda. Cada sábado por la tarde la conducía hasta el salón de baile Roseland, para que pudiera competir en los concursos que allí se celebraban. Durante el verano y las vacaciones, la llevaba al hotel Concord, un complejo turístico judío en las Catskill donde Ida se dedicaba a flirtear con los profesores de baile. Mientras, él esperaba y esperaba. Pero su vigilia quedaba en nada. Ida ya tenía un novio que había reclamado con mayor contundencia el derecho de sus afectos.

El tío Frankie Oxman había estado por allí desde que todos podían recordar. Era un hombre bajito y rechoncho de carácter jovial. Los viernes por la noche, Frankie se dedicaba a pasearse por la funeraria estrechando lazos con todo el mundo. Los niños lo apreciaban porque tenía la costumbre de dar billetes de un dólar, una suma de valor incalculable en aquellos días. Era indulgente, y había comprado a cada uno de los primos un pato para el estanque. El mismo Frankie criaba palomas en el pequeño jardín trasero y tenía un setter irlandés al que adoraba. Cada tarde, él e Ida, cubierta de diamantes y con una estola de armiño, paseaban al perro por East Broadway. No parecían en absoluto amantes, y Billie y «las Tías» tardaron en reconocer el romance. Incluso años después, cuando Frankie murió una tarde de un ataque al corazón en la cama de Ida, «las Tías» comentaron que, seguramente, había ido allí a echar una siesta. Aquella delicadeza era debida en parte al hecho de que el marido de Ida, Jacob Blum, todavía estaba vivo y vivía exiliado en algún lugar de Brooklyn.

Arlyne recordaba a su abuelo como un hombre pequeño, de cabello canoso, sobrio, y siempre ataviado con un chaqué negro. Con el paso de los años, no descubriría mucho más sobre su partida. De hecho, todo lo referente a la historia marital de Jacob e Ida era un misterio, y Arlyne jamás pudo discernir si era un producto de la defectuosa memoria colectiva familiar o una amnesia deliberada en deferencia al papel de Frankie Oxman en la casa.

Arlyne sabía que el apellido de soltera de Ida era Lasker, y que había llegado a América de niña con sus padres, procedentes de una región de Polonia que por aquel entonces se encontraba bajo control austríaco. La familia se introdujo en el negocio de los comestibles y consiguieron cierta prosperidad. Ida fue prometida a la edad de dieciséis años con Jake Blum, el cual, según pensaban, tenía cabeza para los negocios y podía encargarse de la tienda. Sin embargo, Jake tenía sus propias ideas y, ante la consternación general de los Lasker, abandonó la empresa familiar para convertirse en enterrador. Con mucha sensatez, explicó que el negocio de los comestibles estaba sujeto a los caprichos del tiempo y de los proveedores, mientras que la muerte reportaba una clientela duradera. Nadie quedó más afectada por la deserción de Jake Blum que su joven esposa, a la que se le revolvía el estómago ante la posibilidad de compartir su hogar con cadáveres. Ida estaba enamorada de la vida, y los funerales le parecían deprimentes. Pese a ello, trató de ser una buena compañera. Incluso si no conocía al fallecido, se la podía ver llorando copiosamente al lado de la tumba. Sus ostentosas muestras de compasión le granjearon a Jake el negocio de más de un centenar de asociaciones funerarias que habían aparecido con el cambio de siglo para garantizar que los inmigrantes fueran enterrados si no con pompa, al menos con un mínimo de dignidad.

Los Blum tuvieron tres hijos. Y el destino de Ida fue enterrar a dos de ellos. Emmanuel murió a los trece años de una apendicitis. Harriet sucumbió a la neumonía nada más entrar en la edad adulta. En cada una de estas ocasiones, Ida se hundió en la depresión. Y, como no toleraba soportar aquel dolor entre las paredes de la funeraria, hacía las maletas y se trasladaba al Concord. Después de varios meses de baile y jolgorio, regresaba a East Broadway con el equilibrio recobrado.

Ida colmó a la hija que le quedaba de una atención total. Sylvia, una chiquilla flaca y morena de rasgos más bien marcados, heredó la pasión por la vida de su madre. Había ido a clases de baile desde que era pequeña y estaba dispuesta a hacer carrera sobre un escenario. A los catorce años, consiguió un puesto de corista en una compañía llamada Manhattan Steppers, que estaba a punto de embarcarse en una gira nacional. Jake Blum se oponía, con su sentido de propiedad ofendido ante la idea de que su hija mostrara los tobillos en los salones de todo el país. Ida, por el contrario, hacía caso omiso de las objeciones de su marido y le respondía: «Se merece su dosis de diversión». Sylvia viajó durante más de seis meses con la compañía bajo el nombre artístico de «Billie Young». A partir de entonces fue conocida como Billie.

En los años posteriores, Arlyne leyó las cartas que su madre enviaba mientras estaba de gira –cartas de tono dulce y casto que con toda seguridad pretendían alejar las preocupaciones de Jake Blum–. Las catalogó de engaño poco ingenioso. Estaba segura de que su madre había disfrutado de lo lindo en lo que podría haberse considerado como una «aventurilla». Ya de niña, Arlyne demostraba un carácter escéptico y toleraba bastante poco las mentiras piadosas que se explican en las familias para guardar las apariencias. Con once años, la embargaba una inquietud creciente ante la historia de la desaparición de su abuelo.

Si se escuchaba a «las Tías» –y Arlyne jamás se cansaba de espiarlas desde varios enclaves ventajosos de la funeraria–, el abuelo Blum había conocido en una reunión de trabajo a otra mujer, que también trabajaba en el gremio, y se había fugado con ella. Arlyne, que pensaba que su abuela era la mujer más atractiva del mundo, consideraba increíble aquel supuesto. La verdad, según sospechaba, era que habían echado al abuelo. Y aunque Jacob Blum era un hombre decente con pocos enemigos y era difícil imaginar quién había urdido su ruina, las sospechas de la joven Arlyne recaían en Frankie Oxman.

Pese a lo bueno que era Frankie en muchos aspectos, Arlyne jamás llegó a confiar plenamente en él. Había demasiada impaciencia, demasiado oportunismo en su efusiva buena voluntad. En un principio, los Blum lo habían contratado como chófer, pero Frankie aprovechaba la más mínima oportunidad para hacer los recados de Ida, y era él quien recogía los cadáveres de la morgue del condado de Kings y del «loquero» de Pilgrim State, con lo que se hizo indispensable.

Tío Frankie siempre andaba metido en algo turbio, lo que le confería más importancia en la funeraria. Frankie podía conseguirte cualquier cosa que necesitaras, lo que fuera. Cazuelas y sartenes, rollos de tela, electrodomésticos. Cuando el milagroso fenómeno de la televisión todavía era solo un rumor en las casas del Lower East Side, Frankie se agenció uno de los primeros modelos, un RCA con una diminuta pantalla redonda embutida en una enorme consola. Ida estaba tan emocionada con aquella adquisición que invitó a un montón de familiares y amigos a la sala de estar y confirió a sus visitantes el raro privilegio de sentarse en los sofás de brocado.

Pero los talentos de tío Frankie no acababan en aquellas comodidades deseables y presuntamente robadas. Era también corredor de apuestas. Mucho antes de que Jacob Blum se fuera al exilio, el chófer ya aceptaba apuestas de los chicos del vecindario. Según se rumoreaba, guardaba el dinero en uno de los ataúdes. (A Arlyne le habría encantado registrar una a una aquellas cajas en busca del famoso alijo de Frankie, pero las tapas eran demasiado pesadas y se resistían a criaturas entrometidas).

Después de la inexplicable partida del abuelo Blum, Frankie abandonó toda discreción y sacó su negocio de apuestas a la luz, utilizando un pequeño sótano que había junto a la funeraria como cuartel general. Durante la mayoría de las mañanas y primera hora de las tardes, un flujo constante de hombres ataviados con trajes y sombreros de fieltro entraban y salían por una sombría escalera de cemento que daba a la calle. Los Chicos de Clinton Street, tal como se les conocía, eran un grupo de mafiosos de poca monta que pertenecía a un club social a un par de casas de los Blum. Los Chicos eran unos juerguistas holgazanes que se pasaban el día jugando al billar, a las cartas y al béisbol. Ida trató de ganárselos convirtiéndose en patrocinadora de su equipo e incluso les proporcionó uniformes. Todos ellos eran ávidos apostadores, y todos acudían a Frankie.

Algunas veces, preferiblemente los sábados por la tarde, porque no se oficiaban funerales y se le permitía jugar en los escalones de la entrada, Arlyne visitaba a su abuela. En aquellas ocasiones, bajaba por una escalera trasera que conducía al sótano vecino y visitaba a tío Frankie y a sus amigos. Solía encontrárselos estirados en un par de viejos sofás, repasando la planilla de carreras y escuchando la clasificación en una vieja y enorme radio de madera. No parecía importarles que aquella niña merodeara por allí. A veces, Frankie o alguno de los otros le daba a escondidas un cuarto de dólar y una palmadita en la mejilla. De hecho, según recuerda Arlyne, aquellos hombres eran «los Tíos». Por ejemplo, estaba tío Milty Tillinger, el usurero. Una vez, cuando uno de los parientes de Milty huía de la justicia, Ida lo escondió en la habitación de los ataúdes hasta que pasó el peligro, ganándose la lealtad de la familia Tillinger para siempre. También estaba Izzy Smith, propietario del cementerio Zion, al final de la manzana. Al igual que Frankie, era proveedor de mercancías robadas y tenía por costumbre abandonar su negocio a mediodía para ir a apostar.

Entre las filas de Los Chicos de Clinton Street también se incluía un número sustancial de delegados sindicales. De vez en cuando, uno de ellos se llevaba a Frankie aparte y le susurraba algo al oído. Frankie asentía y conducía al demandante escaleras arriba, hacia su oficina privada, situada junto a la capilla detrás de una gran puerta de latón. En la parte superior de la puerta había una ventanita cuadrada con una cortina. Cuando esta estaba corrida, quería decir que se discutían asuntos secretos. Arlyne a menudo subía la escalera y, fingiendo jugar en el pasillo, lanzaba miradas furtivas hacia la puerta, examinándola. Era la más alta que había visto jamás. Excepto por un pomo enorme y redondo de cobre, era completamente lisa. La diligente Lily Higgins lustraba a diario la superficie, que brillaba como si fuera un espejo de ámbar. Arlyne clavaba la mirada en ella, esperando poder ver a través, pero todo lo que le devolvía la puerta era su rostro sombrío y lleno de frustración.

Aquel imponente portón con su cortina impenetrable suponía una afrenta, puesto que el resto de las puertas de la funeraria siempre se mantenían abiertas, un reflejo de la naturaleza libre y generosa de Ida Blum. Y Arlyne, cuyo talento para fisgonear ya había llegado hasta un nivel digno de admiración, se irritaba ante la existencia de un enclave al que se le negaba el acceso. Siempre estaba alerta durante los pocos segundos en que la puerta se abría para que los visitantes de Frankie entraran. Si era rápida, podía vislumbrar el interior de aquel compartimento prohibido.

Lo que vio fue un par de habitaciones ordinarias y decepcionantes. En la parte delantera había una pequeña oficina con un escritorio y un teléfono. Detrás había una antesala con varios archivadores de madera y una enorme caja fuerte de hierro fundido. Una tarde, cuando Frankie salió a toda prisa de la oficina y dejó la puerta abierta de par en par, surgió la oportunidad de inspeccionar aquellas habitaciones más de cerca. Arlyne, que había estado jugando en la capilla, miró hacia el vestíbulo y se sintió sumamente afortunada. Temerosa de que aquel lapsus no significara nada más que el regreso inminente de Frankie, se encaminó sin prisas y con aire despistado hacia el vestíbulo hasta llegar ante la puerta de la oficina. Transcurrieron varios minutos. No se veía a Frankie por ningún lado. Llena de valor, Arlyne empujó todavía más la puerta y se deslizó al interior. Desde la habitación delantera, pudo comprobar que la caja fuerte también estaba abierta. Al acercarse, vio que contenía un montón de libros encuadernados. La tentación de tocarlos fue irresistible. Se arrodilló ante la abertura, tomó uno de los volúmenes y lo abrió por una página al azar. Contenía columnas de cifras cuyo significado era incapaz de comprender. Los examinó concienzudamente, pero continuaron igual de impenetrables que la superficie pulida de la puerta de latón. Entonces oyó la voz de Frankie Oxman en el vestíbulo y sus fuertes pisadas en la escalera. Cerró el libro, lo devolvió con cuidado al lugar en que lo había encontrado y cruzó el umbral de la puerta, escabulléndose hacia la seguridad de la capilla.

El misterio que rodeaba los negocios de tío Frankie, y en particular su supuesto papel en la marcha de Jake Blum, perseguiría a Arlyne Weiss durante el resto de su niñez. La respuesta a este enigma no llegó gracias a una revelación repentina, sino con la creciente comprensión de quién era la persona que movía los hilos en la capilla Blum. Para cuando Arlyne tenía ocho años, ya había reparado en un hombre muy alto con grandes ojeras y un perpetuo ceño fruncido, habitual entre los visitantes de la oficina de Frankie. Al contrario que el resto de sus tíos, «tío Red», tal como le ordenaron que lo llamara, jamás se detenía a bromear con ella o le daba una moneda. Cada semana, visitaba brevemente a Frankie, saludaba a Ida y, a continuación, se marchaba. Por la manera en que Frankie se agitaba y lisonjeaba ante su presencia, Arlyne podía asegurar que era un hombre peligroso, significando dicho término, tanto entonces como durante el resto de su vida, la capacidad de inspirar respeto y de forma más general, de conseguir que se hicieran las cosas.

Red Levine, como supo al cabo del tiempo, era un buen amigo de Meyer Lansky, un inmigrante polaco de voz dulce que por aquel entonces ya se había convertido en una leyenda del Lower East Side. Poco después de su llegada a América en 1911, a la edad de nueve años, se lanzó en pos de una carrera como corredor de apuestas callejero, y en los años venideros consiguió forjar un imperio criminal basado en las apuestas, el contrabando de ron y la protección. Considerado como un paria por los líderes religiosos ortodoxos, era, sin embargo, admirado, incluso reverenciado, por todo el barrio judío, donde se le consideraba un muchacho local que había conseguido triunfar. «Meyer», tal como se lo conocía en círculos familiares, disfrutaba del estatus de un político por virtud de su alianza con las bandas italianas del East Side, comandadas por Charles Lucania, posteriormente «Lucky» Luciano.

A Luciano y a Lansky se les unió más tarde un irascible matón judío llamado Louis Buchalter, cuyo sobrenombre era «Lepke», y llegaron a ser conocidos por todo el mundo como Lucky, Lansky y Lepke. Mientras Luciano y Lepke frecuentaban a coristas e incluso a celebridades del mundo artístico, Lansky –el reputado cerebro de la operación– permanecía en la sombra leyendo libros sobre gestión de empresas. Durante sus cincuenta años de carrera, mostró un instinto insólito para predecir qué aspectos de la vida americana estaban ya maduros para ser explotados. Durante la ley seca, toda su banda se dedicó a tiempo completo al contrabando de ron. Antes incluso de que la derogación de la Ley Volstead en 1933 devolviera la circulación legal de alcohol, Lansky ya había puesto el ojo en el próximo terreno abonado: los sindicatos.

Los primeros años del movimiento sindicalista fueron caóticos y violentos, sobre todo en el «comercio de trapos», el sector textil, cuyos trabajadores, en su mayoría inmigrantes pobres, eran obligados a hacinarse en los talleres clandestinos del Lower East Side y a trabajar en condiciones deplorables. Incluso después de que el Garment District se trasladara al norte, a unas dependencias más acogedoras en la Séptima Avenida, la insatisfacción no dejó de aumentar. La patronal amenazaba con utilizar la violencia contra todos aquellos trabajadores dispuestos a organizarse; los sindicatos amenazaban con utilizar la violencia contra todos aquellos que no lo hacían. Ambas partes contrataron esbirros, a menudo matones profesionales, para hacer valer sus amenazas. En algunos casos, el matón era simplemente una pistola de alquiler que trabajaba para la parte que más pagara, y en ocasiones para las dos a la vez. (Otros, como Dopey Benny Fein, fueron leales a sus principios y solo rompían piernas bajo el estandarte sindical). Al principio, los mafiosos solo cobraban tarifas extorsionadoras a cambio de sus servicios, entre los que se incluían quemar o hacer volar tiendas que se oponían a alinearse con el sindicato. Sin embargo, pronto evolucionaron a aplicaciones del terror más sofisticadas, reclamando y recibiendo puestos de liderazgo. Algunas organizaciones, como la ILGWU (Unión Internacional de Trabajadoras de la Industria Textil, por su sigla en inglés), estaban tan afectadas por las huelgas y la lucha interna que *Little* Augie Orgen, un pistolero contratado en un principio para proteger a las trabajadoras, sencillamente se adentró y tomó el poder, marcando el inicio de la era de las mafias sindicales.

Al ver que los sindicatos eran terreno fértil, Lansky se lanzó al negocio con su viejo amigo Lepke, quien, en su papel de antiguo protegido de *Little* Augie, había logrado el control del transporte en el Garment District. Lo había conseguido con la ayuda de un grupo de gorilas gobernados por un forzudo llamado Jake *Gurrah* Shapiro. Lepke y Gurrah, que llegaron a conocerse como «L&G» o sencillamente como «Los Chicos», dirigían el cotarro en la Séptima Avenida, donde, literalmente, nada podía hacerse sin su aprobación. Muchos hombres de negocios legítimos se vieron obligados a convertir a L&G en socios sin voz ni voto de su empresa para asegurar que su cargamento llegara a tiempo. Los que declinaban la oferta recibían amenazas de sabotaje y, a menudo, de muerte. Lansky y Los Chicos dirigieron sus empresas criminales casi sin oposición alguna hasta 1933, año en que se vieron envueltos en aguas revueltas en el campo político.

El presidente Franklin Delano Roosevelt, que había salido victorioso en la convención nacional de los demócratas de 1932 con el apoyo de los jefes políticos controlados por Lansky, pronto se volvió en contra de sus viejos aliados y lanzó una guerra sin cuartel contra el crimen organizado. Aquella jugada le confirió tanta popularidad que los políticos locales de todo el país tomaron ejemplo. El gobernador de Nueva York, Herbert Lehman, nombró procurador especial a un joven con ambiciones políticas llamado Thomas Dewey para que llevara a los mafiosos ante la justicia. Dewey se lanzó a cumplir su cometido con fervor, arremetiendo contra los gorilas en todo el espectro de los sectores sospechosos. Sin embargo, el embate de su furia fiscal cayó especialmente en Lepke y Gurrah, a los que consideraba «los dos extorsionadores más grandes del país». Al darse cuenta de que la imputación era inminente, Los Chicos pasaron un año escondidos, convirtiéndose en los objetivos de una intensiva búsqueda estatal. Al final, y confiando en obtener clemencia, se entregaron. La jugada le salió bien a Gurrah, que fue declarado culpable de extorsión y condenado a tres años de prisión. Lepke no tuvo tanta suerte. Los fiscales federales y del Estado llevaban tiempo tras él y cuando lo pillaron, lo sentenciaron a cadena perpetua en Leavenworth.

Sin embargo, los problemas de Lepke no habían hecho más que empezar. Unos meses después de que se entregara, el Cuerpo de Policía de Nueva York arrestó a Abe Reles, un pistolero de Lansky sospechoso de haber cometido varios asesinatos. Amenazado con la perspectiva de la silla eléctrica, Reles colaboró con la fiscalía y testificó, escupiendo más de dos décadas de crímenes a manos del grupo de Lansky. Entre ellos estaba el asesinato de un conductor de camiones que había estado cooperando con la investigación llevada a cabo por Dewey. Reles dijo que había matado al hombre por orden de Lepke. La confesión de Reles inició un nuevo ciclo de acusaciones que enviaron finalmente a Lepke a ser ejecutado.

Pero el daño del que Reles era capaz no terminaba ahí, puesto que poseía información que amenazaba con condenar al lugarteniente de Lansky, Bugsy Siegel. Una noche, mientras estaba en custodia protegida en el hotel Half Moon de Coney Island, Abe Reles salió disparado por la ventana de su habitación y murió. La pregunta de cómo un hombre puede ser asesinado ante la atenta mirada de seis policías de la ciudad de Nueva York dio lugar a un buen número de teorías. Quizá no había sido asesinado en absoluto. Quizá Reles se arrepentía de su confesión o, más probable, se había dado cuenta de que su vida no valía un pimiento y saltó de forma honorable. Quizás alguien había pagado a los polis para que hicieran la vista gorda y otorgaran un salvoconducto al asesino. El misterio se prolongó incluso más allá de su muerte.

Arlyne tenía solo tres años cuando Abie, como se lo conocía entre Los Chicos de Clinton Street, salió volando por la ventana. Como se había formado una idea de la muerte de un modo más bien imperfecto, jamás lo imaginó tumbado en cruz sobre el asfalto, sino en un ataúd, maquillado y con aire sereno, como los otros cadáveres de la funeraria. Solo albergaba una noción general de cuál había podido ser su pecado, pero incluso una niña podía intuir que el hecho de ir explicando cosas de tus amigos acarreaba consecuencias nefastas. Había un demonio vengador para cada soplón. Y la identidad del demonio personal de Abe Reles fue ampliamente debatida entre «los Tíos» que se reunían en el sótano de la funeraria de Ida Blum. Uno de los candidatos era la mano derecha de Bugsy Siegel, Frank Costello, de quien se rumoreaba que había sobornado a los agentes. Sin embargo, aquellos más cercanos a los actores —y Los Chicos de Clinton Street se enorgullecían de ese tipo de conexiones— insistían en que el asesino no había sido otro que Red Levine.

Arlyne Weiss no tenía razón alguna para dudar de lo que decían «los Tíos». Aquella sombría figura que visitaba semanalmente a Frankie Oxman le parecía una presencia amenazadora. No fue hasta después de varios años de fisgoneos, escondida en el hueco de la escalera, que Arlyne comprendió los asuntos que lo habían traído en un principio hasta la casa de los Blum. A inicios de los años cuarenta, en las funerarias del Lower East Side se había puesto en marcha el plan de crear sindicatos para los conductores de coches fúnebres. El abuelo Jacob Blum no había querido saber nada del tema y había insistido en que sus chóferes recibían un salario justo. Jake no quería entrar en el sindicato por respeto al viejo y Jimmy hacía cualquier cosa que Jake hiciera. Ante su intransigencia, el sindicato de chóferes había enviado a Red Levine a la funeraria Blum con el objetivo de hacer entrar en razón a su dueño. En resumen, «tío» Red había amenazado con hacer estallar el lugar, y Jacob Blum, que carecía de estómago para ese tipo de batallas, había cedido. Y como resultado, todas las otras funerarias del Lower East Side habían seguido su ejemplo.

El enfrentamiento con Red Levine había quebrado el ánimo de Jake Blum. Después del incidente, no volvió a llevar el negocio ni sus asuntos personales con el mismo rigor de antaño. Y en aquel vacío se metió Frankie Oxman, el único chófer de los Blum que había favorecido el sindicato desde un principio. Frankie se convirtió en el chico de Red en el lugar de los hechos, asumiendo cada vez más el día a día del negocio. De forma gradual, usurpó las competencias de Jacob Blum, incluida a su esposa. Frankie había cortejado a Ida durante años mediante recados serviles, pero en aquel momento estaba en racha y se volvió más audaz. Arlyne jamás supo cuándo su abuela y Frankie Oxman se convirtieron en amantes. Según sospechaba, tenía que haber ocurrido cuando ella tenía entre ocho (el año en que apareció Red Levine) y diez años (cuando desapareció el abuelo Blum). Y debía de haber sucedido ante los ojos de su madre y del resto de los familiares, porque nadie se perdía las reuniones de los viernes. Finalmente, Jake Blum hizo las maletas y se marchó. Arlyne siempre creyó que Ida, cansada de la presencia lúgubre de Jake Blum, halagada por la atención de Frankie Oxman y seducida por la idea de convertirse en la mecenas de una pandilla de mafiosos, había echado a su marido. Con el tiempo, Ida se asoció con Frankie. Arrió el viejo toldo e izó uno nuevo en el que se leía «BLUM AND OXMAN», y con él anunció al mundo que había decidido vivir la vida del East Side.

En todo este asunto, resulta remarcable la ausencia de Irving Weiss, el padre de Arlyne. «Las Tías», y en particular «los Tíos», preguntaban por cortesía sobre su salud, aunque sabían perfectamente que Irving renunciaba a las tardes en Blum and Oxman para jugar al *gin rummy* con sus compinches. Curiosamente, aquella ausencia no era considerada causa de escándalo, sino más bien al contrario; se aceptaba como una realidad. Irving Weiss despreciaba sin disimulo a Frankie Oxman, al que consideraba un manipulador de poca monta. La adulación que recibía Frankie irritaba a Irving, al que todos consideraban un mafioso con mucha más clase.

Los hermanos Weiss –Henry, Irving, Eddy, Joe y Natie– no formaban parte de Los Chicos de Clinton Street, sino de una banda diferente cuyo territorio se extendía desde Houston Street, pasando por Attorney Street hacia el este, hasta la zona de Williamsburg, en Brooklyn. Hijos de inmigrantes húngaros, los chicos Weiss habían crecido en Kosciuszko Street, donde sus progenitores regentaban una tienda de ultramarinos y una ruta lechera. Los padres confiaban en que los hijos heredaran aquella próspera empresa, que les proporcionaría los medios para hacer fortuna dentro de los límites de los valores americanos. Pero a los chicos Weiss no les gustaba trabajar. Eran una panda de atractivos holgazanes que se iban a dormir a altas horas de la noche y se pavoneaban ante el espejo hasta mediodía. Tenían debilidad por los trajes blancos, los sombreros de ala y las camisas confeccionadas por un sastre en el cruce de Clinton con Grand. Les gustaban los coches lujosos y los buenos restaurantes, y como un trabajo honesto no habría financiado aquellas aficiones de ninguna manera, se decantaron de forma natural hacia la actividad delictiva.

Hasta el día en que murió su padre, Arlyne no estuvo segura de lo que había hecho. Sabía que antes de que ella naciera, él y sus hermanos habían dejado la tienda de ultramarinos y habían abierto una funeraria en Houston Street. El honesto Jacob Blum no se dejó engatusar por esa fachada de respetabilidad. Para él, Irving era sencillamente un mafioso. Pero mientras que la desfachatez de los hermanos Weiss ofendía a Jacob Blum, a su hija la intrigaba.

Billie admiraba a todos los Weiss. Pero era Irving –moreno, callado y tan guapo como una estrella de cine–, el que más le llamaba la atención. Desde el momento en que se percató de su presencia en el Lower East Side, buscaba cualquier excusa para pasearse por Houston Street. Si tenía suerte, podía encontrarse con alguno de los chicos sentado en los escalones de la entrada de la funeraria. Conscientes del lugar que ocupaba su padre en la comunidad, siempre se comportaban con educación, inclinando el ala de su sombrero y murmurando un «señorita Blum». Aunque al principio eran gratas, aquellas formalidades empezaron a acabar con la paciencia de la señorita Blum. Constreñida por las convenciones, no podía iniciar el contacto sin un pretexto adecuado. Por suerte, se presentó uno.

Una de las funerarias iba a realizar un sorteo y todos los propietarios de pompas fúnebres del East Side recibieron un puñado de papeletas que tenían que vender. Ida Blum, que era quien normalmente se ocupaba de estos asuntos, llamó a su hija y le preguntó si estaba interesada en probar suerte con los hermanos Weiss. Ante aquella sugerencia tan oportuna de su madre, Billie se dirigió hacia Houston Street con el pretexto de venderles diez papeletas para la rifa. Irving se mostró dispuesto a comprar las diez, pero Henry lo detuvo, diciéndole que con cinco tenían suficiente. Aquello confirmó lo que Billie pensaba: que Irving era el más generoso, y el mejor partido. De hecho, Billie no había dejado nada al azar. Antes de acercarse a ellos y sin que nadie la viera, había levantado los sellos

45

rojos de las papeletas con el fin de garantizar que vendía una premiada a los Weiss y asegurarse así una visita futura. Una semana más tarde, cuando se llevó a cabo el sorteo, Irving ganó una manta de lana. Billie corrió hasta Houston Street para decírselo, y sugirió acompañarlo hasta Brooklyn para recoger el premio. Aquella excursión terminó con una cena en un restaurante italiano y, seis meses después, Billie Blum se casaba con Irving Weiss, seis años mayor que ella.

En el entorno familiar, Jacob Blum se oponía a la unión con conocimiento de causa: Irving era un matón. Aquello no molestaba en particular a Ida, que estaba más preocupada porque su hija no acabara enterrada en vida en una funeraria como le había pasado a ella. Se quedó más tranquila cuando, unos pocos meses después de la boda, Irving y sus hermanos abandonaron el negocio de las pompas fúnebres y empezaron a ofrecer excursiones en automóvil a las Catskill. Su clientela se componía principalmente de gánsteres judíos y su destino era un establecimiento llamado The Dodge Inn, en el lago Louise Marie. La fonda tenía mala reputación como lugar de encuentro de gánsteres y refugio para los amantes de las infidelidades. (Había una broma según la cual todo era cuestión de «entrar y salir»). Ida dio el visto bueno a la nueva empresa de Irving, la cual le parecía mucho más alegre que la funeraria. A menudo, toda la familia, a excepción del taciturno Jacob Blum, se desplazaba hasta la campiña con Irving al volante, Billie a su lado e Ida en el asiento de atrás flanqueada por jóvenes chóferes.

El regocijo de Ida aumentó un año después de las nupcias de su hija con la llegada de su primer nieto, una niña. Arlyne –Billie pensó que quedaba muy elegante escrito de aquella manera– era un bebé regordete. No era exactamente hermosa, pero desde el momento de su nacimiento, sus diminutos rasgos estaban llenos de vitalidad. Ida paseaba orgullosa a la criatura por Broadway, donde era conocida como «la pequeña Arlyne» o «la princesa Arlyne». Para cuando cumplió cuatro años, a la niña ya se le había inculcado la convicción de que lo más importante en la vida era vestirse bien. Su abuela jamás había comprado una prenda confeccionada. Y tampoco su madre, cuyo armario, hasta los albornoces, estaba hecho enteramente a medida. Siguiendo tan elegante tradición, llevaron a la pequeña Arlyne ante *madame* Webber, una pequeña modista rubia, que la atavió con pequeños abrigos y manguitos de terciopelo a juego con sombreros casquete. Arlyne también acompañaba a su madre al salón de belleza de *madame* Berger, que estaba situado en Clinton Street, al final de varios tramos de escaleras. *Madame* Berger, una mujer menuda y pelirroja con el pelo ondulado y lleno de rizos pegados a su cuero cabelludo, manejaba un par de cizallas con las que cortaba y cortaba, ensortijando los mechones y asegurándolos bajo un casco de horquillas. Para cuando había terminado, el pelo fregona de Arlyne se había convertido en una masa ajustada y brillante de rizos esculpidos.

Billie visitaba a *madame* Berger dos veces a la semana para que le tiñera el pelo con henna y la peinara al estilo copete con la ayuda de dos enormes peines de concha. Aquellas visitas no constituían solo un ritual de belleza, sino una misión de reconocimiento para descubrir quién se juntaba con quién, o, más concretamente, quién se acostaba con quién en el Lower East Side. El pequeño establecimiento de *madame* Berger ofrecía servicio a las esposas y novias de los mafiosos, que aparecían a primera hora de la tarde de los viernes y no se perdían de vista. Una cita para peinarse en *madame* Berger ofrecía una manera muy civilizada de espiar a tus enemigos. Y de acuerdo con las reglas prescritas de la guerra, la mayoría de las antagonistas fingían civismo. De vez en cuando, alguna sobrestimaba el poder que le confería su posición y metía la pata en el terreno táctico. Un incidente de aquel tipo, que se grabó de forma imborrable en la mitología del Lower East Side, ocurrió cuando la amante de Gurrah Shapiro, cargada con las joyas que le había regalado su famosa conquista, cometió la temeridad de presentarse a la esposa. Esta se levantó y, con una arrogancia fulminante, anunció: «Soy todavía la señora Shapiro».

Billie Weiss, que era lo suficientemente lista como para entender cómo funcionaba el mundo, mantenía una actitud de bien estudiada ingenuidad en relación con el elemento criminal. El término «mafioso» la ofendía. Gurrah Shapiro, Milty Tillinger y Red Levine eran todos «hombres buenos». Y como era posible relacionarse con ellos en un plano enteramente social, no veía necesario saber cómo se ganaban la vida. Por ejemplo, Billie había entablado amistad con la mujer de Red, May, que también acudía a *madame* Berger. Como resultado, los Weiss recibían invitaciones esporádicas a la residencia veraniega de los Levine, un apartamento de alquiler bastante desvencijado con habitaciones conectadas en Atlantic Beach (Long Island). Aquellas tardes, tal como recordaba Arlyne, no fueron muy significativas. Transcurrieron jugando con Murray y Alice, los obedientes niños de Red, mientras que May, una mujer delgada y tísica, guisaba y charlaba con las mujeres en la cocina. Por lo general, los hombres ocupaban el salón situado en la parte delantera de la casa y razonaban a voz en grito. Las discusiones cesaban durante la cena. Los mafiosos judíos nunca hablaban de negocios en la mesa. A continuación, después del postre, Red doblaba la servilleta y anunciaba que tenía que irse a «trabajar». Años después, por la mente de Arlyne cruzó la idea de que debió de ser durante uno de aquellos turnos nocturnos cuando Red Levine empujó a Abe Reles por la ventana del hotel Half Moon.

Si en casa de Billie no se comentaban jamás los negocios de Red, tampoco se comentaban los asuntos de Irving Weiss. Con el tiempo, Irving había expandido su negocio de las rutas turísticas al de localizar y adquirir coches de lujo para clientes ricos. Poco después, él y su hermano Henry abrieron un concesionario de coches en el Upper East Side de Manhattan (lo llamaron Chester Motors por el eterno cigarrillo Chesterfield que siempre colgaba de la comisura de los labios de Irving), y allí comerciaban con modelos de Cadillac y Rolls-Royce. A Irving le gustaba decir que le bastaba con vender un Rolls al mes para tener dinero suficiente para alimentar a su familia. Era demasiado modesto. La familia Weiss vivía de forma extravagante, gastando una fortuna en prendas de vestir hechas a medida y en coches bonitos. Cuatro años después de la llegada de Arlyne, Billie dio a luz a una segunda hija, pero Irving, siempre muy atento con su mujer, jamás permitió que llevara el peso de las tareas del hogar. Alguien vigilaba a las niñas y un conjunto de doncellas negras se encargaban de la casa mientras los Weiss hacían la ronda de los clubs nocturnos de moda.

Irving Weiss engrosó su ya considerable fortuna durante los años de la guerra, cuando consiguió obtener bistecs, huevos, medias y otros lujos, escasos entre la población en general. Arlyne oyó que su padre le decía a su madre que no necesitaba preocuparse por los cupones de racionamiento. Más tarde, al echar la vista atrás hacia aquellos días, Arlyne llegó a la conclusión de que su padre y hermanos, al igual que un tal «tío» Sidney del viejo vecindario de Williamsburg, hacían negocios en el mercado negro.

Durante la guerra, la familia Weiss pasó los inviernos en Florida, donde llegaban en avión privado, cortesía de uno de los «amigos» de Irving. Para Arlyne, aquellas estancias estaban impregnadas de magia. Qué placer bajar del avión en Miami y sentir cómo el aire caliente y cargado de humedad le acariciaba la piel. Arlyne respiraba hondo, porque aquellos días en Miami olían a limpio. Años más tarde, cuando oía los primeros acordes de *Moon Over Miami*, le entraban ganas de llorar y la nostalgia la invadía.

Por lo general, los Weiss alquilaban un pequeño apartamento en lo que en la actualidad es el barrio Art Déco. Billie se tumbaba a broncearse mientras Irving se encargaba de ciertos intereses empresariales. Era dueño de una parte de un bar en Washington Avenue, de Miami Beach. Como el lugar casi siempre estaba atestado de marineros, Irving no le permitía la entrada a su hija mayor. Así que, cada día, ella lo esperaba fuera, bajo la marquesina, y lo acompañaba de vuelta al apartamento. Irving también había invertido en un local nocturno llamado The Paddock Club, un establecimiento igual de sórdido que se jactaba de entretener a su clientela con un cómico malhablado llamado B. S. Pulley. Era un club erótico. Irving y Billie, que estaban acostumbrados a frecuentar garitos con más clase, tenían que aparecer de vez en cuando por allí, básicamente porque uno de los otros copropietarios era uno de los amigos de Lucky Luciano: Giuseppe Antonio Doto, también conocido como Joe Adonis.

Adonis era un tipo distante y, para Arlyne, un completo misterio. Se las ingenió para verlo una noche mientras él esperaba sentado a su padre ante el apartamento. Aunque Arlyne no era todavía una adolescente, la visión del confuso perfil de Adonis a través del cristal tintado del Cadillac despertó en ella cierto interés sexual. Sus marcados y sensuales rasgos parecían tan exóticos como prohibidos. Aunque la cuestión no había sido discutida explícitamente, era evidente que cualquier hija de Irving Weiss se mantendría lejos de los italianos, que eran ampliamente conocidos por aprovecharse de las chicas judías y contar los detalles de sus conquistas en las esquinas de las calles y en las tabernas de todo el Lower East Side. Por un lado, Adonis era atractivo porque era muy extraño, completamente opuesto a los pálidos mafiosos judíos que merodeaban por Blum and Oxman. Al mismo tiempo, había algo familiar en él. Algo que le recordaba a su padre. No es que fueran parecidos en el aspecto físico. Detrás de aquellos rasgos oscuros y ojos cansados, el corpulento Adonis poco tenía que ver con el delgado, zalamero y presumido de Irving Weiss. Se trataba más de una semejanza en la actitud, de una presencia poderosa e imponente que los hacía, según la expresión favorita de Arlyne, «peligrosos».

Desde que era pequeña, Arlyne había observado que, aunque su padre era hombre de pocas palabras, hacía notar su presencia allá donde iba. Los domingos, cuando llevaba a la familia a cenar al Grotta Azzurra en Mulberry Street, nada más aparecer el Rolls, el aparcacoches les prestaba atención inmediatamente y toda la plantilla empezaba a murmurar: «¡Los Weiss!». Jamás tuvieron que esperar a que les dieran mesa, y los camareros siempre les atendían serviciales, con la mirada baja y el pescuezo torcido en señal de deferencia. Arlyne se estremecía de placer al pensar que estaba bajo la protección de un hombre que imponía respeto.

Aquella sensación se intensificó con el conocimiento de que era la preferida de su padre. Mientras que su madre tenía predilección por Barbara, una niña dulce y delicada a la que habitualmente se refería como «mi Barbara», Irving favorecía a Arlyne. No importaba lo mal que se portase, él se hacía el tonto y parecía incluso disfrutar de la vitalidad que impulsaba aquellas travesuras. Desde pequeña, le había demostrado que confiaba en ella. Aunque no en el sentido de compartir sus pensamientos privados. Cuando una Arlyne de mediana edad volvía la vista atrás, era incapaz de recordar una conversación larga con su padre. Aquella intimidad más bien emergía de su voluntad de incluirla en las excursiones que realizaba con sus socios más cercanos.

En una ocasión, cuando tenía aproximadamente ocho años, la llevó en un viaje de un día a Palm Island con Red Levine. Incluso a aquella temprana edad, Arlyne era consciente de lo privilegiada que era, puesto que el objeto de aquella salida no era otro que una audiencia con Al Capone, a quien habían soltado recientemente y de quien se rumoreaba que estaba loco. Durante el reinado de Capone como rey del crimen de Chicago, Red Levine había disfrutado de la confianza de Al y había oficiado de mensajero personal entre él y Lucky Luciano. Ahora, con Capone jubilado, le servía como delegado en general, refrescando los lazos del líder caído con el mundo del hampa. Desde la perspectiva de Arlyne, la reunión de su padre con Capone discurrió sin incidencias. Al entrar en la casa, un lugar deprimente con barrotes en las ventanas, Irving le ordenó que se sentara en un banco del vestíbulo. Entonces, se abrió una puerta. No pudo ver quién estaba dentro, pero Red apremió a su padre hacia el interior, diciendo: «Quiero que conozcas a Irving. Ya sabes quién es». La puerta se cerró. La pequeña esperó en el vestíbulo hasta que anocheció. Cuando su padre y «tío» Red salieron, estiró el cuello para ver al tercer hombre, pero la puerta se cerró antes de que pudiera echar un vistazo.

Aunque se excluía así a Arlyne de la zona principal de acción, ella se sentía orgullosa de que la consideraran como uno de los chicos. Con el paso del tiempo, se sintió menos deseosa de compartir el vínculo que tenían su madre y su hermana, del que estaba perpetuamente excluida, y cada vez más atraída hacia la camaradería masculina de su padre y sus socios. Irving correspondió llevándola con él las mañanas de los sábados al hipódromo Jamaica. Estaban ella, el «tío» Red Levine y a veces «tío» Sidney. Irving los llevaba a todos hasta Queens y estacionaba el automóvil en el enorme aparcamiento. Los hombres la dejaban en las gradas comiendo perritos calientes mientras ellos se ocupaban de sus asuntos en las ventanillas de apuestas. Desde la distancia, Arlyne admiraba a su padre mientras este se paseaba con elegancia entre la multitud con su traje blanco. En aquellos días nadie llevaba traje, excepto Bugsy Siegel. Irving Weiss no ganaba a menudo. No tenía suerte en las apuestas, pero sus pérdidas, aunque a veces eran sustanciales, jamás parecieron ponerle de mal humor.

Cuando Arlyne alcanzó la pubertad, la cena de los viernes por la noche en la casa de la abuela dejó de ejercer aquella llamada irresistible en ella y en ocasiones acompañaba a su padre y a Red a las peleas que tenían lugar en el Madison Square Garden. En aquellos días, la gente se arreglaba mucho y Arlyne aparecía cogida del brazo de su padre ataviada con algo ceñido y con los hombros descubiertos. Secretamente, imaginaba que era la cita de su padre, o si se sentía especialmente osada, su esposa. Irving Weiss, con sus conexiones, siempre conseguía asientos al lado del cuadrilátero. Todo el prestigio que rodeaba a su padre la envolvía. En compañía de los chicos se sentía importante.

Aun así, la intimidad que Irving Weiss ofrecía a su hija siempre presentaba límites, lo que acababa por exasperarla y frustrarla. Y el lugar en que esos límites se imponían de forma más estricta era en los asuntos empresariales de Irving. En un sentido práctico, las puertas de Chester Motors estaban abiertas a todo el mundo. Y los sábados por la tarde, Billie, Barbara y Arlyne a veces recorrían la calle 116 para visitar a los hermanos Weiss. Se ponían sus mejores vestidos para la ocasión, porque a Irving no le gustaba que su familia vistiera de manera informal en público, y menos en la sala de exposición de Chester Motors, donde los hermanos Weiss se esforzaban por parecer elegantes para mostrar su selección de automóviles. Los suelos estaban cubiertos de baldosas de mármol falso y unos espejos envolvían varias columnas gruesas. Arlyne acabó por llamarlo «el laberinto de espejos».

En cierto grado, las pretensiones clasistas de Chester Motors quedaban desmentidas por su clientela, compuesta por matones italianos de la 116 y de Pleasant Avenue que siempre estaban en el mercado en busca de grandes coches. Después de que terminaran de echar una ojeada a los Cadillac en exposición, a menudo acudían a la oficina de Irving. A través de los altos paneles de cristal, Arlyne podía ver cómo discutían agitadamente con su padre y con tío Henry, aunque no podía oír ni una palabra de lo que decían. Los hermanos Weiss tenían algunos visitantes habituales con los que hacían negocios de forma silenciosa, enérgica e insondable. Entre estos últimos se encontraban James Plumeri y su sobrino, John Dioguardi, también conocidos como Jimmy Doyle y Johnny Dio. Estos dos matones habían sido socios allegados de Lepke y Gurrah, y habían cumplido condenas por extorsión en el Garment District. Johnny y Jimmy parecían haber asumido el rol de protectores especiales de los hermanos Weiss. En una ocasión, cuando robaron en Chester Motors y los ladrones se llevaron el anillo con el gran diamante de Henry, Irving llamó por teléfono a Johnny Dio y, a la tarde siguiente, apareció un sobre con el anillo por debajo de la puerta. En otra ocasión, el hermano de Irving, Joey, robó dinero de la caja fuerte y se fue de la ciudad. A petición de Irving, Jimmy Doyle y Johnny Dio lo siguieron hasta un complejo turístico en las Catskill, donde lo encontraron escondido con una amiguita. Sacaron a Joey a rastras para que se enfrentara a su castigo, pero Irving, que tenía debilidad por su hermano pequeño, se lo perdonó todo.

Durante años, Chester Motors sirvió como base de operaciones de mafiosos pertenecientes al sindicato de transportes y del sector cárnico. Durante algún tiempo, incluso se lo apropió como oficina un policía de narcóticos corrupto que lo utilizó para recolectar los pagos de sus sobornos. A cualquier hora de una jornada laboral, los hombres del vecindario entraban y realizaban llamadas desde un teléfono de pago que había colgado en la pared. A menudo, el teléfono no dejaba de sonar. El padre y los tíos de Arlyne lo oían, pero nadie respondía. Irving Weiss le había advertido claramente a su hija que no tocara el teléfono.

Una tarde de primavera, cuando Arlyne acababa de inaugurar su adolescencia y se encontraba merodeando por la sala de exposición, el teléfono empezó a sonar. Siguió sonando, y con cada timbrazo, la tentación de levantar el auricular fue creciendo. Trató de imaginar quién sería el interlocutor. ¿Jimmy Doyle o Johnny Dio? ¿El policía de narcóticos? Se sintió abrumada ante la urgencia por escuchar la voz. Sin embargo, al tender la mano hacia el teléfono, escuchó la severa reprimenda en la voz de su padre, que gritó: «¡Arlyne!». Apartó la mano. Con una breve orden, Irving la acababa de excluir con firmeza de sus asuntos más íntimos. Así era cómo funcionaban las cosas en la familia Weiss. Puertas que se cerraban de golpe. Espejos que devolvían la mirada. Y timbrazos de teléfono que ocultaban secretos.

DOS
Chica de la mafia

Si parecía que Irving Weiss iba introduciendo a su hija en su círculo de confianza solo para excluirla de nuevo, no era porque pretendía ser cruel. Más bien era ambivalente con su propia vida. Aunque se había forjado un nombre entre los mafiosos, compartía con su esposa sus aspiraciones a una reputación respetable, en particular en lo que concernía a sus hijas, para las que imaginaba una vida tranquila y acaudalada dentro de los márgenes convencionales de la sociedad. «Incluso el peor gánster –observaría más tarde Arlyne– quiere que sus hijos sean maravillosos».

Irónicamente, las dos hijas de Irving Weiss reflejaban los aspectos contradictorios de su naturaleza. Barbara, que se había sometido obedientemente a la tutela de su madre, aprendió todo lo que una damita debía saber. Tomó clases de baile y de hípica, y se aplicó en sus estudios. Ya incluso en la escuela primaria parecía estar completamente predestinada al club de campo. Arlyne, en cambio, hacía novillos para frecuentar los numerosos almacenes que albergaban las catacumbas de Knickerbocker Village. Allí, ella y sus compinches fumaban cigarrillos, algo que su madre, una fumadora empedernida contumaz, prohibía estrictamente. Billie pilló una vez a su hija fumando y decidió quitarle la costumbre. La encerró en el cuarto de baño con un puro y no la dejó salir hasta que lo hubo terminado. Arlyne encontró aquella experiencia suficientemente nauseabunda como para no volver a tocar el tabaco. Sin embargo, por lo general, la mejora fue aparente y continuó saltándose clases.

Barbara también brillaba con luz propia en las actividades de tiempo libre. Cada verano enviaban a las dos muchachas al campamento Roosevelt for the Discriminating, un lugar remoto y respetable en las Catskill que atendía a los retoños de las familias judías adineradas y refinadas. Barbara Weiss se convirtió en la persona más joven que consiguió ser reclutada para la Blue Dragon Society, que rendía honor a los mejores campistas en todos los aspectos. Arlyne nunca dio la talla. Estaba demasiado ocupada realizando incursiones nocturnas a la cafetería para besuquearse con los chicos del campamento Winston, al otro lado del lago.

En sus primeros años de adolescencia, Arlyne ya destacaba por su gran estatura, su delgadez y un busto precoz y generoso. Era una figura que invitaba a insinuarse. Solo tenía doce años cuando perdió su virginidad. Ocurrió de modo poco propicio en la funeraria de su abuela. Un viernes por la tarde, su primo Solly, apenas un poco mayor pero infinitamente más experimentado, la atrajo hacia un pequeño dormitorio de invitados para «jugar a los médicos». Tras conducirla hasta la cama, le quitó la ropa interior y trató de meterle los dedos. Pero no entraban. Arlyne no recordaba haber experimentado ninguna sensación física en particular. Sin embargo, su curiosidad se despertó y a la semana siguiente, cuando Solly le hizo señas desde el pequeño dormitorio, lo siguió de buen grado. En aquella ocasión, se subió encima de ella y le metió su cosa dentro. Arlyne sintió un dolor agudo y a continuación empezó a sangrar. Entre lloros, salió disparada hacia el cuarto de baño.

Arlyne no se lo explicó a nadie y de allí en adelante evitó a Solly. Confiaba en que sería capaz de olvidar aquel episodio, pero la curiosidad seguía aguijoneándola, aunque no sabía muy bien por qué. El sexo en sí mismo no le había proporcionado placer alguno. Más bien al contrario. Sin embargo, había otro componente en toda aquella experiencia que ejercía una atracción irresistible. Arlyne recordaba que cuando Solly la atraía hacia la cama, había disfrutado de su total atención. Y aquello colmaba una necesidad profunda y extraña. Arlyne estaba sedienta de atención, quizá porque había sido excluida del cariño de su madre y apartada de la confianza de su padre. Desde que tuvo uso de razón, Arlyne había anhelado que la gente reparara en ella y la admirara. Acababa de descubrir que el sexo, pese a lo desagradable que podía ser, la hacía sentir importante.

Después del episodio con Solly, Arlyne se desvivía por recrear de nuevo aquella sensación. El siguiente encuentro fue con un tipo bajito y delgado llamado Stamey, un vendedor de coches que se encargaba de conducir los vehículos desde Georgia y otros puntos del sur del país hasta el concesionario de su padre. Stamey, con su acento sureño y sus maneras educadas, era muy diferente a todos los hombres que había conocido. Siempre que estaba en la ciudad, Arlyne merodeaba por Chester Motors un rato más de lo habitual, asegurándose de que había conseguido que Stamey se fijara en ella. Con él descubrió el deporte del coqueteo. Una tarde le preguntó si podía acercarla hasta el metro, a lo que Stamey accedió. De camino a la parada, Arlyne le empezó a recorrer el muslo con el dedo índice de arriba abajo. Para su sorpresa, Stamey condujo hasta el hotel donde se alojaba y le preguntó: «¿Por qué no subes a mi habitación?». Arlyne no había calculado qué hacer si picaba el anzuelo, pero accedió. Después de detenerse en una licorería junto al hotel, Stamey la llevó a una habitación espantosa iluminada por el destello intermitente de un letrero de neón al otro lado de la ventana. Se emborracharon con whisky y gatearon hasta la cama. Arlyne esperaba que, con un hombre adulto, el sexo sería más romántico. Se tuvo que desvestir ella misma y cuando tocó el cuerpo desnudo de Stamey, se sintió decepcionada por lo huesudo que era. Cualquier atisbo de mística que pudo haber existido desapareció por completo al día siguiente, al despertar con el olor del licor rancio. Todo parecía sucio. La habitación, Stamey, su propio cuerpo. Se visitó, abandonó a su amante, que estaba sumido en un profundo sueño, y tomó un taxi hasta casa, donde la esperaba una escena terrible. Irving Weiss había hecho algunas averiguaciones y había descubierto que Arlyne se había ido de Chester Motors la noche anterior acompañada de Stamey. Después de llamar a su colega y ponerle al corriente de que acababa de mantener relaciones sexuales con una menor, descargó su ira en Arlyne, prohibiéndole volver a verlo. Extrañamente eufórica por la reprimenda, Arlyne ignoró la advertencia de su padre. Ella y Stamey se encontraron dos o tres veces más después de aquello, y no porque Arlyne disfrutara del sexo, sino porque le producía placer el hecho de desafiar a su padre.

Después de Stamey vino Sal, el propietario de la panadería de la esquina. A media tarde, subían a casa de la madre de este y se acostaban. Y después vino un senador que vivía en Knickerbocker Village y con el que mantuvo relaciones sexuales rápidas y de pie en el sótano. Hubo más chicos del Village. Hubo los chicos de la cafetería en el campamento Roosevelt. Hubo chicos, chicos y más chicos. Para cuando cumplió catorce años, Arlyne tenía lo que educadamente se conocía por «cierta fama».

En aquellas tardes en que se suponía que tenía que estar en la escuela, Arlyne y su pandilla, una camarilla de chicas judías llamadas Teddy, Elaine y Hopie, pasaban el rato en la esquina junto a la tienda de golosinas K&K. Hopie, cuyo padre regentaba un próspero bar en Bowery, era más mayor y conducía un Jaguar rojo. Como resultado, las chicas tenían toda la ciudad a su alcance. Se acercaban hasta Little Italy para que les dijeran la buenaventura. Arlyne era muy supersticiosa y no podía resistirse a las adivinas. Después se dirigían hacia el centro, sacando la cabeza por la ventana, con el pelo ondeando al viento y burlándose a voz en grito de los hombres que se cruzaban en su camino. En Times Square deambulaban por los hoteles y flirteaban con los músicos. Más tarde seguían a los tipos hasta tugurios de Harlem que abrían fuera de horario y llegaban a casa a las dos o las tres de la madrugada.

Arlyne siempre tenía una explicación. Había salido con «las chicas». Normalmente, Irving Weiss aceptaba las excusas de su hija porque se negaba a imaginar lo peor. Billie era más escéptica, aunque con un poco de arte para el engaño también se la acababa embaucando. Antes de salir, Arlyne se presentaba ante su madre con la falda y la blusa más recatadas de su armario. Una vez fuera, ella y sus compinches conducían hasta un cine, compraban las entradas y en los baños se ponían el atuendo para el trayecto en coche.

Su marca de la casa era tacón alto y una falda negra de satén. Arlyne la llevaba tan estrecha que se veía obligada a contonearse para quitársela. Evidentemente, no podía arriesgarse a que se le marcara la ropa interior, así que prescindía de ella. Con el tiempo, su gusto a la hora de vestir se volvió más llamativo porque empezó a emular a las coristas y actrices de las fotos. Una vez vio a la joven aspirante a estrella Marilyn Monroe ataviada con un vestido de lino rosa sin mangas ni hombros y el abrigo a conjunto. Le pidió a la modista de su madre que le confeccionara uno idéntico. Incluso en los días de calor sofocante, se paseaba por Monroe Street con pieles que caían de sus hombros, volviéndose cada pocos pasos para ver quién miraba. En su mente, era «Estela la Despampanante», un ideal de glamur incoherente para una adolescente.

Y entonces, Arlyne Weiss descubrió a Virginia Hill.

Arlyne no era una gran lectora. Sin embargo, sí que ponía empeño en examinar los periódicos para ver qué llevaba la gente rica y guapa. Un día se cruzó en su camino una imagen de Virginia Hill, la legendaria belleza que había sido novia del ya fallecido Bugsy Siegel. Vestía un traje hecho a mano de dos piezas y una enorme pamela. Arlyne pensó que jamás había visto a una mujer con más clase. No solo era una chica de la mafia. Era la primera y principal chica de la mafia de América, y como tal, parecía gozar del estatus de realeza. Una de las publicaciones iba más lejos y la consideraba «la mujer con más éxito de toda América».

La señorita Hill, al parecer, había ido abriéndose camino desde la pobreza en la mejor tradición americana. Nacida en una miserable ciudad siderúrgica de Alabama, afirmaba no haber llevado ni tenido un par de zapatos en propiedad hasta la edad de diecisiete años, cuando huyó a Chicago y encontró un trabajo de camarera en la Exposición Universal de 1933. Allí, la casualidad hizo que se fijara en ella un importante apostador y corredor de apuestas que se convirtió en su amante, en su asesor financiero y, por último, en su puerta de entrada a la buena vida de la mafia de Chicago.

Virginia estuvo en el lugar adecuado en el momento adecuado. Entró en escena justo cuando la banda de Lansky-Lucania de Nueva York estaba uniendo fuerzas con la de Capone en Chicago con el objetivo de formar un sindicato nacional del crimen. Aquello significaba que los jefes necesitarían un sistema fiable de mensajería. Los teléfonos, que a menudo estaban pinchados, resultaban demasiado arriesgados. Como la mayoría de los estados condenaban por ley la asociación de uno o más criminales célebres, los mafiosos necesitaban un mensajero que no levantara sospechas. Y quién mejor que una pelirroja pechugona a la que se consideraba como la novia estúpida de un mafioso del tres al cuarto. Al fin y al cabo, había docenas de chicas que se ajustaban a aquella descripción, y los organismos legales las consideraban inofensivas. Bajo ese disfraz inofensivo, Virginia se movía tranquila y segura entre Chicago y Nueva York.

Pero Virginia, como al final se vio, no era ni estúpida ni inofensiva. Según explicó un columnista de la época, era «mucho más que otro cuerpo con curvas. Tenía... buena memoria, un considerable olfato para la diplomacia secreta en lo que se refería a disipar los recelos de asesinos de gatillo fácil y una doble personalidad que la hacía ser una tumba sobre los asuntos esenciales, pero charlar sin ton ni son sobre aquellos que no tenían trascendencia». Incluso el gobierno concluyó finalmente que era una «central de intercambio» de información del crimen organizado. Y como tal, Virginia gozaba de una base de poder independiente dentro del Sindicato.

Los capos encontraron otras utilidades para la señorita Hill. Se convirtió en la emisaria personal del hampa entre la gente de moda. Cuando Virginia llegó al Nueva York de los últimos años de la década de 1930, se inventó una nueva historia para sí misma, una que le asegurara un lugar en la prensa rosa. La historia decía que era una chica de sociedad sureña que había pasado por cuatro maridos –todos muertos o divorciados– y que había obtenido un millón de dólares de cada uno de ellos. Los miembros auténticos de la alta sociedad enseguida advirtieron la treta. Pero, pese a todo, se puso de moda visitar los barrios bajos con ella. Virginia recorría el circuito de los clubs de Broadway, pagando la cuenta de un séquito de parásitos y *gigolos* latinos. Fue en una de estas fiestas nocturnas donde supuestamente ideó el modo de conocer a Joe Adonis, el atractivo matón que más tarde sería el socio de Irving Weiss. Se convirtió así en la amiguita de Adonis. Y, con el tiempo, en la amiguita de Bugsy Siegel. Según la creencia popular de los bajos fondos, fue el mismo Adonis quien, sin querer, juntó a Siegel y Hill. Virginia llevó una nota de recomendación de parte de Joe para Bugsy, el cual, en aquel momento, trataba de escapar de las autoridades de Nueva York en Los Ángeles. La atracción fue inmediata y mutua. Aunque Virginia trató de contentar a los dos amantes con vuelos de costa a costa, finalmente se estableció en Beverly Hills con Bugsy, al que prefería llamar «Ben».

Para la gente de Hollywood, Virginia resultó tan extravagante como lo había sido en Nueva York. Ella y Siegel celebraban fiestas fabulosas a las que asistían celebridades como el actor George Raft, entre otros que siempre se sentían perversamente halagados por el cortejo de un gánster y su chica. Cuando Meyer Lanski ordenó a Siegel que abriera Nevada como terreno de apuestas, Virginia y Ben se llevaron su circo a Las Vegas para supervisar la construcción del fabuloso hotel Flamingo. Fue allí donde la carrera de cuento de hadas de Virginia empezó a ir cuesta abajo. Bugsy no era un hombre de negocios, e invirtió en los mejores materiales para el hotel sin reparar en costes. Los excesos en el presupuesto hicieron enfurecer a los fiadores del Sindicato en Nueva York y Cincinnati, sobre todo cuando empezó a correr el rumor de que él y Virginia estaban desviando los dólares destinados a la construcción a una cuenta en Suiza.

El 16 de junio de 1947, Virginia Hill partió sin previo aviso a París. Cuatro días más tarde, Bugsy estaba sentado en el sofá de la casa de Virginia en Beverly Hills cuando una bala del calibre 30 disparada a través de la ventana del salón lo asesinó. Durante los meses que se sucedieron, proliferaron los rumores sobre el papel que había jugado Virginia Hill en el golpe a Siegel. Una escuela de pensamiento sostenía que Virginia conocía los graves problemas de Bugsy y había volado hasta Europa para suplicar por su vida, razonando que, desde París y más tarde desde Italia, podía llamar a Lucky Luciano sin temer que los teléfonos estuvieran pinchados. Las especulaciones más cínicas sostenían que ella sabía que Bugsy tenía los días contados y, sencillamente, no quería ponerse a tiro.

Después de la muerte de Siegel, Virginia realizó varios intentos de suicidio bastante publicitados, que también admitieron interpretaciones alternativas. Los sentimentalistas concluyeron que la pena había podido con ella. Otros profesaron que Virginia tomó la cantidad justa de pastillas para que sus tentativas de suicidio parecieran serias; que tenía un paquete dirigido al fiscal de Los Ángeles guardado en una caja de seguridad. Que aquel paquete contenía suficientes pruebas como para enviar a diez de los capos del Sindicato a la silla eléctrica por el asesinato de Siegel. Que, supuestamente, aquel documento debía entregarse en el caso de que Virginia falleciera. Y que después de cada intento de suicidio, había recibido una cantidad sustancial del Sindicato para asegurar su buena salud.

Cuatro años más tarde, el Comité Kefauver llamaría a Virginia como testigo, esperando que siguiera lo suficientemente afligida por la muerte de Siegel como para divulgar los nombres de sus asesinos. Se equivocaban. Virginia era inquebrantable. Durante el interrogatorio, afirmó conocer solo a unos pocos hombres. No sabía nada de las fuentes de ingresos de Bugsy y jamás había oído que estuviera envuelto en actividades ilegales. Además, parecía que le importaba un comino quién lo había matado. Por lo que ella sabía, todos los amigos de Bugsy eran «perfectos caballeros».

Virginia Hill demostró a una nación entera de espectadores fascinados que una *mob girl* no era una chivata.

Arlyne estaba embelesada. Cada día, peinaba los periódicos en busca de cualquier cotilleo, por pequeño que fuera, sobre Virginia. «Para mí –recordaba después– allí estaba una tipa que realmente había hecho carrera». Allí estaba una mujer que vestía bien, que tenía dinero y toda la atención que podía esperar un ser humano. No solo la admiraban cual diosa del sexo allá donde fuera, sino que parecía gozar también de respeto. Pero lo que más impresionaba a Arlyne era que Virginia Hill había conseguido la confianza del capo. Había sido aceptada como uno de los chicos.

Desde el punto de vista práctico, Arlyne Weiss, la hija mocosa y consentida de un mafioso, no tenía mucho en común con la joven Virginia Hill, que había ido descalza hasta los diecisiete años. Sin embargo, Arlyne sentía una curiosa afinidad con ella. Había ciertos aspectos de la carrera de Virginia que le recordaban a Ida Blum, una especie de *mob girl* por derecho propio. Al igual que Virginia, la abuela tan adorada por Arlyne vestía elegantemente y siempre estaba rodeada de hombres que la admitían en sus círculos privados. No es que Arlyne pensara en su abuela como la novia cualquiera de un gánster. Era una dama. Aunque también lo era Virginia de algún modo. Era poco femenina, medio puta, pero siempre una dama. Y Arlyne Weiss decidió que eso precisamente era lo que ella quería ser. A los catorce años, se propuso convertirse en una chica de la mafia.

Las consideraciones estilísticas fueron lo más fácil de lograr. Arlyne se desprendió de su imitación de Marilyn Monroe y le ordenó a la modista que le confeccionara un conjunto de trajes de dos piezas que marcaran su figura, los cuales combinaba con una pamela. Aunque la melena de Virginia Hill era de un brillante color rojo, Arlyne solo había visto fotos en blanco y negro, y en ellas parecía morena. Con esa idea equivocada en mente, se tiñó el pelo de azabache. Cuando la transformación física estuvo completa, se lanzó a cultivar la única cosa que distinguía a Virginia del resto. Ligues de usar y tirar.

Arlyne siempre se había sentido atraída por los hombres «peligrosos». Hombres como Joe Adonis, del que emanaba un aura seductora de amenazas y poder. Curiosamente, no encontró dicha cualidad entre los mafiosos judíos del círculo de su padre, aunque era de dominio público que individuos como Izzy Smith o Red Levine tenían la capacidad de levantar el teléfono y hacer que alguien cayera muerto. Con la sabiduría que dan los años, Arlyne reconoció que los mafiosos judíos tenían mucha más clase que los *wiseguys* italianos. No cabía duda de que vestían mejor y no siempre estaban tratando de matarse los unos a los otros. Pero había cierta esterilidad en la manera en que ejercían su poder; como si fueran ejecutivos. Eran los italianos, con sus caritas de niños monos y apasionadas venganzas, los que atraían a Arlyne. Cuando un chico listo italiano era peligroso, era «peligroso» de verdad.

Las calles de Knickerbocker Village estaban plagadas de chicos listos, algunos ya hombres y otros, simples gamberros enfundados en camisas Danny Anfang y zapatos Benedetti que aspiraban a entrar en alguna banda del vecindario. Arlyne y sus amigas contaban con una experiencia considerable en flirtear con estos últimos, puesto que una de las paradas habituales de su circuito nocturno solía ser Sullivan Street, donde los chicos italianos se congregaban ante una iglesia. Hopie aminoraba la marcha del Jaguar hasta casi detenerlo, lo que les daba a las chicas, que tenían medio cuerpo fuera de las ventanillas, la oportunidad de presumir de escote. Los italianos se excitaban con facilidad, pero cuando se acercaban al coche, Hopie pisaba el acelerador.

Provocar a aquellos novatos era una cosa, y salir con ellos, otra muy diferente. Aquellos chicos no eran el tipo de matones que cumplirían con el alto listón de Virginia Hill. Y Arlyne había decidido cazar a los chicos listos que se habían hecho un nombre. El primer nombre en la lista de conquistas potenciales era Tony Mirra.

Arlyne tenía alrededor de catorce años cuando se fijó por primera vez en Tony. Él era mucho mayor, y su cabello azabache ya empezaba a mostrar el mechón blanco que se convertiría en su rasgo distintivo. El abdomen de Tony ya comenzaba a expandirse, un destino que parecía perseguir de forma universal a todos los mafiosos italianos una vez que alcanzaban los veinticinco años. Pero Arlyne lo encontraba «guapísimo». Como le había sucedido con Joe Adonis, su atractivo y las maneras imponentes le recordaban a su propio padre.

Tony vivía en Monroe Street, cerca de Knickerbocker Village, con su anciana madre italiana, por la que demostraba una devoción pasional. Aquellos cuidados filiales contrastaban en gran medida con la reputación generalizada de Tony como bestia sexual. No era raro que, durante uno de sus paseos en coche por el vecindario, Tony hiciera subir a una mujer atractiva, se la cepillara en el asiento de atrás y después la echara del vehículo. Tony era, además, conocido por ser el ejecutor de los designios de la familia criminal de los Bonanno. Arlyne había oído que trabajaba como guardaespaldas de un gran capo, pero no sabía cuál. Tony era, sin duda, peligroso.

El camino de Tony se había cruzado con el de los Weiss en solo una ocasión, cuando había ido a Chester Motors con su tío, Al Walker, para comprar un coche. Adquirieron un Cadillac negro con las puertas de color amarillo y letreros en los laterales que Irving había obtenido del propietario de una licorería. Arlyne encontró aquella elección algo extraña, pero a Tony y a su tío les encantaba su Cadillac de dos tonos. Lo conducían por todo el Lower East Side. Siempre que Arlyne lo veía aparcado en algún sitio, sabía que Tony no andaba lejos.

La mayoría de las tardes, Tony aparcaba el Cadillac en Madison Street, delante de uno de sus abrevaderos favoritos, el Black Horse Saloon. Normalmente, iba allí para encargarse de algún asunto sin especificar con dos delegados sindicales. Antes de entrar a comer, se quedaban en la calle ante la puerta azul del bar. Arlyne reparó en esa costumbre y emprendió una campaña para llamar la atención de Tony. Con su atuendo de Virginia Hill, se contoneaba majestuosamente por Madison con el pretexto de ir a la droguería Savarese, situada en la esquina siguiente. Si calculaba bien, pillaba a Tony en el exterior, y en ese caso, se paraba en seco ante él, se daba la vuelta ligeramente y le lanzaba una mirada seductora por debajo del ala de la pamela.

Durante semanas, con todas las molestias que se había tomado, todo lo que consiguió fue indiferencia. Sencillamente, a Tony Mirra no parecía impresionarle una adolescente de catorce años emperifollada como si fuera una furcia de alto *standing*. Al final, Arlyne abandonó aquel enfoque y probó con un acercamiento más directo. Pidió a Hopie que la acompañara para proporcionarle apoyo moral y una tarde se encaminó en su ruta habitual por Madison, pero, en lugar de continuar hasta la esquina, se detuvo ante la puerta azul y, agarrando el pomo con decisión, la abrió y se adentró en el local. A pesar de que la luz del final de la tarde se colaba por las ventanas que daban a la calle, el Black Horse estaba poco iluminado. Cuando sus ojos se acostumbraron a la oscuridad, pudo examinar el interior del establecimiento, aunque no vio a Tony. Finalmente reparó en él, sentado con un delegado sindical a una mesa del fondo comiendo un plato de pasta.

–Ven aquí, chiquilla –gritó Tony–. Quiero hablar contigo.

Entusiasmada por haber llamado finalmente su atención, Arlyne apremió a Hopie hacia el amigo de Tony y tomó asiento al lado de Mirra. Sin embargo, las cosas no fueron tal como ella había esperado. Había imaginado que impresionaría a Tony hablando sin rodeos y que entonces quizás él la invitaría a cenar a algún lugar donde todo el mundo podría verlos. En aquellos días, el mero hecho de ser vista en compañía de Tony Mirra era un honor. Pero Tony tenía otras cosas en mente. Empezó a juguetear con ella sin previo aviso, manoseándole la cintura, los muslos y los pechos. Arlyne, sorprendida por la reacción de Tony, se quejó, aunque, en realidad, sintió que se excitaba. Cuando Tony la sacó a pasear en su coche era hora punta. Condujo durante un rato, aparcó junto al edificio del *Journal-American* en South Street y allí empezó a bajarse la cremallera de los pantalones.

–Tony, no puedo hacerlo –objetó Arlyne, mirando de reojo y con nerviosismo el río de gente que salía del *Journal*.

–Venga. Voy a enseñarte a hacer algo –dijo, y tras estas palabras, la agarró de su larga melena morena y empujó su rostro contra su pene. Cuando ella se resistió, él la abofeteó, gruñendo–: No eres más que una calientabraguetas.

Fue entonces cuando Arlyne permitió que la instruyeran en el arte del sexo oral. Tony le enseñó cómo tenía que agarrarlo y cómo moverlo hacia arriba y hacia abajo. Arlyne encontró todo aquello repugnante, pero en aquel momento, complacer a Tony Mirra le parecía lo más importante del mundo.

A continuación, Tony la llevó de vuelta a Monroe Street como si no hubiera sucedido nada, dejándola herida por su indiferencia. Cuando el dolor hubo desaparecido, Arlyne se enfadó, y su enojo tomó la forma de una nueva acometida. Después de aquello, aparecía a diario en el Black Horse ataviada con las prendas más ajustadas que tenía. Si Tony quería magrearla, no ofrecía resistencia. Si quería ir a dar una vuelta y aparcar, aceptaba con docilidad. Suponía que Virginia no había tenido que pasar por aquello –o quizá sí–, pero Arlyne sentía que era una parte necesaria para convertirse en una *mob girl* de verdad. A su vez, Tony le concedió el privilegio de que la vieran en su compañía. Podía entrar en el Black Horse siempre y cuando Tony no estuviera hablando de negocios. Y si aquel día se sentía generoso, se la llevaba a dar una vuelta en el Cadillac de dos colores con su tío Al Walker y su primo, Angelo. Tony, según recordaría más tarde Arlyne, se convirtió en su «protector». Si necesitaba dinero, podía sacárselo a él. Si se metía en algún lío a las dos de la madrugada, llamaba a Tony y este enviaba a alguien para que la recogiera. A cambio, Arlyne le hacía recados. Nunca le explicaron la naturaleza y el propósito de esos recados. Sencillamente, Tony le daba un sobre cerrado, el cual, según sospechaba Arlyne, contenía dinero en efectivo –o a veces un paquete más grande de contenido desconocido– y ella atravesaba la ciudad para llevarlo a uno de sus amigos. Cuando el deber llamaba, siempre se vestía para la ocasión con una estola de piel de zorro cayéndole del hombro, como Virginia. Estaba encantada de que le confiara sus asuntos. La hacía sentir importante.

Arlyne sabía que sus padres no aprobarían en absoluto a Tony, lo que, sin duda, formaba parte de su encanto. Disfrutaba provocando a su madre y llegaba a casa a las tres de la madrugada. Incluso a esa hora, no había forma de que Arlyne alcanzara su dormitorio sin que la vieran; Billie la esperaba en el sofá del salón. Nunca sabía a ciencia cierta dónde o qué había estado haciendo su hija, pero podía asegurar que no había sido nada bueno. Y nada más oír cómo se cerraba la puerta, exclamaba: «¡So golfa! No he tenido ni un día de paz contigo. Solo me das disgustos». Billie gritaba hasta que los músculos del cuello se le marcaban. Arlyne se limitaba a sonreír y contestaba: «Pégame». Después de que Billie le atizara el primer golpe, Arlyne le daba la espalda y se iba a su habitación.

Durante aquellas peleas, Irving Weiss no salía del dormitorio. Y a la mañana siguiente jamás mostraba señal alguna de que algo fuera de lo ordinario hubiera ocurrido. Era un hombre que solo veía lo que quería ver. Y durante mucho tiempo, hizo la vista gorda en lo referente a la relación de Arlyne con Tony Mirra. Una tarde, Arlyne le dijo a su padre que iba a salir con un chico judío y, en lugar de eso, fue a emborracharse con Tony a un restaurante chino llamado House of Chan. Cuando Tony la dejó ante su casa a las cinco de la mañana, era Irving el que esperaba. Había reconocido el Cadillac negro y amarillo. Aquella noche, Irving le dio una paliza a su hija. Fue la primera de las únicas dos veces que Arlyne recordaba que su padre le había levantado la mano.

Los Weiss concluyeron que el desenfreno de Arlyne podía atribuirse a la influencia del Lower East Side. Billie quería encontrar un «entorno mejor», un lugar en el que sus hijas pudieran crecer y convertirse en damas. Durante los últimos años, otras familias –también ciudadanos formales y mafiosos con ansias de respetabilidad– se habían mudado del viejo vecindario. Si tenían algo de dinero, se trasladaban al otro lado del East River, al barrio de Queens. Ese éxodo aceleró aún más el declive del barrio judío. East Broadway empezó a tener un aspecto descuidado. Tenderos, sombrereros, mercerías y restaurantes familiares quebraron. Incluso Blum and Oxman lo sintió en sus carnes cuando Los Chicos de Clinton Street encontraron otra guarida en Queens.

Cuando Arlyne tenía dieciséis años, los Weiss se unieron al éxodo y se mudaron a un elegante apartamento en una segunda planta en Forest Hills, el vecindario residencial relativamente de moda. Sin embargo, aquel «entorno mejor» no obtuvo el efecto deseado en Arlyne Weiss. A pesar de haberla separado de Hopie, Elaine, Teddy, Tony y de toda la banda de Monroe Street, tenía un don para juntarse con malas compañías. En Forest Hills, encontró a Sophie.

Sophie era una chica menuda y bonita con una media melena brillante y pelirroja que llevaba siempre ahuecada, como Hedy Lamarr, y siempre tan perfecta que parecía una peluca. Su padre, un judío de Europa del Este, era propietario de una tienda de ultramarinos en el barrio, pero ganaba suficiente dinero como para permitirse malcriar a su única hija. Sophie era una niña mimada y holgazana. Arlyne encontró en ella a una compañera perfecta.

Como Arlyne, Sophie solía hacer novillos. Dormía hasta mediodía y después, sobre las dos de la tarde, se subía a un taxi, pasaba a recoger a Arlyne y las dos salían a hacer maldades. Mayormente gracias al reconocimiento del terreno que Arlyne llevaba a cabo, las chicas descubrieron el Carlton Terrace, un bar turbio en Queens Boulevard que servía de nuevo lugar de reunión para Los Chicos de Clinton Street. No importaba la hora, si entrabas en el interior del Carlton Terrace te encontrabas con la vieja banda del establecimiento de Ida y también con algunas caras nuevas, entre las que se incluía la de un delegado sindical llamado Moishe.

En los días de Blum and Oxman, se los conocía como «los Tíos», y solían darle a Arlyne algo de calderilla y pellizcos afectuosos. Sin embargo, en el Carlton Terrace, normalmente se hacían acompañar por mujeres que, sin duda, no eran sus esposas. Cuando Arlyne y Sophie entraron como si fueran un par de prostitutas, las recibieron con miradas lascivas. El resultado del consiguiente baile de seducción fue que Arlyne se las arregló para acostarse con Moishe (del que sabía que era uno de los amigos de su padre). Sophie, por su parte, se acostó con un puñado. Las chicas disfrutaban yendo de uno a otro sencillamente como una forma de entrenamiento.

Algunas tardes no salían. Sophie iba a casa de Arlyne. (Irving estaba trabajando, Barbara en la escuela y Billie, en algún lado jugando al dominó chino). Encendían la televisión y si veían a algún famoso guapo, trataban de contactar con él por teléfono con la idea de seducirlo. Aquellas insinuaciones nunca solían dar fruto. Sin embargo, un día, mientras estaban viendo un rodeo, se fijaron en un vaquero llamado Casey Tibbs. Arlyne se giró hacia Sophie y le dijo:

—Me apuesto lo que quieras a que podemos llegar a contactar con este hijo de puta.

A continuación, marcó el número del Madison Square Garden y les dijo que era una emergencia y que tenía que hablar con el señor Tibbs. Cuando Casey cogió el teléfono, Arlyne no se fue por las ramas y le describió las cosas que le haría si venía a su casa de Forest Hills. A la mañana siguiente, Casey le envió una docena de rosas rojas.

Casey salió de gira y durante los siguientes meses, hablaron mucho por teléfono. Cuando finalmente regresó a Nueva York, Arlyne se puso un ceñido vestido de seda y fue a su encuentro en el hotel. Pero se decepcionó nada más abrir la puerta. Por muy atractivo que pareciera sobre un carnero, en persona no era más que un viejo vaquero roto. Cuando la llevó a cenar a un asador, su atuendo de vaquero y aquel chabacano cinturón con la enorme hebilla de campeón que le colgaba de la cintura la hicieron sentir incómoda. Aquella noche, Casey y Arlyne echaron un polvo rápido y después ella salió corriendo hacia Forest Hills.

Aparte de fugaces escarceos de este tipo con famosos, Arlyne no llegaba a conocer a los nombres importantes y a los grandes derrochadores con los que una aspirante a chica de la mafia confiaba para darse a conocer. Lo que le faltaba era un gran escenario en el que dar rienda suelta a su papel. Entonces, casi por pura casualidad, Arlyne descubrió una entrada al mundo del boxeo profesional.

La oportunidad surgió durante el verano de su decimocuarto cumpleaños. Ella y su familia pasaban siempre los días más calurosos de julio y agosto en Long Island, en Atlantic Beach. Allí alquilaban una cabaña, una casita con un bar y dos cabinas con ducha en el Capri Beach Club, por aquellos años el predilecto de los mafiosos, los delegados sindicales y los empresarios textiles del Garment District. Cada día, los Weiss llegaban de la ciudad en una limusina alquilada con aire acondicionado –Irving consentía este lujoso capricho para que *Harriet*, su querida terrier de pelo duro, no sufriera un ataque al corazón–. Mientras el chófer vigilaba a la perrita, y Billie e Irving jugaban a cartas con viejos compinches en el interior de la cabaña, sus hijas se acomodaban junto a la piscina. Arlyne, al igual que su padre, se bronceaba rápidamente y, como él, siempre vestía un traje blanco o negro para destacar el contraste. A media tarde, se cansaba de la piscina y salía a pedalear por el laberinto de calles residenciales que quedaban detrás de las dunas.

En estas excursiones, pasaba por delante de la casa vacacional de Irving Cohen, conocido por ser el representante de Rocky Graziano, quien aquel mismo año estaba a punto de presentarse al título mundial de peso medio. La casa de ladrillos de Cohen era tema habitual de especulación entre la banda del Capri, ya que Graziano y sus amigos visitaban aquel lugar con asiduidad. Aquella casa, y su promesa de gente famosa, ejercía una atracción irresistible en Arlyne Weiss. En sus paseos vespertinos en bicicleta, le costaba sudor y lágrimas dejarla atrás. Sabía muy bien que Cohen y los boxeadores estarían sentados tomando algo en el porche.

De hecho, Arlyne pasaba por delante varias veces en la misma tarde, siempre aminorando la velocidad para lucir su figura esbelta y bronceada de la manera más favorecedora. Durante días, del porche no llegó ni un triste silbido, hasta que finalmente, una tarde, alguien gritó: «¡Eh, acércate!». Cohen le estaba haciendo señas para que se aproximara al porche, donde también estaban sentados Rocky y otro boxeador llamado Al Pennino. Mientras tomaba asiento, Arlyne examinó rápidamente a los dos boxeadores. Rocky era un hombre de complexión fuerte y visiblemente atractivo. Tenía la nariz achatada por culpa de los puñetazos que había recibido, lo que lo hacía parecer un poco estúpido. Al era un poco más joven que Rocky. Delgado, guapo, de cabellos espesos y rizados, era un talento menor comparado con Graziano, pero tampoco se le debía desdeñar puesto que optaba al título de peso pluma. Aquel día, sentada en el porche tratando de llamar la atención de Rocky con su charla de chica dura, Arlyne se dio cuenta de que era Al quien estaba haciéndole ojitos. Unas semanas más tarde, Arlyne se topó con él por casualidad. Entraba en una corsetería de la Segunda Avenida y lo vio, parado ante un bar de boxeadores llamado Foxie's y acompañado de Rocky. Se puso a hablar con Al, y este la invitó a ir a verlo entrenar en el gimnasio Stillman.

Arlyne no necesitó una segunda invitación. Con Sophie a remolque, hizo viajes diarios a Stillman para asistir a los entrenamientos de Al. Las dos vampiresas se apeaban del metro cerca de Madison Square Garden y subían una escalinata que llevaba al gimnasio, una gran estancia donde entrenaban los hombres. Para aquellas ocasiones, Arlyne y Sophie se vestían con las faldas y jerséis más ceñidos que tenían. Al o alguno de sus hermanos se acercaban y les ofrecían una silla, pero ellas normalmente declinaban la invitación puesto que sus faldas eran tan estrechas que no les permitían sentarse con comodidad.

Arlyne y Al se veían cerca del gimnasio en un lugar llamado Hotel America. Después tomaban a veces un metro hasta el sector Red Hook en Brooklyn y visitaban a la madre del boxeador. Aunque a Arlyne la halagaba que Al la tuviera en suficiente estima como para llevarla a su casa, siempre se sentía incómoda. El edificio sin ascensor donde vivían los Pennino era una «auténtica casa *espagueti*», siempre lleno de cháchara y con aquel olor de salsas cociéndose a fuego lento. Mamá Pennino observaba con el ceño fruncido desde el fondo, claramente disgustada por que su hijo hubiese traído a casa a una chica judía, pero sin decir una palabra.

Después de una incómoda cena, en la que normalmente Arlyne y Al comían solos, al anochecer salían a sentarse en la veranda. Allí, Al tomaba su guitarra y le cantaba canciones que había compuesto para ella. «Oh, pequeña, dime que eres mía. No me hagas sufrir, pequeña, dime que eres mía». Era una estúpida canción, pero Arlyne lo encontraba tan conmovedor que durante un tiempo pensó que estaba enamorada de Al.

Su romance continuó durante todo el mes de octubre, durante el cual Al se preparaba para el combate contra Sandy Saddler. Aunque la sabiduría común decía que un boxeador debía evitar las actividades apasionadas durante las semanas críticas antes de un enfrentamiento, Al estaba tan prendado que tiró toda precaución por la borda. Por su parte, Arlyne estaba tan embriagada a causa de la atención que Al estaba recibiendo que reclamaba al luchador constantemente en su tiempo libre. Lo monopolizó hasta la misma víspera del combate contra Saddler, en la que tomó la iniciativa y los registró en el Hotel America. Por desgracia, Arlyne había cometido el error de confiar sus planes a Sophie, la cual, quizá celosa de que su amiga hubiese cazado a una celebridad menor, se chivó a los Weiss. Un golpe en la puerta interrumpió el encuentro de aquella noche. Cuando Al la abrió, se encontró cara a cara con Irving y dos de sus hermanos, que sacaron a una protestona Arlyne a rastras y la metieron en el Cadillac que esperaba afuera. Al parecer, aquel incidente pasó factura a la concentración de Al. Saddler lo noqueó en el cuarto asalto.

La pelea contra Saddler había sido la mejor oportunidad de Al, y Arlyne estaba preocupada por si el daño que había causado era irreparable. Aunque no tenía por costumbre sufrir por el dolor que infligía en otras personas, en aquel momento se sintió atormentada por la culpa. Durante un tiempo, se propuso «apoyar» a Al y a toda su familia, y robó dinero de la cartera de su padre. En aquellas misiones de penitencia, tomaba el metro hasta Brooklyn y, cuando llegaba a la casa en Red Hook, le entregaba a Al varios billetes de cien dólares. Sin embargo, aquellos gestos no hicieron que su relación mejorara. La dulzura de antes había desaparecido y Al empezó a considerar aquellas indemnizaciones como su derecho. Con el tiempo, Arlyne comprendió que se estaban riendo de ella: Al, sus hermanos y la anciana señora Pennino. Arlyne tuvo que admitir que Al le resultaba considerablemente mucho menos atractivo en aquel momento en que no era nadie. En realidad, era –y siempre había sido– un gamberro. Había llegado el momento de acometer conquistas más ambiciosas.

En cada uno de los veranos que siguieron, los Weiss regresaron al Capri Beach Club. Durante las primeras semanas de la temporada de 1951, Arlyne llevó a cabo una campaña para conseguir el afecto de un joven unos cinco años mayor. Larry era un chico rico, hijo de un gran corredor de apuestas de Nueva York, y Arlyne lo consideró un buen partido. La madre de Larry, en cambio, tenía otras ideas. Quería que su hijo se casara con una «chica encantadora», y Arlyne Weiss, en su opinión, era «una maldita alocada indomable». Ante la petición de su madre, Larry se alejó.

Arlyne no pasó mucho tiempo regodeándose en el dolor por la pérdida y tardó más bien poco en distraerse con una nueva conquista potencial, una que prometía convertirse en el romance del verano. Nathaniel Nelson era un amigo de su padre y de tío Henry. Aunque se aproximaba a los cuarenta y ocho años, Natie era un guaperas judío. Sus rasgos eran sensuales y misteriosos, como los de Bugsy Siegel. Y también le recordaba mucho a su padre. Natie peinaba su cabello espeso y rizado hacia atrás, de manera que formaba una planicie. Todo el mundo lo llamaba «Flattop» por un villano que aparecía en el cómic *Dick Tracy*. Llevaba un enorme anillo con una piedra ojo de gato de diamante, un reloj de oro y una hebilla con la insignia «NN» incrustada en diamantes. Era evidente que estaba forrado.

Arlyne se enteró por las conversaciones que oyó de pasada entre Irving y sus hermanos que Natie Nelson era un fabricante textil del Garment District y propietario de una empresa llamada Advance Jr. Dress. Estaba «asociado en secreto» con Jimmy Doyle, que gestionaba el transporte de la mercancía mediante una empresa llamada Elgee Trucking. (Presuntamente, Elgee derivaba del antiguo logo de Lepke y Gurrah, «L&G»). Su asociación se formó cuando Jimmy amenazó con sabotearle si no realizaba los envíos con Elgee. Pese a ello, Natie no parecía guardar rencor alguno. Aquella alianza traía considerables beneficios. Además del hecho de que su tienda estaba protegida, se hallaba en posición de hacer ciertos favores para Los Chicos por los que le pagaban mucho dinero. También disfrutaba del privilegio de poder ser visto junto a Jimmy Doyle y, gracias a esa unión, se le consideraba un peso pesado.

Natie era un huésped frecuente en la cabaña de los Weiss frente al océano. Sin embargo, jamás se unía a las partidas de cartas de Irving y el resto de los hombres, y prefería tomarse una copa en el bar acompañado de su compinche, Heshie. Arlyne lo tenía siempre en el rabillo del ojo y aprovechaba entonces para pasar por delante del bar en bañador, confiando en que se fijara en ella. No lo hacía. Una vez que advirtió que podía oírla, lo intentó con su charla de chica dura, pensando que lo impresionaría. Pero tampoco. Sabía que a algunos mafiosos no les gustaba que sus mujeres fueran duras. Por ejemplo, no estaba bien visto que una mujer fumara o sostuviera una bebida alcohólica, como tampoco que fuera una bocazas o demasiado atrevida. Figurándose que Natie se adecuaba a dicha categoría, Arlyne se dedicó a apoyarse en el bar sorbiendo un vaso de gaseosa con descaro y a esperar a que él diera el primer paso. No lo hizo. Una tarde de lluvia, mientras Natie se preparaba para abandonar el club de playa, Arlyne lo siguió hasta la cabaña y cuando entró para cambiarse la ropa, ella se coló tras él. Natie se giró y sonrió como si la viera por primera vez. Sin apenas intercambiar palabra, hicieron el amor sobre una tumbona.

Irving Weiss percibió la atracción que existía entre su amigo de mediana edad y su hija de diecisiete años, y advirtió a Arlyne de que se mantuviera alejada de Natie. Arlyne prometió fervientemente que se comportaría. Y a continuación, se escapaba del club para hacerle una mamada a Natie en el interior de su coche. O avisaba de que iba a dar un paseo en bicicleta y pasaba la tarde con él en un motel. Era muy romántico. Fue el verano en que Tony Bennett cantó *Because of You*: «Por tu culpa, hay una canción en mi corazón». Arlyne no se la podía sacar de la cabeza. Parecía que hablaba de ella y Nat Nelson.

Sin embargo, con el paso de las semanas, Arlyne empezó a estar un poco preocupada. Nat no dejaba de reclamarla todo el tiempo y de camelarla con efusivas declaraciones de amor. También hablaba de matrimonio, algo que Arlyne encontraba un poco extraño. Natie había sido soltero durante cuarenta y siete años. Si se había resistido al matrimonio durante tanto tiempo, ¿por qué perdía entonces la cabeza con aquella chiquilla treinta años más joven? Arlyne disfrutaba tonteando con él durante los calurosos días estivales. Le gustaba que le hiciera regalos y era muy generoso con el dinero y las joyas. Pero no estaba segura de lo del matrimonio. Al final, le dijo que lo mejor sería no verse durante algún tiempo.

Arlyne trató de mantenerse en sus trece, pero aquello resultó más difícil de lo que había imaginado. Natie no la persiguió en busca de una reconciliación tal como pensaba que haría. En lugar de eso, se juntó con una pelirroja bajita del Club. Era una situación muy incómoda. Arlyne empezó a ponerse celosa. Ansiosa por escapar, organizó todo para celebrar su decimoctavo cumpleaños en el Concord, junto a su abuela.

Cuando se apeó de la limusina en el gran jardín delantero, Ida la saludó extendiendo los brazos y sus afiladas uñas. «Cariño –canturreó–. Ven y explícaselo todo a la abuela». En la cena, Arlyne abrió su corazón a la única persona que la escuchaba sin reproches ni críticas. Ida no riñó a Arlyne porque Natie era más mayor o porque había seguido viéndolo a espaldas de su padre. No. En aquellas cuestiones, Ida Blum era muy abierta de miras. En lugar de eso, le recomendó que saliera una noche a bailar, su remedio para cualquier pena.

Mientras se vestía en la *suite* de su abuela, alguien llamó a la puerta. Arlyne respondió y quedó estupefacta al ver a Natie ante ella. Natie le tendió una caja envuelta en papel de regalo que contenía una pulsera de diamantes. Pasó las siguientes tres semanas en la habitación que Natie había reservado en el hotel. Su abuela hizo la vista gorda. A Ida le había gustado de inmediato Natie, quien también le daba pequeños obsequios y la invitaba cuando salía a cenar con Arlyne. Cuando Natie le confesó a Ida que amaba a su nieta, Ida se llevó a Arlyne aparte y le dijo: «¡Cásate con él!». Ida argumentó que si se casaba con Natie, tendría todo lo que deseara y nunca más tendría que ir por ahí haciendo la loca.

El idilio llegó a su fin durante la última semana de agosto, cuando Irving Weiss llegó al Concord para llevarse a su hija a casa. Natie se escapó a Nueva York con Heshie. Ni Arlyne ni su abuela permitieron que Irving supiera que había estado allí. Aunque la proposición de matrimonio de Natie todavía seguía vigente, él ya no mencionó más el tema. Arlyne sospechaba que aquello era porque estaba consiguiendo todo lo que quería sin los votos matrimoniales. Sin embargo, estuvo de acuerdo en seguir viéndose, algo mucho más sencillo a partir de aquel momento, puesto que Arlyne había dejado la escuela y trabajaba como modelo en una compañía llamada Letty Doyle Dress.

Cada mañana, tomaba el metro hasta el Garment District, cargada con una enorme sombrerera. Durante la mayor parte del día, se sentaba envuelta en un blusón en la parte de atrás de la sala de muestras, esperando que entrara algún comprador para poder enseñar los vestidos. El trabajo no era tan glamuroso como había esperado y estaba ansiosa de que llegara la hora de salir para coger un taxi hasta el apartamento de Natie en West Fifty-fifth Street. A Arlyne le encantaba aquel sitio. El salón era beis y marrón, y tenía unos sofás enormes y columnas, como si estuviera sacado «de las películas». Siempre se sintió segura allí. Si a su padre se le ocurría presentarse, tendría que llamar al interfono. Y desde la gran ventana de Natie podía ver quién estaba ante el edificio. Aquello le habría dado tiempo para conformar una explicación plausible.

Nadie se presentó. Sin embargo, cuando llegaba a casa, Billie estaba esperando como de costumbre y madre e hija tenían su ya habitual intercambio de gritos. Durante aquel tiempo, Arlyne se volvió más descarada en cuanto a aparecer en público con Natie. En ocasiones salían a cenar con Jimmy Doyle a Patrissy's o Patsy's, o al viejo refugio de la familia Weiss, la Grotta Azzurra. Los viernes por la noche iban a La Fontaine, un local nocturno que contaba con el favor de Jimmy y Johnny Dio. Allí Natie tenía la oportunidad de jugar al pez gordo e impresionarla con sus conexiones.

Con el paso del tiempo, Arlyne no pudo evitar darse cuenta de que a Natie se le empezaban a subir los humos. Siempre había sido algo fanfarrón, pero había tenido el sentido común de mantener la boca cerrada ante Jimmy, Johnny y sus amigos. En aquel momento se jactaba abiertamente de los favores que les hacía a Los Chicos. Mencionaba a nombres del sector de los transportes, hablaba de los tratos que se estaban haciendo. Aunque Arlyne no entendía los detalles, podía ver el efecto que el comportamiento de Natie provocaba en la gente de La Fontaine. Cada vez que se acercaba, Jimmy le daba la espalda.

Una mañana de sábado del mes de enero, cuando Arlyne y su abuela cogieron un taxi para ir de compras, Arlyne se dio cuenta de que Natie había olvidado darle dinero. Le dijo al conductor que se dirigiera al apartamento de Fifty-fifth Street con la intención de sacarle un par de billetes de cien. Mientras Ida esperaba en el interior del taxi sobre la acera, Arlyne tomó el ascensor hasta el quinto piso. Cuando la puerta se abrió, Arlyne se sorprendió al encontrarse cara a cara con Jimmy Doyle. Sus miradas se cruzaron. La de Jimmy dejó escapar un destello de alarma, pero se recuperó rápidamente y se escabulló hacia la cabina del ascensor justo cuando Arlyne salía.

Arlyne permaneció en pie en el pasillo durante unos instantes, tratando de averiguar el significado de aquel encuentro tan peculiar. Por muy grande que fuera el enfado de Jimmy con Natie, al menos le habría dicho «Hola». El sentimiento de desasosiego creció cuando miró al final del pasillo y vio que la puerta de Natie estaba abierta de par en par. Arlyne se dirigió lentamente hacia allí, llamándolo. No hubo respuesta. Empujó la puerta un poco más y retrocedió sorprendida. Allí estaba Natie, tumbado en el suelo del vestíbulo. Llevaba una camisa informal, unos pantalones y todas sus joyas. Los ojos de Arlyne, temerosos de continuar, se posaron durante un momento en la insignia de su cinturón. Finalmente, miró su rostro. Tenía un agujero de bala entre los ojos.

Durante un instante, no supo si ponerse a llorar o gritar. Todo lo que sabía era que tenía que salir de allí. Corrió hacia el ascensor y empezó a presionar los botones como loca. Su abuela todavía la estaba esperando, y como Ida era una figura eminentemente reconocible, Arlyne, con el pánico que sentía, imaginó que Jimmy podía haberla visto y haberle hecho lo mismo que a Natie. Se sintió embargada de alivio cuando vio que Ida seguía esperando en el taxi.

–Vamos –susurró Arlyne a su abuela–. ¡Nos largamos de aquí! ¡Te llevo a casa!

Después de acompañar a Ida a la funeraria, Arlyne se apresuró a volver a casa, se encerró en su habitación y puso la radio. Pasó toda la tarde escuchándola por si decían algo de la muerte de Natie. Toda la situación tenía tal tinte de pesadilla que pensó que igual lo había soñado o imaginado. Incluso al oír que Billie e Irving ya estaban en casa, no salió de la habitación. Se quedó allí sola, con la oreja pegada a la radio, hasta que lo escuchó. Un prominente fabricante de vestidos del Garment District había sido asesinado a tiro de pistola en su apartamento. De alguna manera, era reconfortante oír que el peor escenario se confirmaba. Pero aquel alivio temporal fue rápidamente reemplazado por el miedo. Jimmy Doyle la había visto. La había mirado directamente a los ojos. Y no dudaría en venir a por ella.

Arlyne no les contó a sus padres el aprieto en el que se encontraba. Ida, que sin duda había atado cabos, tuvo instinto suficiente como para no indagar sobre el tema. La única persona en la que confió Arlyne fue en Sadie, la doncella negra, que la ayudó a montar guardia. Pasaron tres días sin novedad. Arlyne, que no había salido de la casa desde el día de la muerte de Natie, se estaba volviendo loca de incertidumbre. Finalmente, el cuarto día, Sadie cogió una llamada de Jimmy Doyle. Le tendió el teléfono a Arlyne.

–¿Por qué quieres verme? –preguntó ella.

–Ya sabes por qué quiero verte –respondió Jimmy.

Le dijo que se reuniera con él en el hotel Forrest, en el Theater District, a lo que Arlyne accedió. Después de colgar, repasó la conversación durante unos instantes y decidió qué debía hacer. Arlyne se dirigió al armario y sacó una falda de satén de color verde guisante y un top sin mangas. Como toque final, añadió su estola de piel de zorro, sus pieles «de infarto», como ella las llamaba. Mientras se examinaba en el espejo estudiando el efecto que causaría, se dijo: «Bueno, si voy, voy así». Informó a Sadie de que iba a salir y la advirtió de que si no tenía noticias de ella al anochecer, llamara a la policía.

El taxi pilló un atasco y Arlyne llegó tarde. Se apresuró a entrar en el vestíbulo del hotel y encontró a un Jimmy Doyle ceñudo.

–Cuando quedes conmigo, sé puntual –dijo.

Entonces, Jimmy sacó una llave del cajón de recepción y Arlyne lo siguió escaleras arriba hasta una habitación pequeña y sencilla. Los minutos transcurrieron. Jimmy no dijo nada. Arlyne no podía leerle el rostro. Incómoda por el silencio, decidió tomar la iniciativa y le preguntó directamente:

—Jimmy, ¿vas a matarme?

Jimmy sonrió.

—¿Para qué? —replicó—. No vas a decirle nada a nadie.

—Eso es verdad —afirmó—. No voy a decirle nada...

—¿Sabes? —continuó Jimmy—. Siempre me has gustado. Y ahora, me vas a hacer un favor.

No hubo preliminares. El sexo fue rápido y violento. A continuación, Jimmy se paseó arriba y abajo por la habitación, fumando un cigarrillo. Una vez que Arlyne se hubo vestido, murmuró:

—Lárgate de aquí. Ya te llamaré.

Después de aquello, Arlyne estaba disponible cuando Jimmy quería echar un polvo. Aunque al principio solo quedaban de noche porque Jimmy no quería arriesgarse a que lo vieran con ella, a medida que las semanas transcurrieron, se volvió más gallito y empezó a llevarla a lugares públicos, como a La Fontaine y a las otras guaridas en las que había estado con Natie. Jimmy jamás mencionó a su víctima.

Los encuentros con Jimmy fueron instructivos y desconcertantes por igual. A Arlyne, el sexo siempre le había parecido una manera de controlar a un hombre. Aunque el control podía ser solo momentáneo, lo encontraba estimulante de todos modos. «El control —diría después Arlyne— es la cosa más importante en la vida de una persona». Las dos mujeres a las que más admiraba —Ida Blum y Virginia Hill— lo controlaban todo en su órbita. En particular, a sus hombres. Y en su papel de Señorita Cachonda, Arlyne imaginó que ella también estaba al volante. Aunque resultaba evidente que era una esclava y que el sexo era parte de su esclavitud. Su degradación se acentuó cuando Jimmy empezó a pasarla a Johnny Dio y al hermano de Johnny, Frankie.

Arlyne no dijo nada a sus padres de lo que tenía que soportar. Todavía pensaba que podía controlar la situación. Que Jimmy se cansaría de ella y la dejaría ir sin que nadie se diera cuenta. Pero Jimmy no se cansó. Y poco a poco, la presión le pasó factura. Arlyne se consumía con la idea de que estaba siendo castigada por todas las cosas malas que había hecho. Estaba constantemente asustada. Perdió el apetito, languideció y tenía episodios de llanto. Cuando su madre le preguntaba qué ocurría, Arlyne gimoteaba: «No puedo decírtelo».

Billie estaba de acuerdo con Ida, quien opinaba que la enfermedad de Arlyne tenía que ver con la muerte de Natie Nelson. Se decidió que viera un psiquiatra. Pese a la negativa de Arlyne, madre y abuela fijaron una cita con el doctor Max Helfand. El día de la vistita, las tres tomaron un taxi que las llevó por Manhattan, se detuvieron en la dirección en Central Park West y atravesaron un par de puertas giratorias hasta el apartamento del doctor Helfand, que también utilizaba como oficina. Una doncella uniformada las condujo a un salón lleno de antigüedades. Arlyne y sus guardianas se sentaron a esperar en los sofás de brocado. Tras unos instantes, el doctor apareció.

Max Helfand era un hombre bajito y casi calvo que llevaba anteojos y un traje caro. Era enérgico, encantador y por lo que parecía, un *bon vivant*. Solo le tomó unos minutos revelar que le entusiasmaba bailar, lo que le ganó al instante las simpatías de Ida. Los dos continuaron un flirteo sutil durante todo el tratamiento. En cuanto a Arlyne, el doctor Helfand no le importaba. No le gustaba la manera en que trataba de sonsacarle sus secretos. Le parecía que mostraba el mismo empeño que había mostrado Jimmy Doyle para arrebatarle el control. Así que se dedicó a ponerle barreras a cada paso. Antes de cada sesión, se inventaba cuentos chinos para despistarlo.

Pero el doctor Helfand, con su voluntad inquebrantable, empezó a desgastarla. Poco a poco, ciertos detalles de su vida, que había decidido esconder a cualquier precio, salieron a la luz. Le explicó lo del primo Solly y Tony Mirra. Lo de Stamey y Sal, y todos los otros. Sin embargo, la confesión no la hizo sentir mejor. Cuanto más honesta era con el doctor Helfand, más expuesta e impotente se sentía. Hubo ocasiones en que deseó morir y estuvo tentada de lanzarse por la ventana de la habitación. En otras ocasiones, sentía tanto miedo que no se atrevía a cruzar el Queensboro Bridge –el camino hasta el despacho del doctor Helfand– por miedo a desmayarse.

El único secreto que el doctor Helfand no había podido extraer de ella era la verdad sobre la muerte de Natie Nelson. Y Arlyne se aferró a él como si fuera un chaleco salvavidas. Finalmente, Helfand, al ver que había alcanzado un punto muerto, habló con Billie y le pidió permiso para administrar a Arlyne una inyección con un fuerte sedante. Según argumentó, era necesario llegar a la raíz del trauma de la paciente.

En la siguiente visita, el doctor Helfand le administró la inyección y Arlyne desveló el secreto. Dormida por la droga en una pequeña antecámara, Helfand le explicó con urgencia a Billie la historia de Arlyne sobre la muerte de Natie Nelson y su relación con Jimmy Doyle. Aquella tarde, Billie habló con su esposo. En los días que siguieron, Irving fue a ver a Jimmy e hizo un trato. Arlyne jamás diría lo que vio. La familia Weiss no acudiría a la policía. A cambio, Jimmy la dejaría en paz.

Mantuvieron a Arlyne al margen de los detalles de la intervención de su padre. Todo lo que se le dijo fue que estaba a salvo y que tenía que recuperarse. El doctor Helfand recomendó a Billie que se la llevaran de la ciudad durante una temporada, quizás a Florida. Allí podría disfrutar del océano. Según creía, el agua salada calmaba los nervios. Billie estuvo de acuerdo y en una semana, ella y su hija partieron hacia Miami.

Como predijo el doctor Helfand, el viaje tuvo un efecto tonificante en Arlyne. Respondió no solo al sol tropical, sino también a los cuidados que su madre le prodigaba. Fue la primera vez en su vida que podía recordar que Billie le prestaba su completa atención. Y las semanas que pasaron juntas durante la convalecencia de Arlyne fueron de las más tranquilas que disfrutarían. Al cabo de un mes, Arlyne regresó a Nueva York, bronceada, sana y decidida a pasar página.

TRES
Una mujer decente

Arlyne todavía no había concretado todos los detalles de su transformación. Sin embargo, la clave de su plan consistía en renunciar a los hombres. Durante aproximadamente un buen mes después de su regreso de Miami, se mantuvo casta. La memoria de la humillación sufrida a manos de Jimmy Doyle todavía estaba fresca y apartó sus antiguas obsesiones. Se quedaba en casa por las noches, cediendo ante sus padres. Pero poco a poco tanta castidad empezó a hacer mella en sus nervios. Arlyne vivía de la excitación que generaba el desacuerdo. Estaba más dispuesta a recibir un bofetón que una palmadita en la espalda. Echaba de menos la adrenalina.

Arlyne retomó con renovado vigor sus antiguas amistades del Carlton Terrace, saliendo de fiesta hasta las tres de la madrugada. Billie volvió a sus vigilias en el salón, pero se resignó al ver que Arlyne, ya de dieciocho años, escapaba a su control. La hija se fue desenfrenando cada vez más, hasta que una jugarreta del destino cortó temporalmente sus alas de un modo en que su madre jamás lo habría logrado.

Arlyne había estado manteniendo un «lío de cama» –lo llamaba así para indicar una implicación más seria que un simple revolcón en el asiento trasero de un Cadillac– con Moishe, un mafioso cliente habitual del Terrace. Arlyne no iba en serio con Moishe. Pensaba que su cuerpo delgado, angular y pálido era repugnante. Moishe, además, era un infiel empedernido. Cuando se conocieron, no solo tenía esposa, sino también novia. Arlyne podía entender que un marido engañara a su mujer, pero traicionar a su novia iba más allá de lo despreciable. Sin embargo, Moishe, andaba en zancos por los sindicatos y la llevaba a sitios en los que Arlyne quería que la vieran. El acuerdo resultaba tolerable hasta que tuvo una falta.

Durante algunos días, se dedicó a holgazanear, sumida en cierto letargo. «¿Cómo había podido pasar aquello?», se preguntaba. No era ningún misterio, teniendo en cuenta que en los seis años anteriores de actividad sexual jamás había utilizado métodos anticonceptivos. Y el hecho de no haber tenido ningún accidente en tanto tiempo la había dejado con una sensación de que la suerte estaba de su lado. Pero había acabado por quedarse embarazada. Reuniendo todo su aplomo, llamó a Moishe y quedaron en verse en el Terrace. Arlyne expuso el problema con calma.

–Moishe –dijo–. Estoy embarazada.

Moishe ni siquiera pestañeó y, sin mostrar emoción alguna, respondió:

–Haz lo que tengas que hacer.

No creía que el hijo fuera suyo y claramente no pensaba ayudarla.

Arlyne abandonó el Carlton Terrace sin dar crédito. Tomó un taxi hasta casa y se sintió aliviada al comprobar que Sadie todavía no había salido hacia Harlem. Se lo confesó todo entre lloros. En Sadie, Arlyne había descubierto a una aliada para aquel tipo de situaciones. La doncella, que también era algo alocada, demostró ser una cómplice voluntariosa, y juntas decidieron ocuparse del asunto sin decir nada a Billie, que estaba de vacaciones en Florida. Sadie guardaba en la manga algunos remedios antiguos. En primer lugar, fue a ver al boticario y regresó con una botella llena de unas enormes pastillas negras a las que llamó «píldoras elefante». Arlyne no preguntó qué contenían, sino que se limitó a ingerir un par de ellas con un vaso de agua. Repitió la operación al día siguiente, y el día después. Pasó una semana, pero su menstruación no se materializaba.

Así que a Sadie se le ocurrió otro plan. Sacó una lata de aguarrás con una larga boquilla, vertió tres gotas en una cucharada de azúcar y le dijo a Arlyne que se la tomara. Sadie le prometió que si lo hacía durante nueve días, la regla regresaría. Sin embargo, antes de que acabara el tratamiento, Arlyne se vio sorprendida por la fiebre y unos violentos espasmos estomacales. Sadie se asustó y admitió que había llegado el momento de buscar ayuda. Se decidió que la opción más inteligente era explicárselo a Ida y que ella se lo transmitiera a Billie, ya que Billie no se atrevería a chillarle a su madre. El plan funcionó a la perfección. La imperturbable Ida soltó sus habituales frases de consuelo: «No te preocupes, cariño. Yo me ocuparé de todo». Le pidió a Billie que regresara de Florida y las dos fijaron una discreta visita a un reputado médico recomendado por un amigo de la familia.

Gracias a su abundante vitalidad natural, Arlyne se recuperó tanto del envenenamiento por aguarrás como del aborto en cuestión de días. Su padre, a quien debían mantener al margen de los hechos según la opinión generalizada, no se enteró de nada.

El episodio asustó a Arlyne. Pero, curiosamente, el hecho de haber salido aparentemente indemne aumentó su sentido de invulnerabilidad. Volvió a sus hábitos promiscuos, despreciando los métodos anticonceptivos y, pese a todos los argumentos posibles, convencida de que la fortuna seguía de su lado. Pero en aquel juego, fue la menos afortunada. A lo largo de los siguientes cuatro o cinco años se quedó embarazada ocho veces más, y según creía a pie juntillas, en cada una de dichas ocasiones el padre era un mafioso judío (una pauta que aumentó su predilección por los italianos). Cada vez que volvía a casa llorando y diciendo que había vuelto a suceder, Ida y Billie movilizaban sus efectivos. Le encontraron un médico en Filadelfia. Le encontraron un médico en Manhattan. Le encontraron un médico cubano que trabajaba con instrumental sucio. En cada una de aquellas ocasiones, Arlyne regresaba cojeando a casa y pasaba varios días en cama, sorbiendo sopa y meditando sobre sus crímenes. Durante el periodo de fiebre y dolor que seguía a aquellas operaciones furtivas, se comprometía a ser buena. Pero tan pronto como se encontraba mejor, volvía a las andadas.

El último de dichos embarazos ilegítimos se produjo cuando contaba con veintitrés años. Había estado acostándose con uno de los amigos de su padre, un vendedor de coches de Manhattan, y descubrió que se había vuelto a «quedar». El padre, al igual que habían hecho los anteriores, rechazó toda responsabilidad. Y de nuevo, Arlyne acudió a su madre en busca de ayuda. En aquella ocasión, Billie, que ya sabía moverse por el inframundo clínico, apareció con un médico conocido como «doctor Sunshine», que únicamente se dedicaba a practicar abortos y ganaba una fortuna con ello. Billie realizó los preparativos necesarios y en una lúgubre mañana de invierno, acompañó a su hija a la consulta del doctor Sunshine, situada en un hotel junto al Roxy Theater.

La sala de espera era algo pequeña y, al poco de llegar, Arlyne reparó en un hombre que estaba sentado frente a ella. Debía de rondar la treintena, y sus cabellos ondulados se estaban volviendo prematuramente blancos. Aunque era bajito, vestía con estilo. Acompañaba a una mujer que parecía ser diez años más joven. Por inercia, Arlyne le lanzó una mirada seductora.

Pronto, el hombre inició una animada conversación con su madre.

Se llamaba Norman Brickman. Según dijo, él y su padre regentaban un negocio de pieles en Midtown. Como Norman y Billie tenían conocidos mutuos, se intercambiaron los teléfonos. Entonces, Arlyne oyó que la recepcionista la llamaba y apartó al peletero de sus pensamientos.

Pocos días después, en plena convalecencia, Arlyne recibió una llamada de Brickman, que le preguntó si quería salir. A la luz de la circunstancias de su encuentro, a Arlyne aquello le pareció un poco extraño. Norman, según suponía, estaba involucrado con la joven de la sala de espera. (Arlyne tenía que admitir que la imagen de un hombre en pie junto a una mujer a la que había preñado le resultaba entrañable y, sin duda, sin precedentes en carnes propias). Como más tarde le explicó Norman, la mujer era solo «una amiga». Durante la cena, le contó su vida personal. Estaba casado, pero no era un matrimonio feliz. Él y su esposa estaban legamente separados. Después de cenar, la llevó a casa temprano y le preguntó si podía volver a verla.

A Arlyne le gustaba Norman Brickman. Era atento, atractivo e increíblemente generoso. Poco después de que empezaran a salir, comenzó a traerle pieles. Una estola de piel de zorro ártico. Un abrigo de piel de zorro plateado. Después, una chaqueta de visón. Además, de un modo inexplicable, le recordaba a su padre. No había ninguna similitud física, excepto el hecho de que Norman estaba acercándose a la mediana edad. Sin embargo, la presencia de un hombre más mayor era suficiente para evocar en Arlyne Weiss los anhelos de su juventud.

A principios de enero, menos de dos meses después de conocerse, Brickman le propuso matrimonio. En aquel momento, Arlyne no se paró a preguntarse a qué venían tantas prisas.

Estaba más preocupada por sus propias prioridades. Su hermana Barbara acababa de anunciar su compromiso con un chico muy guapo de una familia honesta. Por supuesto, aquella inminente unión era todo lo que Billie e Irving siempre habían querido para sus hijas –para ambas–, y la familia de los Weiss andaba algo revuelta con los preparativos para la boda, que se celebraría en agosto. La idea de que Barbara monopolizara la atención de toda la familia durante un verano entero irritaba a Arlyne. Así que pensó que podría robarle el éxito a su hermana si se casaba antes que ella. Con aquella intención envidiosa en mente, aceptó la propuesta de Norman Brickman.

Billie se alarmó al enterarse de la noticia. Sentía que Norman era inapropiado en varios aspectos. Primero, estaba la evidente diferencia de edad. Aparte, estaba su complicada situación personal, que incluía, por lo que había podido saber hasta el momento, tanto a una mujer de la que vivía separado como a una antigua novia embarazada. Arlyne le aseguró a su madre que Norman iba a formalizar pronto el divorcio, pero aquello no tranquilizó a Billie. Porque, en el fondo de su desasosiego, residía una sospecha que no podía demostrar: que la intención de Norman era meter mano en el dinero de Irving.

Billie le suplicó a su hija que lo reconsiderara, pero Arlyne se mostró inflexible. Ante la decisión de la joven, la familia fijó la primera semana de abril como fecha para la boda. No fue nada especial, una boda relámpago en Greenwich, Connecticut, donde existían leyes maritales favorables a los recién divorciados. Arlyne vestía un traje Chanton beis con una estola de visón. Los novios caminaron penosamente en medio de una tormenta de nieve hasta un juez de paz. Después de la ceremonia, todos se reunieron en una fonda para el banquete, que consistió en un desayuno de champán. Todo el mundo se emborrachó, no tanto por la alegría sino para olvidar la incomodidad. Billie lloraba sin cesar. La única que parecía contenta era Ida, forjada por los años al frente de la funeraria para estar a la altura de cualquier emoción que la convención requiriese.

Aunque Irving tenía dudas sobre su nuevo yerno, puso su mejor cara y desveló su regalo de bodas a los novios: un Cadillac rosa. Entre despedidas y buenos deseos, Arlyne y Norman subieron a su nuevo coche y partieron hacia la tormenta.

Pasaron su luna de miel en el Concord, la vieja guarida de Ida y un lugar que Arlyne siempre asociaba con la alegría. Pero el ambiente era avinagrado. Norman bebía y se ponía de mal humor. Arlyne jamás lo había visto en aquel estado. Lo atribuía al trato descortés que había recibido por parte de su familia y redobló los esfuerzos para animarlo. Estaba decidida a convertirse en una buena esposa, aunque sus motivos no eran del todo puros. Por una parte, había visto suficientes maridos infieles en el Carlton Terrace para darse cuenta de que un buen matrimonio era algo que valía la pena. Sus propios padres mantenían una relación digna de envidia. Se mostraban cariñosos y eran fieles el uno al otro. Como cualquier otra pareja, habían pasado malas épocas. Cuando Arlyne estaba en los primeros años de su adolescencia, se había enterado de que Irving tenía una aventura. El teléfono había sonado una tarde y una mujer había preguntado por él. Billie se puso al aparato y dio el golpe de gracia: «Soy todavía la señora de Irving Weiss». Después de aquello, Billie fingió que no había pasado nada. En aquel momento, Arlyne se maravilló ante la fría crueldad en el hecho de que una querida llamase a su amante a casa. Pero nunca pensó mal de su padre. Se figuraba que, sencillamente, se trataba de un lapsus en un matrimonio ejemplar.

Aunque había una razón mucho más apremiante por la que Arlyne no podía fracasar. Si su matrimonio daba la impresión de encontrarse sumido en problemas tan pronto después de la boda, las nupcias de Barbara en agosto se llevarían toda la gloria. Con aquello en mente, Arlyne se aplicó a fondo en su papel de señora de Norman Brickman. Después de regresar de las Catskill, encontró un apartamento en el Upper East Side, el barrio más de moda de Manhattan. Convenció a su madre para que le prestara a Sadie durante un par de días a la semana, pero era la propia Arlyne la que supervisaba la administración del hogar. Su desaliño habitual desapareció por completo. Así como antes tiraba descuidadamente sus prendas hechas a mano en pilas detrás de la puerta, en aquel momento no podía soportar que algo estuviera fuera de lugar. Se convirtió en una fanática de la limpieza, poniéndose a cuatro patas para fregar el suelo. Cada día hacía un pedido de flores frescas en las floristerías del vecindario y llenaba las habitaciones con los aromas que desprendían unos ramos enormes. Las flores siempre indicaban inocencia.

Aunque Arlyne atendía a su esposo como si fuera una criada, Norman no se contentaba con facilidad. Era muy especial con sus camisas, que tenían que lavarse y plancharse a mano. Mantener el armario de Norman en las condiciones que demandaba requería tanto de Sadie como de Arlyne a tiempo completo. Era igual de quisquilloso con las comidas. Sadie guisaba la mayor parte del tiempo, pero de vez en cuando, Arlyne, que no era mala cocinera, le preparaba su cena favorita: chuletas de ternera y puré de patatas. A continuación, se sentaba esperando un elogio que nunca llegaba. En lugar de ello, si trataba de entablar conversación, Norman levantaba la mano como si fuera a golpearla.

Arlyne habría podido tomarse con filosofía las crueldades de su marido de no ser por una rareza que amenazaba con volverla loca. Habitualmente, los viernes por la noche despachaba a Sadie temprano y preparaba lo que esperaba que fuera una cena íntima en pareja. Sin embargo, a las pocas semanas de casarse, Norman empezó a irse a mitad de la cena. Se levantaba de la mesa, con el plato a medio terminar, y anunciaba que iba a por un paquete de tabaco. Arlyne se quedaba sentada sola, escuchando cómo el reloj daba las nueve, las diez, las once. Medianoche. Norman no volvía ni esa noche ni al día siguiente. No aparecía con los cigarrillos en la mano hasta el domingo. Sin dar explicaciones, se encaminaba hacia el fonógrafo y ponía su canción favorita: «*Let there be you. Let there be me. Let there be oysters under the sea*». Y a continuación pedía el resto de la cena.

Arlyne estaba fascinada. O bien Norman estaba loco o se había propuesto una charada para sacarla de sus casillas. Fuera cual fuese el caso, sintió que necesitaba una verificación objetiva de aquel extraño comportamiento. Un viernes por la tarde, le pidió a Sadie que se quedara a pasar el fin de semana. «Ya verás, vuelve el domingo por la noche como si nada hubiese pasado. Trata de hacerme luz de gas». Sadie pensó que todo aquello sonaba bastante raro, pero se agazapó en las sombras y fue testigo de cómo Norman salía el viernes por la noche y regresaba dos días después.

Satisfecha por tener la razón de su lado, Arlyne tomó la iniciativa. Contrató a un detective para que siguiera a su marido. El investigador privado siguió a Norman hasta un apartamento en Brooklyn, justo en la esquina donde estaba el salón de belleza al que acudía Arlyne. El apartamento pertenecía a una mujer llamada Chickie. Arlyne examinó las fotos de su presunta rival. Chickie era una auténtica tipa de Brooklyn, con una larga melena de color plateado. No había nada de especial en ella, excepto que estaba visiblemente embarazada. Arlyne decidió que ya era hora de mantener una charla con su marido.

Norman Brickman se mostró ultrajado por el hecho de que su esposa hubiese contratado a un detective para espiarlo. Sin embargo, Arlyne no estaba dispuesta a permitir que la despistaran tan fácilmente y no dejó que la conversación se apartara del tema de la novia embarazada. Después de mucho discutir, Norman prometió que dejaría a la otra mujer. Pero, al parecer, la situación no estaba completamente bajo su control. Cuando Norman no apareció por casa de Chickie después de unos días, esta se presentó ante la puerta del apartamento de los Brickman, a plena luz del día, alardeando con descaro de su barriga. Cuando nadie respondió, se puso debajo de la ventana y empezó a gritar: «¡Norrrrman!». Arlyne lo observó todo desde detrás de la cortina, fascinada y horrorizada al mismo tiempo. Norman permaneció sentado en su butaca, leyendo como si no pasara nada.

Al final, Arlyne abrió la ventana y le gritó: «¡Lárgate!», pero Chickie la ignoró. Estaba decidida a ver a Norman y lo que opinara su esposa no iba a disuadirla. En resumen, Chickie no tenía vergüenza alguna y se presentó varias veces en las semanas que siguieron, poniéndose bajo la ventana y gritando el nombre de Norman. Cuando Arlyne le preguntó a su marido qué pensaba hacer ante aquella situación, este le respondió que ya había terminado el romance. Arlyne deseaba creer con todo su corazón que aquello era verdad y confiaba en que la determinación de Chickie acabaría por agotarse. Nunca le preguntó a Norman si el bebé era suyo. Si respondía con un «Sí», reconocería su obligación y quizá se sintiese forzado a cumplir con su deber. Arlyne temía que su marido fuera un hombre con escrúpulos. Sin embargo, aquellos miedos pronto se disiparon ante la aparición de otra visita.

Se había producido una pausa temporal en el sitio que llevaba a cabo Chickie. Aun así, Arlyne se sobresaltaba con cada llamada a la puerta. Una tarde, el timbre sonó y echó un vistazo a través de las cortinas. Ante el umbral había una rubia alta y muy atractiva. No una rubia barata como Chickie, sino una tipa con clase. Arlyne abrió la puerta y se encontró cara a cara con otra mujer embarazada.

La hizo pasar al interior, le ofreció una bebida fría y se enteró de que se llamaba Frances. Era una chica irlandesa del Bronx. Había conocido a Norman dos años antes en el barrio peletero, donde trabajaba como modelo. Y entonces se había quedado embarazada, y Norman no le devolvía las llamadas. No quería molestar, explicó, pero estaba a punto de dar a luz y no tenía dinero. Arlyne estaba conmovida. A diferencia de Chickie, que había vociferado a las puertas de su casa como si fuera la reina de los hunos, Frances sencillamente buscaba un poco de justicia. En lugar de una rival, le pareció una compañera víctima.

Sin informar a Norman de aquella visita, Arlyne dio a Frances algo de dinero para que saliera adelante y la envió de vuelta al Bronx, llamándola cada varios días para preguntar por su estado. Cuando Frances se puso de parto, Arlyne la llevó al hospital y al ver que la chica no tenía un camisón decente, fue a comprarle uno. El día de San Judas, el patrón de las causas imposibles, Frances tuvo un hijo. Arlyne sostuvo al bebé en sus brazos brevemente. A continuación, y después de darle a Frances otra suma importante de dinero, salió del hospital y no volvió a verla nunca más.

Arlyne no se decidía a comentar el tema de las amantes de Norman con sus padres. Sería admitir su fracaso. En lugar de eso, los invitó a cenar el viernes por la noche con la intención de presentar un retablo de la dicha doméstica. Durante la cena, estaba en un estado de nervios terrible, preguntándose si su marido se iría a por cigarrillos. Pero en presencia de Irving

Weiss, cuya riqueza e influencia admiraba, Norman se comportó como un esposo modelo. Aunque los Weiss deseaban creer con todas sus fuerzas en el matrimonio de su hija y esperaban que la tranquilizaría, no se engañaban tan fácilmente. Los rumores de las fechorías de Norman se habían filtrado vía Sadie. Arlyne, sin embargo, se negó a exponer sus problemas, hasta que los acontecimientos la obligaron a hacerlo.

Poco después de casarse, Arlyne se percató de que el negocio de Norman tenía problemas. Él y su padre habían discutido sobre algún asunto, no sabía exactamente cuál, y durante días Norman se mantuvo alejado de la tienda. Una tarde de mediados de junio, el timbre de la puerta sonó. Norman estaba holgazaneando en el piso, relajado en sus pantalones cortos azules, sus favoritos, así que Arlyne abrió la puerta. Se encontró con dos detectives del cuerpo de la ciudad de Nueva York con una orden de arresto contra su esposo.

Norman no pareció sorprenderse. Se puso los pantalones con calma, le dio instrucciones para la fianza y se fue con los detectives. Aquella noche, después de que Arlyne consiguiese sacarlo, le explicó sus penurias. Había tomado un paquete de pieles en consignación, las había vendido y se había embolsado el dinero. En el proceso, había arruinado a su padre y se arriesgaba a acabar en prisión.

Norman explicó todo esto con apatía. Aun así, la perspectiva de ver a su esposo entre rejas le resultaba tan perturbadora que Arlyne se acogió a la piedad de su padre y le suplicó que interviniera. En consecuencia, Irving arregló que uno de sus amigos, un congresista, llevara el caso de su yerno.

Convencida de que su marido finalmente la necesitaba, Arlyne se sintió más cercana a él que en ningún momento desde su boda. Cuando salió bajo fianza, Norman se comportó de forma ejemplar. Era considerado, amable, atento. A principios de julio, descubrió que estaba embarazada. Por primera vez, estaba contenta con la noticia. No era un sentimiento que compartiera Billie Weiss, que sentía el desastre inminente y rogó a su hija que abortara de nuevo. Pero Arlyne no quería saber nada del tema. Aunque había vivido sus embarazos previos con miedo y repulsión, en aquel momento albergaba sentimientos maternales. Quería algo suyo. Como ya era habitual, los motivos de Arlyne no eran del todo puros. Al tener un bebé, nada menos que el primer bisnieto de Ida Blum, se aseguraría una posición de estima en la familia, una a la que Barbara no podría adelantarse.

Cuando Arlyne le dijo a Norman lo del bebé, este se mostró entusiasmado y, preocupado por su estado, sugirió que se apartara de todos sus problemas legales tan lejos como fuera posible y que pasara varias semanas con su abuela en el Concord. Arlyne accedió, pero una vez que estuvo allí, se sintió inquieta y preocupada por su marido. La siguiente vista se estaba acercando y se sintió culpable por haberlo dejado solo. Pensó que sería una agradable sorpresa si iba a recogerlo a la salida del juzgado.

Cuando la limusina alquilada de Arlyne se detuvo junto a su apartamento en el Upper East Side, las luces estaban apagadas. Hizo girar la llave en la cerradura y llamó a Norman. No hubo respuesta. El lugar presentaba la misma apariencia que cuando se había ido. Norman, a diferencia de muchos hombres, no era desordenado. Sin embargo, en el instante en que se dirigió del salón al dormitorio, reparó en que algo iba mal. Su camisón favorito, uno de color turquesa, estaba tirado encima de la cama. Ella jamás lo habría dejado tirado de aquel modo, y Sadie, que sabía que su señora hacía lavar la ropa interior después de una puesta, tampoco lo habría tratado con tanta indiferencia. Otra mujer lo había llevado.

Estaba furiosa contra Norman, que evidentemente la había engañado para que dejara la ciudad y así poder jugar a mamás y papás con Chickie. Arrepintiéndose de los sentimientos de simpatía que había sentido hacia él, esperó en la casa a oscuras hasta que lo oyó cruzar el umbral. Estaba solo. Cuando encendió la luz y la vio, se quedó de piedra. Arlyne no tenía ninguna intención de darle la oportunidad de explicarse. Blandiendo el camisón que lo incriminaba, se lanzó en una perorata sobre su lascivia. Norman la golpeó. Y después se marchó hecho una furia.

Durante toda aquella noche, Arlyne se lamió las heridas mientras alimentaba su ira. Por la mañana, tenía decidido cómo iba a actuar. Llamó al ayudante del fiscal del distrito encargado del enjuiciamiento contra Norman y le dijo que tenía información sobre la conducta indebida de su marido en el negocio de las pieles. El fiscal la apremió a venir a su despacho, donde Arlyne recitó una letanía de los «crímenes» de Norman.

Arlyne no había contado con las consecuencias de su venganza. Años después, al tratar de reconstruir las tumultuosas secuelas de su visita al despacho del fiscal, recordaría que a Norman lo detuvieron de nuevo. Había delatado a su propio marido. Aquello la mortificaba. Decidió que arreglaría el asunto. Se retractaría de su declaración. Pero primero tenía que pagar la fianza. Aunque, como comprobó, aquello era imposible hasta la mañana siguiente. Se pasó toda la noche sentada ante la cárcel municipal de The Tombs, dentro de su Cadillac color rosa, esperando a hacer penitencia. A la mañana siguiente, cuando finalmente pudo visitar a Norman, este le dijo que no quería volver a verla nunca más.

Pocos días después, Norman y el Estado llegaron a un acuerdo. Se declaró culpable de los cargos de hurto mayor en segundo grado y fue sentenciado a un corto periodo en la prisión estatal de máxima seguridad de Ossining.

En sentido práctico, el matrimonio de Arlyne había terminado. Se mudó del Upper East Side y regresó al apartamento que sus padres tenían en Forest Hills. Aquella vuelta atrás fue humillante, sobre todo porque sucedió aproximadamente dos semanas después de la boda de Barbara, un espectáculo de cuento de hadas en el Gran Salón del hotel Plaza. En aquel momento, la noticia de la condena de Norman no era de dominio público y los Weiss confiaban en que no se filtraría y estropearía el gran día de Barbara. Decidieron que lo mejor era que Arlyne y Norman aparecieran juntos, sonrientes y que sofocaran los rumores sobre sus problemas domésticos. Aquello resultaba complicado porque Norman, en libertad bajo fianza, vivía con Chickie.

Conseguir que asistiera a aquella boda era una hazaña que requería las habilidades del diplomático más experto. Y Arlyne estuvo a la altura de las circunstancias. Lo llamó a Brooklyn y le explicó que, en su precaria situación legal, tenía mucho que ganar si daba la impresión de que su influyente familia política lo apoyaba. Su buena fe, de hecho, incluso podría resultar útil cuando llegara el momento de pedir la condicional. Seducido por aquel canto hacia su propio interés, Norman asistió a la boda, donde fue una sombra, aunque una necesaria. Solo apareció en una foto: una figura oscura, sentada al fondo.

Arlyne no volvió a ver a su marido de nuevo antes de que ingresara en Sing Sing.

La señora Brickman no sintió el peso de toda su miseria hasta después de la ceremonia, cuando el contraste entre sus circunstancias y las de su hermana se hicieron muy patentes. Mientras que Barbara y su recién estrenado marido pasaban la luna de miel en Europa, Arlyne regresaba a una casa sin marido y con un bebé de camino. El embarazo, además, no estaba siendo el interludio glamuroso que había imaginado. Sufría náuseas. Padecía de los nervios. A pesar de lo primero y con el objetivo de aplacar lo segundo, comía con voracidad y engordó veinticinco kilos. Con una depresión que se acentuaba, su madre pensó que sería buena idea dejar que fuera a trabajar algunas horas a Chester Motors para despejar la mente y que olvidara sus problemas. Irving Weiss se había quedado sin secretaria hacía poco y Arlyne podía serle de ayuda. Sin embargo, aquel arreglo solo le causó más malestar. Sabía que su padre despreciaba a la gente que se descuidaba. Jamás había tenido un kilo de más. También Billie era delgada como un junco. En aquel momento, con sus andares de pato bajo el ojo crítico de su padre, Arlyne sintió que le resultaba repulsiva. Solo deseaba dos cosas: que acabara aquel odioso embarazo y poder librarse de los lazos que la unían a Norman Brickman para recobrar su libertad.

Dada su tormentosa relación, había pensado que Norman estaba igual de ansioso por salir de aquel matrimonio. Así que, una vez transcurrido un intervalo de tiempo decente, le escribió a Sing Sing para pedirle el divorcio. Recibió una respuesta que, esencialmente, decía: «En tanto que yo esté aquí pudriéndome, tú también». Las emociones ya precarias de Arlyne empezaron en aquel momento a oscilar entre la depresión y la histeria. Entre lágrimas, acudió al viejo amigo de su padre, el congresista, para preguntarle si podría encargarse del divorcio. El hombre le contestó que aquello no sería adecuado, puesto que ya había representado a Norman en otra causa penal, y, al reparar en su comportamiento alterado, la advirtió: «Arlyne, si no dejas de comportarte así, tendrás un bebé muy nervioso».

Pero el temperamento de Arlyne no mejoró. Su fecha de parto llegó y se fue sin contracciones. Los días transcurrían lentamente. Una semana. Dos semanas. Ni señal del bebé. Los Weiss montaron guardia. Durante horas y horas, Arlyne jugaba a cartas con su hermana y su recién estrenado cuñado. A veces, alguien rompía el silencio con una pregunta cortés sobre su estado. Arlyne sentía que iba a ponerse a gritar.

Diecisiete días más tarde, Arlyne se puso de parto, un parto arduo y doloroso que duró más de veinticuatro horas. Al caer la tarde dio a luz a una niña. Cuando las enfermeras trataron de enseñarle el bebé, lo rechazó. Durante varios días Arlyne padeció depresión postparto. Todas las amistades de sus padres enviaron ramos. Pero a Arlyne, a la que siempre le habían gustado las flores, su visión la aterrorizaba. Le recordaban a las coronas en la funeraria de su abuela. En su desasosiego, pensó que había muerto.

Cuando la crisis pasó, pidió que le trajeran a su hija. La pequeña Leslie Rebecca Brickman era, sin duda, una niña preciosa. Arlyne examinó su piel blanca y sus miembros rollizos con orgullo. Antes de que Leslie naciera, a Arlyne le preocupaba que Irving no aceptara al bebé. Pero sus miedos pronto se desvanecieron. Desde el momento en que la vio, Irving Weiss cayó prendado de su pequeña nieta. La llevó a casa desde el hospital y la instaló cómodamente en una habitación donde una enfermera la atendía las veinticuatro horas del día. No se le negó nada. Cada vez que lloraba, su abuelo pedía que le dieran un biberón. Como resultado, engordó. Cuando llegó la época en que ya podía mantenerse sentada, Irving le compró un cochecito hecho a mano con una ventana en la parte trasera. Parecía un Cadillac. La llevaba de compras a Little Royalty, una de las tiendas de bebés más elegantes de Queens Boulevard. Para su primer cumpleaños, Leslie disponía de un armario lleno de vestiditos de terciopelo y bombachos.

Leslie correspondió a su abuelo con su afecto. Cuando dio su primer paso, fue hacia él. Después, seguía torpemente a su «Poppy» allá donde fuera. Él la llevaba a Chester Motors y le permitía jugar con los asientos de cuero de sus antiguos Rolls-Royce. Ya de más mayor, la llevaba a montar ponis a Oyster Bay. Con el paso del tiempo, Irving Weiss empezó a considerarse el padre de Leslie. No podía soportar la idea de que su verdadero padre regresara en algún momento y la reclamara, así que le ofreció un trato a Arlyne. Si conseguía el divorcio de Brickman, él velaría por Leslie durante el resto de su vida.

Arlyne telefoneó a Sing Sing y pidió que la pusieran en la lista de visitas de Norman Brickman.

—¿Quién es usted? —preguntó el guardia.

—Soy su esposa —respondió ella—. La señora Brickman.

—¿A qué está jugando, señora? —replicó el guardia—. Ha venido a ver a su marido todas las semanas.

Después de organizar una patrulla guerrera formada por Billie e Ida, Arlyne —ataviada con sus zapatos de tira tobillera más provocativos y sus pieles— se encaminó hacia Ossining para visitar al alcaide, el cual, según descubrieron, había comprado un coche a Irving Weiss en el pasado. El alcaide recibió a la delegación con cortesía.

—Ahora dígame, por favor —solicitó—, ¿es usted la señora Arlyne Brickman?

Arlyne le enseñó su partida de nacimiento y el certificado matrimonial.

—Bien, espere un minuto —contestó el alcaide. Hizo llamar a un guardia—. ¿Es esta la mujer que viene a visitar a Norman Brickman todas las semanas? —le preguntó.

—No —respondió el guardia—. Es una rubia.

Arlyne supo entonces que tenía a Norman bien pillado. La falsa señora Brickman debía de ser Chickie. Arlyne presintió que había llegado el momento de que Norman apreciara el poder que tenía sobre él. Informó al alcaide de que su marido había estado colando una amante con una identificación falsa. Y la flecha dio en el blanco. Norman fue castigado con un traslado a una prisión de seguridad mucho menos agradable en Auburn. Sin embargo, no pareció haber escarmentado con las tácticas guerrilleras de su esposa. Cuando, de nuevo, le pidió el divorcio, su respuesta continuó siendo: «En tanto que yo esté aquí pudriéndome, tú también».

A Arlyne no le quedó otra que esperar una nueva oportunidad. Surgió aproximadamente un año después, al acudir a su cita semanal en el salón de belleza de Brooklyn. Mientras le hacían un cardado, oyó que la mujer junto a ella le hablaba a la esteticista de su «yerno», Norman. Arlyne le echó una ojeada. Era una rubia teñida y ojerosa. Arlyne no necesitó presentación alguna para saber que aquella era la madre de Chickie. Al parecer, Norman había salido en libertad condicional y vivía en Brooklyn con su antigua amante.

Cuando Arlyne le explicó las nuevas a su padre, Irving Weiss fue tajante. Tenían que arreglárselas para pescar a Norman en plena infidelidad. Aquello proporcionaría las pruebas necesarias para que Arlyne iniciara el proceso de divorcio. Sin más dilación, Irving contrató a un par de detectives privados que empezaron a planear una «incursión» en el apartamento de Chickie. Necesitarían que un miembro de la familia o una amistad cercana los acompañara para atestiguar que la mujer con la que Norman vivía no era su esposa. Aquello hizo vacilar a los Weiss. Irving y Billie no estaban dispuestos a comprometer su dignidad participando en aquella sórdida excursión. Lo más lógico es que fuera Arlyne, pero meterla en el mismo cuadrilátero en que estaba Chickie era buscar una situación desagradable. La familia decidió enviar a Sadie.

A última hora de una tarde, Sadie y los detectives partieron hacia Brooklyn. Cuando llamaron a la puerta, uno de los detectives dio instrucciones a la doncella para que buscara una abertura y se escabullera hacia dentro, hacia el dormitorio. Norman contestó a la puerta, ataviado con sus pantalones cortos favoritos de color azul. Sadie, al advertir que tenía una oportunidad, pasó junto a Norman y se metió en el vestíbulo, donde casi chocó contra Chickie, en un camisón corto y con un bebé colgándole de los brazos. Sadie clavó los ojos en Chickie. Chickie gritó: «¡Fuera de aquí!». El grupo se retiró, con la prueba que habían venido a buscar en su poder.

La incursión hizo que Norman estuviera de un humor más negociador. En los días posteriores, él e Irving se reunieron para discutir el asunto como caballeros. El resultado de aquella cumbre fue una solución que satisfizo a ambas partes. Norman garantizaba a su esposa un divorcio sin oposición y renunciaba a todos los derechos sobre el bebé; a cambio, Irving Weiss asumía la responsabilidad de su manutención. Cuando Arlyne fue al juzgado a formalizar la disolución de su matrimonio, el juez le preguntó si no quería al menos un dólar, con lo que dejaría la puerta abierta a futuros pagos por pensiones alimentarias. «No –dijo rotundamente–. Quiero librarme de él».

Norman Brickman solo apareció una vez más en la vida de Arlyne. Varias semanas después de que se confirmara el divorcio, Arlyne estaba paseando a la niña, que entonces rondaba los dos años, por la acera de Forest Hills. Miró hacia arriba y vio a Norman, que cruzaba la calle en dirección a ella. Su primer instinto fue el pánico. Estaba muy contenta por la promesa de su padre de mantener a Leslie y tenía miedo de que si la veía hablar con Norman, se enfadaría tanto que se echaría atrás.

–¿Qué quieres? –siseó.

–Quiero ver cómo es mi hija –contestó él.

Dirigió una mirada hacia la bebé en el interior del cochecito y después volvió a centrar su atención en Arlyne. Le dijo que se marchaba a California y que nunca más volvería a verlo. Y con estas palabras, dobló la esquina y salió de su vida. Aquella noche, Arlyne repasó los álbumes de fotos y destruyó las imágenes en las que aparecía Norman. Tras deliberar, la familia Weiss decidió por unanimidad decirle a Leslie que su padre estaba muerto.

CUATRO
Chicos listos

Al principio, Arlyne estaba encantada con su nuevo rol de madre. Cuando paseaba a la pequeña Leslie dormida en el cochecito por Queens Boulevard, los transeúntes miraban por la ventanita trasera y exclamaban: «¡Qué monada! ¡Qué dulzura!». Arlyne disfrutaba de la gloria ajena. En casa también gozaba de un nuevo estatus. La adoración de Irving por su pequeña nieta parecía infinita y, como si fuera una madona residente, Arlyne era incapaz de hacer nada malo.

Arlyne sentía cariño por la niña y disfrutaba de ciertos aspectos de la maternidad, como por ejemplo darle el biberón a Leslie después del paseo vespertino. Pero aquel afecto era voluble. Más tarde, Arlyne se daría cuenta de que no entendía lo que comportaba criar a un bebé. «Era preciosa –recordaba Arlyne–, pero no entiendo por qué la tuve. Estaba atada. No podía huir».

Con el paso de los meses, el desasosiego de Arlyne aumentó. Había conseguido perder los kilos que había ganado durante el embarazo y sus estrías habían desaparecido. Echaba de menos salir de juerga con Sophie. Billie Weiss estaba lo suficientemente alerta como para comprender que o bien mantenía ocupada a su hija o volvería a sucumbir a los cantos de sirena procedentes del East Side. Lo habló con Irving y decidieron que lo mejor sería que Arlyne consiguiera un trabajo.

Por consiguiente, acudieron al hermano de Irving, Henry, cuya cuñada tenía un hijo en los puestos de dirección en los grandes almacenes de lujo Saks Fifth Avenue.

Aunque al principio Arlyne no estaba muy dispuesta a abandonar su vida ociosa para fichar cada mañana, la idea de Saks la intrigaba. Siempre había comprado en el Lower East Side, en *boutiques* a las que también acudían las esposas y novias de los mafiosos. Saks, en la parte alta de la Quinta Avenida, resultaba un terreno lejano y místico. Los Kennedy compraban allí. Y las Supremes. Le pareció un honor trabajar de vendedora, algo así como ser una dama de compañía de la realeza.

En su primer día, Arlyne llegó a trabajar en un Rolls-Royce, embutida en un vestido ceñido y con una de las pulseras de diamantes de su madre. Pronto aprendió que en Saks aquello no era sinónimo de estilo. Durante los primeros días, ella y un puñado de aspirantes asistieron a una clase a cargo de la directora de planta, la señorita Panserell. La señorita P. era una especie de solterona que, tras echarle un vistazo a Arlyne, anunció con firmeza que el atuendo adecuado para una dependienta de Saks era una falda sencilla y una blusa. En general, a la señorita P. no le gustó la ostentosa recién llegada, la cual, según creía, había conseguido aquella elevada oportunidad gracias a las conexiones de su familia. Además, Arlyne parecía carecer de la disciplina que se requería de una empleada de Saks. No llegaba a dominar las sutilezas de rellenar un tique de compra. Abandonaba su puesto y vagaba sin rumbo por la planta. Con aquel comportamiento, sus ventas eran escasas.

La falta de éxito no preocupaba a Arlyne en absoluto, distraída como estaba por la selección tentadora de mercancías que la rodeaban. Durante sus paseos no autorizados, se propuso «aprenderse las plantas». Le gustaban especialmente los perfumes y billeteras de la planta baja. Durante una temporada, se deleitó en la sección de calzado infantil en la séptima planta, pero entonces descubrió el «calzado mejor» en la segunda. El hallazgo de nuevos tesoros se convirtió en una obsesión. Y también su adquisición. Arlyne fue de compras: vestidos, abrigos, zapatos, cinturones y bolsos que cargaba a la cuenta de su madre. A fin de mes, Billie Weiss recibió un cargo de tres mil dólares.

Sus padres tuvieron que reconocer que el haber enviado a Arlyne a Saks era como obligar a un alcohólico a trabajar en una destilería. Acordaron con una encantada señorita Panserell que su hija presentara discretamente su dimisión.

Liberada, Arlyne volvió a sus antiguas costumbres. Junto a Sophie, se dispuso a buscar nuevos hábitats para sus maldades. Durante un tiempo frecuentaron un club en York Avenue, donde compartían copas y diversión con las modelos del Garment District. A continuación, se adentraron en la ciudad, acumulando infinidad de amantes por el camino. De hecho, fueron tantos que cuando Arlyne trató de hacer inventario años después, su mente los confundía. Los únicos que sobresalían en su memoria eran los que la habían hecho disfrutar o sufrir de forma extraordinaria, o aquellos que tenían «un nombre».

Arlyne era la primera en admitir que Babe no tenía lo que se decía «un nombre». De hecho, volviendo la vista atrás, le resultaba difícil recordar algo que no fuera su apodo. Pertenecía a la pandilla del South Side en el Lower East Side, una banda de poca monta que operaba en la lotería ilegal y poco más. En aquel insignificante negocio, el propio Babe era solo un recadero. Pero era un tipo guapo con conexiones familiares impresionantes. Su hermana regentaba un club de apuestas

115

en Bradford Street, al este de Nueva York, y su tío era un pez gordo de los mafiosos de Williamsburg. Y lo más importante, le ofreció a Arlyne la manera de irse de casa de sus padres.

La tensión había aumentado hasta tal punto que se había convertido en insoportable. Billie había empezado a padecer episodios depresivos y se pasaba mucho tiempo llorando. Sufría dolores de estómago y espasmos musculares en el cuello. Irving recurría constantemente al doctor Stein, un médico joven y guapo que tenía la consulta en el mismo edificio. Venía al apartamento y le daba algo a Billie que la dejaba inconsciente. Durante aquellos episodios, Irving se mostraba muy atento con su esposa, cerraba las persianas y apagaba cualquier aparato que pudiera molestarla. A Arlyne le parecía que casi hacía duelo. Aquello la irritaba, porque sospechaba que los episodios de su madre eran calculados para obtener toda su atención. Según especulaba Arlyne, Billie se sentía desplazada por el entusiasmo que Irving prodigaba hacia el bebé y trataba de volver a ganar su puesto como reina del gallinero. Los intercambios de gritos entre ella y su madre escalaron hasta el punto en que llegaban a estirarse del pelo. Una noche de invierno, después de un desagradable altercado, Arlyne llamó a Babe y le pidió que viniera a rescatarla. Cuando llegó, agarró a Leslie y los tres se fueron a toda velocidad en su Pontiac prestado.

Arlyne nunca estuvo segura de por qué cogió a Leslie aquella noche. Quizá porque temía que su marcha no tuviera impacto alguno. Ya había huido de casa varias veces en el pasado, y había vuelto con el rabo entre las piernas. Al llevarse al bebé, daba al asunto un carácter definitivo. En todo caso, Babe los registró a todos en una *suite* del Forest Hills Inn. Después de acostar a Leslie sobre un sofá, Arlyne se fue a la cama con Babe. No había pasado mucho tiempo cuando se oyó un golpe en la puerta. Una llave giró la cerradura. Un momento después, sus padres entraron a toda prisa. Arlyne supuso que su padre había repartido unos cuantos dólares por ahí para localizarla. Billie envolvió al bebé y se apresuró a salir de la habitación. Irving miró a su hija y le dijo: «Vístete».

A Babe, aquella intromisión no pareció agradarle en absoluto y mientras se ponía los calcetines, musitó: «¿A qué viene toda esta mierda?». Mientras Arlyne se vestía, su rabia iba en aumento. No podía soportar que su gran salida acabara en una escena tan humillante. Sin pensar, agarró las llaves del coche de Babe y salió corriendo por la puerta. Aunque estaba nevando con intensidad, encontró el Pontiac aparcado en la calle. Abandonó la plaza de aparcamiento y pisó el acelerador. Casi inmediatamente, el suelo resbaladizo hizo que perdiera el control del vehículo. El Pontiac escoró junto al muro de un puente ferroviario.

Arlyne estaba consciente pero aturdida. Sentía un dolor profundo y sordo en el estómago, justo en el punto en el que había chocado contra el volante. En aquel momento, empezó a sangrar. El golpe había provocado que le bajara el periodo. Irving Weiss fue el primero en llegar hasta su hija y con delicadeza la ayudó a salir del Pontiac destrozado y a acomodarse en su Cadillac. Ajustó cuentas con Babe y a continuación se llevó a Arlyne a casa y la acostó. El doctor Stein vino a examinarla y anunció que no había sufrido heridas de gravedad. Durante los siguientes días, Irving estuvo en todo momento a su lado.

Al igual que Arlyne se había sentido molesta por las atenciones que su padre prodigaba a su madre, en aquel momento fue Billie la que se sintió excluida de los mimos de Irving en favor de Arlyne. «Te da igual lo que haga», lo acusó. Los nervios de Billie fueron a peor. Mientras Arlyne se recuperaba, su madre se volvía abúlica y displicente. Se olvidaba de lavarse el pelo y de cambiarse de ropa. Se aficionó a vestirse con batas de ir por casa, algo que Irving, al que siempre le había gustado ver a su esposa con un atuendo elegante incluso entre las cuatro paredes del hogar, no soportaba.

Una tarde, varias semanas después del incidente en Forest Hills Inn, la familia Weiss sufrió una nueva velada agitada. Arlyne se encontraba en la cocina con Sadie. Tío Sidney había pasado para hablar de negocios con Irving. Los hombres estaban en el salón. Billie parecía desorientada, e iba de la cocina al despacho, al vestíbulo y a su dormitorio.

En un momento dado, Arlyne se dirigió hacia el salón para compartir una broma con su padre. Billie apareció bajo el umbral de la puerta y pronunció el nombre de su hija. Arlyne la ignoró. Aquello fue la gota que colmó el vaso. Billie perdió el control. «Te crees que tu hija es maravillosa –gritó hacia Irving–, pero voy a decirte algo sobre ella». La rabia y el resentimiento que había albergado en su interior durante años salieron a raudales. Billie explicó a su marido lo de los novios italianos de Arlyne, las relaciones que había mantenido con sus viejos amigos mafiosos, los nueve abortos que había sufrido. Una expresión de horror cruzó el rostro de Irving. Era un hombre muy orgulloso que jamás permitiría que la gente supiera de sus problemas. Había sido desacreditado ante Sidney. Le dio un bofetón a su hija.

Arlyne se dirigió hacia su dormitorio, cerró de un portazo y no se atrevió a salir hasta la mañana siguiente. Para entonces, el estado de salud de Billie dominaba la casa. Estaba encerrada con espasmos musculares. Cuando Arlyne vio a su padre a la hora de desayunar, este dijo: «Deja a tu madre tranquila». Llamaron al doctor Stein para que le diera a Billie las inyecciones habituales, pero el tratamiento no tuvo efecto. Aquella misma tarde se la llevaron al hospital Mount Sinai en mitad de una crisis nerviosa.

Durante el mes siguiente, todo el mundo fue a visitarla. Barbara, Ida. Todos, excepto Arlyne. Existía el entendimiento tácito de que había sido Arlyne la que había hecho enfermar a su madre. Así que se decidió que su presencia sería demasiado perturbadora. Arlyne se pasó aquellas semanas sumida en la angustia, no tanto por la preocupación que sentía por su madre, sino porque comprendía que había caído en desgracia. Su padre ni siquiera la miraba. Se sentía sucia.

Cuando Billie regresó a casa, estaba cambiada. La crisis la había asustado y estaba decidida a no perder el control de nuevo. Extendió completamente su dominio sobre el hogar. Arlyne sabía que su madre había ganado. No servía de nada tratar de combatirla públicamente. Sin embargo, decidió que sus padres merecían un castigo, y escogió la manera de vengarse.

Hasta aquel momento, los lugares elegidos para sus romances se habían ceñido a bares del East Side y clubs de las afueras para maridos infieles. A partir de aquel momento, trajo el insulto a casa. Mientras Irving estaba trabajando y Billie había salido para jugar al *mahjong*, Arlyne se dedicaba a invitar a hombres. Pero no a cualquiera. Todavía se sentía avergonzada por haberse rebajado hasta el nivel de Babe y estaba decidida a mejorar en la elección de sus amantes.

La oportunidad surgió cuando una tarde recibió la llamada de un tipo llamado Benny, un vendedor de automóviles que conocía del circuito nocturno. Benny se encontraba en el club Boulevard, en Queens, y quería que se acercara. «Estoy con un amigo tuyo –le dijo seductoramente–: Rocky Graziano».

Arlyne estaba encantada ante la perspectiva de una revancha con Rocky. Cuando tenía catorce años, él era campeón del mundo de peso medio y estaba fuera de su alcance. Pero en aquel momento había perdido el título y ya no era tan grande. Sin embargo, todavía quedaba algo de su antiguo caché.

Arlyne estaba ansiosa por impresionar a Rocky y que no la olvidara durante algún tiempo. Para aquella ocasión, no eligió ninguno de sus atuendos ceñidos. Cuando llegó al Boulevard con un abrigo de visón y tacones, se encaminó hacia la barra en la que estaba Benny sentado con Rocky. «Hola, chicos», dijo sonriendo. Abrió el abrigo y reveló su cuerpo desnudo. Al principio, se produjo un intenso silencio. Y después, se oyeron unas risas nerviosas. Aunque parecía que a Benny y a Rocky les había gustado la broma, Arlyne tuvo la incómoda sensación de que había ido demasiado lejos. Los dos hombres pretendían salir de fiesta por algunos clubs de Manhattan, pero, vistas las circunstancias, decidieron quedarse en los establecimientos más apartados de Queens. Arlyne había tenido la precaución de traer un sujetador y un par de bragas, y una vez que se las hubo puesto en los lavabos de señoras, se unió a Benny y a Rocky para ir a cenar y ver un espectáculo, agarrando con fuerza el visón que envolvía su cuerpo.

Después de dejar a Benny en casa, Rocky dijo:

–¿Qué te parece si damos un paseo?

Arlyne sabía perfectamente para que la habían llamado aquella noche. Rocky quería echar un polvo. Estaba implícito en la invitación. Al haberla aceptado, sintió que no tenía otra elección. Mientras Rocky la conducía hacia un aparcamiento cerca del aeropuerto de LaGuardia, la perspectiva del sexo le pareció menos apetecible. Hacía frío. Como no quería sacarse el abrigo de pieles y saltar al asiento trasero, tomó la iniciativa y le hizo una mamada rápida.

Solo volvió a encontrarse con Rocky en dos ocasiones más. Una vez la invitó a cenar. Y después, una tarde, vino a su apartamento de Forest Hills y mantuvieron relaciones sexuales en el dormitorio de sus padres, una habitación suntuosa que Billie había equipado con una cama de estilo provenzal francés y que se reflejaba en un largo espejo dorado. Arlyne pensaba que aquella habitación causaba un mayor efecto que la suya, que compartía con Leslie y que parecía pertenecer a una chiquilla. Rocky no volvió a llamar.

Pisando los talones de Rocky llegó un político, un parlamentario estatal que veraneaba en Atlantic Beach. El político era de origen italiano. En aquellos días, los italianos no eran bien recibidos en los clubs, así que se dedicaban a broncearse en su pequeña franja de playa. A veces Arlyne se paseaba por allí, estirando el cuello para ver a las personalidades notables. Una tarde, cuando pasó en bici por delante de la casa del parlamentario, resbaló en la gravilla y se cortó la palma de la mano. Él bajó los escalones del porche para comprobar que estuviera bien, y después de aquello la saludaba cuando la veía en la playa. Aquello la hacía sentir importante.

Aproximadamente diez años después de aquel primer encuentro, cuando Arlyne ya había desarrollado una comprensión más aguda de la conveniencia de tener un político como amigo, se encontró de nuevo con el parlamentario mientras daba una vuelta por la playa de Atlantic Beach. En esa ocasión, lo invitó a que la acompañara y le hizo una mamada. Después de aquello, se convirtieron en «muy buenos amigos». Él pasaba por el apartamento de sus padres cada lunes sobre las once y media de la mañana. Sadie se llevaba a Leslie a la habitación de la colada y, a cambio de aquel favor, el pretendiente de Arlyne le compraba a la doncella una botella de licor. Cuando Arlyne empezó a sospechar que su madre sabía de las visitas, el parlamentario la invitó a su apartamento. Arlyne se sorprendió y se decepcionó bastante al ver que vivía en un agujero de solterón, destartalado y desordenado, algo que consideraba impropio de un hombre tan influyente. Le abatía la idea de hacer el amor en aquella cama. Sobre el cabezal colgaba un crucifijo; a los pies, el retrato de un santo. Los ojos sombríos de la pintura parecían reprocharle algo, así que la volteaba antes de desnudarse.

La novedad de acostarse con un político finalmente empezó a aburrirla. No la llevaba a ningún lado, puesto que no podía arriesgarse a que le vieran con una mujer de su reputación. Arlyne prefería salir, ser el centro de atención. Como siempre, cuando necesitaba divertirse, se juntaba con Tony Mirra.

Su relación con Tony había sobrevivido el traslado a Forest Hills. Se veían periódicamente, sobre todo cuando ella tenía que pedirle un favor. Empezó a considerar a Tony como su ángel de la guarda, alguien a quien podía llamar a cualquier hora para sacarla de un aprieto. En los círculos que Arlyne frecuentaba, la presencia de Tony era omnipresente. Durante su matrimonio, cuando se sentía dolida por los insultos de Norman, invitaba a Tony a su apartamento en el Upper East Side. Acostarse con él la hacía sentir como si ajustara las cuentas.

Tony despreciaba a Norman, a quien consideraba claramente un tipo de poca monta. Una noche, cuando Arlyne estaba embarazada de pocas semanas, ella y Norman salieron de fiesta al Copacabana. Norman estaba de un humor de perros. Discutieron y él le levantó el puño delante de todo el mundo. Tony, que estaba en la barra, le dijo a Norman que salieran, donde él y otro matón le dieron una paliza al peletero. Tony llevó a Arlyne a casa, dejando que su magullado marido tomara un taxi para regresar.

Después del divorcio, Arlyne veía a Tony con más frecuencia. Aunque no se pavoneaba de ser su novia, Tony se portaba bien con ella e incluso en una ocasión mostró un genuino arrebato de celos. Ocurrió una tarde en que lo acompañó a una barbería en Queens. Tony se apeó del coche y salió disparado hacia el interior del establecimiento con un paquete. Arlyne tenía dudas sobre su contenido. Joyas robadas. Drogas, quizá. En aquellos días, las drogas tenían muy mala reputación y Arlyne no quiso darle muchas vueltas. Al cabo de un rato, Tony salió acompañado de Alphonse Mosca.

Funzie, como se le conocía en Queens Boulevard, era un viejo andrajoso que, pese a las apariencias, disfrutaba de una poderosa reputación al ser uno de los que dirigía algunas operaciones de los Gambino. Por inercia, Arlyne se levantó un poco la falda, cruzó las piernas y le dijo: «Siempre te veo cuando voy a pasear con mi amiga», le dijo. Funzie encontró divertido aquel atrevimiento y cuando se inclinó para contestar, Arlyne pudo ver que Tony se acaloraba. Una vez en el coche, Tony le soltó un gruñido: «Haz el favor de cerrar el pico y comportarte como una dama». Discutieron y Arlyne acabó por volver andando a casa. Justo cuando doblaba la esquina, un vehículo se detuvo junto a ella. Era Funzie. La invitaba a tomar algo y, para su sorpresa, aquella tarde no le pidió que se acostara con él. En lugar de eso, la invitó a ir a su apartamento, situado justo al lado de la Brooklyn-Queens Expressway. Le contó que a veces dejaba su coche aparcado delante, aunque no estuviera allí. Lo hacía para despistar a la policía, que siempre lo vigilaba. Le dijo que si veía la luz del porche encendida, quería decir que estaba en casa y que podía pasar.

Arlyne empezó a dejarse caer más a menudo por el piso de Funzie, el cual, aunque estaba mugriento, servía como animado punto de transferencia de joyas robadas y otros artículos de contrabando. Y se convirtió en su amante. Se pasaba la mayor parte del tiempo en su piso, tumbada en el sofá, limándose las uñas, viendo las idas y venidas de un reguero de *wiseguys* y tratando de escuchar los detalles de los tratos que se cerraban entre susurros en la mesa del comedor. Después de un tiempo, Funzie confiaba en ella y le entregaba pequeños paquetes atados con una cuerda que iban destinados a Tillio, un joyero del Lower East Side. Tillio era un hombrecito bajito y lacónico que no le tenía mucho aprecio. Arlyne concluyó que era porque pensaba que era una bocazas judía. Pero Tillio y sus amigos tendrían que aguantarse. Estaba bajo la protección de Funzie.

En sus viajes a la joyería Jewelry Exchange, Arlyne expandió su círculo de contactos e incluyó al socio de Tillio, Eddy; al recadero de Tillio, Jilly, y a una variedad de chicos listos, como Butchie, un ladrón de bancos de primera calidad de Nueva Inglaterra. Salía con ellos y hablaban de cómo conseguir drogas, deleitándose en aquella atmósfera de intriga. Le encantaba estar rodeada de chicos listos, porque cada día era diferente. «En Mafialandia –explicó más tarde Arlyne–, las cosas las tomabas tal cual venían. No podías planear nada porque nunca sabías qué iba a ocurrir. Nada era normal, aunque tampoco nada parecía extraño. Era excitante».

Funzie era un hombre extraño. Al final del día, escondía su dinero en las paredes y el techo. Dormía con una escopeta al lado de la cama, algo que Arlyne encontraba solo un poco menos desalentador que el crucifijo y el santo del parlamentario. Funzie era un amante paciente, pero después de un tiempo, Arlyne tuvo claro que lo que de verdad lo excitaba era escucharla describir sus romances con otros chicos listos. No reclamaba exclusividad sexual. Las nuevas amistades de Arlyne proporcionaban más madera para sus historias. Él la animaba a hacer más conquistas. Y Arlyne obedecía encantada.

En una tarde lluviosa de invierno, Arlyne no pudo conseguir un taxi que la llevara de vuelta a Forest Hills y se encontró atrapada en Manhattan. Se tragó el orgullo y tomó el metro hasta Queensboro Plaza. Entonces, enfrentándose al aguacero, empezó a recorrer el camino a casa. Mientras se apresuraba por la acera, se dio cuenta de que un Cadillac negro la seguía.

El vehículo se detuvo a su lado, y el conductor se asomó y dijo: «¿Vas a alguna parte?».

Nada más verlo, Arlyne juzgó que el conductor era un «chico listo». Llevaba aquellos pantalones negros delatores. Y algo en su voz al decir «Sube» resultó determinante. Los chicos listos jamás decían «Por favor, sube». Más bien daban órdenes.

Se llamaba Joe. No parecía que iba a decirle mucho más sobre él. Aunque era evidente que tenía dinero, así que cuando la invitó a cenar, Arlyne aceptó. Regresaron a Manhattan y fueron a un restaurante del hotel St. Moritz en Central Park South. Durante la cena, Arlyne cruzó las piernas seductoramente y empezó a dejar caer algunos nombres. Funzie, Rocky Graziano y, por supuesto, Tony Mirra. Joe dijo que conocía a Rocky y a Tony bastante bien y afirmó estar en tratos empresariales con Funzie. Cuanto más hablaban, más cómodo parecía sentirse.

Arlyne, sin embargo, estaba cada vez más incómoda. Había algo en el comportamiento de Joe que la irritaba. Parecía distraído. Incluso mientras llevaba a cabo su supuesta seducción, tenía la cabeza en otra parte. Parecía que la apremiaba a acabar la cena para poder ir a la cama. Arlyne ya sabía desde el momento en que se había subido a su coche que se acostarían, pero, aun así, seguía esperando las formalidades de un cortejo. «Con los mafiosos que tenían clase –explicó después–, tenías varias citas. Les hacías una mamada en el coche. Igual te compraban una joya. Quizá te daban unos cuantos billetes de cien y te decían: "Toma, para que te compres un vestido"». Aquel Joe, sin embargo, solo parecía interesado en comer y en echar un polvo.

Después de la cena, la llevó sin ceremonia alguna a una *suite* en el piso de arriba, que al parecer utilizaba para aquellas ocasiones. El andrajoso mobiliario le recordó a un motel barato. Joe fue directo al dormitorio y empezó a desnudarse. La repulsión de Arlyne aumentó al ver que llevaba los calzoncillos sin rematar. Por lo general, la esposa de un «chico listo» se habría tomado la molestia de coserlos. Arlyne sintió que no había excusa para aquella dejadez. Sin embargo, no tenía escapatoria. Joe dijo «Métete en la cama», y era una orden.

El sexo fue mecánico, pero, por suerte, rápido. Todavía tumbada, Arlyne se dio cuenta de que Joe no se había quitado los calcetines. Aquello la indignó. Pensó que una ducha la haría sentir mejor, pero cuando salió, con el pelo mojado y sin maquillaje, todavía se sintió peor. En cambio, Joe estaba alegre y se moría por un helado. Insistió en que lo acompañara a Rumpelmayer's a por uno.

–¿Sabes? Me gustas –dijo, lamiendo la cuchara–. Te volveré a llamar.

–¿Y quién le digo a Funzie que eres? –preguntó Arlyne.

–Dile a Funzie que has estado con Joe Colombo.

El nombre no le decía nada. Sin embargo, al día siguiente se fue a ver a Funzie.

–Hola, Funzie –le dijo–, ¿quién es un tal Joe Colombo?

–¿Cómo? ¿Estás loca? –Funzie parecía anonadado–. Es un capo. Un hombre de honor.

Según le explicó Funzie, Joe Colombo era el lugarteniente del debilitado Joe Profaci.

Arlyne no habría salido de nuevo con Colombo si Funzie no le hubiera insistido diciendo que era un tipo importante. Cuando Joe llamó, Arlyne accedió a encontrarse con él en Queens Boulevard. Acabaron de nuevo en el St. Moritz. En aquella ocasión, Joe ni siquiera le concedió el honor de cenar en el comedor, sino que pidió que el servicio de habitaciones lo trajera a la misma *suite* deprimente de la vez anterior. No esperó ni a que retiraran los platos para desnudarse. El sexo fue incluso peor que la ocasión precedente. Nada de baratijas, nada de billetes de cien dólares. Joe Colombo era un tacaño. Lo vio de nuevo una vez más unos días después, con la esperanza de que soltara algunos regalos. Pero Joe se ajustó a la misma lúgubre rutina: cena y cama. Aunque en aquella ocasión, cuando se empezó a desnudar, Arlyne se fue hacia la puerta y lo dejó allí, plantado en sus estúpidos calzoncillos.

Cuando Arlyne llegó a casa de Funzie después de tomar un taxi, este preguntó como siempre:

–¿Ha sido un buen polvo?

–¡Ha sido el peor polvo del mundo! –replicó–. No como tú, Funzie.

Tumbados en la cama, Funzie se rio a carcajada limpia mientras Arlyne se dedicaba a reducir a escombros la hombría de Joe Colombo.

Arlyne aprovechó la indulgencia de Funzie y se insinuó a varios de sus amigos, entre los que se incluía Fred Santaniello. Farby, como todos lo llamaban, formaba parte de una banda que operaba en la esquina de Pleasant Avenue con la 116. Tenían fama de ser duros de pelar y siempre andaban muy colocados. Cada jueves, Farby se dejaba caer por el apartamento de Funzie con un paquete. Arlyne suponía que eran joyas robadas. Al día siguiente, regresaba para recoger el dinero. A través de la puerta de la cocina, podía ver a Funzie y a Farby contando billetes de cincuenta y cien dólares. Era más dinero del que jamás había visto por un puñado de joyas. Arlyne estimó que Farby era un buen partido.

Después de flirtear con él unas pocas semanas durante sus visitas al apartamento de Funzie, Arlyne telefoneó a Farby a una cabina en la calle 117 y lo invitó a su casa. Tras prepararle una taza humeante de café cubano, se acostaron. Para ser un «chico listo», Farby daba la talla como amante. Arlyne se figuró que debía ser porque salía con chicas españolas. Y mejor todavía, era un manirroto que, al parecer, se había encariñado con Leslie. Le compró a la niña un caniche negro.

Sin embargo, el romance con Farby duró poco, puesto que lo pillaron en Nueva Jersey con un botín y acabó en la granja penitenciaria estatal. Antes de ingresar en prisión, Farby puso a Arlyne en nómina: junto a Sadie y Leslie, lo visitaban en la cárcel con recipientes llenos de pasta traídos desde sus restaurantes favoritos de Pleasant Avenue y se sentaban en el patio a hablar. Entonces, a la señal acordada, Sadie se llevaba a Leslie al baño, momento que aprovechaba Arlyne para pasarle dinero a Farby metiéndole la mano en la entrepierna. Farby ponía su mano sobre la suya y agarraba los billetes.

Arlyne había aprendido tiempo atrás que la manera más segura de ganarse la confianza de un «chico listo» era haciéndole favores. Estaba orgullosa de que sus diligentes recados le hubieran procurado una buena reputación con al menos tres de las familias criminales más importantes de Nueva York. Cuando llevaba los pequeños paquetes de Funzie, trabajaba para los Gambino. Con sus misiones de auxilio a Farby, había resultado muy útil para los Genovese. Y su conexión con Tony Mirra había afianzado su valor ante los Bonanno.

Arlyne apenas podía sospechar las demandas que pronto se le iban a exigir. La mañana del 26 de septiembre de 1959, abrió el *New York Times* y descubrió que Little Augie Pisano y su novia, Janice Drake, habían sido asesinados en un ajuste de cuentas.

Little Augie, cuyo nombre real era Anthony Carfano, era un antiguo contrabandista de licores y extorsionista de sindicatos, más célebre por haber sido lugarteniente de Capone y amigo íntimo de Lepke y Gurrah. Como la mayoría de la gente del East Side, Little Augie había veraneado en Atlantic Beach. Su personalidad distante lo había mantenido alejado de las artimañas juveniles de Arlyne. Sin embargo, Arlyne sí que había conocido a su novia, Janice Drake, cuando una de las amigas de Billie, Shirley Segel, la había llevado a la cabaña de los Weiss. Janice era una rubita mona, anterior *miss* Nueva Jersey y ganadora de un título bastante más desconocido que la acreditaba como «las piernas más bonitas de los Estados Unidos». Janice estaba casada con un humorista de clubs nocturnos llamado Alan Drake, que, aparentemente, desconocía el romance de su esposa con el gánster.

Durante el otoño de 1959, Arlyne había visto a Tony y a Little Augie juntos en alguna ocasión. Supuestamente, todavía eran amigos, aunque al observarlos desde la distancia en los bares y clubs, Arlyne había percibido que algo no iba bien. No era palpable, solo cierta frialdad. La actitud distante y desdeñosa que Tony adoptaba con Augie le recordó a la que había visto en Jimmy Doyle antes de que matara a Natie.

Aquellas observaciones adquirieron una urgencia e importancia sin igual con los titulares del 26 de septiembre. Había visto a Janice y a Little Augie justo la noche anterior. Era viernes, y ella y Sophie habían cogido un taxi hacia la ciudad esperando encontrarse con Tony Mirra. Tony le había dicho que estaría en el Marino's, un restaurante italiano de Lexington Avenue. Después de que inspeccionaran su abrigo rosa de piel de zorro, Arlyne escaneó la estancia. Aunque no había ni rastro de Tony, se sorprendió al ver a Little Augie cenando con Janice Drake y Shirley Segel. Unos momentos después, Tony llegó con un hombre al que Arlyne no reconoció. Tony se aproximó a la mesa de Augie, se sentó en una silla e intercambiaron unas palabras. A continuación, se unió a su compañero en la barra. Arlyne lo saludó con la mano, pero parecía preocupado. Cuando insistió, Tony se acercó a su mesa, le lanzó unos pocos cientos de dólares y dijo: «¡Lárgate de aquí! ¡Ya te veré luego!». Molesta, Arlyne se fue con Sophie a un club en York Avenue.

A la mañana siguiente, el sábado 26, leyó que habían hallado los cadáveres de Janice y Little Augie en un aparcamiento cercano al aeropuerto de LaGuardia con sendos disparos en el cuello. Little Augie se había llevado otro balazo en la sien. Supuestamente, un testigo había visto a dos hombres que huían. (Durante los días siguientes, Arlyne se sorprendió todavía más al enterarse de que siete años antes habían interrogado a Janice por el asesinato de Natie Nelson. Al parecer, había salido con él la noche antes de su fallecimiento).

Tras asimilar la noticia, Arlyne tuvo que calmarse. ¿Por qué alguien iba a matar a la pequeña e inofensiva Janice Drake? Tuvo un mal presentimiento con Tony. Cuando trató de contactar con él en su guarida habitual, le dijeron que había desaparecido. Aquella tarde, o al día siguiente, Tony la llamó a su casa. Sonaba tenso. ¿Podía acercarse a un hotel en Lexington Avenue y asegurarse de que nadie la siguiera?

Con la pequeña Leslie bajo el brazo, Arlyne tomó un taxi hasta el hotel, subió en ascensor hasta el último piso y ascendió por un pequeño tramo de escaleras hasta el ático. La habitación de Tony era pequeña, con solo una cama, un armario y un espejo. Aquello le pareció extraño, porque a Tony le gustaban las cosas bonitas. Estaba sentado sobre la cama, y por primera vez en su vida, parecía asustado. Arlyne le preguntó qué hacía allí. Él le respondió que se estaba escondiendo.

–¿Y de qué te escondes? –preguntó Arlyne.

–¿No lees los periódicos?

–Sí que los leo.

–Bueno, pues ¿sabes quién mató a Little Augie?

–¿Tú? –La voz de Arlyne estaba llena de incredulidad.

Tony guardó silencio, aunque era un silencio revelador.

–¿Y Janice? ¿Por qué Janice? –preguntó Arlyne finalmente.

–Estaba en el lugar equivocado en el momento equivocado –respondió inexpresivamente.

Arlyne escudriñó el rostro de Tony, pero no pudo detectar ni rastro de remordimiento.

La había llamado, le dijo, porque necesitaba que hiciera dos recados urgentes. Ella accedió al momento. Le dio dos objetos. Uno era un pequeño paquete, y el otro, un sobre con lo que parecía un papel en su interior. Arlyne se fue, tomó un taxi hasta Central Park West, y, según las instrucciones recibidas, dejó el paquete en la barra de un asador. A continuación, se pasó por la casa de un «chico listo» llamado Jimmy y le tendió el sobre, diciéndole que era de parte de «nuestro amigo». Una vez que hubo hecho los recados, Arlyne reparó en que habían sobrado algunos billetes del fajo que Tony le había dado. Así que se pasó por la tienda de Tillio para ver a Jilly y a su banda.

Para cuando el taxi la dejó ante la puerta del apartamento de sus padres en Forest Hills, la tarde ya estaba bien avanzada. No había hecho más que entrar en casa y empezar a desvestir a Leslie cuando sonó el timbre. Billie respondió. Dos detectives de paisano preguntaban por la «señora Brickman».

Atacada de los nervios, al principio Arlyne pensó que aquella visita tenía que ver con Norman. «Está en prisión», contestó. Pero los policías la llevaron a comisaría para interrogarla, y enseguida quedó claro que no tenían interés alguno en su marido presidiario. En algún momento de sus paseos de aquel día –posiblemente tan pronto como salió del hotel o después de la entrega en el asador–, habían empezado a seguirla. De paso, la policía supuso que los tipos que había visto aquella tarde eran socios de Tony. Arlyne se maldijo por su descuido y trató de mantener la calma.

Uno de los detectives, que estaba sentado con la espalda contra una enorme ventana, sostenía una lista de nombres con unas pequeñas fotos junto a ellos.

–¿Conoce a Tony Mirra?

Hizo lo mismo con toda la lista de amigos de Tony.

Arlyne los conocía a todos.

Finalmente, el detective se detuvo, la miró a los ojos y le preguntó:

–Pero ¿quién te crees que eres, Virginia Hill?

El comentario no iba destinado a halagarla. Aunque a ella le encantó. Incluso después de que los policías se hubiesen dado por vencidos en su intención de conseguir alguna información útil y la pusieran en libertad a manos de su padre y tío Henry, Arlyne todavía saboreaba el elogio.

Durante los días siguientes, Arlyne soportó la silenciosa desaprobación de sus padres. Sabían que andaba envuelta en algo serio, pero como al parecer había escapado sin mayores consecuencias, no le hicieron muchas preguntas. Mientras tanto, ella esperaba que Tony la llamara, pero no lo hizo. Aparentemente, había llegado a sus oídos su encontronazo con la policía y no podía arriesgarse a contactarla de nuevo. Un par de días después, leyó en el periódico que el fiscal del distrito había encontrado a Tony Mirra, lo había interrogado y al carecer de pruebas, había abandonado la investigación.

El asesinato de Little Augie y su repercusión provocaron en Arlyne un sentimiento de conexión e importancia que no había sentido nunca antes en su vida. Era una guardiana de secretos. Sabía quién había matado a Natie Nelson, pero incluso su psiquiatra no había sido capaz de sacárselo sin la ayuda de las drogas. Y en aquel momento, Janice y Little Augie estaban muertos. Su repulsión hacia aquel asesinato fue eclipsada por la impresión de tener un objetivo. Era la guardiana de la seguridad de Tony Mirra. Por supuesto, saber demasiado siempre resultaba peligroso. Tony podría reconsiderar la sensatez de aquella confesión que le había hecho a la ligera en el hotel y hacer un movimiento para acallarla definitivamente. Si mantenía la boca cerrada, conseguiría que su fama de «buena gente» creciera.

Hasta aquel punto de su carrera, Arlyne había estado dando palos de ciego en sus intentos para recrearse en la figura de Virginia Hill. Sin embargo, en aquel preciso momento, con veintitantos años, su trayectoria dio un giro mucho más significativo al caer bajo el influjo de Ethel Becher.

Arlyne conoció a Ethel en Albert and Carter's, un salón de belleza en las afueras de la ciudad al que acudían prostitutas y coristas. Era una mujer alta, esbelta y siempre lucía bronceado. Llevaba el pelo de color entre pelirrojo y castaño muy corto, al estilo de Eydie Gormé. Ethel no era joven. Se había casado en dos ocasiones, la primera con un magnate del Garment District con el que tuvo dos hijos y la segunda con un hotelero llamado Becher. Ambas uniones habían terminado en divorcio. Arlyne sospechaba que Ethel rondaba los cuarenta. Aunque presentaba dura batalla a los estragos de la edad. Ante las primeras señales de una arruga, la hacía rellenar con silicona. Su piel parecía impecable. Ethel también tenía mucho estilo, siempre con un cigarrillo con boquilla entre los labios porque era «eficaz». Parecía tener un cargamento de prendas de vestir y raramente repetía el mismo vestido o traje. Siempre iba colmada de joyas y gritaba a los cuatro vientos que se las había comprado como homenaje. Arlyne Brickman decidió que podía aprender mucho de aquella mujer.

No pasaron muchos minutos charlando antes de descubrir que ambas conocían –y se habían acostado– con Tony Mirra. Curiosamente, aquella información no provocó competitividad alguna, sino más bien al contrario: produjo una camaradería instantánea, como la de dos desconocidos que descubren que pertenecen al mismo club exclusivo. Al fin y al cabo, ninguna mujer salía con Tony Mirra confiando en que le fuera fiel.

Ethel no se tomó molestia alguna en ocultar que era una prostituta de lujo. Más bien se enorgullecía de su clientela, que incluía a mafiosos influyentes, abogados y jueces. Trabajaba estrictamente a domicilio y cada día fijaba una serie de citas que la llevaban a áticos en las afueras, a bufetes de jueces y a los asientos traseros de limusinas en marcha. En palabras de Arlyne, Ethel era una «máquina sexual ambulante». Sin embargo, pasara lo que pasara durante el día, Ethel siempre regresaba a su apartamento a las cinco y media de la tarde para estar con sus hijos. Después, una vez que los había acostado, se preparaba para las visitas vespertinas. Poco después de haber conocido a Ethel, Arlyne empezó a recibir invitaciones para asistir a dichas veladas.

Ethel vivía en la zona de Central Park West, en un edificio elegante y con portero. Cada vez que Arlyne acudía a su apartamento, se vestía con sus mejores galas puesto que no sabía con quién podía toparse. Frank Costello, la mano derecha de Bugsy Siegel, vivía en el mismo edificio y a veces se pasaba por allí, al igual que lo hacía Aniello Dellacroce, joven promesa de la familia Gambino. Neil era amigo y cliente habitual de Ethel. Y, por supuesto, también estaba Tony Mirra, que había capeado el temporal del asesinato de Little Augie y milagrosamente parecía fuera de toda sospecha. Las veladas se animaban con la posibilidad de que apareciera uno de los amigos de Las Vegas de la anfitriona. Ethel alardeaba de que Frank Sinatra y Shecky Greene se encontraban entre ellos. Arlyne siempre mantenía los ojos bien abiertos por si veía a Frank o Shecky, pero jamás se presentaron.

Siempre había muchas mujeres en las fiestas de Ethel, y Arlyne no tardó mucho tiempo en darse cuenta de que su nueva amiga regentaba un servicio de acompañantes. Arlyne observó con admiración que aquella diversificación empresarial se llevaba con suma discreción. La prostitución, según el modo de pensar de Ethel, era solo un intercambio de favores «entre amigos». Sus chicas eran todas «amigas». De hecho, varias de ellas eran las esposas actuales o anteriores de los chicos listos que habían sido amantes de Ethel. Si una de aquellas mujeres necesitaba dinero, contactaba con Ethel, y esta le conseguía una cita.

No hizo falta convencer a Arlyne para que se dejara arrastrar hacia aquella familia incestuosa. Durante años había estado dispensando mamadas y otros favores con la esperanza de recibir valiosas golosinas. En ocasiones, como había ocurrido con Joe Colombo, un tipo se aprovechaba de lo ambiguo de la situación y la dejaba tiesa. Pero aquello jamás ocurrió con Ethel de por medio. No es que hubiera un estricto sistema de pagos. La cantidad era objeto de una negociación en términos amables, como correspondía a las transacciones entre viejos amigos. Por ejemplo, si un tipo te daba un billete de quinientos dólares y te decía que te compraras un vestido –una frase hecha habitual–, le dabas a Ethel lo que te apetecía. Si doscientos dólares le parecían demasiado poco, sencillamente te daba la espalda. Ethel sabía cómo incentivar la generosidad.

A menudo, los pagos eran en especie, por lo general botines. Si un tipo te ofrecía una caja de licor, te asegurabas de que te diera otra para Ethel. No se rechazaba ningún tipo de pago. Ethel le consiguió a Arlyne numerosos encuentros con proveedores de regalos. Una de esas citas operaba en el sector de los refrigerados. Después, ella y Ethel se repartieron el botín: cien bolsas de verduras congeladas. Arlyne nunca consideró a Ethel como su madama, sino –como rezaba el credo– como su amiga. Con el tiempo, llegó a pensar que era «su mejor amiga». En verdad, Ethel utilizaba a la gente y no le temblaba la mano si tenía que arrojarte a los leones para obtener alguna ventaja. A sus espaldas, las chicas de Ethel cuchicheaban y decían que era «una maldita zorra» que no podía resistirse a conquistar los maridos de otras mujeres. Arlyne sabía que todo aquello era verdad. Pero había un lado más generoso en la personalidad de Ethel. No tenía problema alguno en transmitir toda la sabiduría que había acumulado en sus años en las trincheras. Y Arlyne estaba ansiosa por aprender.

Algunas tardes, si Ethel regresaba pronto de sus rondas, invitaba a Arlyne al apartamento a tomar un cóctel, aunque en verdad la hacía beber de su sabiduría adquirida a base de esfuerzo. Ethel le dijo que, en primer lugar y lo más importante, una mujer debe decidir qué impresión quiere causar, y a continuación debe dirigir todos sus pensamientos y acciones a crearla. Para conseguir dicho objetivo, existían unas normas que debía tener en cuenta.

Regla número uno. Piensa a lo grande. Vive en el apartamento más lujoso. Vístete con las prendas más caras. «Para hacer dinero –aconsejó Ethel–, tienes que vivir como si ya lo tuvieras». *Regla número dos* (corolario de la primera). Gástate el dinero de los otros. *Regla número tres.* Que nunca parezca que hay algo en el mundo que te importa. A los hombres no les gusta que las mujeres tengan preocupaciones. Si puedes controlarte, puedes controlar a los demás. *Regla número cua-*

tro. Sé una dama en público, pero una zorra en la cama. Ethel podía ser la zorra más grande del mundo, diría posteriormente Arlyne de su amiga, pero siempre se comportaba como una auténtica dama.

Otros consejos de Ethel se centraban más en el día a día. «Cuando salgas con un chico –la reprendió–, no dejes que vea cómo te desnudas, porque revela demasiados secretos sobre rellenos y fajas». Y se daba por sentado que no estaba permitido que te viera con rulos y sin maquillaje. Aquello hacía imposible los momentos informales, pero una mujer que se había propuesto recrearse a sí misma como una leyenda no podía permitirse ser informal.

Arlyne hizo todo lo posible por implantar los preceptos de Ethel. Crear la impresión de que era rica no le supuso esfuerzo alguno, puesto que había interpretado el papel de Virginia Hill desde que tenía quince años. Lo de utilizar el dinero de los otros lo hacía por naturaleza. El autocontrol era más difícil. Arlyne admiraba a las mujeres frías. La imagen de Ida Blum, serena e imperturbable, repartiendo comida y alegría durante el *sabbat* todavía ocupaba un rincón sagrado en su memoria. En los últimos años, Ida había ido en declive. El éxodo de los judíos del Lower East Side hacia los suburbios había ocasionado el cierre de la funeraria. Cuando Los Chicos de Clinton Street desertaron al Carlton Terrace, Ida se sintió como una reina sin castillo. Empezó a sufrir arteriosclerosis. Y en aquel momento, se mostraba a menudo confundida y asustada. Arlyne prefería recordarla como había sido, siempre con el control de sí misma y de los demás.

De alguna manera, Ethel le recordaba a su abuela. Lo que era bastante extraño, puesto que Ida era bienintencionada y Ethel, traicionera. Pese a ello, ambas tenían la cruel desenvoltura de los aristócratas hechos a sí mismos. Cuando lo pensaba, veía que Ida también había tratado de crear una impresión. Aunque era una mujer sencilla, podía proyectar una imagen de enorme gracia y belleza. Ella también había fingido un papel, el de la novia de un mafioso del East Side. Y jamás se salía del guion. Y pese a todas sus muestras de cariño y generosidad, nunca dejaba entrever sus sentimientos. Ida, como Ethel, podía conseguir lo que quería de los hombres. Lo que, al fin y al cabo, era lo que importaba.

Sin embargo, por mucho que se esforzara, Arlyne no llegaba a gobernar sus propias emociones. A su cabeza no acudía ni un pensamiento que no compartiera con un amante. Cada pena –de hecho, cada enfado– era una invitación al histerismo, al que daba rienda suelta. Por supuesto, había momentos en los que llorar tenía sus recompensas. Algunos hombres, como su padre, se emocionaban o se acobardaban hasta la sumisión ante espectáculos de ese tipo. Bien sabía Dios que Billie había mantenido durante años a raya a Irving, y a toda la familia Weiss, con sus pataletas. Sin embargo, más a menudo, Arlyne acababa por derrochar su capital. Cualquier progreso obtenido gracias a sus habilidades sexuales, se disipaba a causa de arrebatos innecesarios. Podía ser una «zorra en la cama», pero sus intentos por ser una «dama en público» siempre acababan en una lucha contra su propia naturaleza. Como resultado, su influencia sobre los hombres era más bien débil.

Con Walter Perlmutter, Arlyne creyó que las cosas iban a ser diferentes.

Arlyne conoció a Walter en el bar del hotel Pan American. Walter no era un hombre de honor, sino simplemente un empresario judío regordete que se tenía por gánster. Se dedicaba a la «anodización estructural», un proceso para fortificar el aluminio, lo que lo había llevado a entablar relaciones con los sindicatos de la construcción y de ahí, con la periferia del mundo de las mafias. A menudo prestaba sus oficinas como lugar de encuentro para políticos que tenían tratos oscuros con los sindicalistas.

Aunque Walter no era el ligue del siglo, hacía alarde de una abultada cuenta corriente. Ethel, con quien Arlyne discutía las virtudes de su nuevo amante, opinaba que parecía ordinario, pero Arlyne pensó que podría manejarlo. Y durante las primeras semanas de cortejo, así fue. Walter era tan cortés, tan amable que parecía capaz de todo por ella. Cada día se citaban para comer en Queens Boulevard, y él le confiaba sus preocupaciones. Según decía, su matrimonio era un infierno. Pronto empezó a hablar de abandonar a su esposa para irse a vivir con ella.

Evidentemente, Arlyne no tenía intención alguna de convertirse en la nueva señora de Walter Perlmutter. Aun así, se sentía halagada ante la idea de un hombre dejando a su esposa por ella. Teniendo en cuenta que si se iban a vivir juntos controlaría con mayor firmeza tanto a Walter como a su chequera, Arlyne se hizo ilusiones. Decidieron que ella viajaría a Miami, alquilaría un apartamento y que él se reuniría con ella más tarde.

–¿Y qué pasa con Leslie? –preguntó Arlyne–. ¿Me puedo llevar a Leslie?

Leslie estaba a punto de cumplir seis años.

–No, no por el momento –replicó Walter.

La mañana en que tenía que marcharse, Arlyne acompañó a Leslie y a Sadie al parque. Se inclinó y besó a la pequeña, diciéndole que mamá se iba de compras. A continuación, tomó un taxi camino al aeropuerto.

Arlyne se sabía mover por Miami y como Walter le había dado un buen fajo de billetes, instalarse no fue problema alguno. Alquiló una *suite* con vistas al océano en el Seacoast Towers. Aunque era muy lujosa, no era lo que se diría muy hogareña, así que añadió varios toques personales, como un órgano eléctrico, pensando que a Leslie le gustaría cuando viniera. Y entonces se dedicó a esperar a Walter. Las semanas fueron pasando. El dinero siguió llegando, pero de Walter, ni rastro.

Arlyne llamó varias veces preguntando: «¿Cuándo vas a venir? ¿Cuándo nos vamos a casar?». Walter siempre tenía una excusa. Al final, la ansiedad de Arlyne se transformó en histerismo y lo amenazó con presentarse en su casa. Aquello dio que pensar a su amante. Arlyne se figuraba que Walter estaba nervioso porque había amenazado con llamar a su esposa. Para asegurarse de que no regresaba de forma inoportuna, Walter envió a uno de sus lacayos, supuestamente para protegerla, aunque en realidad era para asegurarse de que no se movía del sitio.

Georgie Futterman, también conocido como Georgie Músculos, era un guardaespaldas inverosímil. Menudo, con anteojos y dentadura postiza, su apariencia apenas inspiraba miedo. Sin embargo, era expresidiario y antiguo representante del sindicato de los joyeros, y se rumoreaba que era un tipo duro. Para consternación de Arlyne, Georgie se trasladó a vivir al apartamento con ella, de hecho, al dormitorio que había estado decorando para Leslie. Una vez allí, no podía ir a ningún lugar sin Georgie pegado a sus talones. Desayunaban juntos cada mañana, a continuación, la seguía hasta la playa, donde había alquilado una cabaña. Tomaban el sol juntos. Si Arlyne se bañaba, él no andaba muy lejos. Solo en una ocasión la perdió temporalmente de vista: cuando su dentadura se extravió entre las olas. Por la tarde, Arlyne se ponía uno de los hermosos vestidos que Walter le había comprado y bajaba las escaleras para cenar, en compañía de Georgie. Arlyne empezó a sentirse como una mantenida en una prisión forrada de visones.

El alivio, por no decir la libertad, llegó de forma inesperada con una llamada de Ethel Becher. Habían pasado cuatro o cinco meses desde la última vez que Arlyne la había visto. En aquel momento, todavía seguía siendo reina y señora de las veladas en Central Park West. Sin embargo, gracias a aquella llamada, Arlyne se enteró de que su ambiciosa amiga se encontraba en Miami, acampada en la puerta contigua, en el Fontainebleau. Al parecer, Ethel estaba pasando una mala racha. Afirmó que había venido a Florida con Shecky Greene, con quien estaba «casi comprometida». Pero según le explicó, Shecky lo suspendió todo. Y en aquel momento necesitaba un techo y una amiga que la escuchara.

Sin dudarlo un instante, Arlyne insistió en acoger a Ethel. Ni siquiera se molestó en pedirle permiso a Walter, quien seguía enviando dinero y jamás pedía cuentas. Estaba casi segura de que Georgie también agradecería la diversión que traería la presencia de Ethel en la casa, y tenía razón. Desde el momento en que Ethel envió sus maletas desde el Fontainebleau, la vida se convirtió en una fiesta continua. Al parecer, Ethel se recuperó rápidamente de su corazón roto y se dedicó a encargar cajas de champán y comida *gourmet*, abriendo las puertas del apartamento a los mafiosos. Algunos eran viejos conocidos que Georgie se había cruzado en la playa. Otros eran nuevos, como los importantes corredores de apuestas que llevaban sus negocios desde el Eden Roc. Pronto, el rumor de que Arlyne tenía un nuevo cuartel general corrió tan al norte que llegó hasta Nueva Inglaterra. El amigo de Tillio, Butchie, fugitivo de la justicia después de haber cometido un atraco en Boston, apareció en la puerta de Arlyne buscando un escondite. Cuando Walter se enteró de la fiesta que estaba patrocinando sin saberlo, empezó a volar a Miami los fines de semana para no perderse la diversión.

Al parecer, todo el mundo se divertía, excepto Arlyne. Echaba de menos la privacidad. Durante el día, el apartamento estaba repleto de chicos listos que merodeaban por allí bebiendo y tocando el órgano. Por la noche, sencillamente se desplomaban sin ninguna contemplación en uno de los muchos sofás del salón. Por la mañana, Arlyne se veía obligada a esquivar el revoltijo de cuerpos como si fuera Escarlata O'Hara durante el sitio de Atlanta.

También Ethel la sacaba de quicio. Lejos de ser una huésped humilde y agradecida, se había mudado al apartamento y había tomado el mando, acumulando facturas astronómicas de teléfono, comida y alcohol. Era cierto que Ethel se trasladaba discretamente al Fontainebleau cada vez que Walter venía de visita –a cuenta de Walter, por supuesto–, pero siempre regresaba y no parecía tener intención de marcharse. Desde luego, no había manera de echarla, a menos que quisieras granjeártela como enemiga. Y la idea de tener a Ethel como enemiga era demasiado horrible como para considerarla.

Sin embargo, Arlyne tenía una preocupación más acuciante: Leslie. En aquel momento, llevaba seis meses sin ver a su hija. Y aunque nunca había sido la madre más atenta, tampoco había estado separada de ella tanto tiempo. La echaba de menos. Durante su estancia en Miami, llamaba frecuentemente a casa para hablar con Leslie, pero Billie, furiosa por su deserción, no ponía a la niña al teléfono. En aquellas ocasiones, Arlyne tenía que aguantar las arengas sobre lo incapaz que era como madre. En un punto, Billie la amenazó con denunciarla por abandono y darle la custodia de Leslie a Barbara.

La mera insinuación de Barbara con algo que era suyo hizo que Arlyne tomara medidas. Todavía la mantenían a raya, pero Georgie estaba disfrutando tanto que últimamente su vigilancia se había relajado. En aquel momento, podía ir a comprar sola, y aquella nueva libertad ofrecía una oportunidad para escapar. El único problema era el dinero. Mientras que Walter no ponía límites a sus gastos, Georgie controlaba su monedero, procurando que Arlyne no llevara encima más que calderilla. La cuestión de cómo financiar la huida la tenía tan desconcertada que un día acabó por confesarle sus preocupaciones a una mujer que había conocido en la playa. Al terminar de hablar, la desconocida le aconsejó: «Sabes que puedes cargar tu billete de avión a la cuenta de la cabaña, ¿no?».

Como las fiestas de Ethel habían acabado por provocar que los echaran del Seacoast Towers y toda la banda se había trasladado recientemente al Fontainebleau, donde también habían alquilado una cabaña, Arlyne no había tenido tiempo de enterarse de los privilegios que gozaban los inquilinos. Con aquella nueva información, puso en marcha un plan de inmediato. Hizo una reserva de avión a Nueva York. Aquella tarde, se unió a Georgie en la cabaña y se bañó como si nada ocurriera. Entonces, sin tan siquiera molestarse en quitarse la sal, le dijo a Georgie que se iba a la peluquería y regresó al hotel. Pidió un taxi, llegó al aeropuerto y se subió al avión. Todavía no había atardecido cuando el taxi llegó a Forest Hills. Como no llevaba dinero encima, su madre tuvo que pagar la carrera. Arlyne entró con humildad en casa. Rogó que la perdonaran, y estaba segura de que por mucho que hubiera hecho cosas horribles, Irving Weiss jamás dejaría a su hija en la calle.

El quid de la cuestión era que Arlyne estaba bastante menos preocupada por cómo la recibiría su familia que por la reacción de Walter ante la noticia de su regreso. Arlyne no pensaba que Walter ordenaría eliminarla, pero tenía mano dura. En sus momentos de mayor inquietud, imaginaba que la sumergían en un tanque de ácido. Se había tomado muchas molestias para que su marcha no se descubriera al instante, e incluso había dejado todas sus hermosas prendas de ropa colgadas en el armario del Towers. Al fin y al cabo, ¿qué mujer se marcharía dejando tras ella un armario que valía un millón de dólares? Tras una semana sin tener noticias, se puso nerviosa y llamó a Walter.

Él no la amenazó. No le suplicó. Todo lo que le dijo es que no valía para nada y que se fuera al infierno.

Aquello hizo que Arlyne se enfureciera por completo. De nuevo, llamó a su vieja amiga Ethel, quien, depuesta de su sinecura en Miami, había regresado a Nueva York.

—Ethel, ¿qué voy a hacer ahora? —Lloriqueó—. Tengo que vivir en casa de mis padres. No tengo dinero.

Con elegancia, Ethel compartió otro de sus secretos marca de la casa.

—Dile que estás embarazada —manifestó.

Aquello no tenía sentido para Arlyne, que recordaba todas las veces en que realmente había estado embarazada y nadie había movido un dedo. Pero Ethel insistió.

—Tienes que ser atrevida. Si no te escucha, llamas a su casa y le dices a la esposa que quieres verla. Nunca dejan que veas a las esposas.

Envalentonada, Arlyne llamó de nuevo a Walter.

—Necesito diez mil dólares —informó. (Ethel le había dicho que empezara con una cantidad alta porque con toda seguridad él trataría de negociar a la baja)—. Si no me los das —amenazó—, llamaré a tu mujer y le diré que estoy embarazada.

—No tienes agallas —dijo Walter y, a continuación, colgó.

Aquella noche, Arlyne llamó a la residencia de los Perlmutter y habló con el hijo de Walter.

—Dile que Arlyne Brickman ha llamado —le ordenó.

—¿Quién es Arlyne? —preguntó el chico.

—Tu padre sabrá quién es —contestó.

Al día siguiente, Walter soltó ocho mil dólares. Arlyne dividió el botín con Ethel y las dos tomaron un avión a Las Vegas para celebrarlo.

Eso era lo que comportaba salir con los chicos listos. Un día temías por tu vida, y al día siguiente estabas montada en el dólar y todos te halagaban. El peligro, según la manera de pensar de Arlyne, no era un inconveniente, sino uno de los atractivos de la vida. Le encantaba la adrenalina. La idea de la violencia la hacía experimentar algo muy cercano al placer sexual. Su concentración, normalmente hecha pedazos por preocupaciones triviales, jamás estaba tan alerta como cuando tenía que salir por ella misma de una situación tensa. En lo más íntimo de su corazón, jamás creyó que algo malo podía ocurrirle. Todo era un juego. Un juego que se prolongó durante diez años. Durante aquel tiempo, Arlyne saltó de un «chico listo» a otro. Tony Mirra, Funzie, Farby. Todos eran amigos suyos. Estaba segura de que la querían –no solo como mujer, sino también como amiga–, y de que, si el juego se ponía feo, vendrían a rescatarla.

En los años posteriores, Arlyne recordaría un inconfundible y funesto patrón que condujo al acontecimiento que haría añicos su ilusión de invulnerabilidad. El primer mal augurio ocurrió cuando se juntó con Joey Russo, un «chico listo» que había conocido a través de Farby. Fatty o Joe Fats, como la gente lo llamaba, era obeso hasta un punto grotesco. Sudaba mucho y tenía furúnculos entre las ingles, así que Arlyne tenía que dar un buen trago antes de hacerle una mamada. Sin embargo, Joey era sobrino de un hombre de honor. Y debajo de aquel aspecto feo, era un hombre amable y generoso que le hacía muchos regalos. Una tarde, al recogerla para llevarla al boxeo, le tendió un estuche pequeñito. Arlyne lo abrió y vio un anillo con una perla enorme. No pudo hacer nada por ocultar su decepción. Aunque había buena intención en el gesto, al parecer, Joe desconocía que las perlas traían mala suerte. Era un extraño lapsus, puesto que los chicos listos normalmente eran supersticiosos hasta el punto del fanatismo. Pero como rechazar un regalo también traía mala suerte, Arlyne lo aceptó sin protestar. Después, nada más llegar a casa, lo tiró por el retrete. Sin embargo, ya era demasiado tarde; el daño ya estaba hecho. En pocas semanas, Joe sufrió un infarto. No murió, pero desapareció del mapa. Arlyne acababa de perder su fuente de sustento.

No se reemplaza a un novio decente al instante, así que Arlyne se tuvo que conformar con un sustituto: el recadero de Tillio, Jilly. No corría peligro de enamorarse de Jilly. Era un «mierda bajito y gordo», que no contaba con el alma generosa de Joey Russo. Además, era el mafioso de menor rango con el que había salido desde Babe. Pero Jilly tenía acceso a las pertenencias de Tillio, incluido su Cadillac y su yate. Allá donde iban, lo hacían con estilo.

Arlyne confiaba en Jilly. Y justo por ese motivo se sorprendió cuando Jilly la telefoneó una noche para invitarla a salir y percibió cierta inquietud en su voz. No sabía por qué. La invitación había sido muy directa. Irían a un club, el Wagon Wheel Bar. Jilly quería que conociera a su propietario, un amigo suyo llamado Sally Burns. Arlyne jamás había visto a Sally, cuyo nombre real era Salvatore Graniello, pero sabía que también era amigo de Funzie y, por tanto, «buena gente».

Sin embargo, a Arlyne inexplicablemente no le apetecía salir aquella noche y le dijo a Jilly que estaba cansada. Pero él no se dio por vencido. «No, no, no –dijo–. Tienes que venir. Paso a recogerte. Vamos a pasárnoslo bien». Al final, Arlyne cedió.

El Wagon Wheel estaba situado justo al lado de Times Square, cerca del Peppermint Lounge, que se había convertido en una de las discotecas más populares de la ciudad. Aunque en el local de Sally Burns también se bailaba, era un garito con mucha menos clase. Tenía una barra, varias mesas y una diminuta y estrecha sala de baile al fondo, donde unas pocas parejas se meneaban con los latidos sordos de una gramola. A Arlyne le desagradó el lugar al instante y quiso irse a casa, pero Jilly la tomó por la cintura y la condujo hacia una mesa en la esquina donde Sally Burns daba audiencia.

Sally era otro italiano gordo y desagradable, de pelo cano ondulado y comportamiento huraño. Cuando se lo presentaron, la mirada de Arlyne se posó inmediatamente en su torso, de donde colgaba un enorme crucifijo salpicado de diamantes. Por alguna razón, no podía apartar los ojos de él. Sally saludó con un gruñido, pero no pareció que Arlyne le gustara mucho. Sin embargo, con el transcurso de la velada, y tras unas cuantas copas, Sally empezó a mostrarse más y más atento. Arlyne, que también había bebido mucho, se encontró flirteando con él. Sally la invitó a bailar y Arlyne aceptó. Mientras se contoneaba bajo su agarre sudoroso, Arlyne oyó que le decía:

—Vamos abajo. Quiero enseñarte algo.

Arlyne siguió a Sally por una escalera que conducía a un despacho subterráneo. Se subió al escritorio, cruzó las piernas y esperó a ver qué era aquello que Sally quería mostrarle. Aunque su estado de embriaguez no le permitía recordar con toda claridad lo que sucedió, era consciente de que alguien llamado Joey entró sin previo aviso y que estaba discutiendo con Sally un asunto de una recogida. Sally salió para hacer una llamada telefónica y Arlyne se puso a coquetear con el recién llegado. A continuación, Sally regresó con otro tipo llamado Tony y los tres hombres empezaron a discutir a gritos. Al parecer, su desacuerdo estaba relacionado con algo de dinero, pero Arlyne no podía asegurarlo.

Estaba confundida por lo que ocurría. Durante un momento, pareció que Sally iba a golpear a Tony. Arlyne se preguntó dónde demonios estaba Jilly, porque seguramente estaría echándola de menos en aquel momento. Entonces, se percató de que los tres hombres la estaban mirando. De repente, Tony la cogió y le ordenó que le hiciera una mamada. Arlyne se quedó de piedra. Durante sus años de experiencia con los chicos listos, jamás la habían violentado. Y aunque se acostaba con cualquiera, estaba segura de que los chicos la respetaban. Y allí estaba ese Tony, ese don nadie, retorciéndole el brazo.

–¿Sally? –imploró Arlyne.

Tony y Sally se limitaron a cruzar una mirada. A continuación, Tony la empujó, haciéndola caer de espaldas contra el escritorio, y empezó a quitarle la ropa interior. Sally dijo: «¡No!». Aterrorizada, Arlyne interpretó sus palabras como un indulto y trató de correr hacia la escalera. Pero el mismo Sally la atrapó y la tiró al suelo. Después de aquello, todo lo que podía recordar eran fragmentos de un espantoso sueño. Sally encima de ella, con los pantalones bajados hasta las rodillas, la embistió con su enorme pene. Arlyne gritó y él la golpeó para acallarla. Durante toda aquella lucha frenética y desesperada, pudo ver el enorme crucifijo de diamantes de Sally que se balanceaba delante de sus ojos.

Después de Sally, fue el turno de Joey y Tony. Cuando acabaron, los tres se subieron los pantalones y empezaron a reír como si todo hubiera sido una broma. A continuación, fueron escaleras arriba, dejándola medio inconsciente y sangrando en el suelo del sótano. Arlyne no estaba segura de cuánto tiempo se quedó allí tumbada. Pero recordaba que no dejaba de preguntarse dónde estaría Jilly. Debía de haber visto que los tres hombres habían subido sin ella. En aquel momento, debía de estar echándola de menos. Cuando al final se abrió la puerta, no fue Jilly el que apareció, sino un joven camarero que venía a por una botella de licor.

–¿Qué ha pasado? –preguntó con visible preocupación.

Por el tono de su voz, Arlyne fue incapaz de decir si se sorprendía de verla allí o si alguien lo había enviado para limpiar los platos rotos. No le respondió.

–Vale, da igual –dijo–. Vamos, te echaré una mano.

El tipo se dirigió hacia el piso superior y trajo su estola de zorro azul, con la que cubrió su blusa desgarrada. A continuación, condujo a Arlyne, con la nariz sangrando y los labios hinchados, por delante de la mesa donde estaban sentados y riendo Sally, Jilly y varias mujeres que no había visto antes. Al acercarse medio a rastras, oyó que una de ellas decía: «Perra judía».

El camarero pidió un taxi, pero una vez dentro, Arlyne se dio cuenta de que no llevaba dinero. Ir a casa en aquel estado supondría tener que pedir a sus padres que lo pagaran, y aquello descartaba la posibilidad de colarse en su habitación sin que se dieran cuenta. No, decidió. Tendría que encontrar un lugar privado donde limpiarse y recomponerse. Le dijo al taxista que la llevara al apartamento de Funzie.

Cuando Funzie abrió la puerta y la vio, un «¡Dios mío!» se escapó de sus labios. Pagó al taxista, la acompañó hasta el sofá, le preparó una taza de café bien cargado y escuchó su relato incoherente. Su expresión estaba llena de lástima. Porque, a pesar de sus costumbres pervertidas, a Funzie no le gustaba ver a una mujer maltratada. «Lávate –le dijo–, y no te preocupes. Yo me encargaré de todo por ti».

Cuando el taxi la dejó ante Forest Hills, Arlyne hizo girar la llave silenciosamente y empezó a recorrer el largo pasillo de puntillas. Pero no tuvo suerte. Su madre la esperaba en el salón. Las luces, como siempre, estaban apagadas para no molestar a Irving, y Billie no vio los cortes y los moratones. Agarró a su hija por el brazo. Arlyne se zafó y escapó hacia el dormitorio mientras Billie iba tras ella gritando: «Sucia traidora. Dios te castigará». Afortunadamente, el alboroto no despertó a Leslie, y Arlyne se metió en la cama junto a su hija, cubriéndose la cabeza con las sábanas.

A la mañana siguiente, Arlyne se aseguró de que Leslie, Irving y Billie habían salido antes de abandonar la cama. Cuando Sadie llegó, le contó lo sucedido. Acordaron no explicarle nada de la violación, absolutamente nada, a Billie. Le dirían que se había hecho los moratones al caer por las escaleras. Arlyne trató de hacerse una ducha vaginal, pero todavía tenía las partes íntimas muy irritadas. Así que Sadie le preparó un baño y Arlyne se sumergió durante un par de horas. Sentía el cuerpo tan sucio que no pensaba que volvería a estar limpio jamás. Después de secarse con cuatro o cinco toallas, se volvió a meter y se dio otro baño. Este proceso se repitió durante días, hasta que Billie, que reparó en la cantidad de toallas húmedas en el cesto, la regañó: «¡Te has vuelto a quedar embarazada!».

Aquel era el temor más íntimo de Arlyne. Trataba de alejar el recuerdo de la violación. Cada vez que un detalle flotaba hasta la superficie, Arlyne lo empujaba hacia abajo de nuevo. Al hacerlo, llegaba a negar durante cortos periodos de tiempo que aquello había ocurrido realmente. Sin embargo, si se quedaba embarazada, sería una prueba irrefutable del ataque. Y sería todavía más difícil escondérselo a sus padres. Cuando unos días después menstruó, casi lloró de alivio.

Pero quedaba la cuestión de su honor. La conmoción y desconcierto habían dado paso a la rabia. ¿Quién se creía que era ese Sally Burns para tratar a Arlyne Brickman –amiga de Tony Mirra, Funzie Mosca y Joey Russo– como si fuera un pedazo de mierda? Sally tenía que pagar por lo que había hecho. Al fin y

al cabo, Funzie había afirmado que él «se encargaría de todo».
La noche de la violación, antes de abandonar su casa, le había
dicho que llamaría a alguien en Brooklyn que, al parecer, era
muy buen amigo del tal Sally. No concretó qué iba a pasar,
pero Arlyne se deleitaba fantaseando con la idea de que a Sally
le rebanaban las piernas y hundían su cadáver en cemento.

Esperó a que Funzie la llamara. Los días pasaron, y no lo hacía. El hecho de que la redención de su honor no estuviera en
los primeros puestos de su lista de prioridades la puso furiosa.
Así que decidió que había llegado el momento de sacar la arti-
llería pesada. Llamó a Tony Mirra. Tony le dijo que sentía mucho lo que le había ocurrido y le prometió que llegaría al fondo
del asunto. Pero pasaron más días, y tampoco llamó de vuelta.

Poco a poco, empezó a comprender la realidad de la situación. Era una comprensión que llegó con menos fuerza que la
violación, pero con mucha más revulsión. Tenía treinta y tantos. En los últimos veinte años en que había jugado a ser una
chica de la mafia, había trabajado sin descanso con el objetivo
de volverse indispensable para los mafiosos. Y lo había hecho
bajo el manto de la ilusión de que la respetaban, de que incluso
la amaban. En aquel momento comprendió que todo aquello
era falso. Era una forastera. Una de aquellas tipas. En pocas
palabras era, como había demostrado tan gráficamente Sally
Burns, un pedazo de mierda. Sus poderosos amigos no estaban interesados en protegerla, sino en protegerse entre ellos.

Nadie jamás iba a defender su honor. Y aquella comprensión marcó su pérdida de la inocencia.

CINCO
Tommy

El horror de la violación se quedó con Arlyne durante muchos meses. Temía quedarse dormida y que Sally Burns se le apareciera en sueños asfixiándola e invadiéndola con sus gordos tentáculos. Tampoco encontraba alivio cuando despertaba. Si cerraba los ojos, podía ver el crucifijo de diamantes balanceándose a cámara lenta sobre su cara.

Lo peor de todo es que Arlyne no podía quitarse de encima aquel sentimiento de suciedad. Las duchas y baños continuaron sin cesar. Cada vez que entraba en una habitación, la rociaba con perfume. Desde siempre, el hecho de tener flores frescas a su alrededor la hacía sentir más limpia y ese anhelo se volvió incontrolable. Pero, aunque cada día aparecía el florista en la puerta, los ramos solo conseguían darle a su habitación un aire de falsa alegría.

Las excentricidades de Arlyne continuaron acentuándose hasta el momento en que su madre insistió en saber la verdad. Sin embargo, al enterarse de los horribles acontecimientos ocurridos en el Wagon Wheel, Billie no mostró ni compasión ni enojo, sino que se limitó a sumirse en su propio sufrimiento. Arlyne acudió a su abuela en busca de consuelo, deseosa de escuchar el familiar «No te preocupes, cariño», pero la anciana estaba cada vez más débil. Aun así, se advertían los destellos de majestuosidad en su porte. Algunas veces, cuando la sacaban a pasear por la tarde, se ataviaba con el abrigo de armiño, uno de los pocos de valor que no se había vendido para costear sus cada vez más costosas facturas médicas. En aquellas ocasiones era la Ida de antaño, abriéndose paso por East Broadway con aire imperial. Sin embargo, la mayor parte del tiempo estaba confundida y desconcertada, e invocaba los nombres de Frankie y de sus hijos muertos como si esperara que se presentaran a cenar el viernes.

Aquella misma primavera, Ida sufrió un ataque al corazón y la tuvieron que trasladar al hospital. La familia, asustada por el carácter repentino del ataque, se tranquilizó al comprobar que su condición se estabilizaba. Durante las siguientes semanas hicieron turnos, garantizando que alguien siempre estuviera con ella durante las horas de visita. Ida parecía mejorar. La mañana del 5 de mayo de 1969, pidió que viniera una esteticista al hospital para que le hiciera las uñas. Arlyne y su madre bromearon sobre que no había mejor señal de que la abuela se estaba recuperando y se fueron a casa a descansar. Aquella tarde, Ida Blum sufrió otro ataque y falleció mientras dormía.

La conmoción que experimentó Arlyne se agravó por la culpa que sentía ante el hecho de que su abuela hubiera muerto sola. Y cuando el dolor y la culpa pasaron, llegó la sensación de abandono. Su abuela era la única persona capaz de comprender la vida que llevaba. Ida Blum era la única persona que podía apreciar la maestría sutil que se escondía tras las travesuras de una chica de la mafia. Para su madre, Arlyne «no valía un pimiento», pero para Ida, Arlyne había sido una aventurera en el sentido más halagador del término: una mujer que osaba, que se burlaba de las convenciones y que se agarraba a lo mejor que la vida podía ofrecerle. En aquel momento, Arlyne se sintió como si estuviera en medio de un escenario vacío y sin público.

Durante los meses siguientes a la muerte de Ida, Arlyne vagó sin rumbo fijo. La añoranza de su abuela era tan intensa que a veces le parecía oír los tacones de Ida repiqueteando sobre la acera debajo de su ventana. Cuando corría para ver, no había nadie. Solo disfrutaba con la maternidad, aunque dejaba de lado sus responsabilidades como madre de inmediato si se presentaba la oportunidad de divertirse. Sin embargo, la promiscuidad había dejado de ser una vocación para convertirse en una costumbre aburrida. En aquel momento, las cualidades que les otorgaban todo su encanto a los chicos listos le parecían ridículas. Porque, pese a su pose de machos, los mafiosos eran, por lo general, vanos e infantiles, incapaces de negarse nada. Porque, pese a su discurso de amor hacia las mujeres, en verdad no las apreciaban en absoluto. La novia –la legendaria *mob girl* que durante los años jóvenes de Arlyne había parecido dominar el mundo– era completamente prescindible.

Siguió habiendo hombres –muchos–, pero no grandes romances. Con treinta y siete años, un aspecto que se marchitaba y unas ilusiones rotas, Arlyne estaba desesperada por cualquier cosa que pudiera dar sentido a su vida. Durante el invierno de 1970, el destino –en toda su perversidad– situó a Arlyne Brickman en trayectoria de colisión con una obsesión.

Durante aquel amargo febrero, Arlyne había hecho varios trabajos como modelo en el Garment District. Una tarde, después de trabajar, se pasó por el restaurante Messina, en Queens. El propietario, Paulie –«Paulie Messina» para los amigos–, era un viejo conocido. Se había acostado con él varios años antes, un revolcón amistoso y agradable que, curiosamente, había cimentado su amistad. Desde entonces, Paulie había adoptado una actitud protectora con Arlyne, evaluando a sus conquistas y aconsejándola sobre cuestiones amorosas.

La noche en cuestión, Paulie la saludó con un par de besos en las mejillas y le dio una mesa junto a la ventana. Tan pronto como se sentó, Arlyne reparó en un hombre que estaba cenando con unos amigos varios metros más allá. Debía de rondar los treinta y pocos, supuso, pero era difícil de decir, porque su cabello se había vuelto blanco prematuramente. Algo en su rostro, bien la nariz torcida o esa expresión de chiquillo, hizo que le resultara muy atractivo.

Arlyne no estaba en su mejor momento aquella tarde. Un par de días atrás se había cortado el pie con un cristal roto. Como la vanidad no le permitía llevar una zapatilla, había andado renqueando durante toda la jornada con zapatos de tacón. El dolor había pasado factura en su aspecto y, en circunstancias ordinarias, habría renunciado a cualquier intento de seducción. Pero el desconocido, de piel morena y con un aire que le recordaba a Joe Adonis, Tony Mirra y al resto de hombres «peligrosos» que la habían fascinado todos aquellos años, avivó involuntariamente sus ansias de combate. Así que se puso en pie, adoptó su pose de mujer fatal y cruzó lentamente el restaurante, pasando por delante de la mesa del desconocido. El hombre en cuestión estaba leyendo un cartón de apuestas y no levantó la mirada. Arlyne volvió a pasar por delante. Y otra vez. Y otra. Hasta que oyó que uno de los acompañantes le decía: «Tommy, a esa tipa le gustas». Tommy la miró brevemente y gruñó: «Vaya, me parece que ya ha tenido suficiente».

Herida por el comentario, Arlyne se retiró a su mesa a hacer pucheros. Al día siguiente, regresó al Messina, se llevó a Paulie a un lado y le preguntó sobre el desconocido de la noche anterior.

–Ah –dijo Paulie–, ¿te refieres a Tommy Luca?

–Sí, sí –contestó Arlyne–. ¿Qué días viene por aquí? ¿Por dónde se mueve? ¿A qué se dedica?

Paulie le explicó que Luca había sido guardaespaldas intermitente de un par de hermanos capos de la familia Genovese. Desgraciadamente, Smitty y Frankie habían sido abatidos en un restaurante, presumiblemente mientras Tommy estaba fuera de servicio. En la actualidad, dijo Paulie, se había juntado con un tipo que mantenía caballos de carreras y regentaba un concesionario en Queens.

Durante la siguiente semana, Arlyne llamó al concesionario preguntando por Luca. Nunca estaba allí. O si estaba, no se lo podía molestar. Sin embargo, no cejó en su empeño y al final Luca se puso al teléfono y la saludó con un gruñido ininteligible.

–Vale, escúchame, Tom –dijo Arlyne con familiaridad–. Soy la tipa que viste la otra noche. Ya sabes, la que, según dijiste, «ha tenido suficiente». Me gustaría que nos viéramos. He oído que das golpes, y yo tengo uno de primera para ti.

Tommy le propuso verse en el concesionario aquella misma tarde. Cuando Arlyne llegó, se encontró a Luca sentado en el despacho. Con un gesto, Luca le dijo que tomara asiento. Arlyne empezó a explicarle que su madre tenía una amiga «muy rica», que guardaba joyas en su casa de Long Island. La mujer pasaba mucho tiempo en Florida, y las alhajas estaban esperando a que alguien las cogiera. Luca no dijo mucho, pero Arlyne percibió que había despertado su interés. Aquella tarde, Tommy llamó al Messina, y Paulie le garantizó que Arlyne era «buena gente». A continuación, la telefoneó y accedió a encontrarse con ella en Forest Hills. Convenientemente, los padres de Arlyne estaban en Florida, lo que le permitió dar la imagen de que aquel piso, con todas sus antigüedades y opulencia, era suyo. Tommy quedó visiblemente impresionado. Se estiró en el sofá, y se puso cómodo.

Tommy había traído a un par de amigos y los tres hombres escucharon en silencio cómo Arlyne explicaba el hipotético robo. Según contó, la casa de la mujer rica estaba sobre el agua, lo que significaba que podían acceder a ella en coche o en barca. En un armario del piso superior, encontrarían un diamante de siete quilates y un anillo con una esmeralda. La mujer también tenía una gran colección de monedas de plata nada desdeñable. Lo bueno del trabajo, concluyó Arlyne, era que la supuesta víctima no tenía sistema de vigilancia y pasaba la mayor parte del año en Florida.

Al contar esta historia años después, Arlyne insistiría en decir que ella no tenía intención alguna de llevar a cabo el robo. Afirmaría que se había inventado la historia de la mujer rica –un personaje basado ligeramente en una amiga de su madre– con el único objetivo de llamar la atención de Luca. Sin embargo, una vez conseguida dicha atención, se encontró con el delicado dilema de cómo retirarse del juego. Luca y sus amigos se habían creído la historia y habían regresado varias veces al apartamento para discutir la estrategia. Arlyne se dio cuenta de que la cosa se le había ido de las manos, y se apresuró a pisar el freno.

Fue durante la tercera o cuarta visita de Luca que le soltó las malas noticias. La mujer rica, le dijo, había regresado de Florida de forma inesperada. Y lo que era peor, tenía problemas de corazón. Arlyne sabía que un dato como aquel haría recular a un ladrón listo. En primer lugar, porque podrían juzgarte por asesinato u homicidio si alguien moría durante un robo. Y porque incluso si se salía indemne, el botín de un muerto se consideraba de mala suerte y podía dar trabajo a la hora de encontrar a alguien que lo colocara.

Aunque Luca refunfuñó, se anuló el atraco.

Arlyne supuso que ya no lo vería más, pero en las semanas que siguieron, continuó viniendo. Sabía que los chicos listos siempre buscaban nuevos ligues. La mayoría de ellos pasaban poco tiempo con sus esposas y su familia. (Tommy, por lo que le había dicho Paulie Messina, tenía esposa y tres retoños en Howard Beach). Necesitaban un puesto de avanzada, seguro y cómodo, desde el que tramar sus fechorías. A menudo, ese lugar era uno de los varios «clubs sociales» masculinos. A veces, era el negocio de un amigo, como el concesionario. (En los viejos tiempos, Chester Motors había servido a dicho propósito). Sin embargo, en la mayoría de las ocasiones, era el apartamento de una amiguita.

Tommy había dejado claro que no se había encandilado de Arlyne, sino de su apartamento. Ya podía cruzar las piernas con provocación que él no mostraba el más mínimo interés. Arlyne suponía que era fruto de que se había enterado de todos los tipos con los que había estado y la consideraba mercancía sucia. El desaire empezó a ser más mortificante cuando empezó a salir con una de sus amigas. Mary la Sudaca, tal como se la conocía, era una esteticista muy guapa que le arreglaba el pelo a Arlyne. Puesto que Arlyne había reñido con Sophie y necesitaba a alguien con quien salir, ella y Mary iban juntas a los clubs nocturnos. La esteticista se pasó una noche por casualidad por el apartamento y llamó la atención de Tommy.

Aunque por dentro Arlyne estaba furiosa, decidió esperar el momento adecuado. Sabía que Mary tendía a entregarse de lleno a los hombres, y Arlyne consideraba que Luca era de los asustadizos. Si se le daba suficiente cuerda, Mary se ahorcaría sola. Los tres establecieron una extraña camaradería. Algunas veces se juntaban en el apartamento de Arlyne, otras veces iban todos al de Mary, situado en un rascacielos de Forest Hills. Al llegar la primavera, el trío pasaba más y más tiempo en casa de Mary, fraguando planes alrededor de la mesa del comedor mientras la anciana madre de Mary les servía plátanos fritos y arroz con pollo.

El romance de Tommy y Mary continuó hasta principios de verano. Arlyne se mantuvo alerta, esperando el momento perfecto para clavar la puñalada. A finales de junio, se sintió animada al ver que Mary le requería más tiempo a Tommy y que se quejaba cuando este volvía a su casa con su familia. Arlyne sabía lo que significaba aquello: que estaba a punto de cometer una estupidez. Efectivamente, un día, Mary la llevó aparte y le preguntó si tenía el número de la casa de Tommy. Una amiga de verdad le habría explicado a Mary que invadir la santidad de la vida doméstica de un «chico listo» era una de las maniobras más arriesgadas que podía hacer una amante. Pero Arlyne –resuelta a ver cómo la pequeña esteticista se autodestruía–, se las arregló para que Paulie Messina le diera el número y se lo pasó.

Después de aquello, el romance se resolvió con celeridad. Mary se presentó ante Arlyne hecha un mar de lágrimas y le explicó que había llamado a Tommy a su casa y que este le había gritado. Luca le había prometido que se la llevaría con él a Florida, y Mary solo vivía porque ese día llegara. Tommy, por su parte, solo buscaba una manera de escapar. La mañana en que se suponía que tenían que marcharse, se presentó en el apartamento de Arlyne y le pidió que lo escondiera de Mary.

Aquella era la oportunidad que Arlyne había estado esperando. Se excusó un momento, se escabulló al dormitorio y regresó con un salto de cama de color azul marino y una boa de plumas de avestruz. Al parecer, aquella transformación repentina cogió desprevenido a Luca, quien se dejó llevar al dormitorio para ver qué exótica experiencia sexual le tenía reservada su seductora. Pero las cosas no salieron bien. El teléfono no dejó de sonar. Era Mary, preguntando por Tommy. Arlyne insistió en que no lo había visto. Sin embargo, Luca se puso nervioso por si Mary se presentaba en el apartamento y trató de vestirse. Arlyne lo atrajo de nuevo hacia la cama. Pero en aquellas circunstancias, incluso ella tenía dificultad para excitarse. Después de varios minutos de forcejeos fútiles, un Luca disgustado se levantó dispuesto a irse. A Arlyne la invadió un pánico repentino ante la idea de haberlo perdido para siempre.

De hecho, Tommy no tenía nada de especial. A pesar de todo aquel encanto de chiquillo, no era tan guapo como Tony Mirra. No era un hombre de honor como Farby o Funzie. Lo cierto es que Tommy ni siquiera era un iniciado, sino un buscavidas de baja categoría que había tenido la suerte de ejercer durante un breve periodo como guardaespaldas. Pero Arlyne, en la triste confusión que suponía la cercanía de la mediana edad, lo había elegido como salvador y, en aquel momento, concentraba todas sus esperanzas irracionales en hacer que se quedara a su lado. Así que lo detuvo en el umbral de la puerta del dormitorio y le pidió que se sentara en el sofá y se bajara los pantalones. Y ella hizo lo que mejor sabía hacer. Arlyne descubrió que una mamada dejaba a Luca igual de contento que si acabara de echar un polvo. Después de aquello, la visitó casi cada día para recibir sus servicios. Y cuando Billie e Irving finalmente regresaron de Florida, Arlyne y Tommy empezaron a encontrarse en un motel barato cerca del aeropuerto de LaGuardia.

Ya era finales de verano, y los Weiss volvieron al club de la playa. Arlyne, con cautela, les había dicho a sus padres que tenía un nuevo novio, una noticia que ellos tomaron con hosco escepticismo. Sin embargo, Arlyne los convenció para traer a Tommy al club al siguiente fin de semana. El día fijado, fue en coche con sus padres hasta Atlantic Beach. Billie ocupó su

LA CHICA DE LA MAFIA

lugar en la mesa para jugar a cartas. Irving y sus amigos se sentaron para una partida de *gin rummy*. Arlyne se puso el bañador y se acomodó en una tumbona, bronceándose y esperando a Tommy.

Cuando finalmente hizo su entrada en el patio, la conversación cesó, las cabezas se volvieron y se produjo un silencio bochornoso. Llevaba unos pantalones de color azul cielo, una camisa, una horrible chaqueta blanca y unos zapatos negros. Peor aún, llevaba unos baratos calcetines de nilón fruncidos en los tobillos. La primera vez que Arlyne había visto a Tommy en el restaurante de Paulie Messina, había quedado sorprendida por su elegancia. En aquel momento, al mirarlo a través de los ojos de sus padres y amigos, le pareció una sabandija.

Arlyne presentó a Tommy a su madre, que lo saludó con una frialdad glacial. Cuando se dio la vuelta, musitó: «Problemas de nuevo». Irving Weiss, pulcro y apuesto como siempre en su blanco atuendo estival, ni siquiera levantó la mirada de la mesa para saludar al nuevo amigo de su hija. Para ahorrarle la humillación, Arlyne susurró a Tommy: «Vámonos de aquí. Quiero ir a comer».

Una vez que hubo desaparecido su propia vergüenza, Arlyne decidió hacer algo con Luca. Primero, lo llevó a un estilista, que le arregló el pelo, dándole un aire más regular. Después, lo condujo hasta una tienda en Broadway, donde le compró un conjunto formado por unos pantalones amarillos y una chaqueta deportiva negra, una chaqueta marrón con corbata a juego y, por supuesto, un traje blanco, como los que llevaba su padre.

Arlyne llevó a Tommy de nuevo al club, ataviado con la nueva vestimenta. En aquella ocasión, consiguió más éxito. Irving Weiss siguió sin admitirlo, pero llegó a introducirlo en una de las partidas con uno de sus amigos, un fabricante de camisas al que le sacó varios miles de dólares. Tommy, aparentemente al percibir que entre aquella gente había dinero, se comportó como un caballero. Aun así, había un aspecto en su comportamiento que seguía desconcertando a Arlyne. Mientras que los otros hombres se sentaban al sol abrasador con sus ropas de playa, Tommy insistía en llevar el traje. Siempre que lo apremiaba a cambiarse y ponerse el bañador, parecía incómodo y cambiaba de tema. Al final, Arlyne comprendió que la razón por la que insistía en quedarse vestido era que no quería tener que explicarle a su esposa dónde había conseguido aquel torso bronceado.

El matrimonio de Luca era un tema que Arlyne no se atrevía a sacar a colación. Había presenciado cómo Mary se destruía a sí misma al invadir la vida privada de Tommy y no estaba dispuesta a tropezar con la misma piedra. Desde su niñez, albergaba opiniones conflictivas sobre «la otra mujer». Durante el periodo en que la amante de su padre llamaba a casa, pensó que era cruel burlarse de la esposa de un hombre de aquella manera. Sin embargo, en su propio apogeo, elegía a los hombres sin importar su estatus marital. Según su parecer, la amante recibía el mejor trato. Pero en aquel momento, el espectro de la mujer de Tommy, cómodamente instalada en Howard Beach como si fuera una madona, la atormentaba. No descansaría hasta echarle un vistazo a su rival.

La oportunidad surgió poco después de que pasara un año desde que había conocido a Luca, cuando Paulie Messina mencionó de pasada que Tommy llevaría a su familia a cenar al restaurante por Pascua. Sin explicarle a Tom sus intenciones, aquel domingo Arlyne apareció en el Messina y se aposentó en un lugar que ofrecía unas vistas aventajadas de la familia Luca. Vio la nuca de Tommy, con su pelo entrecano secado con secador balanceándose por encima del resto de las cabezas de la reunión familiar. Si advirtió su presencia, no pareció sorprenderse. Sus dos hijas pequeñas, de tres y cuatro años, se perseguían por el restaurante. En medio del correteo, se detuvieron en seco delante de Arlyne y esbozaron una sonrisa. La señora Luca estaba sentada frente a su esposo, sosteniendo a su bebé. A Arlyne le complació ver que estaba gorda, que su piel era grasienta y su expresión, sombría. Una auténtica esposa espagueti.

A pesar de ello, le preocupaba que la mantuvieran al margen, que existieran rincones en la vida de Tommy a los que no tenía acceso. En ocasiones, él le contaba cosas de sus hijos, a los que educaban como católicos de bien. Incluso el peor de los gánsteres, pensó Arlyne, desea que sus hijos sean maravillosos.

Sabía poco de los padres de Luca, excepto que eran inmigrantes de segunda generación deseosos de que sus hijos encontraran el éxito. El padre de Tom, por lo que sabía Arlyne, había sido un hombre decente que había ganado cierto estatus como chófer de Nicky Hilton. El hermano mayor de Tom era también una persona honesta y trabajaba de manitas en un edificio de apartamentos en Park Avenue. El hermano más joven, Nino, era el objeto de adoración de Tommy.

Con dieciséis años, Nino Luca se había convertido en aprendiz de Johnny Campo, el célebre entrenador de caballos. A los veintitantos, ya adiestraba por derecho propio. Para Tommy, Nino era un muchacho que venía de la nada y que había conseguido triunfar. Tommy lo miraba como si fuera el mayor de los dos y constantemente buscaba el gran golpe que lo colocaría a su mismo nivel.

Arlyne pasó meses oyendo historias de Nino. Aunque ella y Tommy a menudo viajaban a Aqueduct para apostar en las carreras, jamás se lo presentó. Cuando Arlyne insistió, Tommy la llevó a regañadientes hasta los establos, donde encontraron a Nino tumbado sobre una bala de heno. Parecía tan joven. Arlyne lo confundió con un mozo de cuadra. Tommy la presentó como una «mujer muy rica» con la que hacía tratos. Pero Nino, que quería mucho a la mujer de Tommy y a los niños, captó la treta y la ignoró.

El desaire de Nino solo le sirvió para recordarle la precariedad de su posición. Arlyne pensó que podría adjudicarse más claramente el afecto de Tommy si conseguía que se trasladara a vivir con ella. Pero eso significaba que tenía que romper los lazos con su familia y, de hacerlo, perdería el continuo apoyo económico de Irving a Leslie, que estaba a punto de convertirse en una adolescente. Por supuesto, era posible irse a vivir con Tommy y dejar a Leslie con los abuelos. Sin embargo, aquello significaba abandonar algunos de sus derechos natos, puesto que su hermana podía usurpar su territorio.

Billie Weiss continuaba expresando sin tapujos su esperanza de que Barbara adoptara a Leslie. De hecho, de niña, Leslie había pasado los veranos con la familia de su tía en Long Island, en un ambiente mucho más estricto que el que disfrutaba en casa. Tía Barbara y su esposo la trataban como si fuera una de sus hijas, a las que mantenían a raya con una disciplina afectuosa. Como más tarde diría Leslie, tía Barbara tenía una «familia de verdad», donde se inspeccionaban las habitaciones y se daban estrellas por buen comportamiento. Y si eras buena niña, bebías un vaso de leche antes de pedir refresco. Después de un mes en casa de Barbara, Leslie solo anhelaba regresar a los estándares más relajados de su casa.

Billie e Irving Weiss no eran estrictos en cuanto a disciplina. No podían controlar a Arlyne, y menos a su hija. Esa tarea recaía en Sadie, que de vez en cuando se quitaba la correa y proporcionaba a Leslie una buena azotaina. Pero la chiquilla parecía insensible al dolor. De hecho, era más bien una niña bastante fría e indiferente. A pesar de la efusiva atención y cariño de su abuelo, jamás lo abrazaba. Su añoranza parecía reservada para su madre, quien, por supuesto, entraba y salía de la casa de los abuelos como un gato. Incluso de muy pequeña, sufría visiblemente las ausencias prolongadas de Arlyne, quejándose de dolores de estómago y de cabeza, y rompiendo a llorar reclamando a su madre. Así que cuando Arlyne comentó el tema de irse a vivir con Tommy, Leslie, que había tenido suficiente de aquel conflicto prolongado, estaba lista para volar del nido.

Sin embargo, escapar no fue tan simple. Tommy daba evasivas. E incluso la misma Arlyne se mostraba ambivalente sobre el hecho de abandonar la relativa seguridad del hogar de sus padres. En el pasado había dado muchos portazos, pero siempre acababa regresando con el rabo entre las piernas. El apartamento en Forest Hills era como un imán para ella. Arlyne podría haber estado dudando indefinidamente si no hubiera tenido otro encontronazo con su madre. En el ardor de los gritos y de los sentimientos heridos, Arlyne tomó a Leslie del brazo y la arrastró hasta un taxi.

Sin un lugar adónde ir, Arlyne solo sabía que tenía que encontrar a Tommy. Le dijo al conductor que fuera hacia Brooklyn, que era por donde solía salir Luca al caer la tarde. En efecto, no tardó en verlo venir hacia ella por Atlantic Avenue. Confrontado por el par de refugiadas, Luca no tuvo más remedio que darles cobijo. Aquella misma noche, las registró en un sórdido motel de Conduit Boulevard. Arlyne se quejó de que el entorno era una mala influencia para Leslie y Tommy finalmente cedió a la presión y les alquiló un apartamento en un rascacielos de Queens llamado Executive House.

Arlyne siempre diría que ese fue el momento en que su vida con Tom Luca empezó de verdad. Excepto por las pocas horas nocturnas que dormía en Howard Beach, Tommy pasaba casi todo el tiempo con ella. Arlyne se jactaba de que vivían juntos. Sin embargo, Tommy parecía menos interesado en los aspectos domésticos del acuerdo y más en las evidentes ventajas profesionales. En aquel momento, contaba con un lugar permanente desde el cual llevar sus negocios.

Tommy no hablaba mucho de lo que hacía en su día a día. Arlyne sabía que durante una temporada había trabajado supuestamente para su cuñado, que pintaba las líneas de las autopistas. Pero Tommy pensaba que estaba destinado a algo mejor. Al principio de su relación, le dijo a Arlyne que hacía «tiras», lo que ella entendió como que vendía cintas y accesorios para el pelo, pero con el paso del tiempo, se dio cuenta de que se refería al negocio de la lotería ilegal. Tommy tenía un socio, un joven y hábil matón llamado Vito. Había también un socio comanditario cuyo nombre no se mencionaba jamás. Arlyne solo sabía que era un hombre de honor de la familia Genovese.

Todas las tardes, sobre las cinco, Vito llegaba para cenar en el apartamento de Executive House, encabezando un séquito variopinto. Estaba Joey, un hombre ya entrado en años que en aquel momento trabajaba como recadero para Tommy y Vito y que, según supuso Arlyne, debía de haber sido muy apuesto en el pasado. Estaba Pete el Fontanero, llamado así porque era propietario de un negocio de reparaciones de fontanería. Pete olía tan mal que tenía que echar desinfectante por todo el apartamento cuando se marchaba. Además de Joey y Pete, estaba Frankie Basura, llamado así porque había trabajado en un camión de recogida.

En aquellas veladas, Arlyne tenía una sola función: cocinar. Cada día, visitaba la zona italiana en Queens para comprar salchichas, pasta, pan fresco y cajas de tomates. Aprendió a hacer pasta con salsa de tomate desde cero. En cada comida, servía una ensalada, pasta y un plato principal, como asado de cerdo con patatas, el favorito de Tommy. Por todo aquello, no recibía más que un agradecimiento o un halago de pasada. Durante la cena, los hombres hablaban de sus asuntos y la ignoraban. Arlyne encontraba esto de muy mala educación, puesto que los mafiosos judíos que conocía jamás hablaban de negocios a la mesa. Mientras recogía los platos –por supuesto, ninguno levantaba un dedo para ayudarla–, los hombres se acomodaban, dispuestos a amañar los números.

Los números, también llamados «la lotería», habían florecido desde finales de 1800 en Nueva York y alrededores, en particular en comunidades negras, y después entre los hispanos, en Harlem. Era una lotería ilegal dirigida por mafiosos de poca monta y antiguos sindicalistas del crimen. En los primeros tiempos, los apostantes «compraban» un número, confiando en que concordaría con un número ganador que se sacaba al final del día por lo general de un bol en algún ático o garaje. La desventaja de dicho sistema era que la extracción del número se podía amañar fácilmente. Para convencer a los apostantes de que el juego era de fiar, los corredores más tarde acudieron a números publicados de forma independiente, como los últimos tres dígitos del informe de la Cámara de Compensación de la Reserva Federal. La estafa de la lotería finalmente conectó su suerte al hipódromo, vinculando el número ganador con los resultados de las carreras en Belmont, Aqueduct e incluso Saratoga Springs. A aquello se lo conoció como «el apaño».

Tommy y Vito administraban una variación del apaño que se llamaba «trámite único». Bajo este sistema, recibían los resultados directamente del hipódromo, con lo que los apostantes podían cotejar sus números el mismo día de la apuesta en lugar de esperar al periódico de la mañana siguiente. Luca tenía seis corredores negros que hacían la ronda de los bares, de las tiendas de dulces y de los establecimientos de Bedford-Stuyvesant, en Brooklyn, que gestionaban las apuestas. Cada cliente se jugaba entre uno y cinco dólares a su número favorito. El corredor escribía el nombre del apostante, el número y la cantidad apostada en un libro, le daba al apostante una copia de la apuesta y se quedaba con el original. La primera carrera empezaba a la una, y los corredores tenían hasta las 13:30 para llevar el comprobante y el dinero a los puntos de recogida que dirigían los controladores. Nunca más tarde de las 14:00, Tommy y Vito, junto con Joe, Pete y Frankie, recogían los sobres de los controladores y los llevaban al Executive House. Allí, extendían los sobres sobre la mesa y, después de las 17:00, una vez que salía la cifra de tres dígitos, empezaban a buscar los «aciertos».

La tira, tal como el interés de Arlyne desveló, no era otra cosa que una libreta de siete columnas. Empezando por el extremo izquierdo, Tommy escribía los nombres de los controladores, y debajo de cada uno de ellos, anotaba sus respectivos corredores de apuestas. En la siguiente columna, registraba los aciertos que acumulaba cada apostante del corredor. En la tercera columna, anotaba la cifra crítica: el premio en metálico. Una rápida sustracción de la cantidad recaudada menos el premio en metálico les decía si habían ganado o perdido dinero.

Arlyne observaba todo aquello desde la distancia. Sin embargo, poco a poco, empezó a insinuarse como actora. Al principio, realizaba tareas modestas, como abrir los sobres. Más tarde, cuando, a regañadientes, Tommy, Vito y los otros le hicieron sitio en la mesa, empezó a leer los totales. De vez en cuando, si Tommy se cansaba, le dejaba hacer las anotaciones en la libreta, un trabajo que era exigente y tedioso, pero que Arlyne emprendía con su habitual entusiasmo maníaco. Finalmente, Tommy y el resto de la banda consideraron que Arlyne podría resultar útil.

Luca, no sin cierta condescendencia, accedió a que Arlyne aprendiera algunos trucos del oficio. Cuando iban al hipódromo, señalaba al hombre, por lo general un negro o un hispano, quien, desde fuera del recinto, miraba con un par de prismáticos el tablero de la clasificación tratando de vislumbrar la cifra del trámite único. Arlyne observó cómo el centinela se daba la vuelta y hacía una señal con los dedos hacia un montón de hombres que, al momento, saltaban hacia las cabinas de teléfono y enviaban el número a través de los cables de los distritos.

Casi al caer la noche, después de que se hubiera hecho el recuento de los aciertos, Arlyne se envolvía con un chal y acompañaba a Tommy y a Vito al «vecindario negro» de Bedford-Stuyvesant para repartir las ganancias. Las calles estaban desoladas. Jaurías de perros aparecían de improviso desde callejuelas oscuras, gruñendo como lobos. En el coche, mientras esperaban a que sus ataques se calmaran, Tommy le explicaba que había perros negros y perros blancos, al igual que había negros y blancos. Los perros negros eran capaces de distinguir a una persona blanca por el olor, que los volvía locos. Vito no tenía agallas para las visitas a domicilio, así que esperaba en el coche mientras Tommy y Arlyne llevaban el dinero a los controladores. Sus apartamentos casi siempre estaban en un estado andrajoso. Arlyne Brickman, que mantenía su propio entorno inmaculado, tuvo que hacer de tripas corazón para entrar en aquellas estancias, sentarse en el sofá y aceptar, si se la ofrecían, una bebida en un vaso sucio.

Solo había una parada que le gustaba, y esa era la casa de Sweet Rose, una controladora que trabajaba fuera de Bedford-Stuyvesant. Rose era una hermosa mujer negra de veintitantos años que también bailaba en un club nocturno, en una revista con coristas de color. La lotería ilegal era su segundo empleo y se había convertido en una controladora excepcional, de lo mejor que tenía Tommy.

Sweet Rose no era una chica de la mafia en el sentido estricto. Aunque mantenía tratos con mafiosos, no se acostaba con ellos. Arlyne la admiraba por su belleza, inteligencia y amor propio. Rose irradiaba amor propio. Se podía ver en la manera en que se acicalaba y en cómo cuidaba sus pertenencias. Aunque el exterior del edificio en el que vivía parecía, en palabras de Arlyne, una «casita de negros», su apartamento era otro mundo. El piso inferior, donde recibía a sus socios empresariales, era austero y estaba inmaculado. El piso superior, destinado a sus amigos –y Arlyne estaba encantada de figurar entre ellos– estaba adornado generosamente, pero con gusto, con un brocado verde y blanco. El baño era de mármol con grifería dorada. Pero lo que más impresionaba a Arlyne era la relación que Rose mantenía con sus tres hijos. Aunque habían crecido en medio del gueto, siempre se dirigían a su madre con respeto y no le causaban problemas. Arlyne pensaba que aquello era extraordinario, y más en aquel momento en que Leslie empezaba a llevarle la contraria.

Arlyne telefoneaba a Rose varias veces al día. En ocasiones, solo porque se sentía sola o porque había tenido problemas con Tommy. Rose le daba consuelo y desprendía sentido común. Sin embargo, muy a menudo, Arlyne la convencía para que le hiciera de guía psíquica, porque Rose era una espiritista que ofrecía un servicio muy especial a sus clientes-apostantes. Si le contaban sus sueños, ella consultaba su «libro de los sueños» y regresaba con un número. Por ejemplo, los sueños de sangre se referían al «846». La muerte indicaba el «769». Los números que se derivaban de esta práctica se consideraban de inspiración sobrenatural y, por lo tanto, especialmente afortunados.

Arlyne no podía resistirse al libro de los sueños de Rose. Su naturaleza supersticiosa siempre había sido susceptible a los augurios, y los sueños le abrieron una nueva perspectiva en el campo de la predicción. Si, por ejemplo, una noche soñaba que su abuela la visitaba y que le daba la bienvenida tomándole las manos con aquellas largas uñas de color bermellón, al día siguiente llamaba a Rose para explicarle los detalles. Rose la advertía de que jamás debía coger la mano de una persona muerta porque podía arrastrarla hacia el inframundo y, a continuación, le decía que apostara al 769, que era el número de la muerte.

Tommy no desalentaba esos coqueteos con lo sobrenatural. Él mismo era jugador, y la superstición también lo gobernaba. Cuando ganaba, procuraba no modificar nada de su rutina por miedo a que su suerte cambiara. Si su pelo estaba largo cuando la racha había empezado, lo dejaba crecer hasta que los rizos morenos le caían por la nuca y la espalda. Otras veces, pensaba que si Arlyne se lo cortaba le daría suerte, así que ella se lo arreglaba ante la mesa de la cocina hasta que sufría una gran pérdida. Entonces Tommy le echaba la culpa y regresaba a su barbero de siempre.

Tommy, según observó Arlyne, «pensaba como un negro». Respetaba sus supersticiones, como la de que si ponías tierra de un cementerio en tu casa, te traería buena suerte. Una vez la hizo ir a Mount Hebron, donde estaba enterrada su abuela, para recoger un poco de tierra de su tumba. La guardaron en un estuche azul, sobre la mesa del comedor. Aquello preocupaba un poco a Arlyne puesto que, desde el punto de vista religioso, no veía bien robar tierra de un difunto. Pero llegó a superar sus escrúpulos por el bien de Tom. En una ocasión, Arlyne arrastró a Tommy hasta la tumba de Ida y le dijo que rezara para invocar la buena suerte. Tommy inclinó la cabeza y musitó: «Tengo problemas. Necesito ayuda». Aquello marcó el comienzo de uno de los periodos más afortunados de Luca. Durante cinco semanas seguidas, no dejó de acertar números. Tommy llenó la tumba de ramos de rosas y gladiolos hasta que se acabó su racha.

Sin embargo, en conjunto, Tommy no era un jugador muy afortunado. Podía fundirse cinco mil dólares como si nada. A lo largo de su vida, Arlyne había ido al hipódromo con los amigos mafiosos de su padre y jamás había visto a ningún judío apostar de aquel modo. De vez en cuando, Tommy disfrutaba de una entrada imprevista de diez o veinte mil dólares que lo sacaban del agujero. Pero habitualmente acababa recurriendo a préstamos de usureros, o «amortiguadores», como los llamaba él, para sufragarse. Cuando la comisión o el interés de aquellos préstamos vencía, se paseaba de arriba abajo por la cocina gritando: «¡Me van a matar!».

Tommy tenía un don para hacer que la gente le echara un cable. Cuando tocaba pagar a los prestamistas, pedía dinero prestado de amigos e incluso de los controladores negros. «Dichosos los que son generosos, porque el Señor los ama», decía a la vez que guiñaba el ojo. Jamás devolvía ese dinero, pero el que se lo había prestado siempre se lo perdonaba. Arlyne convirtió el sacar de apuros a Luca en su misión personal. Nunca se sintió más necesitada –más importante– que cuando Tom estuvo a punto de ser asesinado y ella pudo sacarle las castañas del fuego. Empeñó sus joyas. Vendió un montón de abrigos de piel, regalo de Norman Brickman. Y después de que Tommy hubiese sangrado a todos sus amigos, Arlyne contactó a los suyos, reclamando el pago de antiguos favores. Incluso fue a ver a Milty Tillinger a su guarida habitual, el Luxor Baths, y le recordó que en el pasado su abuela había escondido a sus familiares. Milty le dio cinco de los grandes y no mencionó nada del reembolso.

La mística del dinero ejercía su influencia en Arlyne desde que era niña, desde el momento en que había descubierto el escondite secreto debajo del colchón de Ida y había acariciado los billetes. No tenía una idea real de su valor. De hecho, siempre había estado un poco confusa de lo que valía realmente el dinero. Si le pedía a su madre sesenta dólares, recibía treinta. Si le pedía a su abuela sesenta dólares, recibía ochenta. Más tarde diría: «Me volvía loca para conseguir exactamente lo que necesitaba». Sin embargo, había una cosa cierta con respecto al dinero: era la moneda de la emoción. Como solía afirmar Irving Weiss, «cuando tienes dinero, siempre es Navidad». Con dinero, no había frustración por la espera para conseguir lo que anhelabas. Si querías una estola de zorro de dos mil dólares, la comprabas. Si querías pasar una semana en el Fontainebleau, lo hacías sin reparar en gastos. Según la manera de pensar de Arlyne, aquellos cuyas vidas estaban gobernadas por cuentas de ahorro y presupuestos daban pena.

Y en aquel momento, cuando se encontraba en apuros financieros, era fuente de un considerable malestar. Desde que se había ido con Leslie, Irving Weiss había cerrado el grifo y a Arlyne solo le quedaba la opción de engatusar a su madre para que le diera dinero. Cuando Tommy tenía dinero, era generoso y a menudo le compraba joyas caras. Pero sabía que en el instante en que acudiera a los «amortiguadores», se vería obligada a empeñarlas. Aquellos intervalos locos de vacas gordas y vacas flacas solo servían para aumentar su ansiedad. Y en la misma medida en que su inquietud aumentaba, también lo hacían sus sospechas sobre Tommy.

Tenía sus razones para creer que Luca la dejaba al margen. Hubo una mañana en particular en que le llegó una información fiable de Billy, el boticario de la esquina, sobre un caballo desconocido llamado *On the Rail*. Arlyne le pasó la información a Tom, que reaccionó con desdén. «No pienso apostar por ese maldito rocín», replicó. Después de pensárselo mejor, decidió que iba a «malgastar unos pocos dólares».

Aquella tarde, Arlyne estaba preparando la cena con la radio puesta y oyó que *On the Rail* se pagaba 115 a uno. Por lo general, Tommy apostaba entre doscientos y trescientos dólares a un caballo, así que un cálculo rápido y apresurado le confirmó que había ganado una pequeña fortuna. Con la euforia, tiró a la basura la cazuela de pasta y la salsa que había estado preparando, se vistió con sus mejores galas y bajó las escaleras para esperar a Tommy. Dieron las seis de la tarde y todavía no había dado señales de vida. Hacía algo de frío, así que regresó arriba. Finalmente, cuando Tommy llegó, su rostro no reflejaba precisamente alegría.

–¿Dónde está la cena? –preguntó molesto.

–¿Qué quieres decir? –gritó Arlyne–. ¿No has apostado al caballo de Billy?

Entre murmullos, Tommy le confirmó que no lo había hecho.

No discutieron mucho porque tenían que hacer la ronda y ya llevaban retraso. Cuando regresaron, pidieron comida para todos. Aquella noche, Arlyne no echó una mano con las cuentas. En lugar de eso, se enfurruñó, con la idea metida en la cabeza de que Tommy sí había jugado y se había quedado con las ganancias para pagar a los usureros. Por supuesto, no podía demostrar nada.

Después de aquello, el engaño se convirtió en un arma de doble filo. A medida que aumentaban sus sospechas sobre Tommy, Arlyne empezó a engañarlo con otros hombres por una cuestión de supervivencia. Una fatídica consecuencia de las apuestas de Luca era que, a menudo, no contaba con suficiente dinero a mano para cubrir los aciertos. Arlyne, que sabía que un negocio de lotería ilegal no podía sobrevivir mucho más tiempo si no se pagaba a los ganadores, confió sus preocupaciones a Sweet Rose.

—Dile que estás perdiendo —le aconsejó.

—Rose —protestó Arlyne—, ¿cómo iba a robarle a Tommy?

—Es muy fácil —contestó Rose—. No le digas cuánto has apostado exactamente en el número, y guarda el dinero. De esta manera, cuando aciertes y él no tenga dinero, le dices que vas a ir a un usurero para conseguirlo.

El ardid resultó tan sencillo como Rose había dicho. Tommy pasaba la mayor parte del tiempo en el hipódromo y Arlyne se encargaba de las tiras. Así que declaró más pérdidas de las que había y, como una hormiguita, puso el sobrante en un fondo secreto. De vez en cuando, Arlyne hacía uso de él para procurarse lujos personales, aprovechándose de Tommy para llenar su propio monedero. Cuando consiguió el «préstamo» de Milty Tillinger, por ejemplo, no le mencionó que Milty le había dado cinco mil dólares sin condiciones. Cuando Luca le dio el dinero de los intereses, sencillamente, se lo embolsó.

Al hacerlo, estaba asumiendo un gran riesgo. Tommy tenía un temperamento desagradable, y cuando perdía el control, podía ser cruel. Por ejemplo, sabía que Arlyne adoraba a *Candy*, el pequeño caniche negro que Farby le había comprado a Leslie, y siempre la amenazaba con matarlo. En una ocasión, durante una de las rondas, el perrito lo irritó tanto que lo echó del coche. Arlyne recuperó al animal ileso, pero después de aquello, siempre lo sostenía entre sus brazos si Tommy andaba cerca.

Sin embargo, más a menudo la ira de Luca se volvía directamente hacia Arlyne, y la golpeaba en la cara y en los brazos. Al principio, Arlyne quitaba importancia a aquellos incidentes porque le daba vergüenza. Ninguno de los mafiosos judíos a los que había conocido pegaba a las mujeres. Su padre siempre había tratado a su madre con respeto. Frankie siempre trató a Ida como una reina. Con la terrible excepción de Sally Burns y su banda, Arlyne jamás había sido maltratada a manos de un «chico listo». Así que concluyó que la culpa era suya, por replicarle a Tommy. Ella era así, no podía evitarlo. Si llegaba a mantener la boca cerrada, se dijo, no lo disgustaría. Aunque a veces parecía irritarlo con su sola presencia.

Pese al papel que desempeñaba en el negocio de la lotería ilegal, Arlyne siguió siendo una forastera en la mesa de su propio comedor. El hecho de ser mujer y judía conspiraba para mantenerla al margen. Tommy era un impertérrito antisemita y, a veces, mientras Arlyne recogía los platos, oía que murmuraba «asquerosa cerda judía», y Vito, Frankie y el resto soltaban una carcajada. Así que engordó y se tiñó de morena en un intento por parecerse a las mujeres italianas a las que siempre regresaban. Cuando Sadie la vio por primera vez después de varios meses, se quedó boquiabierta: «Solo te hacen falta unas medias y unos zapatos negros», le dijo con desaprobación. Pero aquello no funcionó. Cuando Tommy se enfadaba, ella seguía siendo la «maldita judía».

Aquel ambiente tenso que no dejaba de agravarse fue lo que causó que entre ella y Tommy el sexo no fuera normal. Desde el incidente con Sally Burns, no había podido mantener relaciones sexuales de forma natural con ningún hombre. Solo se había acostado con alguien en la cama en un puñado de ocasiones y jamás se desnudaba ante un hombre o permitía que las luces estuvieran encendidas. Una vez, cuando ya habían empezado a salir, Arlyne consiguió superar su aversión y le permitió hacerlo del modo convencional, aunque Tommy pronto entendió que aquello era la excepción y no la regla. Una vez que le hubo explicado lo de Sally Burns, Tommy se mostró compasivo y pareció conformarse con una mamada nocturna, después de la cual se dormía en el sofá unas pocas horas antes de regresar a Howard Beach para dormir unas pocas más, y después volver al Executive House para afeitarse. Pero con el desgaste de la relación, empezó a fastidiarla con el sexo. Y si quería señorearla, la menospreciaba por no comportarse como «una mujer de verdad».

Dichas tensiones fueron cociéndose a fuego lento hasta que una noche explotaron con tal ferocidad que Arlyne fue incapaz de anticiparla. Todo empezó de forma inocente, cuando Arlyne encontró unos cuadros robados que Tommy había traído a casa y había guardado en el armario. Tom no era perista, pero conocía a uno, así que en ocasiones actuaba de contacto para alguien que quería deshacerse de mercancías robadas. Los cuadros habían llegado enrollados, pero Tommy le había pedido a un amigo que enmarcara los lienzos para aumentar su valor. Cuando Arlyne tropezó con los cuadros, quedó prendada. Uno era el retrato de un anciano; el otro, el de una muchacha en un jardín. Como el apartamento de Executive House siempre tenía un aspecto frío y sin personalidad, Arlyne pensó que, si los colgaba, le proporcionarían calidez. El resultado quedó muy bien y Arlyne creyó que a Tommy le gustaría. Cuando Luca atravesó el umbral de la puerta y reparó en los cuadros robados, ahí colgados a vista de todos, palideció.

–Descuélgalos –dijo con calma.

Arlyne protestó.

–No, quiero quedármelos. Me encantan. ¿Podemos quedár-noslos, Tommy?

Sin previo aviso, Luca se abalanzó hacia los cuadros, los es-tiró y, a patadas, hizo añicos el cristal. A continuación, fue a la cocina, cogió un cuchillo y rasgó los lienzos. Pero su ira toda-vía no se había extinguido. Se volvió hacia Arlyne y empezó a golpearla, no como un hombre pega a una mujer, sino como un hombre pega a otro hombre. Entonces, en un giro inespe-rado, la tiró al suelo, se desabrochó la cremallera y se montó sobre ella. Era la pesadilla de Sally Burns de nuevo, agravada por el hecho de que Tommy llevaba una medalla con un santo que no dejaba de balancearse ante sus ojos. En la angustia del momento, se convirtió en un crucifijo.

Cuando todo terminó, Tommy se separó rápidamente, de-jando a Arlyne completamente aturdida y dolorida sobre el suelo del salón. No sabía cuánto tiempo permaneció allí, tum-bada, pero al final se incorporó y fue tambaleándose hasta el baño. Cuando se miró al espejo, quedó estupefacta. El rostro, morado y con un corte encima del ojo que no dejaba de san-grar, no parecía el suyo. Mientras se secaba las heridas con una toalla fría, sonó el teléfono. Era Tommy. Parecía afligido.

–Arlyne –dijo–, ¿por qué me haces estas cosas?

–No lo sé –replicó ella aturdida.

–Recuerda una cosa –dijo con amabilidad–. Yo siempre es-taré a tu lado. Siempre estaré a tu lado.

Desde aquel momento, Arlyne asumió que Tommy siempre sería suyo.

Después de aquello, ella y Tommy pasaron unas buenas semanas. Era como una segunda luna de miel. Tommy no le negaba nada. Fueron de compras juntos y adquirieron ropa y cosas para la casa. Vino un manitas a reparar los agujeros de la pared. Era como si estuviera dispuesto a borrar cualquier rastro de aquel acto vergonzoso. Pero en los recovecos de la mente de Arlyne existían cicatrices a las que jamás llegaría la buena voluntad de Tommy. Las heridas eran tan profundas que Arlyne no podía mirarlo a los ojos. Además, sabía que esos días buenos no iban a durar eternamente. Tommy perdería interés, dejaría de ser tan atento y regresarían al punto de partida.

Como era de esperar, Tommy pronto se distrajo con una nueva preocupación. Se quejaba menos, sin su teatro habitual y los gritos de que iban a «matarlo». El simple hecho de que no lo hiciera llevó a Arlyne a pensar que se trataba de un asunto serio. Un día, mientras iban en coche, se giró hacia ella y le dijo:

–Arl, estoy metido en un buen lío.

–¿Qué quieres decir, Tom? –preguntó ella.

–Bueno, ya sabes, estoy robando. Vito no lo sabe y me he metido en un lío. Estoy en un buen lío, Arlyne. Fritzy se enterará.

Aunque era la primera vez que Tommy sacaba a colación el nombre de Fritzy, nada más mencionarlo Arlyne supuso que era su socio comanditario. Lo pinchó un poco y averiguó que el nombre real de Fritzy era Federico Giovanelli. Era un soldado de los Genovese que llevaba sus negocios desde el Capri Lounge, en el vecindario Ridgewood, en Queens. Fritzy actuaba de banquero de Tommy, absorbiendo las pérdidas y sacando tajada de los beneficios. Era también el padrino del hijo de Tommy.

Y en aquel momento, Tommy estaba confesándole que habían estado sisando dinero de los sobres que recogían cada noche con la lotería ilegal. Como Vito jamás entraba en las casas de los negros, no tenía manera de verificar las sumas que recibían en verdad de los controladores. La propia Arlyne ya había advertido un descuadre entre el dinero que figuraba en los libros y el saldo de caja, pero Tommy le había dicho a Vito que algunos controladores daban problemas en las recogidas. Para cubrir el déficit, había pedido más dinero prestado a los usureros. Cuando estos se negaron a prestarle más, acudió a los negros, que exigían un severo interés del «uno por uno». Es decir, si la cantidad que se prestaba era de mil dólares, había que devolverles dos mil. Sin embargo, aquellos préstamos fueron solo una solución provisional y no cubrían la cantidad que le debía a Fritzy, una suma que oscilaba entre los treinta y cuarenta mil dólares.

De hecho, era un problema serio. Si no pagaba a los usureros negros, lo apalearían hasta dejarlo lisiado. Y si Fritzy se enteraba de lo que se llevaba entre manos, Tommy podría acabar con una bala alojada en el centro del cerebro. Al verlo tan apocado y asustado, Arlyne se apiadó de él y empezó a pensar la manera de salir de aquel atolladero.

Un par de días después, ella y Tommy estaban sentados en casa de Frankie Basura, esperando a los resultados de las carreras, cuando se le ocurrió algo.

—Tommy —soltó de repente—, ¿y por qué no escribimos nuestras propias apuestas?

Tommy, Frankie y la esposa de Frankie la miraron como si se acabara de volver loca. Escribir las apuestas era cosa de negros. Los controladores negros eran los que «escribían», es decir, los que registraban las apuestas.

—Sí —insistió—. Si los negros aciertan, ¿por qué no podemos hacerlo nosotros?

Y a continuación, procedió a explicar un plan todavía más extravagante por el cual, en lugar de reunir las apuestas de los clientes, falsificaban una serie de apuestas que contenían sus números, es decir, los números a los que ellos jugarían. De ese modo, de producirse aciertos, ellos se quedaban con todas las ganancias.

–¿Y de dónde sacaremos el dinero para hacerlo? –preguntó Tommy, refiriéndose a la necesidad de obtener dinero en metálico para supuestamente generar las falsas apuestas.

–Lo haremos con una periodicidad semanal –explicó Arlyne.

Si la suerte les sonreía, tendrían ganancias a principios de semana y podrían pagar a Fritzy hacia el final de esta.

El esquema era arriesgado. Fritzy no sabía nada de su relación con Arlyne, y Luca prefería mantener el asunto tal cual. Tommy tendría que explicar muchas cosas si se descubría que había permitido que su amiguita –encima judía– participara en el negocio. ¿Y si se descubría que esa misma intrusa estaba cometiendo una estafa? Las consecuencias podrían ser serias. Sin embargo, Tommy estaba intrigado por la perspectiva de una nueva entrada de dinero y la animó a poner en marcha el plan.

Arlyne se puso en el lugar de sus apostantes imaginarios y eligió sus propios números favoritos. Estaba el 624, que había salido un par de veces en el pasado. Estaba la dirección de Tommy y el cumpleaños de Leslie. No se limitó a jugar con aquellos números de la suerte, sino que también hizo combinaciones de estos. Así el 624 se convirtió en 426, 264 y 246. Nadie pudo imaginar lo afortunadas que iban a ser aquellas apuestas. En la primera noche, ganaron diez de los grandes. La segunda, seis. Y después, varios premios gordos de diez mil dólares.

Durante las semanas que siguieron, el dinero fluyó. Tommy comenzó a saldar la deuda con Fritzy. Y como también se había librado de los usureros, empezó a jugar a lo grande, repartiendo dinero y joyas aquí y allá como siempre había hecho durante los días de abundancia. Pero no todo el mundo se alegró de esa bonanza. Con aquel extraordinario número de aciertos, Fritzy empezó a notar los desembolsos en carne propia. Finalmente, la gente de Giovanelli, que controlaba el centro de la ciudad, al parecer lo llamaron y le dijeron que sería mejor repasar la contabilidad. Fritzy telefoneó a Tommy y le dijo que se pasaría a mirar los números de la lotería.

Aquella noticia hizo que Tommy entrara en pánico. Confiando en que así desviaría las sospechas que podían caer sobre Arlyne, le dijo a Fritzy que aquellas apuestas provenían de una controladora negra llamada Virginia. A continuación, Luca pagó a Virginia un puñado de dólares para que continuara con la farsa. Cuando Tommy llegó con Fritzy y sus dos guardaespaldas a casa de Virginia en Bedford-Stuyvesant, ella interpretó el papel con entusiasmo, poniéndose en manos de Fritzy y exclamando: «Señor Fritz... No puedo hacer nada. Aciertan a diestro y siniestro». Fritzy, convencido de que se trataba de una operación legítima, informó a Virginia de que su libro de apuestas estaba en números rojos y que no podía seguir con ella. Sin resentimientos.

Aquello supuso el fin de los sueños de gloria de Tommy. Sin embargo, Arlyne no se fue con las manos vacías. Había podido comprobar el miedo que Tommy le tenía a Fritzy y en aquel momento custodiaba un secreto que se cernía sobre su cabeza, una ventaja extra por si la situación se ponía difícil. Pese a la promesa de que «nunca la abandonaría», Tommy siempre amenazaba con regresar al lado de su esposa. Cada vez que se peleaban, Tommy salía hecho una furia y dando la impresión de que volvía a Howard Beach. Una tarde, después de una amarga discusión, se fue con un portazo. Furiosa, Arlyne levantó el auricular del teléfono y llamó al Capri.

Fritzy Giovanelli jamás respondía al teléfono ni hablaba con nadie. Arlyne había oído que una vez lo habían pillado gracias a un micrófono oculto y, por consiguiente, tenía miedo a aquellos aparatos. Así que cuando un hombre sin identificar respondió a su llamada, lo largó todo.

—Escucha —dijo—. Soy una buena amiga de Tommy Luca.
Sé todo lo del negocio de la lotería y se trae algo entre manos.

El hombre contestó:

—Dame tu número y te llamo de vuelta.

Arlyne sabía que comprobaría el número y vería que coincidía con el que Tommy había dado como contacto de trabajo.
Unos instantes después, el teléfono sonó. Cuando respondió,
una voz dijo:

—A las nueve en la tienda de dulces de Continental Avenue.

Arlyne estaba orgullosa de sí misma. El peligro la estimulaba y sintió de nuevo esas viejas ansias febriles de convertirse
en una chica de la mafia. Era una vez más Virginia Hill en una
misión difícil. Por consiguiente, se puso un apretado vestido
de cachemira y el abrigo de zorro azul y miró el reloj, esperando a que llegara la hora. Cuando oyó que la llave giraba y vio
aparecer a Tommy Luca, se quedó petrificada. Estaba arrepentido como un cachorro al que acaban de golpear y traía consigo
un anillo con una amatista como ofrenda de paz.

Arlyne estaba muy confundida. No cabía duda de que lo
aceptaría de nuevo. Reconciliarse con Tommy se había convertido en un acto reflejo. La cuestión era qué hacer con Fritzy. Al
haber soltado la piedra, no podía simplemente dejar que cayera y esconder la mano. Si no aparecía en la tienda de dulces,
Giovanelli seguramente vendría a por los dos.

Tommy no le preguntó por qué iba vestida de aquel modo,
y Arlyne dejó que creyera que iba a hacer otra de sus visitas
furtivas a su madre. Cuando el reloj marcó las nueve menos
cuarto, le dijo que se iba a buscar un cartón de apuestas y que
volvería con helado. Arlyne llegó a la tienda de dulces poco
después de que dieran las nueve. Había un coche negro aparcado sobre la acera. Uno de los guardaespaldas de Fritzy se
apeó del coche, la empujó contra la pared y empezó a cachear-

la. A continuación, abrió la puerta trasera del coche y le indicó que entrara. Arlyne se encontró sentada al lado de un hombre bajito y rechoncho que le recordó a Anthony Quinn.

–¿Eres Eileen? –dijo Fritzy, desabrochándose el abrigo para que Arlyne pudiera ver el revólver que guardaba en el cinturón–. ¿Qué querías contarme?

Arlyne había estado rumiando sobre aquella pregunta desde que Tommy había aparecido de nuevo en casa. Después de la reconciliación, no podía decirle a Fritzy lo de las apuestas amañadas o que Tommy le había estado robando. La única elección que tenía Arlyne era ganarse su confianza.

–Fritzy –dijo con tono confidencial–, espero que no te importe, pero Tommy está llevando el negocio de lotería desde mi casa. –Arlyne le explicó que lo ayudaba incluso aunque nadie los hubiera presentado adecuadamente o sin haber recibido la autorización de Fritzy–. Espero que te parezca bien –dijo, sonriendo con afectación.

Fritzy se mostró un poco perplejo, pero después quedó desarmado ante una confesión tan inocente. Sugirió que fueran a comer a un italiano para discutir las cosas con más calma. Durante la cena, Arlyne dejó caer que estaría encantada de convertirse en la «pequeña espía» de Fritzy con Tommy. Cuando Giovanelli y su banda la dejaron de vuelta en Continental Avenue, imploró:

–Por favor, Fritzy, no le digas nada de esto a Tommy o me matará de una paliza.

Fritzy accedió.

La paliza, como Arlyne suponía, era inevitable. Tarde o temprano alguien se iría de la lengua y Tommy regresaría a casa hecho una furia. Arlyne resolvió que la situación requería adelantarse. Aquella noche, se acercó a Tommy y anunció:

–¿A que no adivinas con quién me he topado en el restaurante de Paulie Messina? Con Fritzy Giovanelli.

Obviando por un instante la total improbabilidad de tal encuentro, Tommy preguntó:

–No le dijiste nada, ¿verdad?

–Le dije que llevabas el negocio de lotería desde mi casa –respondió.

Como esperaba, Tommy arremetió contra ella. Le hizo los ojos a la funerala y le partió el labio. Pero una vez que se hubo desquitado, se olvidó del asunto. Quizá lo que lo había asustado era la audacia de Arlyne al acercarse a Fritzy y la constatación de que podía causarle un daño considerable. En cualquier caso, el capo de los Giovanelli la había dejado en una posición mucho más poderosa de la que tenía antes. A partir de aquel momento, Fritzy llamaría al apartamento de vez en cuando y preguntaría por ella, solo para asegurarse de que Tommy la trataba bien. Tommy incluso la llevaría a reuniones en el Capri Lounge. Por supuesto, tenía que esperar sentada en el coche.

Arlyne trabajó sin tregua para hacerse indispensable para Tommy. Llevaba su negocio de lotería, despistaba a los usureros, cocinaba para él y le proporcionaba favores sexuales. Y aunque podría haber pensado que todo aquello era fruto de la bondad, Tommy reconocía la razón de sus esfuerzos: intentaba controlarlo. Aquello lo ofendía y se quejaba diciendo que todos sus problemas eran resultado de su intromisión. «Si te mantuvieras al margen –insistía–, todo iría sobre ruedas». Pero cuanto más se resistía Tommy, más presionaba Arlyne.

La última palabra de Tommy era la violencia. Sus palizas ganaron intensidad, y Arlyne empezó a preocuparse por los efectos que podían causar en Leslie. Una noche, cuando Tommy estaba aporreando a Arlyne, Leslie salió de la cocina con un cuchillo mantequero en la mano y gritando: «¡Lárgate de aquí y no vuelvas a hacerle daño a mi madre!». Arlyne exclamó: «¡No lo hagas!». Durante un instante, Tommy se mostró atur-

TOMMY

dido y, a continuación, salió disparado del apartamento. Arlyne corrió tras él. Muchos años después, Arlyne reflexionaría con pesar: «Le di más importancia que a Leslie. ¿Cómo iba a respetarme mi hija?».

Pero los sentimientos de Leslie Brickman hacia Tommy Luca eran mucho más complicados que lo que indicaba el episodio del cuchillo. En los días buenos –es decir, los días en que Tommy interpretaba el papel de diablillo de buen carácter o, mejor aún, de un viejo forrado que repartía regalos–, Leslie lo adoraba. A su modo, Tommy sentía cariño por Leslie y le dispensaba la atención de la que había sido privada.

Leslie sufría profundamente la falta de la figura paterna. De niña, le habían dicho que Norman Brickman había muerto y que estaba enterrado en algún remoto lugar de California. Pero en su imaginación, no había muerto. Cuando pedía detalles, su madre y sus abuelos cambiaban de tema. Al crecer y comprender el concepto de amor ilícito, empezó a pensar que era producto de uno de los amoríos de su madre. Cuando Arlyne se enteró, sacó enseguida una partida de nacimiento para demostrarle que era hija legítima. Al examinar el documento, Leslie reparó en que su padre era «peletero» y eso fue lo único que supo de él durante años.

En Forest Hills, cuando se producían escenas tormentosas entre su madre y su abuela, Leslie permanecía tumbada sobre la cama, fantaseando con que alguien llamaba a la puerta. Cuando la abría, un hombre muy alto, su padre, anunciaba con calma: «Te vienes conmigo». Por mucho que lo intentara, no lograba imaginar sus rasgos. A lo largo de los años, probó muchos padres, a ver si alguno le convenía. El primero fue su abuelo, pero al crecer y ante la necesidad de posicionarse en las batallas domésticas entre su madre y sus abuelos, el afecto se transformó en resentimiento. Aunque respetaba al marido de su tía Barbara incluso pese a todos aquellos intentos por disciplinarla, sin duda no lo quería. Algunos de los novios de su madre habían sido considerados con ella, pero generalmente los veía como lo hacía su madre, como un hatajo de peleles a los que sacar regalos caros.

Tommy era diferente. Por un lado, había estado con ellas durante mucho más tiempo que el resto. Y del mismo modo que podía comportarse como un bruto, también era capaz de ser muy tierno. Y cuando él y su madre no se peleaban, parecían un par de cómplices alegres. Se percató de que Tom jamás compartía el lecho de su madre. Las pocas horas nocturnas que pasaba en Executive House lo hacía tumbado en el sofá del salón. Una vez la había llevado a un lado y le había dicho: «No me acuesto con tu madre. Tu madre y yo solo somos buenos amigos». Leslie pensó que aquello era un poco raro, pero nunca lo mencionó.

Tommy parecía preocuparse por ella. Si regresaba tarde a casa, le pegaba. Una vez había pasado la noche en casa de una amiga sin avisar y cuando llegó a casa, la golpeó en la cabeza con el teléfono. Leslie no se lo tuvo en cuenta y lo consideró como una «cosa de padres». Aunque, evidentemente, Leslie Brickman no tenía ni idea de cómo se suponía que se tenía que comportar un padre.

Los sentimientos conflictivos de Leslie hacia Tommy no eran lo único que preocupaba a su madre. Cuando vivía con sus abuelos en Forest Hills, la muchacha se había juntado con un grupo de repartidores hispanos que frecuentaban el vecindario. Leslie y una de sus amigas hacían ver que iban a la escuela, pero una vez fuera del campo de visión, se metían en una furgoneta para fumar porros. Una noche llegó a casa solo vestida con la combinación. Sus abuelos hicieron como que no se habían dado cuenta. Sadie sospechó algo al ver que Leslie insistía en dejarse las gafas de sol puestas, y previno a Irving y Billie de que, si le hacían quitarse las gafas, comprobarían que tenía los ojos rojos. Pero ellos ignoraron aquellas advertencias.

Arlyne había visto a su hija tan poco durante aquel periodo que también pasó por alto las señales de alarma. Arlyne no era amante de la disciplina. En ocasiones, cuando se sentía sola, animaba a Leslie a quedarse en casa después de la escuela solo para tener compañía. En aquellas tardes, en que la muchacha tendría que haber estado haciendo sus deberes y preparándose para ir a la cama, Arlyne y Tommy se la llevaban en sus rondas. No fue ninguna sorpresa cuando las notas de Leslie cayeron en picado, tanto que parecía que tendría que repetir curso. Y aunque la misma Arlyne había dejado la escuela antes de conseguir el título, la idea de que su hija no acabara el instituto la alarmaba.

Mientras Arlyne se mortificaba torpemente con los problemas de Leslie, su gran fracaso como madre llegó de forma contundente con una llamada de Ethel Becher. Durante todos aquellos años, Arlyne había mantenido el contacto con Ethel. Incluso le había presentado a Tommy, y durante la velada, Ethel la había enviado a hacer un recado para, según sospechaba Arlyne, tratar de seducir a Luca. Jamás supo si lo había conseguido. Con el paso del tiempo, el aspecto de Ethel había perdido algo de su encanto. Arlyne descubrió que muchas de aquellas prendas tan hermosas eran prestadas. Y después se enteró de que los diamantes eran falsos. No era más que una ilusionista, y ya no podía ocultar por más tiempo sus trucos chabacanos. Ethel la llamaba desde el hospital Mount Sinai para decirle que estaba enferma. Tenía una dolencia extraña. Se había inyectado tanta silicona que había acabado por envenenarle la sangre. En el momento en que Arlyne entró en la habitación del hospital y echó un vistazo a los tristes surcos de color gris que cubrían el rostro de su vieja amiga, supo que no le quedaba mucho tiempo.

Ethel se volvió hacia ella y sonrió. Estaba tan débil que apenas podía hablar, pero le indicó a Arlyne que se acercara. Quería confesarle algunas cosas. Siempre había querido a sus hijos más que a nada en el mundo, le dijo. Arlyne asintió. Y en aquel momento estaba terriblemente preocupada por su hija. Ya era una adolescente –una joven bonita– y Tony Mirra se había interesado por ella. No necesitó añadir nada más. Tony no era un tipo paternal y solo podía haber una razón para que prestara atención a la muchacha.

–Vigila a tu hija –susurró Ethel–. De casta le viene al galgo.

Después de una noche de introspección, Arlyne entendió qué tenía que hacer. Se vistió como siempre hacía en aquellos momentos en que tenía que poner toda la carne en el asador, y fue a ver a sus padres. No había mantenido una conversación con su padre desde que se había marchado de Forest Hills para vivir con Luca. En aquel momento, Irving escuchaba impasible mientras ella se desahogaba y explicaba sus preocupaciones. A Irving y Billie Weiss no se les escapó la dolorosa ironía de la situación. Después de años de angustia tratando de llevar a Arlyne por el buen camino, su larga vida les había concedido la suerte de verla luchar por conseguir lo mismo con su propia hija. En lo único en que estuvieron de acuerdo fue en que debían sacar a Leslie del apartamento en Executive House, y de inmediato.

Los Weiss ya habían trazado un plan, uno que confiaban en poder implantarlo a la mínima oportunidad razonable. Consistía en mandar a Leslie a un colegio privado para señoritas, la Grier School, en Tyrone, Pensilvania. Arlyne accedió. Jamás había oído hablar de aquel lugar, pero le pareció bien. Una escuela de chicas con hípica incluida. Al fin y al cabo, a Leslie le gustaban los caballos. Y aunque estaba lejos, era lo mejor. Si al galgo le venía de casta, mejor que se alejara lo máximo posible de ella. Arlyne estaba también satisfecha de que pudiera aterrizar entre los hijos de los *wasp*, las respetables familias anglosajonas protestantes, de las moteadas colinas del centro de Pensilvania. No era la vida que se había imaginado, pero incluso las chicas de la mafia querían que sus hijas fueran maravillosas.

El padre de Arlyne, Irving Weiss (al fondo a la derecha), en la tienda de comestibles familiar. Vano e indolente, encontró en la actividad delictiva una labor más a su gusto que el trabajo honesto.

La madre de Arlyne, Sylvia Blum, con catorce años. Se unió como corista a las Manhattan Steppers e hizo una gira por el país bajo el nombre artístico de «Billie Young». A su vuelta, Billie amañó una rifa para conquistar a Irving Weiss.

La pequeña Arlyne, la niña de los ojos del viejo East Broadway. Poseía una vitalidad que resultaba desconcertante. Con cuatro años, ya había aprendido que la cosa más importante del mundo era vestir bien.

La abuela Ida Blum en el Concord. Las joyas y pieles de Ida maravillaban a su nieta. La funeraria del Lower East Side, regentada por la gran dama, se convirtió en guarida de apostadores y delegados sindicales amantes de los sobornos.

Billie, Ida y Arlyne con «tío» Frankie Oxman, cuyas conexiones con los sindicatos lograron hacer desaparecer al marido de Ida, Jake Blum. Frankie murió en el lecho de Ida.

Arlyne e Irving Weiss durante uno de sus idílicos inviernos en Florida. Arlyne adoraba a su padre, del que decía que era «tan guapo como una estrella de cine».

De vacaciones en las Catskill, Irving, en el asiento del conductor, con Billie a su lado. La divina Ida Blum ocupa el asiento posterior, junto a dos jóvenes chóferes. A principios de su carrera, el padre de Arlyne alquilaba automóviles a los mafiosos.

Alta e imponente, a Arlyne le encantaba presumir de su bronceado.

Celebración del vigésimo aniversario de boda de los Weiss en el Barrio Latino. (Desde la izquierda) La hermana de Arlyne, Barbara; Billie; y Frankie Oxman. Frente a Frankie está sentada Ida, seguida de Irving y una glamurosa Arlyne de diecinueve años. Arlyne a menudo acompañaba a su padre a las carreras y al boxeo. A veces fantaseaba con que era su cita.

Virginia Hill en 1951, en la época de su aparición ante el Comité Kefauver. En 1947, su amante Bugsy Siegel fue asesinado a tiros en su casa. Aclamada como «la mujer con más éxito de toda América», era la pura imagen de una chica de la mafia y el ídolo de Arlyne.

AP/Wide World

Arlyne Brickman se presentó a la cita con el boxeador Rocky Graziano ataviada únicamente con un abrigo de pieles.

AP/Wide World

Joe Colombo durante su detención en 1971. Era un hombre de honor y lugarteniente del capo mafioso Joe Profaci cuando Arlyne Brickman lo conoció. Mantuvieron un breve «encuentro amoroso» en el St. Moritz. Arlyne pensó que era ordinario y, además, llevaba los calzoncillos sin rematar.

AP/Wide World

Cuando Arlyne Brickman empezó a salir con Tommy Luca, uno de los chicos listos de los Genovese, se tiñó de morena para parecer italiana.

Carmine Persico, conocido como «Júnior» o «La Serpiente», supuestamente mató a su primer hombre con diecisiete años. Sucesor de Joe Colombo, él y sus capos se convirtieron en el objetivo de una investigación federal. La operación Starquest, con la ayuda de Arlyne Brickman, acabaría por derrocarlo.

Se creía que el lugarteniente de Persico, Anthony «Scappy» Scarpati, era el encargado de controlar las operaciones a nivel de calle de los negocios de apuestas y préstamos de la familia Colombo. Sus colaboradores hicieron un fatídico préstamo a Tommy Luca y Arlyne Brickman. Scappy, aquí en el exterior de la tienda de dulces que servía como lugar de cobro de intereses y pagos o para cerrar los tratos, bajo el atento ojo del gobierno en esta foto de vigilancia.

La pizzería DiNotte, en la Quinta Avenida en Brooklyn, lugar que propuso Arlyne Brickman para el encuentro con Scarpati. Este se asustó y alegó que la calle era «un hervidero».

Una foto de vigilancia del FBI muestra a Arlyne Brickman apeándose de su querido Lincoln blanco ante la tienda de dulces para realizar el pago de intereses a Scarpati.

Segunda parte

SEIS
Fort Lee

Leslie Brickman casi logró salir indemne. Su madre, que había dado el paso decisivo, se encontró disfrutando de su nuevo rol, preocupándose por su hija tan escrupulosamente como si estuviera enviando a una pequeña debutante al prestigioso colegio Wellesley. El verano anterior a su llegada, Irving cargó a toda la familia en el Cadillac corporativo y condujo hasta Tyrone, donde dejaron que los escoltaran con adecuada deferencia por las instalaciones del colegio. Irving, Billie y Arlyne estaban encantados con los patios bien cuidados y las aspiraciones de plantación del lugar. Leslie los seguía rezagada, haciendo pucheros.

La postura oficial de la muchacha –una que había adoptado incluso antes de aquella operación de reconocimiento del terreno– era que odiaba Tyrone, que odiaba Grier y que no tenía intención alguna de irse de Queens. El origen de aquella profunda convicción era difícil de determinar, puesto que parecía que todo la disgustaba. En verdad, Leslie Brickman estaba sintiendo los efectos de años de desatención privilegiada. Hubo un tiempo en que lloraba por las ausencias de su madre, pero aquel anhelo había dado lugar primero a la frialdad y después a una rabia autodestructiva. A diferencia de Arlyne, cuyas diabluras eran un esfuerzo evidente por llamar la atención, Leslie estaba tan enojada con los adultos que la rodeaban que decidió que su atención no valía la pena. Aborrecía lo que ellos ama-ban. Se oponía a sus deseos.

Sin embargo, en lo que respectaba a la Grier School, Ir-ving no pidió opinión a su nieta. A pesar de sus objeciones, al llegar el otoño la mandaron a Pensilvania, donde, durante las primeras semanas del semestre, sacó su lado más desagra-dable y huraño. Sin embargo, no mucho después, la señorita Brickman experimentó una transformación notable. Hasta el momento, los instantes más felices de su niñez se reducían a montar en poni con sus primos en Long Island. Y en Grier, donde los caballos estaban considerados como parte integral de la educación de las jóvenes, Leslie se enamoró de la hípica. Montaba tres horas al día, hiciera sol o nevara. Aquella pasión reavivó su espíritu e incluso hizo aparecer una incipiente vo-cación. Siempre le habían gustado los animales, y había tenido un par de perros, a los que se negaba a mimar como hacían su madre o sus abuelos. Pensaba que el hecho de tratar a un animal como si fuera un bebé demostraba una falta de respeto hacia dicho animal. Por consiguiente, Leslie decidió que igual podría convertirse en veterinaria. E incluso más notable fue que empezó a aplicarse en los estudios, dedicando dos horas diarias a los deberes.

Por supuesto, la rehabilitación fue relativa. Su naturaleza salvaje seguía presente y, algunas noches, Leslie y un par de amigas se escapaban a la ciudad para conocer a chicos, una costumbre que en el campus le granjeó la reputación de chica fácil. Leslie afirmaría después que no se trataba más que de «un juego inocente», que durante su tiempo en Grier jamás tomó drogas y que –de haberle permitido quedarse allá donde prosperaba– su vida habría sido muy distinta.

El destino no quiso que así sucediera. No había pasado ni un año desde que había llegado a Grier cuando recibió una llamada de su madre –histérica y llorando–, pidiéndole que regresara a casa.

Durante la ausencia de Leslie, la suerte de Arlyne había empeorado. Tommy seguía abusando de ella. Pero en aquel momento desaparecía durante días y ni se molestaba en llamar. El teléfono no dejaba de sonar con acreedores a los que les había facilitado el número de Arlyne. Tiempo atrás, cuando Luca desaparecía, tenía la costumbre de regresar eufórico con algún botín y los siguientes días parecían Navidad. Pero en aquel momento, se iba sin blanca y volvía sin blanca. En varias ocasiones, los dos tuvieron que poner en común la calderilla que tenían para comprar comida. Arlyne sentía vergüenza. Era capaz de soportar una vida dura, pero no una en la pobreza.

Fue durante una de estas ausencias prolongadas de Luca que Arlyne se vio obligada de nuevo a mendigar a sus padres. Lo único que inducía a Irving a aflojar dinero era el bienestar de Leslie. Arlyne fraguó un plan. Diría a sus padres que iba a dejar a Luca, que quería traer de vuelta a Leslie para empezar una nueva vida y que contaba con su financiación para empezar de nuevo.

Como siempre, los motivos de Arlyne eran una mezcla de interés propio y autojustificación. En verdad, echaba de menos a Leslie, a la que siempre había utilizado como confidente durante los momentos de mayor desesperación. Con Tommy fuera de escena, se sentía muy sola. Se las arregló para convencerse a sí misma de que la muchacha andaba con malas compañías en Grier y que era mejor traerla de regreso a casa.

El hecho de que su hija finalmente asumiera sus responsabilidades con seriedad era más de lo que podían esperar Irving y Billie. Durante los treinta y nueve años precedentes, se había arrepentido y hecho penitencia con cierta periodicidad, solo para que la volvieran a pillar in fraganti en alguna nueva travesura. Los Weiss habrían padecido mucho menos si hubiesen interrumpido el suministro de dinero. Pero no lo veían posible. No importa cuánto dolor causa un hijo, la historia prevalece. La pena se entrelaza tan intensamente con la ternura que no hay manera de distinguir la una de la otra. Así que cuando Arlyne acudió a sus padres con la noticia de que quería abandonar a Tommy Luca y hacer lo correcto con su hija, los Weiss jugaron las cartas que les había repartido el destino y accedieron a sacarla una vez más de otro apuro.

Sin embargo, antes de abrir la chequera, Irving anunció una condición. Arlyne debía mudarse de Queens. Nadie como Irving Weiss para conocer el apego que tenía un chico listo como Luca por su barrio. Si Arlyne se alejaba físicamente, sería difícil que Luca la siguiera. Arlyne no estaba muy de acuerdo con la cláusula, pero como no estaba en posición de dictar los términos del acuerdo, propuso llevar a Leslie a Nueva Jersey. Había puesto el ojo en Fort Lee, una pequeña ciudad dormitorio situada justo al otro lado del río Hudson, a los pies del puente George Washington. Gracias a su proximidad con Manhattan –solo a cinco minutos en coche cruzando el puente–, no sería como vivir en Kansas. Además, Fort Lee estaba considerado como un lugar prometedor para profesionales que buscaban apartamentos al estilo de Nueva York, pero con precios de Nueva Jersey. Los rascacielos que surgían entre las recortadas colinas de las Palisades ofrecían unas vistas espléndidas del *skyline* de Manhattan.

Arlyne y su madre se entusiasmaron ante la posibilidad del lujo. Realizaron incursiones diarias al otro lado del río en busca de apartamentos, y finalmente encontraron uno en un edificio de ladrillos de nueve plantas en Hudson Terrace. Como el apartamento del Executive House ya venía amueblado, Arlyne quería que su alojamiento en Fort Lee llevara la marca de su estilo personal. Ella y su madre procedieron a amueblar el sitio «como recién casados», instalando en el dormitorio muebles de mimbre blanco tan caros como incómodos, y unas sillas amarillas de piel igual de caras y terriblemente incómodas en el salón, donde también se exhibía un sofá de terciopelo algo más acogedor, pero prohibido a los humanos. Cuando Arlyne y Billie acabaron, habían conseguido un escaparate asombroso, pero virtualmente inhabitable.

Leslie, a la que no se le había notificado su regreso hasta que este no fuera realmente inminente, se puso hecha una furia. El resentimiento, que había ido a menos durante sus meses en Grier, hizo su aparición de nuevo. Cuando su abuelo envió un coche a recogerla, respetó la decisión como un preso en libertad condicional que regresa a la cárcel. En consecuencia, su llegada a casa no fue la reunión afectuosa que Arlyne esperaba. Y para complicarlo todo, estaba el hecho de que el nuevo piso solo tenía un dormitorio, así que Leslie se encontró sin privacidad y jugando de nuevo a ser la amiga de una madre que le despertaba sentimientos profundamente ambivalentes. Con tiempo y paciencia, incluso podrían haber superado aquel obstáculo. Pero al poco de regresar Leslie, ocurrió algo que la distanciaría de verdad.

Una noche, Sadie vino a visitarlas. Leslie casi nunca veía a su antigua niñera. Sadie había seguido a Arlyne al Executive House, pero Tommy, que sospechaba que iba con cuentos a Billie Weiss, insistió en despedirla. Aunque aquello no había sido culpa de Arlyne, al parecer Sadie le guardaba cierto rencor. La fatídica noche que acudió a Fort Lee había estado bebiendo. Cuando se sentó a hablar con Arlyne y Leslie en la cocina –el único rincón acogedor de la casa– su discurso ebrio se llenó de hostilidad y se le escapó que Norman Brickman todavía estaba vivo.

Durante unos instantes, se produjo un silencio espantoso. Leslie parecía muy afectada. Se giró hacia su madre, quien, al haber sido pillada desprevenida, soltó una retahíla de desmentidos. Leslie salió hecha una furia del apartamento dando un portazo. Cuando regresó varias horas después, su frialdad era impenetrable. Solo estaba dispuesta a hablar del asunto de su padre. Al cabo de unos días, Arlyne rebuscó en el fondo del cajón de la cómoda de su madre y sacó la única fotografía que quedaba de Norman, la que había sido tomada el día de la boda de Barbara, aquella en la que había sido incluido en el último momento. Leslie contempló la foto y preguntó: «Si sabía dónde vivía, ¿por qué no vino a visitarme?».

No había respuesta adecuada a aquella pregunta. Si Arlyne daba la impresión de que a Norman no le importaba y que por eso no había regresado, su hija se sentiría abandonada. Por otro lado, si rompía filas con la familia y le confesaba aquella verdad oculta durante tanto tiempo de que Irving había pagado a su yerno para que dejara en paz a la familia, Leslie se sentiría como la víctima de una conspiración. Al final, Arlyne le desveló el secreto –no porque fuera lo correcto, sino porque Leslie insistió hasta el agotamiento–. La muchacha sencillamente respondió: «Deberías habérmelo dicho. De esa manera, si hubiese querido encontrarlo, podría haberlo hecho».

Durante un tiempo, parecía que el asunto estaba zanjado. No hubo recriminaciones ni ninguna muestra de la histeria que normalmente acompañaba a los enfrentamientos familiares de los Weiss. Pero la calma era ilusoria. Leslie cursaba tercer curso en el instituto Fort Lee, un buen centro público en el que se suponía que continuaría con su mejoría académica, y empezó a saltarse las clases. Durante las tardes, se la podía encontrar en la Junction, una antigua estación de ferrocarril reconvertida en una pizzería y cine porno, junto a una panda de adolescentes indigentes. Años después, insistiría que no había acudido allí en busca de drogas, pero que si alguien le ofrecía algo, «no decía que no». En la Junction, Leslie descubrió la metacualona, que le traía paz y la sumía en un estado de ensoñación. La escondía en los cajones, donde seguro que su madre la encontraba.

Cuando Arlyne se tropezó con la primera pastilla, sintió náuseas y fue corriendo a tirarlas por el retrete, pensando con ingenuidad que allí acabaría el asunto. Pero las pastillas siguieron apareciendo en el interior de cajones, bajo la cama, a veces incluso a la vista de todos. Arlyne trató de hablar con su hija, pero Leslie sencillamente le daba la espalda y se alejaba. Arlyne la seguía hasta la Junction y trataba de llevarla a casa, pero, delante de sus amigos, Leslie hacía como que no conocía a aquella mujer que le hacía señas desde un Chevrolet plateado. En aquellas tardes, Arlyne regresaba a su apartamento exquisitamente amueblado y con vistas al *skyline* –la promesa de un nuevo futuro– y sufría en silencio por la hija que se le escapaba de las manos.

Arlyne jamás pudo recordar exactamente qué fue lo que la empujó a llamar a Tommy Luca. Quizá fuera una combinación de soledad y costumbre. Cuando no pudo resistir más la urgencia, hizo lo imperdonable y lo llamó a casa. Mientras Arlyne describía su fabuloso nuevo apartamento al otro lado del río, Tommy escuchó sin pronunciar palabra. A continuación, Arlyne colgó y esperó a que la noticia se asentara. Había oído que Nueva York se había vuelto demasiado peligroso para él. Tenía problemas con unos importantes acreedores y necesitaba un lugar en el que esconderse. Además, estaba buscando «sangre nueva»: nuevos prestamistas, nuevas estafas, nuevos golpes.

Por supuesto, a los pocos días de haber tirado el anzuelo, Tommy pulsó el botón del interfono. (Arlyne sospechaba que había reconocido el terreno desde una posición ventajosa en el aparcamiento de las Palisades). Le abrió la puerta, y Tommy miró a su alrededor con un gesto de aprobación y decidió quedarse.

Como era natural, la reconciliación debía mantenerse en secreto. Los Weiss pagaban el alquiler de su hija, un subsidio que con toda certeza terminaría una vez que se enteraran de que había vuelto con Luca. Cuando la madre de Arlyne se pasaba por allí cada dos días más o menos, Tommy desaparecía. Por supuesto, existía el riesgo de que Leslie lo contara, pero transcurrieron las semanas y la muchacha guardó silencio. Desde que se había enterado de lo de su padre, estaba incluso más enfadada con sus abuelos que con su madre.

Tommy dividía su tiempo entre Fort Lee y Howard Beach, utilizando el piso de Arlyne como base de operaciones. Allí, recibía a una banda de «socios» que siempre buscaban el gran golpe, preferiblemente uno que no requiriera esfuerzo alguno, que no albergara riesgos y que, sin embargo, resultara lucrativo. Arlyne, percibiendo que una de las razones por las que Tommy estaba con ella era porque tenía conexiones en aquellos círculos que quería saquear, también mantenía los ojos bien abiertos. En el otoño de 1972, poco después de trasladarse a Fort Lee, se topó con una maravilla.

Desde principios de su relación, Arlyne había dado esperanzas a Luca con una serie de pretensiones, y la más increíble era que estaba emparentada con Meyer Lansky. Cada vez que Tommy ideaba un plan en que se necesitaba a un hombre con dinero, Arlyne sugería que quizá «tío Meyer» querría un trozo del pastel. Si Tommy regresaba a casa de mal humor y le clavaba un par de puñetazos en el brazo, Arlyne invocaba el oscuro fantasma de lo que le haría tío Meyer a un hombre que abusaba de su querida sobrina.

El numerito del tío Meyer no era completamente ficticio. En efecto, Meyer Lansky había crecido en el viejo vecindario y guardaba relaciones estrechas y familiares con otros judíos del este de Europa. Por supuesto, los Lansky conocían a los Lasker. Posteriormente, Meyer había mantenido vínculos empresariales con la funeraria Blum and Oxman por medio de su emisario Red Levine. Irving Weiss se tuteaba con Meyer, quien una vez había acudido a Chester Motors para echar un vistazo a los automóviles. Irving trató de venderle un Cadillac, pero Meyer creyó que era demasiado llamativo. Cuando los Weiss se alojaban en el hotel Fontainebleau durante sus estancias de invierno en Miami, Irving gozaba de la libertad de pasearse por la piscina y charlar con Lansky, que recibía en audiencia a corredores de apuestas y delegados sindicales. Incluso Arlyne, por aquel entonces con veinte años recién cumplidos, podía contonearse en bañador y esperar un gesto familiar de asentimiento del gran hombre. Muchos años antes de conocer a Tommy, Arlyne había dejado caer en varios entornos influyentes que era sobrina de Lansky. Sus referencias jamás eran tan específicas como para que no pudiera sostenerlas si la cuestionaban. Pero nunca tuvo necesidad. Y cuando Luca entró en escena, Arlyne casi ya había empezado a creerse sus propias mentiras.

En noviembre de 1972, Arlyne oyó que tío Meyer regresaba a América. Durante casi dos años, Lansky, que en aquel momento debía de rondar los setenta, había estado viviendo en Israel, huyendo de un ejército en avanzada de agentes del fisco. Había solicitado asilo permanente, pero el gobierno israelí, después de un dilatado debate, había decidido que era un indeseable y había empezado a disponer su vuelta a los

Estados Unidos. Aunque Arlyne desconocía las sutilezas políticas del exilio de Meyer Lansky, había oído los rumores sobre su regreso. Desde que se había mudado a vivir con Tommy, apenas había mantenido contacto con sus padres. Su padre, cuya antipatía por Luca había aumentado a un ritmo constante desde aquel primer encuentro en el club de la playa, apenas le hablaba. Luca compartía aquella hostilidad y Arlyne tenía que inventarse alguna excusa para escabullirse del apartamento cada vez que quería ver a su madre. Fue en una de aquellas visitas furtivas a Forest Hills cuando Arlyne cazó una noticia de vital importancia. Se encontraba poniéndose el abrigo en el vestíbulo cuando advirtió que su padre y tío Sidney susurraban en la sala de estar. Al acercarse a la puerta, pudo captar lo esencial. Irving decía que Meyer iba a regresar al país en un par de semanas y que deseaba que se le transfirieran discretamente 330.000 dólares de Nueva York a Miami. Irving había accedido a transportar el dinero en el maletero de uno de sus Rolls-Royce.

Nada más oírlo, Arlyne se lo explicó inmediatamente a Tommy, que se entusiasmó como un niño de ocho años. Con trescientos mil dólares, podría pagar todas sus deudas y sacarse a los usureros de encima. Luca empezó a idear un plan para robar el dinero. Decidió que se tenía que hacer mientras el coche todavía estaba en el concesionario. Para llevar a cabo el plan, reunió a una banda que contaba con experiencia en allanamiento de moradas: en concreto, un tal Midge, hombre de honor de los Genovese en Brooklyn, y dos de sus compinches, llamados Davy y Paulie.

Una vez por semana durante tres semanas, Tommy, Midge, Davy, Paulie y Arlyne se reunían en una cafetería para fraguar el robo. Arlyne había estudiado la tienda y había descubierto que los Rolls estaban aparcados al fondo. Decidieron que

Arlyne robaría la llave del concesionario y que, alrededor de la una de la madrugada de la noche del supuesto robo, se dirigiría a la puerta delantera y abriría la de la entrada de servicio trasera. Midge y sus compinches llegarían media hora más tarde, levantarían la persiana, abrirían el maletero y sacarían el dinero. Parecía pan comido. Como Midge, Davy y Paulie asumían la parte más arriesgada, se llevarían un noventa por ciento. Tommy, cuyo cometido más peligroso era vigilar la puerta principal, se quedaría con el resto, el diez por ciento, puesto que era el que había propuesto el golpe. De esos treinta mil dólares o más, le daría a Arlyne lo que le apeteciera. Aquello no le pareció nada justo a Arlyne, puesto que ella era la que en realidad les había ofrecido el trabajo, había inspeccionado el terreno, había robado la llave y se había arriesgado a que la detuvieran merodeando por Chester Motors. Pero como era evidente que solo la toleraban como un estorbo necesario, mantuvo la boca cerrada.

A medida que la noche del robo se acercaba, Arlyne empezó a inquietarse más y más por Tommy. De repente, recogía sus cosas y se marchaba sin decirle adónde se dirigía, enfadándose si después le preguntaba dónde había estado. Arlyne se preguntaba si estaba manteniendo una aventura o, peor todavía, si estaba pasando más tiempo con su esposa. El miedo de que la abandonaría la puso al límite y buscaba constantemente garantías de que no la dejaría. Pero en lugar de tranquilizarla, Luca se mofaba de ella y le decía que era «incapaz de retener a un hombre». Dos noches antes del supuesto golpe, Tommy se levantó de nuevo y se fue sin previo aviso. En aquella ocasión, Arlyne decidió seguirlo.

En momentos como aquel, al no tener coche, Arlyne se encontraba en desventaja estratégica. Además, nunca se había molestado en sacarse el permiso de conducir, y aunque no evitaba que condujera, sí que alquilara un vehículo. Aquella noche, Arlyne llamó a un viejo amigo que gestionaba un servicio de limusinas y le pidió que le enviara un Cadillac con chófer.

Cuando el coche llegó, Arlyne dirigió al conductor hacia la casa de Tommy en Howard Beach y, en efecto, al detenerse ante el edificio, vislumbró su Monte Carlo azul en la acera. Desde una distancia prudencial, Arlyne mantuvo la vigilancia hasta que Luca salió por la puerta principal y se subió al coche. A continuación, le pidió al conductor que lo siguiera. El chófer, desafortunadamente, no tenía maña para el trabajo clandestino y se pegó demasiado al vehículo. Cuando los dos coches tomaron Cross Bay Boulevard, Luca empezó a sospechar. Sin previo aviso, frenó en seco, salió del coche blandiendo un bate de béisbol y empezó a arremeter con furia contra el Cadillac. «Maldita zorra –gritó Luca–. Os mataré a los dos». Arlyne se quedó sentada, paralizada, mientras Luca no dejaba de aporrear las ventanas y las puertas hasta que el Cadillac se convirtió en un amasijo de cristales rotos y metal abollado.

Arlyne gritó al chófer que arrancara, pero el conductor estaba jadeando, como si estuviera sufriendo un ataque al corazón. Incluso Luca, advirtiendo la angustia de aquel hombre, calmó su furia y ayudó a Arlyne. Cuando el hombre estuvo lo suficientemente recuperado, Arlyne lo despachó y observó cómo el Cadillac destrozado se arrastraba por el bulevar. Sin mediar palabra, subió al coche de Luca y él la llevó a casa, murmurando entre dientes: «Voy a dejarte. Ya no puedo soportarlo más».

Pero Arlyne consiguió una pequeña victoria. Luca pasó la noche en casa. Sin embargo, a la mañana siguiente, su satisfacción se desvaneció. Midge llamó y los convocó en la cafetería. Cuando llegó, su expresión era grave. Aunque no era tan alto como Tommy, tenía cierto aire de autoridad. Sus palabras los dejaron confusos e impresionados. Daba la casualidad de que Midge, que vivía cerca de Tommy en Howard Beach, había pasado la noche antes por el bulevar justo en el momento en que Tommy arremetía contra el coche con el bate de béisbol.

—Estáis locos —dijo—, y no quiero saber nada de vosotros. No quiero mi parte.

De algún modo, Arlyne no percibió mucha sinceridad en sus palabras y pensó que más bien se había puesto nervioso ante la posibilidad de meterse con Meyer Lansky y su dinero, y que buscaba una escapatoria.

—¿Qué pasa, tienes miedo? —preguntó Arlyne.

Midge se sonrojó.

—Ni se te ocurra decir que tengo miedo —la advirtió—. Yo no le tengo miedo a nada.

Y con esas palabras, se fue.

Aquel giro de los acontecimientos puso a Luca de tan malas pulgas que, al salir de la cafetería, empezó a golpear a Arlyne en la acera. Cuando Arlyne levantó los brazos para protegerse el rostro, los golpes hicieron saltar sus uñas postizas y le desgarraron la piel.

Al día siguiente, Arlyne se enteró de que el Rolls con los 330.000 dólares en el maletero había salido de Chester Motors hacia Miami según lo planeado. Estuvo deprimida durante semanas. Y no a causa de las rabietas de Tommy. Estaba empezando a acostumbrarse a su comportamiento abusivo. Ni tampoco porque se había dejado llevar por la codicia y había traicionado a su propio padre. Aunque debería haberla preocupado, la desalmada decisión de robar Chester Motors se le había ocurrido de forma sorprendentemente fácil. Acababa de comprender que no se debía permitir que los sentimientos humanos interfirieran con los negocios. Sencillamente, se sentía defraudada.

Con el tiempo, Midge recuperó el buen humor y regresó al lado de Tommy y el resto de los chicos a la mesa de la cocina, a hacer planes sin fin y sin propósito aparente. Entonces, una tarde, mientras Tommy, Midge y Paulie estaban tomando un café, un amigo de Leslie apareció por casa.

El chaval, que debía rondar los veinticuatro años, trabajaba en el depósito de una de las compañías de construcción más grandes de Fort Lee. El joven se consideraba una pieza clave y propuso un golpe en el que él se llevaría la parte como el cerebro de la operación. Cada viernes, dijo, la empresa recibía cincuenta mil dólares en nóminas.

La planificación del atraco le dio a Tommy algo en lo que mantenerse ocupado. El trabajo parecía sencillo. Cuando las nóminas llegaran, Midge y Paulie entrarían en la oficina armados con escopetas y con pasamontañas. Atarían a los empleados y vaciarían la caja fuerte. Tommy, como siempre, haría la vigilancia. Registrarían las entregas durante un par de semanas para examinar la pauta. Sin embargo, el trabajo, que en un principio iba a durar un máximo de tres semanas, se alargó hasta siete, después diez y más tarde, once. Nada salía bien. El camión nunca llegaba a tiempo. No parecía que hubiera pauta alguna.

Arlyne no estaba contenta. Para empezar, tenía miedo de que el muchacho que les había proporcionado el golpe se metiera en líos. Y aquello, a su vez, podía poner en peligro a Leslie. Asimismo, como Midge y Paulie iban armados, podían matar a alguien, y si se demostraba que el golpe se había planificado en su apartamento, Arlyne podría verse involucrada de algún modo en un asesinato. Además de todo aquello, los propietarios de la constructora eran italianos y se rumoreaba que tenían relaciones con la mafia de Jersey City. Tommy estaba tan obnubilado con las nóminas que no tenía en cuenta las posibles consecuencias. Aunque lo que más irritaba a Arlyne era que Tommy le pedía asumir un riesgo enorme sin compartir los beneficios. Cuando se quejaba, él le gruñía: «¡Déjame en paz!».

El día del robo, Arlyne se mantuvo alejada, confinada en la cocina como observadora. Vio cómo se iban Midge y Paulie. A continuación, aproximadamente una hora después, regresaron riéndose como maniacos, regocijándose en que había sido tan fácil que se habían quitado las máscaras y habían tomado el camino de regreso. Ni un policía a la vista. Pero cuando Arlyne escuchó los detalles, le pareció que no había ido tan bien. Aunque había dos bolsas llenas de billetes, los ladrones se habían asustado y solo habían cogido una. Así que, en lugar de cincuenta mil dólares, se habían largado con solo unos doce mil, algo que no le pareció motivo de alegría. Sin embargo, Tommy estaba pletórico y tras semanas sin noticias de la policía ni indicio alguno de una venganza por parte de la mafia, empezó a tratar a Arlyne con un creciente desprecio.

Arlyne se tomaba con filosofía los cambios de humor de Tommy. Cuando estaba eufórico, era un pez gordo. Cuando necesitaba dinero, se convertía en un niño pequeño asustado. Arlyne sabía que era solo cuestión de tiempo antes de que se le acabara su parte del botín de las nóminas y estuviera de nuevo desesperado. Y, de hecho, mucho antes de lo previsto, se quedó sin blanca, y de nuevo se vio acosado por los usureros y en busca de «sangre nueva».

Arlyne contaba con un contacto que Tommy quería explotar. Durante todos aquellos años, había mantenido la relación con su amiga Sophie –el terror pelirrojo de Forest Hills–, que se había casado con un rechoncho judío llamado Sam Silverstein.

Sam hacía de recadero para un tal Vince Lamattina, un importante usurero de los Genovese a quien Tommy quería pedirle un préstamo. La amistad de Arlyne con Sophie había tenido sus idas y venidas. (Siempre había sospechado que Sophie fue la que dio el chivatazo sobre ella y Babe en el Forest Hills Inn). Sin embargo, siempre que había dinero de por medio, las dos mujeres apartaban sus diferencias en aras del negocio. Arlyne llamó a Sophie para acordar una doble cita en Little Italy. La velada no fue agradable. Sam se emborrachó y le gritó a su mujer, que le devolvió los gritos. Arlyne consiguió interrumpir la disputa de los Silverstein solo lo suficiente como para fijar una cita con el prestamista. Poco después, partió hacia Brooklyn para conocer a Vince Lamattina.

Unos días antes de Navidad, se presentó en la tienda de frutas y verduras de Lamattina ataviada con un abrigo de piel blanco y un turbante a juego. (El sentido teatral de Arlyne la advirtió de que aquella ocasión requería el número de Virginia Hill). Nada más reparar en Lamattina, un hombre bajito y fornido que se ocupaba de la rúcula, arqueó la espalda y sintió el viejo impulso de seducir y conquistar. Lamattina, sin embargo, había visto a muchas chicas de la mafia que habían perdido la juventud y era inmune a sus tácticas de combate. Sabía cómo ponerlas en su lugar. Dijo que le daría a Tommy el préstamo, pero que Arlyne tendría que hacerle un pequeño favor. Siguiendo sus instrucciones, Arlyne se encontró con él el día de Navidad en un motel barato y le hizo una mamada. Aquella tarde, Lamattina vio a Tommy en una tienda de dulces de Rego Park y le dio el dinero. Dijo que no se podía quedar a charlar porque daba una gran fiesta de Navidad en casa.

A Arlyne le sentó como una bofetada que no la invitaran a aquella fiesta. Durante sus días de juventud, habría hecho una ronda de cuatro o cinco de aquellas galas en una sola noche.

Pero lo que en concreto revolvía a Arlyne era que aquella fiesta era en honor de la novia de Vince –y más tarde esposa–, Gina, una tipa bajita y de piel morena de Brooklyn que siempre iba maquillada como si fuera una puerta y que parecía acabada de salir de las tiendas chabacanas de Delancey Street. Que se montara tamaño alboroto por una mujer que ni siquiera vestía bien era una auténtica injusticia. Por lo tanto, Arlyne hizo lo posible para introducirse en el círculo de Vince Lamattina, pero en el único sitio en el que fue bienvenida fue en el apartamento de Sophie, el cual, con suerte, podría recibir una visita de Vince.

A Tommy le fue mejor con Lamattina. Gina parecía que le había cogido afecto y los dos pasaban mucho tiempo sentados en una esquina hablando sobre las carreras de caballos. En aquellas ocasiones, Tommy actuaba como si no quisiera ni ver a Arlyne por allí. Luca también parecía que escalaba puestos con Vince, quien lo había presentado a un amigo suyo llamado Tony, el cual, a su vez, le presentó a un prestamista en alza de los Gambino llamado John Gotti. Antes de llevar a Tommy al local de Gotti, un club social en Ozone Park, Tony advirtió a Luca: «Si la jodes, te matarán. Con estos tipos no valen los jueguecitos».

Tommy también parecía tener tratos empresariales con Lamattina, pero mantenía la boca cerrada. Solo había dos razones por las que al parecer Tommy necesitaba o quería a Arlyne: su mamada de cada noche y para explotarla en su nuevo negocio de lotería.

Poco después de instalarse en Fort Lee, Tommy había regresado a las apuestas. Técnicamente, la operación se desarrollaba en Brooklyn, pero la dirigía desde el apartamento de Hudson Terrace. Por lo tanto, Arlyne había hecho instalar dos líneas de teléfono. Una, a nombre de I. Weiss, donde recibía las llamadas de su madre. La otra, que contrató con el pseudónimo de Sophie Silverstein, estaba reservada para los negocios. Mientras Tommy se pasaba los días en el hipódromo, Arlyne recogía las apuestas procedentes de las tiendas de dulces, de un limpiabotas y de una cafetería en Bedford-Stuyvesant. Cada tarde, los dos conducían hasta Brooklyn para recoger el dinero y hacer los pagos.

Durante un año el negocio funcionó sin problemas. No hicieron su agosto, pero al menos se las arreglaron para estar al día con las deudas de Tommy. Entonces, Luca empezó a tener malos presentimientos. De vez en cuando, tenía la sensación de que los vigilaban. Cada vez que hacían sus rondas en Brooklyn, conducía dando rodeos, acelerando, ralentizando y circulando como una flecha en sentido contrario. Arlyne estuvo tentada de pensar que estaba loco, pero tenía que admitir que Tom tenía un sexto sentido para algunas cosas.

Sucedió justo una semana antes de las Navidades de 1974, un año después del desaire de Vince Lamattina. Tommy estaba en la cocina, sorbiendo una taza de café. Arlyne, ataviada –como era su costumbre en aquella época– con un vestido amplio y vaporoso, acababa de decorar un pequeño árbol y estaba a punto de bajar la basura. Al abrir la puerta, se encontró con un pequeño ejército de policías, dispuestos en ariete. Tras entrar a punta de pistola mientras otro detective hacía salir a Luca de la cocina, Arlyne se quedó de pie, aturdida, escuchando cómo otro detective recitaba los cargos: «Regentar un negocio de lotería y conspiración». En algún lugar de la periferia de su conciencia, se dio cuenta de que Leslie acababa de llegar. No intercambiaron palabra. La muchacha simplemente le lanzó una mirada huraña e inescrutable mientras los agentes se llevaban esposados a su madre y a Tommy Luca.

Por supuesto, Tommy había estado en lo cierto. Los estaban vigilando. Desde principios de otoño, el Departamento de Policía de Fort Lee había estado siguiéndolos y escuchando sus conversaciones telefónicas. Al parecer, a continuación, había desplegado unos efectivos extraordinarios para capturar a un par de corredores de apuestas insignificantes. Aunque todo aquello era comprensible si se tenía en cuenta lo obsesionados que estaban en Fort Lee con los mafiosos.

Desde años antes de que Arlyne y Tommy se juntaran, el jefe de la policía local, Arthur Dalton, ya acariciaba la idea de que su pequeño departamento colaborara con los agentes federales en los casos relativos al crimen organizado. Fort Lee tenía una posición envidiable para dicho menester, puesto que los rascacielos lujosos que habían atraído a Arlyne Brickman y a Tommy Luca eran un imán para los chicos listos amantes de la buena vida a ambos lados del río. De acuerdo con las ambiciones del jefe Dalton, el Departamento de Policía de Fort Lee se convirtió en el primero del estado en establecer su propia unidad de inteligencia contra el crimen organizado. La unidad solo había estado operativa un año antes de que Luca y Brickman se pusieran a tiro. Algo que sucedió básicamente por accidente.

Arlyne tenía la costumbre de lanzar el papeleo administrativo en un cubo de la basura en el exterior del apartamento. Aproximadamente dos meses antes del arresto, otro residente de Hudson Terrace reparó en un torrente de boletos de apuestas y llamó a la policía. El chivatazo llegó a la unidad de inteligencia, y de ahí al despacho del teniente Joe Spina. El detective y su compañero, George Diehl, examinaron las pruebas. Eran tan novatos en aquellos asuntos que no estaban familiarizados con la mayoría de los tipos de las apuestas. Sin embargo, parecía que los boletos habían sido generados para un juego llamado «bolita», también conocido como «trámite único».

Spina y Diehl empezaron a inspeccionar el edificio y, gracias a la ayuda de un confidente del vecindario, siguieron el rastro hasta el apartamento que habitaba Arlyne Brickman. Desde un puesto de vigilancia en el exterior del edificio, los detectives pudieron observar que la sospechosa era «una mujer de aproximadamente algo más de metro y medio, de entre 65-70 kg de peso, morena y con los ojos de color avellana». Normalmente la acompañaba un hombre blanco, solo un poco más alto que ella, que pesaba unos 80 kilos, con cabello «entre canoso y negro» y ojos castaños. Conducía un Cadillac de 1971. Cuando los detectives los investigaron, Brickman apareció limpia. Sin embargo, Luca estaba fichado como «apostador conocido» en las bases de datos del Departamento de Policía de Nueva York, con un historial de arrestos que se remontaba a 1961. Más aún, era conocido por ser socio de los Genovese.

Spina y Diehl se sintieron como dos buscadores de petróleo que acababan de encontrar un pozo. Rápidamente obtuvieron una orden que permitía pinchar los teléfonos de la sospechosa Brickman, tanto el que aparecía a nombre de I. Weiss, como el de Sophie Silverstein, y durante algo más de una semana escucharon cómo Arlyne recogía las apuestas del puesto del lustrador de botas y de la cafetería. Cada tarde, cuando las carreras terminaban, escuchaban a alguien que llamaba desde Aqueduct o Belmont para informar del número que se pagaba. Y también escucharon cómo Arlyne les decía a los corredores de lotería de Brooklyn que ella y Luca irían hasta allí aquella misma tarde para saldar cuentas.

Spina y Diehl planearon seguir a la pareja en una de sus incursiones a Nueva York. Por simple cortesía, lo habitual es que cuando una jurisdicción entra en el terreno de otra, se solicita autorización. Cuando Fort Lee notificó a Nueva York sus intenciones, la Brigada de Orden Moral de Brooklyn también quiso entrar en acción, y la supuesta expedición alcanzó proporciones cómicas. Un martes por la tarde de finales de noviembre, diez oficiales de policía, cada uno equipado con su coche con radio, se reunieron en los aledaños de Hudson Terrace para vigilar y esperar.

Sobre las seis menos cuarto, Arlyne y Tommy salieron del edificio y se metieron en el Cadillac de Luca. Cuando abandonaron el aparcamiento, los diez coches empezaron a seguirlos discretamente. En el puente George Washington, sin embargo, el convoy se topó con el tráfico de hora punta y solo uno de los vehículos consiguió mantenerse tras el rastro de Tommy. Los rezagados los alcanzaron en Brooklyn, donde los corredores, en aquel momento, estaban haciendo sus rondas programadas. Luca conducía según su costumbre para evadir cualquier vehículo a la zaga: a cien por hora y después reduciendo hasta una marcha lenta. Furiosos por haberlo perdido temporalmente, uno de los miembros del equipo de vigilancia se salió de la calzada y subió a la acera para alcanzar al Cadillac, que empezaba a acelerar. Spina estaba seguro de que habían avistado la caravana, pero al día siguiente, al escuchar las conversaciones de Luca, el corredor no pareció dar señal alguna de que sospechara algo.

Aquella disparatada persecución sí logró confirmar lo que los detectives habían estado escuchando a través de los teléfonos pinchados y les dio suficientes pruebas como para solicitar una orden de registro. El 19 de diciembre, un juez de la Corte Superior autorizó el registro del apartamento de Arlyne en busca de boletos de apuestas y otra parafernalia. Armado con el mandato judicial, Joe Spina dirigió a un pelotón de agentes por el pasillo hasta el 6-P. Acababan de tomar posición para arietar la puerta cuando esta se abrió y apareció Arlyne Brickman con un cubo de basura lleno de pruebas.

Arlyne jamás había experimentado la humillación de una detención. No podía fingir que era Virginia Hill presentándose con aire romántico y a la moda ante los *flashes* de los fotógrafos. Era una mujer de mediana edad con sobrepeso, ataviada con un *muumuu* hawaiano camino de comisaría. Por primera vez en su vida, Arlyne sintió que pertenecía a los malos, y había heredado las suficientes pretensiones burguesas de sus padres como para sentirse avergonzada. Le quitaron las esposas para tomarle las huellas digitales y fotografiarla. A continuación, la llevaron hasta una mujer agente para que la cacheara en busca de drogas. Aunque el examen de sus cavidades íntimas se hizo con eficiencia impersonal, Arlyne se sintió tan violada como si la estuvieran penetrando. Para cuando la llevaron a la sala para interrogarla, se encontraba al borde de la histeria.

Los detectives trataron de representar el juego del poli bueno-poli malo. Diehl, un hombre grande y de buen talante, normalmente asumía el papel más agraciado, mientras que Spina, el que más imponía de los dos, el otro. La sospechosa Brickman, sin embargo, parecía demasiado frágil para aquel montaje. Los detectives decidieron tratarla con más dulzura. Después de todo, ella no era el objetivo de la misión. En privado pensaban que, si jugaban bien sus cartas, podrían ganarse su confianza para que cantara sobre Luca y sus socios Genovese.

Los detectives tenían razones para creer que Arlyne se pondría de su lado. Mientras escuchaban las conversaciones telefónicas, los detectives habían interceptado una llamada a la Policía Estatal de Nueva York en la que había dejado un mensaje para un tal teniente Mike Minto. Los detectives, con evidente curiosidad por los negocios que se podía traer entre manos una sospechosa corredora de apuestas con un detective de la Policía Estatal, contactaron con Minto, quien les explicó que un par de años atrás había visitado a Arlyne en Fort Lee. Había recibido el chivatazo de que se había separado de su novio, la había encontrado con ganas de hablar y le había explicado los negocios de apuestas que Luca se traía con Fritzy Giovanelli.

Pero en aquel momento, al confrontarla con su pasada declaración, Arlyne no delató a Luca, un hecho que no nacía tanto de la lealtad como de que no tenía ni idea de en quién confiar. El propio Luca no le inspiraba mucha confianza. De camino a comisaría, la instó a cargar con la culpa. Serían más indulgentes con una mujer que no tenía antecedentes penales, afirmó. También tenía en mente salvar su pellejo y que alguien le pagara la fianza. Según dijo, no podía llamar a su esposa o hermano porque supondría admitir que había estado con Arlyne. Al final, la convenció para que recurriera a su madre. Billie Weiss hizo venir enseguida a Sadie y la envió al otro lado del río a pagar la fianza de quince mil dólares de su hija. (En la confusión del momento, también depositó la de Luca).

Mientras Sadie la acompañaba a casa en medio de una nevada, Arlyne reflexionó sobre las palabras de despedida de su madre: «No pienso volver a dirigirte la palabra. No voy a darte ni un centavo más».

Dado el potencial conflicto de intereses, Luca y Brickman decidieron que sería mejor tener abogados diferentes. Tan pronto como Arlyne oyó las conversaciones grabadas a través de los teléfonos pinchados, se dio cuenta de que las constantes referencias de Luca a los «negratas» seguramente iban a predisponer al jurado en contra de ambos. Arlyne llegó a un acuerdo con el fiscal. Como no tenía antecedentes penales, se la sentenció a un año de libertad condicional y a una multa de doscientos dólares. Luca se mostró igual de razonable. Se declaró culpable de un delito menor y lo enviaron seis meses a la prisión del condado.

Desde la caótica noche del arresto, Arlyne no había vuelto a hablar con Spina y Diehl. Durante la negociación del acuerdo, no había surgido la posibilidad de declarar contra Luca, pero los detectives habían dejado la puerta abierta. En un primer momento, Arlyne rechazó la propuesta sin más. Con Luca en prisión, se encontró que lo echaba de menos. Y cuando Luca le pidió que lo ayudara a conseguir el permiso laboral, Arlyne accedió. Solo requería una cena romántica con un empleado estatal gordo y poco apetecible y, a continuación, rematar la faena con una mamada. Como consecuencia, Tommy pudo salir cada mañana, en apariencia para trabajar de jornalero en Nueva York. Arlyne lo recogía a las cinco. Desayunaban juntos y después lo llevaba hasta Union City, desde donde cogía un autobús para cruzar el río. Por la tarde, se encontraban en el mismo lugar y pasaban unas pocas horas juntos antes de devolverlo a la cárcel.

Una tarde, mientras dejaba a Tommy en las inmediaciones de la penitenciaría, dos hombres se acercaron al coche. Uno era un gorila descomunal; el otro, un tipo bajito que se parecía a Paul Anka. Sin previo aviso, agarraron a Tommy, empezaron a darle puñetazos y lo dejaron sangrando sobre la acera. Arlyne se quedó atónita. Corrió para ayudar a Tommy, que parecía en peores condiciones de lo que realmente estaba. Le dijo que sus atacantes eran Joey Scopo y Jackie Cavallo, cobradores de John Gotti.

Gotti, según había advertido en el pasado Tony, el amigo de Vince Lamattina, no era un hombre con quien se podía jugar. Al parecer, Tommy se había tomado aquel consejo a pecho, pero la detención y la sentencia le habían complicado el pago de los intereses. Y el hecho de cumplir condena no servía como excusa. Joey y Jackie seguirían esperándolo varias tardes en el exterior de la prisión para recordarle que no había escondite posible.

Arlyne veía que Tommy estaba asustado. De nuevo, necesitaba desesperadamente que lo ayudara. Así que se las arregló para, de vez en cuando, arañar unos pocos cientos de dólares y llevarlos a un lugar en Ozone Park que ella solo conocía con el nombre de «el Club». (El nombre completo, como averiguaría más tarde, era Club de Caza y Pesca Bergin). Por lo general, eran Joey o Jackie quienes recibían el sobre. Un día, según afirmó Arlyne posteriormente, llegó y se encontró con los hermanos Gotti ante la puerta. Entregó el sobre a John o Gene. Sin embargo, Arlyne no tenía recursos para continuar indefinidamente con los pagos, y Tommy finalmente la envió a la tienda de frutas y verduras de Vince Lamattina para conseguir algo de dinero. Arlyne observó que el ya de por sí poco hospitalario usurero tenía un comportamiento extrañamente atento y servicial. Lógicamente, Arlyne asumió que Tommy había arreglado un préstamo para pagar a Gotti con Vince, pero cuando empezaron a pasar las semanas y ella no dejaba de recoger más y más sobres de Lamattina, empezó a sospechar que algo andaba mal. Sus sospechas no eran infundadas. Unas pocas preguntas hechas con discreción a Sophie y a otros le revelaron que Tommy se había asociado con Vince y había entrado en el negocio de la usura.

Arlyne estaba furiosa. Según el código de honor que observaban los hombres un poco más decentes que los de la calaña de Luca, si un hombre acababa en prisión, sus socios estaban obligados a cuidar de aquellos que dependían de él. Arlyne resolvió que, por derecho, Vince Lamattina debería estar cuidando de ella y, en lugar de eso, ella se estaba dedicando a llevar sus sobres con dinero al usurero Gotti. El saldo estaba yendo a parar a la esposa de Tommy y a su familia.

Arlyne echaba humo por las orejas. Así que levantó el auricular del teléfono y llamó a Joe Spina.

En el verano de 1975, de haberle preguntado si era una «confidente», Arlyne Brickman habría respondido con un «no». Los confidentes siempre eran otros. Era el imbécil incapaz de sacar adelante una estafa que se veía obligado a cantar para salir del apuro. O era un personaje remoto, como Abe Reles, némesis de «tío Meyer». Arlyne no se consideraba según estos términos. Ella luchaba por sobrevivir. Había ocasiones en las que el hecho de cooperar con la ley resultaba útil. Más de una década atrás, había conseguido vengarse de Norman Brickman al presentar pruebas contra él. No creía que fuera una soplona, sino solo una mujer que buscaba justicia.

En el pasado, en el otoño de 1972, cuando el teniente Minto se había personado en su casa, ella estaba enfadada con Tommy por favorecer a su esposa y lo había hecho pasar para tomar un café. Y cada vez que se sentía sola o deprimida, tendía a soltar la lengua. Le había gustado aquel investigador fornido y afable, y no tardó mucho en explicarle los tratos de Tommy con Giovanelli. (Hasta le dio una copia de las apuestas que ella y Tommy habían falsificado para engañar a Fritzy). Incluso en ocasiones llamaba a Minto y quedaban en verse en West Street, cerca de sus oficinas en el World Trade Center. En aquellos encuentros, ella le contaba algún que otro chisme del mundo del crimen. La hacía sentir importante. Y le daba cierta ventaja sobre Tommy. Pero ¿«confidente»? No, Arlyne Brickman no era ninguna soplona.

Fue aquel mismo prodigioso poder de autojustificación el que le permitió realizar su fatídica primera llamada a Joe Spina. Tommy se la había jugado. Estaba deprimida y necesitaba hablar. Spina se mostró encantado de ayudarla. Durante el verano y el otoño de 1975, cuando a Arlyne le apetecía, quedaba con ella en las calles contiguas a su vecindario. Arlyne se montaba en el asiento delantero del coche y empezaba a cotillear. Le explicó cosas sobre Fritzy, del que se rumoreaba que estaba en plena expansión del negocio hacia Fort Lee. Le expuso los detalles de los tratos empresariales de Tommy con Vince Lamattina. Repasó su letanía de amantes, desde Nate Nelson pasando por Tony Mirra. Spina no reconocía la mayoría de los nombres, al igual que ignoraba los asuntos del Lower East Side de Nueva York, pero pasó la información a Diehl, que la registró meticulosamente en un montón de tarjetas.

En aquel temprano estado de su asociación con Arlyne Brickman, Spina y Diehl no estaban muy seguros de lo que tenían entre manos. Arlyne proporcionaba tantos nombres y lugares que difícilmente llegaban a encontrarles sentido, por no decir verificarlos. Sin embargo, estaban entusiasmados por haber descubierto una fuente tan voluble. Spina pretendía hacerla ir a comisaría para interrogarla con más insistencia, pero el jefe Dalton no quería ni oír hablar del tema. Pese a su fascinación por el crimen organizado, el jefe no quería ver cómo sus detectives se emponzoñaban al asociarse con alguien a quien describía como «una golfa de la mafia». Así que, durante casi un año, Spina y Diehl trabajaron con Arlyne en el plano informal. Ella llamaba a Spina a la una o las dos de la madrugada y él escuchaba su interminable caudal de penas. Al final, le cogió afecto.

Durante el verano de 1976, los detectives Spina y Diehl intuyeron claramente que Arlyne estaba en apuros.

Era difícil decir con exactitud qué andaba mal. El monólogo disperso de Arlyne raras veces la hacía ir al grano. Además, parecía reticente a ser concreta. Spina sospechaba que se había metido en tratos con usureros tiburones y la apremió a confesar. Le recordó que, si debía dinero, su deuda quedaría cancelada en cuanto los acreedores ingresaran en prisión. Pero Arlyne se negaba a hablar del tema, hasta que un día Spina recibió una llamada. «Tenemos que hablar –dijo Arlyne con cierta urgencia–. Creo que van a matarme». Spina y Diehl acordaron encontrarse con ella en una calle detrás de su apartamento. Allí –histérica y con los ojos inyectados en sangre–, Arlyne les explicó el lío en el que se había metido.

Como había deducido Spina, los tiburones acosaban a Arlyne. Mientras Tommy estaba en prisión, había ido escasa de dinero. Con el grifo de sus padres cerrado «de una vez por todas», tenían que mantenerse ella y Leslie con apuestas y préstamos. Un años antes había acudido a un usurero de los Genovese con el que Tommy había hecho negocios. Era un tipo bajito y con bigote que Arlyne conocía por el nombre de «Fish». Arlyne había ido a verle a su guarida habitual, una gasolinera Exxon en Weehawken. Fish prestó a Arlyne mil dólares, pero, a continuación, la transfirió a uno de sus gorilas, un tipo llamado Billy David. Cada semana, Arlyne se encontraba con Billy y con un recadero llamado Chickie en uno de los restaurantes entre los condados de Hudson y Bergen para hacer un pago de aproximadamente 160 dólares.

Arlyne no contó toda la verdad a sus amigos detectives: ella y Billy estaban manteniendo un idilio... en cierto modo. Billy era rubio, atractivo y vestía con elegancia, y en el momento en que posó sus ojos en él, Arlyne decidió que lo haría suyo. Billy, básicamente, era un inútil. De origen irlandés, le gustaba hacerse pasar por italiano, aunque su inoportuna procedencia limitaba naturalmente sus posibilidades de progreso. Apreciaba enormemente el alcohol y las mujeres, y Arlyne se jactaba de poder manipularlo. Algunas semanas, cuando iba a hacer los pagos, acababan en la habitación de un motel. En otras ocasiones, según explicaría Arlyne después, la llevaba a cenar simplemente porque estaba a gusto con ella.

Gracias a aquella relación tan especial, Billy parecía inclinado a no apretarla demasiado, pasando por alto sus deudas semana tras semana. Su préstamo original de mil dólares, mientras tanto, se infló hasta alcanzar los cinco mil trescientos dólares, por los que debía abonar un tres por ciento a la semana. Finalmente, Fish perdió la paciencia y le dijo a Billy que aplicara mano dura. Desde aquel momento –y aquella era la parte que Arlyne había decidido compartir con Spina y Diehl–, Billy había estado presentándose en Hudson Terrace, gritando, agitando las manos y diciéndole que enviarían a un rompehuesos llamado Frankie LaGuardia. Billy incluso se atrevió a insinuar que ordenaría que uno de sus matones violara a Leslie.

Joe Spina verificó la identidad de David y averiguó que era un vendedor de coches. Había sido arrestado en dos ocasiones, una por apuestas y la otra por amenazas de muerte a la posible víctima de un usurero en North Bergen. El historial de David dio veracidad a la versión de Arlyne de los hechos. Aquella era la oportunidad que habían estado esperando los detectives. Utilizarían estratégicamente a Arlyne como cebo para que, a través de su conexión con David, los condujera al misterioso Fish y, quién sabe, incluso más allá, al interior del laberíntico mundo de la familia Genovese.

El 25 de agosto de 1976 fue el día en que todo cambió para Arlyne Brickman. Se incluyó su nombre en los registros de la Policía de Fort Lee como confidente oficial. Se le abrió un expediente y se le dio un número: SCI 75-02. No se discutió remuneración alguna. (De hecho, en aquellos primeros momentos de su labor en aras del cumplimiento de la ley, Arlyne ni siquiera sabía que los confidentes recibían una retribución). Más bien al contrario, el acuerdo se formuló como un intercambio de favores: Arlyne proporcionaría información, y ellos se ocuparían de sus acreedores.

Durante el otoño, Arlyne mantuvo un contacto constante con los detectives, guiándolos hacia el posible paradero de David y su banda. A menudo se alteraba y llamaba a Spina de madrugada para decirle que Billy venía a por ella. «No les abras –advertía Spina–. Recíbelos abajo, en el vestíbulo». A continuación, pasaba por delante del edificio en coche y desde la calzada veía a Arlyne reunida con Billy y Chickie en el enorme vestíbulo de cristal. Billy agitaba las manos y gritaba, y Arlyne se retorcía las suyas y sollozaba, cada uno interpretando su papel en aquella pantomima histérica. Después de veinte minutos, se marchaban.

Fish no solía aparecer nunca durante aquellas visitas y su identidad seguía siendo un misterio. Entonces, un día, Arlyne llamó para decir que el escurridizo tiburón había confirmado que se pasaría por la gasolinera Exxon. Spina y Diehl se personaron allí aquella noche y esperaron hasta que apareció un hombre que encajaba con la descripción facilitada por Arlyne. Sacaron unas cuantas instantáneas, gracias a las cuales después pudieron identificarlo como un renombrado socio de los Genovese llamado Robert Anthony Fischetti. Durante las siguientes semanas, los detectives siguieron el Cadillac marrón de Fischetti en las rondas descritas por Arlyne desde la gasolinera Exxon por un circuito de restaurantes. El expediente SCI 75-02 iba engrosando rápidamente con fotos e informes de inteligencia. Pero los detectives Spina y Diehl no tenían muy claro cuál era el siguiente paso. La investigación se extendía más allá de la demarcación de Fort Lee. La mayor parte de la actividad usurera no parecía haber tenido lugar en Bergen, sino en el cercano condado de Hudson, y los detectives no estaban tan familiarizados con la zona. Necesitaban ayuda externa. Spina abordó al fiscal del condado de Bergen, pero su despacho estaba demasiado sobrecargado de sumarios como para iniciar uno nuevo. Entonces se dirigió a la Policía Estatal, que asignó a un investigador, aunque por razones desconocidas, este abandonó el caso. Sin embargo, Billy David supuestamente había proferido amenazas durante las recogidas, y aquello podía considerarse como extorsión. Y la extorsión era un delito federal. A principios de 1976, el detective Joe Spina llamó al FBI.

De hecho, Spina tenía amistad con un agente asignado a la oficina local de Newark. Se llamaba Jeff Dossett y estaba familiarizado casi a un nivel experto con el conjunto de personajes del crimen organizado que operaba fuera del condado de Hudson. Cuando Spina lo abordó con las noticias de que tenía una pista sobre un usurero llamado Fischetti, Dossett reconoció el nombre y la banda. Según dijo, Fischetti respondía ante Tommy Principe, un soldado de la familia Genovese que operaba fuera de Jersey City. En el momento de la llamada de Spina, el FBI no estaba investigando activamente a Fish, pero aquello aguzó el interés de Dossett, quien pidió al detective que fijara un encuentro con su confidente.

Cuando Arlyne se enteró de que tenía una cita con el Federal Bureau of Investigation, no comprendió la gravedad de la situación. Arlyne, de hecho, ni siquiera sabía qué era el FBI. Hija del Lower East Side, para ella la policía eran patrulleros o detectives que operaban fuera de su circunscripción. Su análisis de la carrera de Virginia Hill estaba dirigido a ciertos aspectos concretos, centrados en la apariencia de la novia de la mafia y en sus romances, e ignoraba completamente el papel del gobierno federal en su caída. Cuando explicó a Arlyne el significado de lo que estaba a punto de pasar, Spina se limitó a describir el FBI como «una gente que podría ayudarla».

La noche del encuentro con el agente Dossett, Joe recogió a Arlyne delante de su apartamento y la condujo hasta un motel cerca del puente George Washington. Había elegido aquel

233

lugar porque pensaba que sería seguro. Joe llamó con los nudillos a una de las puertas y el agente respondió.

Arlyne llevaba días anticipando la reunión con el agente, quien, por su posición jerárquica, debía de ser peligroso, y tenía los nervios a flor de piel. Se sorprendió –y posiblemente se decepcionó un poco– cuando se encontró cara a cara con un hombre afable de cara redonda que parecía tan modesto como el boticario de la esquina. Aunque no cumplió con sus expectativas, Arlyne resolvió que le gustaba. También decidió que quizá podría manipularlo. (Su acento de chico bueno le recordó de algún modo al de Stamey). Así que cruzó las piernas y empezó a recitar los nombres de sus amigos y amantes.

Dossett, que era mucho más duro de lo que parecía, no se creyó que Arlyne conociera a toda aquella gente. Sin embargo, concluyó que, si se había relacionado con la mitad de ellos, ya podría serle de utilidad. Y si había recibido de verdad amenazas de usureros, entonces era una víctima. Aquello le daba al gobierno motivos suficientes para encausar a Fischetti y a su banda. Así que llamó a V. Grady O'Malley, un fiscal federal asignado a la Unidad contra el Crimen Organizado de Newark.

La reputación de Arlyne la precedía. O'Malley había sido alertado de que la «víctima» no era ningún comerciante desafortunado que se había buscado problemas con los prestamistas, sino un bombón ya entrado en años que se juntaba, y a menudo se acostaba, con la mafia. Si el gobierno decidía procesar y el caso finalmente llegaba a juicio, resultaría difícil ganarse la simpatía del jurado. Además, estaba la cuestión de su propio historial criminal. Sus antecedentes penales solo mostraban una condena, pero si el caso contra Fischetti y sus socios llegaba a juicio, los abogados sin duda podrían enterarse de otras actividades criminales en las que Arlyne Brickman podría haber participado y aquello podría minar su credibilidad.

La información que O'Malley había recibido sobre Arlyne indicaba que vivía día a día, semana a semana, apostando y trapicheando con lo que probablemente era mercancía robada, que vendía o por la que recibía una comisión como intermediaria. (Arlyne posteriormente negaría haber participado en dichas actividades). Sin embargo, por lo que pudo discernir O'Malley, jamás se había visto involucrada en nada serio y concluyó que, aunque tenía mucha labia, le faltaba el aguante intelectual y la experiencia para cerrar tratos. O'Malley le dijo a Dossett que viera hasta dónde podía llevarles la confidente.

Al principio, a Arlyne no le pareció mal el trato que le ofrecía el gobierno. Estuvo de acuerdo en acudir a los encuentros con los tiburones con una pequeña grabadora debajo de la blusa. A cambio, los federales le daban dinero para que pagara los intereses. Sin embargo, cuando empezó a sopesar las consecuencias de lo que hacía, entendió que aquello podía convertirse en un negocio muy peligroso. A los chicos listos les aterrorizaban los micrófonos y si la pillaban con uno, podían sacarla a empujones del establecimiento hasta un terreno abandonado y estrangularla. El hecho de ser mujer no parecía jugar a su favor.

Los miedos de Arlyne se justificaron con los acontecimientos posteriores. Con la autorización de O'Malley, Arlyne grabó una conversación telefónica con Billy David en la que este amenazaba inequívocamente a Leslie: «Hay dos tipos delante de tu casa –advirtió–. Si tú no sales, al final saldrá tu hija». Al día siguiente, Billy y Chickie entraron a la fuerza en el apartamento de Arlyne y desvalijaron cajones y armarios en busca de objetos de valor.

Desde el punto de vista del gobierno, se trataba de un progreso alentador, puesto que esencialmente confirmaba la versión de la víctima y establecía que no había exagerado en absoluto respecto a la seriedad de las amenazas. O'Malley y Dossett pusieron en marcha los planes para llevar a cabo la primera grabación, programada de ahí a diez días, en la fecha en que Arlyne tenía que realizar el pago a Billy.

La cita con David tendría lugar en el Waterfront Lounge, un bar restaurante en Edgewater. Arlyne se encontró previamente con Dossett y Spina en el motel junto al puente. Allí, le presentaron a la agente Dewanna Stratton. Era obligatorio que, cuando se colaboraba con una confidente femenina, el FBI proporcionara una agente encargada de ciertas funciones como, por ejemplo, la colocación de los cables. También era responsabilidad de Stratton estar cerca durante los encuentros, no solo para garantizar la seguridad de Arlyne, sino también para ser testigo de la transacción. Si el caso llegaba a juicio y la personalidad de Arlyne y la veracidad de su historia se veían asediadas, se podía llamar a la agente al estrado para reforzar el testimonio.

Arlyne sintió una antipatía inmediata por la agente Stratton. No es que hubiera algo visiblemente ofensivo en ella, sino que Arlyne desconfiaba de forma natural del género femenino y la horrorizaba que la tocaran. Su hostilidad aumentó cuando Stratton la condujo al baño y procedió a realizar el examen preceptivo de las cavidades íntimas en busca de drogas. Cuando la agente sacó una pequeña grabadora llamada Nagra, Arlyne se quitó la blusa. Stratton le explicó que se podía poner tanto en la parte delantera como en la posterior. Arlyne eligió a la espalda. La agente Stratton sostuvo la Nagra y la aseguró con unas anchas tiras de cinta adhesiva alrededor del torso. A continuación, ensartó un pequeño transmisor –que permitiría que el agente Dossett pudiera escuchar desde una ubicación remota– por la parte inferior delantera del sostén de Arlyne. Aunque era una cálida noche de primavera, Arlyne se atavió con un abrigo para ocultar cualquier forma o contorno reveladores.

Para Arlyne, era evidente que se había metido en una situación sobre la que apenas ejercía control. Y aquello siempre le provocaba ansiedad. Para cuando abrió a puerta del Waterfront Lounge, estaba temblando. La presencia de la agente Stratton, unos pocos pasos por detrás de ella, no sirvió para calmar aquel pánico creciente.

Una vez dentro, Arlyne saludó con un gesto de la cabeza a un par de amigos que estaban apoyados en la barra. Entonces divisó a Billy, sentado al otro extremo de la barra con Valerie, una de sus otras novias. Arlyne se unió a ellos y, sin contemplaciones, se giró hacia la amiguita de Billy y le dijo: «Valerie, ¿puedes ir al cuarto de baño un momento?». Después se dirigió a Billy.

—No sé qué está pasando –le dijo–. Vas muy rápido para mí, Billy.

Billy contestó:

—He hecho un trato.

—No puedo oírte –dijo Arlyne, acomodándose el pecho para acercar el transmisor.

—El sábado acordamos una cosa, y te di el respiro que me pediste. Hoy es lunes y... se supone que tú tienes que hacer lo correcto. Si haces lo correcto, seremos los mejores amigos. Si no, me convertiré en tu peor enemigo.

—Me gustaría preguntarte algo –dijo Arlyne–. Ya sabes que tengo problemas.

—Deja que te pregunte yo algo a ti antes –la interrumpió Billy–. ¿Cuánto debes?

—Cinco mil trescientos dólares.

—No, no me refiero a eso –la corrigió–. ¿Cuánto dinero me tienes que dar?

—Te tengo que dar novecientos dólares.

—¿Y cuánto llevas encima? —preguntó.

—¿Quieres pelea? —preguntó Arlyne intencionadamente.

—Será mejor que no sea menos de quinientos dólares, porque si no, sí que va a haber pelea, y de las buenas... —contestó Billy.

—Lo único que haces... Lo único que haces es amenazarme una y otra vez —presionó.

—Yo no estoy amenazando a nadie —replicó Billy—. No tengo por qué hacerlo. Tengo a gente que se encarga del trabajo sucio.

—¿Qué quieres decir con que tienes a gente que se encarga del trabajo sucio? —presionó de nuevo Arlyne—. No lo entiendo.

Billy no se salió del guion.

—Quiero saber cuánto llevas encima —insistió.

—Bueno, he venido con trescientos dólares.

Billy pareció molesto.

—Me lo prometiste... Por la vida de tu hija.

Durante un rato se dedicaron a regatear los términos, hasta que Arlyne protestó:

—No puedo pensar con claridad, Billy. La cabeza me va a estallar.

—Será mejor que te tomes una copa —aconsejó.

Arlyne sabía que aquello no era buena idea. La bebida siempre la metía en problemas, como aquella noche años atrás en que se emborrachó en el Wagon Wheel con Sally Burns. Pero podía sentir la Nagra contra su espalda y pensó que quizás una copa la tranquilizaría.

—Tomaré un whisky —dijo.

Valerie regresó del cuarto de baño y Billy, que estaba de mejor humor, le preguntó a Arlyne si le gustaría quedarse a cenar. Al haber tomado varios sorbos de whisky, Arlyne sintió que su inhibición se esfumaba. Cada vez se sentía más calmada y soñadora, y cada vez veía más claramente cómo hacer su trabajo. Y, curiosamente, cada vez se volvía más agresiva.

–No puedo creer lo bien que me está tratando hoy –dijo Arlyne a Valerie–. Igual es porque estás tú delante... Tendrías que haberlo visto el sábado. Tenía miedo hasta de que acariciara a mi perro. –Girándose hacia Billy, dijo–: ¿Sabes? Me gustas. Me he portado bien contigo, ¿entiendes?

–Llevo tres semanas persiguiéndote –replicó Billy–. ¿Eso es portarse bien conmigo?

Le preguntó si quería un filete.

–No –respondió Arlyne–. Tomaré otra copa. A lo mejor hasta me emborracho. Cariño, es el cumpleaños de Leslie. Si puedes, envíale flores para su cumpleaños –le recordó a Billy.

–Ahora no puedo –protestó Billy–. Ya son las seis pasadas.

–La pobre se asustó el sábado –insistió Arlyne medio ebria–. Estaba...

–Es culpa tuya, no mía –objetó Billy.

–Parece que vivas en la época de Al Capone –presionó.

–La próxima vez será peor –advirtió.

Hacía calor en el restaurante, y lo normal es que Arlyne se hubiera quitado el abrigo. Pero tenía miedo de que se pudieran ver los cables. Por consiguiente, empezó a sudar. Podía sentir la humedad en sus axilas y los riachuelos de sudor que le corrían por la espalda. Y entonces, para su consternación, notó que las bandas de cinta adhesiva empezaban a despegarse. La Nagra se estaba deslizando espalda abajo.

Durante un segundo, consideró la idea de disculparse y partir en retirada hacia el cuarto de baño. Pero sus instintos le dijeron que un ataque era la mejor defensa. Así que lo presionó con más ahínco.

–¿Sabes? Conseguí engatusar a Chickie durante un tiempo –se jactó–. Es un pelele.

–No tiene madera para este negocio –se quejó Billy. Él también había estado bebiendo demasiado y también era cada vez más imprudente–. Pero el próximo tipo que aparezca por tu casa sí que la tendrá.

–¿Quieres decir Frankie? –preguntó Arlyne.

–Sí.

–¿Quieres que nos apostemos cuánto tiempo tardo en tener a Frankie comiendo de mi mano?

–¿Sabes lo que te haría Frankie si te acercaras a él? –bramó Billy–. Te tiraría por la ventana.

Arlyne supo que había conseguido lo que había venido a buscar. Se desembarazó de Billy con promesas de que trataría de arañar 178 dólares para un pago y, a continuación, se tambaleó hasta la puerta, respiró profundamente y huyó hacia el coche en el que esperaba la agente Stratton para recuperar la Nagra que le colgaba de la espalda.

Durante los días posteriores, Arlyne estaba exultante. Había hecho algo que la aterrorizaba y había salido airosa. Los agentes del FBI, incluso el fiscal O'Malley, se deshicieron en halagos. Arlyne había conseguido obtener al menos tres hilos distintos: la afirmación de Billy de que tenía gente que hacía el «trabajo sucio», su opinión de que habría «pelea» y la advertencia de que el matón, Frankie, la «tiraría por la ventana».

O'Malley estaba particularmente impresionado con la destreza que había demostrado Arlyne para formular la segunda o la tercera de las preguntas. Si, por ejemplo, Billy David la advertía de que algo malo podría ocurrirle, Arlyne le respondía con un «¿Qué me pasara? ¿Cómo pasara?». Y con el peligro que corría un confidente si se mostraba demasiado inquisitivo, su persistencia era digna de admirar. También era útil desde la perspectiva legal, puesto que los detalles ayudaban a convencer a un jurado de que la víctima efectivamente había recibido amenazas. Arlyne podía interpretar muy bien cualquier papel. Era lógico, concluyó O'Malley, puesto que llevaba haciéndolo desde hacía años.

Sin embargo, incluso mientras se dedicaba a disfrutar de los elogios, Arlyne ya maquinaba cambiar las condiciones del empleo. En aquel momento, y a su entender, era miembro del equipo, así que encontraba indigno de dicha posición tener que someterse a más exploraciones en busca de drogas. También estaba furiosa porque la cinta se había desprendido y el dispositivo había resbalado. Según anunció a los agentes Dossett y Stratton, en un futuro no quería llevar la Nagra pegada al cuerpo con cinta. Su primera protesta no llegó a ningún lado. Los cacheos debían aplicarse en cualquier circunstancia. Sin embargo, al advertir la aversión que sentía a que la tocaran, los agentes permitieron que, en el futuro, no llevara la grabadora encima. A tal efecto, le proporcionaron un bolso marrón muy bonito con dos asas y un compartimento central en el que Arlyne escondió la Nagra. El micrófono sobresalía ligeramente por encima de la cremallera y lo cubrió con un pañuelo. Aquello también significaba que Arlyne podía parar y detener el aparato a su antojo, un arreglo que la hizo sentir que controlaba la situación. El control, según había decidido, era lo importante. Control sobre los federales, control sobre su presa, control sobre sí misma. Se juró que nunca volvería a beber con un micrófono oculto encima.

Dos días después de la vigilancia en el Waterfront, Arlyne se encontró de nuevo con Billy, en aquella ocasión en un restaurante en Union City. Para su consternación, Billy aflojó en las amenazas. Arlyne trató de que explicara sus malintencionados comentarios sobre Leslie, pero Billy insistió en que jamás «había mencionado a la niña». La única cosa que obtuvo Arlyne fue que acababa de darle una paliza a un tipo y que se sentía «deprimido».

Arlyne tanteó un acercamiento seductor.

—Y si las cosas se pusieran muy feas para mí —ronroneó—, ¿tendrías piedad conmigo?

—Muy poca —replicó Billy fríamente.

Arlyne enfureció.

—Te hice tres mamadas rápidas y ni siquiera... Nada. Ni un regalo de Navidad. Ni un regalo para Leslie el día de su cumpleaños.

Fuera, en el coche de vigilancia, la agente Stratton le lanzó una mirada a Jeff Dossett, que murmuró para sí mismo: «Si no consigue un acuerdo, tendremos problemas». Más tarde, durante la reunión posterior, advirtió a la confidente de que «solo tratara el tema empresarial en estas conversaciones».

Sin embargo, durante los siguientes dos meses, Arlyne se las arregló para seguir poniendo a Billy contra las cuerdas. Durante los siguientes dos meses continuó encontrándose con él. En una ocasión, acordó que fuera Dewanna Stratton, a la que había presentado a Billy como azafata de vuelo, la que hiciera uno de los pagos. En realidad, el gobierno no quería encontrarse en la situación de tener que afrontar la deuda de Arlyne eternamente. Si O'Malley hubiese tenido lo suficiente para presentar cargos aquella primavera, a Arlyne la hubiesen incluido en el programa de protección de testigos hasta el juicio. Sin embargo, el fiscal estaba investigando el sumario de otra víctima que había recibido amenazas de la misma banda y estaría ocupado durante un tiempo. Aquello requería dejar a Arlyne en una posición segura y solvente hasta que el caso quedara listo para ir a juicio.

Había otras ventajas de que Arlyne estuviera en la calle. Había demostrado que poseía una valiosa agenda de contactos, no solo en Nueva Jersey, sino también en Nueva York. O'Malley decidió que Arlyne necesitaba libertad para poder trabajar sin agobios. Así que el gobierno acordó saldar su deuda.

Pero desprenderse de una deuda contraída con uno de los tiburones de la usura no era un asunto sencillo. Arlyne sabía perfectamente que los tiburones preferían mantener la cantidad principal pendiente y así cobrar para siempre los intereses. La negociación de un pago era un asunto delicado y sujeto a unas reglas de protocolo. Acompañada por su «amiga», la azafata de vuelo, Arlyne fue a ver a Fischetti para plantearle la cuestión. El tiburón indicó que podría aceptar una liquidación de dos mil quinientos dólares, pero puso la condición de cerrar el trato en una reunión con «la familia» de Arlyne. Aquello planteaba un obstáculo enorme, puesto que la familia de Arlyne, en aquel momento, eran los agentes del FBI y un fiscal del Estado.

Fue Arlyne la que tuvo la idea de contactar con Tommy, que aparentemente había regresado al lado de su esposa.

Como solía pasar durante los periodos que pasaba distanciada de Luca, Arlyne lo echaba de menos. Cada vez que la emoción provocada por las escuchas decaía, sentía el vacío emocional que creaba su ausencia. Era incapaz de explicar por qué ejercía aquel dominio sobre ella. Su relación no estaba basada en la calidez o el respeto ni siquiera, en el sentido más estricto del término, en el amor. Sin embargo, la atracción era potente y, según concluiría Arlyne más tarde, basada en una necesidad enferma. Tommy la necesitaba para el sexo. La necesitaba para que hiciera de recadera. La necesitaba para ganar dinero. Ella, a cambio, lo necesitaba por la seguridad y la emoción. A fin de cuentas, una chica de la mafia tenía que estar con un hombre. Y Luca –aunque no era ni Joe Colombo ni Tony Mirra–, tenía ciertas conexiones. Lo irónico de la situación –algo que no se le escapaba a Arlyne– era que incluso después de haber «cambiado de bando», todavía necesitara a Luca para cerrar un trato.

Arlyne pensó que la doble posibilidad de utilizar a Tommy para sus fines personales mientras lo hacía orbitar de nuevo a su alrededor era muy atractiva. Sin embargo, hacerlo sin contarle nada de los federales era otro asunto. Por muy extraño que pudiera parecer, no era que Luca no estuviera de acuerdo con su trabajo como confidente. Arlyne se lo había comentado poco después de entablar relación con Mike Minto. Según recordaba, Tommy se había puesto hecho una furia, le había pegado, la había llamado «soplona» y a continuación había decidido con calma que su traición podría comportarles ventajas mutuas. La información que Arlyne le estaba proporcionando a Minto no parecía ponerlo en peligro. Y cabía la posibilidad de que se ganara a su «nuevo amigo» para que este le hiciera algún favor, como, por ejemplo, perseguir a sus acreedores.

La situación actual, sin embargo, era muy diferente. Tommy no le debía nada a Fischetti y, por tanto, no le guardaba rencor. Además, Luca jamás consentiría en interpretar el papel de mecenas durante la reunión si sabía que Arlyne llevaba un micro encima. Tenía suficiente experiencia como para saber que, si aparecía en una grabación, podría convertirse en testigo potencial –o incluso en acusado– si el caso llegaba a juicio. O peor todavía, se descubriría que estaba asociado con una confidente. Arlyne decidió mantenerlo al margen.

Se habían producido ciertas novedades que allanarían el camino para un acercamiento a Luca. A principios de abril, habían arrestado a Tommy y Vince Lamattina en Queens, acusados de correduría de apuestas, agresión, usura y extorsión. A consecuencia de la redada, se perdonaron viejas injurias y Arlyne se encontró de nuevo como intermediaria, encargada de pagar la fianza y otras gestiones. La relación con Tom seguía siendo fría, pero se había roto el hielo, siempre y cuando no llamara a su casa.

Arlyne podía contactar con Luca en un par de sitios. Él y Vince acababan de abrir un club de apuestas llamado Blackjacks en Queens. También deambulaba bastante por un salón de belleza en Forest Hills, propiedad en parte de Vince. Una tarde lo llamó al salón para pedirle ayuda. Necesitaba aclarar el asunto con Fish, le dijo. Un tipo llamado «Chuck» ponía el dinero, pero necesitaba que Tommy fuera a la reunión, fingiera que el dinero era suyo y cerrara el trato. Sorprendentemente, Tommy aceptó.

Las razones de Luca pronto salieron a la luz. La noche de la reunión, Arlyne se citó con los agentes para que le dieran la Nagra. Después, la siguieron hasta Union City. Arlyne divisó a Luca fuera del Four Star Dinner. Él se metió en el coche para hablar. Propuso «retener» el dinero de los tiburones. Arlyne, que entendió que Tommy se había implicado solo para poder largarse con los dos mil quinientos dólares de Chuck, le instó hasta que consiguió que entrara en el restaurante. Ni Fischetti ni David habían llegado todavía.

Mientras la camarera les traía el café, Tommy se quejó:

—Me pregunto si lloverá antes de que estemos de vuelta en Brooklyn.

—Yo no... no te he dicho que tengas que hacer nada conmigo —replicó Arlyne a la defensiva.

—Señorita —soltó Tommy—, habla cuando se te pregunte.

Billy llegó con un compinche al que Arlyne conocía solo como Frumpy. Fischetti no daba señales de vida.

—Bobby no podrá llegar a tiempo —explicó Billy, al parecer autorizado para empezar la negociación. Dejó caer la cifra de cuatro mil dólares.

—¿Eso es a lo que aspira? —clarificó Tommy.

–¿Vais a querer café, chicos? –preguntó la camarera.

–No –le contestó Billy–. Dame un Tab. –Se volvió hacia Tommy–. Acéptalo, no puedes superarlo. El tipo se lleva más de un tercio. Ya sabes que no es para mal.

Billy siguió quejándose de que una vez Arlyne se retrasó en un pago tres semanas. Justo entonces, Arlyne contraatacó:

–¿Y no hay veces que esperas seis... y siete semanas?

Billy reconoció que algunas veces lo hacía.

–¿Y también los amenazas? –apretó Arlyne–. ¿También amenazas a... sus hijas?

–Eso no volverá a pasar –insistió Tommy.

–Espera un minuto –protestó Billy, ofendido–. No amenazamos a las hijas. Espera, ahí llega Bobby.

Bobby Fischetti había aparecido en el umbral del restaurante. Le hizo señas a Luca para que saliera.

Aquel movimiento provocó el pánico en Arlyne. Los pesos pesados de aquella reunión estaban en aquel momento fuera del rango auditivo. Tenía que volver a estar entre ellos sin que pareciera demasiado obvio.

Se volvió hacia Frumpy.

–¿Por qué le han pedido a Tommy que salga?

–No lo sé –respondió–. Ni me importa.

–Pues a mí sí. Es mi dinero. Mira, hagan el trato que hagan, tienen que hacerlo delante de mí.

Recuperó su bolso marrón de piel y se dirigió hacia el exterior. Fischetti estaba explicando cómo, pese a que habría podido mover el dinero por cinco puntos, se lo había prestado a Arlyne por tres. Al ver la oportunidad, Arlyne intervino:

–Pero al principio dijiste... que ibas a dejármelo por dos.

Los tres regatearon un buen rato hasta que Arlyne, al ver que Tommy no era de ayuda para alcanzar una solución, tomó finalmente la iniciativa.

–¿Quieres que te diga algo, Bobby? –preguntó.

–Adelante –respondió él.

–He traído a Tommy... porque... me figuraba que él está con una familia y que tú conoces a esa familia, ¿es así?

–Sí.

–Y que también les gusta hacer bien las cosas.

–Continúa.

–No nací ayer, y no soy tonta. Creo que... ya está bien... El asunto se reduce a tres mil, como máximo. En efectivo. Uno, dos, tres y nos marchamos. ¿Qué opinas, Tom?

Se volvió hacia Luca en busca de confirmación.

–Mira –difirió Luca–, que Bobby se guíe por su propia conciencia. ¿Qué voy a decir yo?

Al final, acordaron un pago de tres mil dólares. Tommy entregó los dos mil quinientos –un dinero que, en un principio, se pensaba que venía de él, mientras que él pensaba que procedía de Chuck, pero que era en realidad de los federales–. E invitó a Bobby y a Billy a pasarse por el Blackjacks el siguiente miércoles para recoger el resto.

Luca no quiso quedarse y se largó a Brooklyn, dejando a Arlyne plantada ante el restaurante. Aunque había sido abandonada, se sentía exultante. Su secreto le daba poder sobre Tommy. Y, más importante, había un equipo de agentes federales por ahí fuera que estaba pendiente de cada una de sus palabras. Por primera vez en la vida, sintió que había alcanzado el éxito. La pequeña Arlyne era el centro de atención. La pequeña Arlyne era uno de los chicos.

SIETE
Atlantic Beach

Arlyne se estuvo divirtiendo durante toda la primavera siguiente. Había aprendido la jerga policial, y la utilizaba con
un desenfreno alegre y en ocasiones impresionista. Cada hazaña con la banda de los Fischetti constituía una «vigilancia».
Ella y Dewanna pasaban largas tardes en el aparcamiento de
un motel cerca del túnel Lincoln vigilando –es decir, esperando– a Billy David. Arlyne se sentaba con el bolso en el regazo
y la Nagra en su interior, lista para entrar en acción. Cuando
los días empezaron a ser más calurosos, la espera se volvió más
incómoda. La agente Stratton bajaba las ventanillas para que
entrara un poco de aire. A Arlyne, que durante su carrera como
chica de la mafia solía utilizar los automóviles como un indi-
cador fiable del poderío de su dueño, le pareció extraño que el
gobierno no los tuviera con aire acondicionado.

Sin embargo, soportaba aquellas penurias con una ecuani-
midad poco típica, porque le había picado la mosca de la camaradería. Estaba empezando a creer que era una agente federal. El agente Dossett había quedado tan impresionado por los
contactos de Arlyne que había pasado su nombre a uno de sus
colegas, el agente Greg Hendrickson, de la oficina de Brooklyn-
Queens. Arlyne engatusó a Hendrickson con chismes poco re-
levantes sobre presuntos tratos de drogas y atracos. Había estado esperando durante años para devolvérsela a su antiguo

antagonista Vince Lamattina y expuso con cautela los detalles de sus operaciones usureras. Dio detalles sobre los oscuros tejemanejes políticos de su antiguo amor, Walter Perlmutter, otro sinvergüenza al que pensaba dar su merecido. Hubiera proporcionado con gusto cualquier trapo sucio sobre Sally Burns, pero había desaparecido años atrás. Por lo que había oído, habían encontrado su cuerpo en un maletero.

A Arlyne no solo la cortejaba el FBI, sino también la DEA. Cuando Joe Spina hizo entrar al agente Dossett en el caso Fischetti, extendió una invitación similar para un agente de narcóticos llamado Edward Magno. El aliciente inicial había sido un informe de Arlyne en el que se explicaba que la organización de Fischetti estaba tratando de vender más de 200 kilos de marihuana. Generalmente, el Cuerpo de Narcóticos, como Arlyne prefería llamarlos, no prestaba atención al tráfico de maría. Sin embargo, el agente Magno pensó que podían aprovecharlo y relacionarlo con una compra de cocaína o heroína. Gracias a un encuentro orquestado por Arlyne, Magno se encontró con Chickie Nardone en un Holiday Inn. Pero la expedición regresó con las manos vacías. No obstante, sirvió para que Magno, y la DEA, advirtieran la destreza de la confidente Brickman para «introducir a agentes de incógnito».

Mientras Arlyne recitaba de carrerilla su lista de socios, Magno garabateaba. De vez en cuando, un nombre parecía llamarle la atención. Uno de ellos fue el de John Gotti. Tras escuchar el relato de Arlyne sobre el endeudamiento de Tommy Luca con la banda del Club de Caza y Pesca Bergin, Magno le pidió que intentara fijar una reunión con el capitán de los Gambino y un joven italiano que se había metido en un lío y había accedido a trabajar de incógnito. Arlyne contactó con Joey Scopo y le dijo que tenía un posible prestatario que quería conocer a Johnny. Pero al parecer Gotti, que acababa de salir de la cárcel, iba con pies de plomo. Joey se negó a plantearle la propuesta a su jefe.

El agente Magno no pareció desanimarse. Arlyne siguió hablando; y él siguió garabateando. Cuando llegó a Joe Spione, la detuvo de nuevo.

Spione, también conocido como Joe el Barbero, era un corredor de apuestas que operaba desde un taller de reparaciones de Queens. También vendía drogas. Arlyne había conocido a Spione por Tommy y más tarde, durante uno de sus distanciamientos con Luca, ella y Joe habían mantenido una breve aventura amorosa. Cuando el Cuerpo de Narcóticos le pidió que llevara un micrófono, Arlyne accedió al instante, convenciéndose a sí misma de que, al fin y al cabo, no estaba haciéndole la zancadilla a un viejo amigo, sino ayudando a conseguir información sobre un personaje en quien el gobierno tenía mayor interés: el cuñado de Joe, Tommy DeSimone. DeSimone, un secuestrador aliado con la familia Lucchese, también era sospechoso de traficar con heroína.

A petición de Magno, Arlyne organizó un encuentro con el Barbero y con su notorio cuñado en una calle lateral cerca de Hudson Terrace. Presentó a Eddy como un «amigo» y posible comprador. A continuación, se fue a su apartamento. Eddy jamás le reveló el resultado de aquel encuentro. Los agentes, como estaba aprendiendo, nunca daban más información de la necesaria a sus confidentes. Algunos meses después, Eddy la llamó para decirle que Joe había desaparecido. (Una noticia publicada una década después diría que Spione se había puesto a malas con los Gotti y había sido descuartizado en la trastienda del Club de Caza y Pesca Bergin).

Sin embargo, la corta operación de vigilancia de Joe el Barbero inició una reacción en cadena de investigaciones menores. Mientras Arlyne estaba trabajando en Spione, la DEA se

LA CHICA DE LA MAFIA

interesó por una de sus vecinas de Hudson Terrace, una rubita llamada Yvette. Arlyne solo la conocía de vista y, al parecer, era la mantenida de Rusty, un chico listo que regentaba una tienda *gourmet* que la obsequiaba con pan y excelentes filetes de carne.

Arlyne pensaba que Rusty era un tipo agradable y le gustaba coquetear con él. El interés del Cuerpo de Narcóticos en aquel par se centraba en que se decía que el cuñado de Rusty era un importante traficante de heroína. El agente Magno le dejó caer a Arlyne que se esperaban grandes cosas de ella. Debía introducir a un agente de incógnito para que le comprara heroína a Rusty. Y más importante, tenía que averiguar el origen de la droga, la cual, según Rusty, procedía de algún lugar de Europa. Aquello incluso podía suponer un viaje fuera del país. Arlyne solicitó un pasaporte y esperó, con los nervios a flor de piel por la emoción.

Sin embargo, en el apogeo de su nueva importancia, su confianza empezó a flaquear. Aquel nerviosismo no estaba provocado por un acontecimiento en concreto, sino por una serie de preocupantes novedades.

Durante la agitada agenda de interrogatorios y vigilancias con Hendrickson y Magno, el principal trabajo de Arlyne había seguido siendo la investigación de Fischetti, Nardone y Billy David. Durante dicha misión, mantuvo un contacto regular con su agente en el caso, Jeff Dossett, cuyos modales sureños aplacaban los nervios de Arlyne. En su soledad, había empezado a apreciar y a depender de sus atenciones. Había comenzado a considerarlo su amigo. Una tarde, Jeff le pidió que se encontraran en un restaurante junto a la autopista. Allí le dio la noticia de que lo trasladaban a un departamento en South Jersey. Le explicó que seguiría trabajando como agente en el caso, así que lo podía llamar por teléfono. Dewanna continuaría por aquí y designarían a otro agente del distrito de Newark para que contestara a sus llamadas. Pero las garantías de Dossett no disiparon la sospecha de Arlyne de que la estaban dejando tirada.

Con la marcha de Jeff Dossett, Arlyne se dio de bruces con la realidad. Con la emoción e intriga de las vigilancias, había perdido de vista el hecho de que podían llamarla para testificar. Ante aquella idea, se puso muy nerviosa. ¿En qué había estado pensando? Una cosa era cotillear en privado con un agente, y otra muy diferente decírselo a todo el mundo. Si Fischetti y compañía ya se habían mostrado dispuestos a hacerle daño a Leslie en el pasado, ¿cómo reaccionarían si los mandaba a prisión? Y más exactamente, ¿qué harían sus amigos? Según creía, Fischetti tenía vínculos con los Gambino, entre cuyas filas se incluía la viciosa camarilla del Bergin. «Lo que ocurrió –recordaría Arlyne con tono pragmático–, es que me asusté... Es decir, ahí estaba yo, pasándomelo en grande, todo maravilloso, pero ahora tenía que testificar contra esos tipos que eran unos asesinos».

La ansiedad de Arlyne aumentó durante la primavera siguiente, cuando recibió una citación del tribunal federal de Newark para testificar ante un gran jurado. Aunque únicamente tenía que soportar el interrogatorio de un fiscal que se solidarizaba con la causa, y en un entorno relativamente enclaustrado, le sirvió para recordarle que llegaría un día en que la lanzarían a una arena más peligrosa.

Grady O'Malley emplazó a Arlyne en Newark para consultar con los agentes federales su entrada en el Programa de Protección de Testigos. No fue una situación agradable. Para empezar, Arlyne tenía entendido que el hecho de entrar en el programa no garantizaba que no te mataran. Se tenía que poner toda la fe en los agentes, los cuales –según había oído en las calles– eran susceptibles de aceptar sobornos. Por supuesto, Leslie no aguantaba a los policías y tuvieron que arrastrarla a la fuerza, huraña y desaliñada, hasta la División de Control. Allí se dejó caer en una silla, con el rostro de piedra, mientras los agentes explicaban cómo las trasladarían a otra parte del país, donde les darían un nuevo alojamiento y nuevas identidades. No podrían contactar con sus viejas amistades ni tampoco con ningún familiar en ninguna circunstancia. En algún momento, Leslie se levantó y gritó: «Vamos, mamá, larguémonos de aquí».

Arlyne no necesitaba que la convencieran. No podía imaginar vivir en una ciudad desconocida. Fort Lee había sido una condena, aunque, al fin y al cabo, no tenía más que mirar más allá del río y podía ver la ciudad de Nueva York, con su promesa de aventuras, tanto legales como ilícitas. ¿Qué haría durante todo el día? No podía trabajar para el gobierno. Bajo la vigilancia de los agentes federales, no podía juntarse con los chicos listos. Trató de imaginarse un mundo en que no pudiese llamar a su madre. Los miedos desconocidos le parecieron más intimidantes que los que sufría en su día a día. Y Arlyne Brickman rechazó el Programa de Protección de Testigos.

La cuestión se centró entonces en cómo protegerse. Cuando, a principios del mes de septiembre de 1978, llegó una orden de procesamiento contra Fischetti y compañía, Arlyne supo que tenía que jugar sus cartas. Llamó a su madre y se lo explicó sin tapujos.

–Mamá, tengo un problema. De los gordos... He estado colaborando con el FBI.

Tras un silencio provocado por el pasmo, Billie respondió:
–¿Has estado delatando a la gente?

Arlyne obvió la reprobación y continuó:
–Tengo que salir de Fort Lee. Van a por mí. Los policías,

los chicos listos. Si se enteran de lo que he hecho, ¿qué voy a hacer?

–Está bien –respondió Billie–. Veré qué puedo hacer.

Lo más lógico habría sido acudir a Irving, cuya intervención años atrás había conseguido liberar a su hija del tóxico Jimmy Doyle. Pero Irving y Arlyne estaban tan emocionalmente distanciados que el primero casi se negaba a reconocer que su hija todavía estaba con vida. Definitivamente, lo último que quería escuchar era que se había metido en más problemas. Por consiguiente, le tocó a Billie utilizar sus influencias por el bien de su hija. Durante muchos años, los Weiss habían mantenido amistad con un hombre de confianza de Tommy Gambino, el mayor de los hijos del difunto Carlo Gambino. El tipo le debía un favor a Irving, quien, en una ocasión, le había dado una mano de pintura gratis a su coche. Billie le imploró que intercediera por ellos ante la familia. El esbirro accedió. Pero las semanas pasaron y el emisario de los Weiss no dio ninguna señal de haber realizado gestión alguna. Finalmente, Arlyne se dio cuenta de que el viejo amigo de su padre había exagerado su influencia.

Desesperada, Arlyne acudió a Tommy Luca.

Hasta entonces, Arlyne le había ocultado a Luca su trabajo para el gobierno, pero en aquel momento una jugada táctica le pareció adecuada y confesó. Tommy se lo tomó con una calma sorprendente. Al parecer, su principal preocupación era que no testificara, así los Gambino no descubrirían que había estado saliendo, aunque sin saberlo, con una soplona. Tenía que irse de Fort Lee, lejos del alcance de los federales.

Pero ¿adónde huir? Forest Hills estaba descartado. Todos los agentes con los que Arlyne había trabajado sabían que sus padres vivían allí. Miami era igual de inapropiado, puesto que era conocido por todos que los Weiss pasaban gran parte del año en Florida. Entonces, Arlyne tuvo una iluminación: Atlantic Beach. ¿Qué escondite podía ser más improbable que un complejo de playa en pleno invierno?

Arlyne llegó a Atlantic Beach una tarde gris y lluviosa, muy diferente de aquellas que había pasado en compañía de Natie Nelson y Al Pennino, bronceándose ante las cabañas del Capri. Gracias a la ayuda de Tommy, encontró un alojamiento que se alquilaba durante la época estival y cuyo propietario había instalado calefacción por zócalos radiantes. Era una casa muy bonita, con un comedor enorme y tres dormitorios. Arlyne asignó uno de ellos para Leslie, quien había insistido en permanecer unos días más en Fort Lee. Ya habían pasado demasiado tiempo durmiendo juntas y Leslie se merecía una habitación propia. Arlyne decidió que había llegado el momento de tratar de comportarse como una madre.

Tommy también parecía encantado con el escondite y lo convirtió en su base de operaciones en un abrir y cerrar de ojos. Se había juntado con un nuevo par de compinches: Nick Paterno y su hermano, Dom. Por lo que Arlyne pudo enterarse, Tommy había conocido a los hermanos Paterno dos o tres años atrás, cuando regentaban una tintorería en Brooklyn. Ambos eran delgados y morenos. Nick era el más atractivo de los dos. Arlyne no tenía ni idea de qué negocios tenían con Tommy, pero estaba dispuesta a averiguarlo. Los hermanos empezaron a visitar el estado de Long Island con cierta frecuencia; a veces venían para cenar; a veces, para pasar la noche. Así que la pequeña familia de Arlyne aumentó. Estaban Tommy, Nick y Dom. Leslie no tardaría en llegar. Y después, por supuesto, estuvo *Shadow*.

Shadow era un keeshond cuya belleza enorgullecía profundamente a Arlyne. Había llegado hacía algo más de un año, cuando el caniche, *Candy*, murió de una infección respiratoria. Arlyne había llorado sin consuelo la pérdida. Leslie, con su apatía característica, anunció que quería un perro pastor, algo que debían consultar con Tommy, a quien no le gustaban los perros en general y los grandes en particular. Tiempo atrás, cuando él y su familia vivían en un apartamento en Howard Beach, su esposa se había enzarzado en una discusión con los vecinos del piso de arriba. Cuando Tommy fue para arreglarlo, el gran danés de los vecinos lo embistió y le clavó las garras en la garganta. Según se decía, Tommy cogió un cuchillo y mató al animal.

Sin embargo, la insistencia de Leslie por tener un perro pronto se convirtió en algo tan molesto que Tommy finalmente cedió e incluso se ofreció a pagarlo si con aquello conseguía un poco de paz. Arlyne se llevó a Leslie a una tienda de mascotas en la que se vendían perros pastor. Sin embargo, tras echar un vistazo a los animales, Arlyne concluyó que no era la raza de perro adecuada para vivir en un piso. Leslie montó tal escándalo que el propietario de la tienda se llevó a Arlyne a un lado y le pidió que acompañara a su hija a casa. Justo en aquel momento, Arlyne reparó en una pequeña bola de pelo que se parecía mucho a un gatito de Angora de color gris. «Deme ese», ordenó al dueño. Y se fueron, ella, Leslie y la bola de pelo a la zaga.

Shadow –bautizado con ese nombre porque su pelaje discurría entre una gama gloriosa que iba del plata al negro– creció hasta alcanzar las dimensiones de un perro pastor. Y desde el principio quedó claro que no estaba muy bien de la cabeza. Igual en un momento estaba retozando y, al siguiente, se quedaba con la mirada perdida como si estuviera catatónico. Aparte de las peculiaridades genéticas que pudieran causar aquella aberración, su condición se veía exacerbada por los sobresaltos. Cada vez que Tommy se lanzaba en una de sus peroratas, siempre mencionaba que iría a por el perro, y *Shadow* salía disparado para esconderse debajo de una cama, temblando. Sin embargo, y de forma gradual, pasó de acobardarse a mostrar un comportamiento agresivo, como si hubiese asumido los rasgos de su torturador. Rechazaba que lo levantaran en brazos o que lo acariciaran. Cada vez que Arlyne trataba de ponerle la correa, se lanzaba a su brazo. Aun así, era tan hermoso que lo adoraba. Lo mimaba, llamándolo «Chiquitín», aunque el animal jamás le devolvió las muestras de afecto. Era un poco como querer a un chico listo.

No obstante, instalada cómodamente en Atlantic Beach con su amante transitorio y el perturbado keeshond, Arlyne se conformaba con encontrarse fuera de peligro. Aquella ilusión de seguridad duró varias semanas, hasta que el timbre de la puerta sonó y –tal como recordaría Arlyne años después– se encontró cara a cara con un par de hombres trajeados y de aspecto elegante. Eran del FBI.

Al final resultó que seguirle la pista a Arlyne Brickman no había sido muy difícil. Aunque Leslie había esquivado con firmeza a los agentes y policías de Fort Lee que se habían presentado ante su puerta, Joe Spina, sencillamente, se había hecho con un registro de las conferencias que habían salido del apartamento de Hudson Terrace. En él, aparecía una a un número de Atlantic Beach. Spina pasó dicha información al FBI, quienes ordenaron a una acorralada Arlyne que no se moviera de allí hasta que la llamaran para testificar. O hasta que le entregaran una citación.

En aquella ocasión, Arlyne no se movió, en parte por el nuevo respeto que sentía hacia el largo brazo del gobierno, y en parte porque todavía le quedaba algo de su vieja fe en que el destino intervendría y la rescataría del inminente desastre.

Por el momento, la vida les sonreía. Tommy volvía a tener dinero. Había saldado sus deudas y aquello siempre lo hacía estar de mejor humor, demostrando el espíritu generoso que acompañaba su lado violento. No solo le compró regalos a Arlyne, sino también juguetes para los niños del vecindario. Tommy había trabado amistad con un vecino, un expolicía que andaba metido en el negocio de carne robada. Aquello quería decir que podían pedirle los cortes que desearan. Sus cenas eran extravagantes: *filet mignon* y langosta bañados en ricas salsas.

Nick y Dom siempre merodeaban por allí y Arlyne intuía que probablemente tenían algo que ver con la situación boyante de los últimos meses. Los tres hombres eran muy cautelosos y jamás hablaban de negocios ante ella, pero de vez en cuando a alguien se le escapaba un «Billy». A última hora de una tarde de invierno, Tommy recibió una llamada. A continuación, él y Dom se pusieron los abrigos y salieron disparados por la puerta. Tenía que ayudar a cierto tipo a quien se le había averiado el coche en medio de la carretera. Arlyne esperó durante horas y después se quedó dormida. La despertaron unas ruidosas carcajadas. Se puso el abrigo, se asomó a la ventana y vio a Tommy y a Dom en compañía de otros dos hombres. El mayor parecía tener unos cincuenta años y, pese a que era noche cerrada, llevaba gafas oscuras.

Cuando Arlyne salió a la puerta para recibirlos, Tommy le hizo señas para que se alejara, diciéndole: «Vete a la cama..., no es asunto tuyo». Arlyne se mantuvo firme. «No, no», dijo el hombre de las gafas, indicando que podía quedarse. Su voz era ronca y, por lo que le pareció a Arlyne, sexi. Arlyne supuso que aquel debía de ser el misterioso Billy. El hombre hizo una seña al joven que estaba detrás de ellos, y este entró en la casa con una bolsa de la compra. Arlyne se quedó pasmada al comprobar que estaba llena de dinero. En el pasado, cuando

Tommy ganaba la lotería, había visto suficientes billetes como para llenar una caja de zapatos, pero jamás una bolsa de la compra. Había rollos de billetes atados con gomas elásticas y entre ellos, billetes sueltos metidos con aparente poco cuidado. Arlyne no había visto antes tanto dinero junto. Instintivamente, sintió la necesidad de sacar sus armas de seducción.

–¿Quieres una taza de café, Billy? –susurró.

–Sí, haz café, haz café –ordenó él.

Arlyne no solo hizo café, sino que sacó un trozo de pastel que había sobrado, sirvió una fuente recién hecha de brócoli rabe en aceite de oliva y ajo y un par de rebanadas de pan italiano. Billy atacó con aparente entusiasmo. Hizo un chiste con el coche averiado y la grúa que lo habría remolcado hasta comisaría. Todo el mundo le rio la broma.

–Vaya, esto está muy bueno –observó Billy–. ¿Por qué tenemos que juntarnos en la casa de un negro de Brooklyn? Hagámoslo aquí.

Después de rebañar los platos, Billy y su banda se dirigieron al coche y regresaron con varios sacos de arpillera. Tommy ordenó que los subieran al piso de arriba y que los dejaran en un dormitorio vacío.

En aquel momento, Arlyne supo con certeza que Tommy y su nuevo amigo traficaban a lo grande con marihuana. Mientras veía cómo los sacos entraban en su casa, le preguntó a Billy:

–¿Y qué pasa conmigo?

–No te preocupes –la tranquilizó–. Tú dedícate a la buena vida y todo irá bien.

Y así fue cómo Arlyne conoció a Billy Ricchiutti.

Billy vivía en Plainview, no muy lejos de Atlantic Beach. Tenía cuatro hijos. El mayor, Frank, estaba con él la noche en que conoció a Arlyne. Los Ricchiutti gozaban de la distinción de ser –según expresó un agente de narcóticos– unos de los «pioneros de los porros» en Long Island. Los detenían periódicamente, pero una vez en la calle, regresaban de inmediato al negocio familiar. Según oyó Arlyne, la madre de los chicos era una mujer íntegra y religiosa que o bien desconocía lo que sucedía a su alrededor, o bien hacía la vista gorda, algo que hubiese requerido un gran esfuerzo mental, puesto que la Policía Estatal de Nassau, que hizo una redada en casa de los Ricchiutti durante unas Navidades, descubrió que los «regalos» que se intercambiaban eran sobres llenos de dinero. A Billy le encantaban las mujeres. Gordas, delgadas, feas, bonitas... no importaba. Tenía muchas amiguitas. Su favorita era una culturista nudista. Y aunque los chicos veían que su padre era un libertino, lo adoraban igual.

Al parecer, los Ricchiutti no necesitaban únicamente un lugar de reunión, sino un punto de redistribución y embalaje para enviar la marihuana fuera del estado. Billy tenía dos aviones que transportaban la mercancía desde Colombia a los Cayos de Florida. También alquilaba una flota de coches, que hacían el trayecto desde Florida hasta Nueva York con una carga de cien a ciento cincuenta kilos de hierba en el maletero. A veces, los hijos de Billy se encargaban de hacer estos viajes. Sin embargo, a menudo el mismo padre Ricchiutti publicaba un anuncio en un periódico de Florida que decía: «Coche a Nueva York. Se busca conductor». Las preferencias de contratación de Ricchiutti eran muchachas atractivas, las cuales, según pensaba, no levantarían las sospechas de la Policía Estatal. Si por casualidad las paraban y un agente de carreteras encontraba la hierba en el maletero, dirían: «¿Cómo? ¿Está usted loco, señor? Yo me limité a responder a un anuncio». Y de esa manera, eludían cualquier acusación.

La hierba llegaba a la casa de la playa en almohadas o en cajas, y de allí se distribuía a una variada clientela. Había «gente» de Albany y Saratoga que compraban Colombian Gold. Pero el dinero de verdad, según pudo comprobar Arlyne, estaba en la venta al por mayor a los negros de Brooklyn. El barrio de Bed-Stuy estaba plagado de pequeños estancos que comercializaban productos tan esenciales e inocentes como chicles y cigarrillos. Pero bajo mano, dirigían un próspero negocio de bolsitas de marihuana que vendían por cinco y diez dólares. En algunos vecindarios, dichas tiendas estaban regentadas por los chinos. En otras, por los rastas jamaicanos. Billy Ricchiutti vendía a una pandilla de la Guayana Holandesa que operaba en las calles Fulton y Bedford. Sus contactos de referencia eran un par de tipos que se hacían llamar Lazro y Linton. Juntos, manejaban unas treinta tiendas.

De vez en cuando, a Arlyne se le permitía acompañar a Tommy, Billy y Frankie en las rondas por Brooklyn. Se subían a uno de los coches más llamativos, un enorme Lincoln de color blanco o un Cougar amarillo, puesto que Luca pensaba que así impresionaría a los guayaneses. Arlyne creía que era un poco estúpido que unos blancos se pasearan por un barrio de negros en un coche tan llamativo y lo consideraba una invitación a que los policías registraran el maletero. Pero la suerte se puso de parte de la banda y jamás los detuvieron.

Cerca de la medianoche llegaban a Fulton Street, donde se encontraban con Lazro o Linton ante una tienda. Aunque Tommy se quejaba en privado de aquellos «malditos negros», era todo sonrisas si había dinero de por medio. «Hola, amigo –bramaba–. El Señor ama al que da con alegría». A continuación, se producía el regateo de rigor. Lazro se quejaba de que la hierba estaba llena de semillas y Ricchiutti se quejaba de que recibía menos de lo debido. Pero aquellos desacuerdos siempre se resolvían, y Billy daba la señal para que Tommy y Frankie empezaran a descargar las bolsas de medio kilo y las llevaran a la parte trasera de la tienda.

Mientras que Ricchiutti y la banda jamás se juntaban socialmente con los guayaneses, en ocasiones sí hacían entregas a domicilio, en sus apartamentos, que olían a ocra y arroz. Nunca había niños, así que Arlyne concluyó que nadie vivía allí en realidad. Solo eran lugares de reunión. Las habitaciones, aunque eran sombrías, estaban amuebladas con grandes televisores y equipos de música. Los armarios estaban llenos de ropa. Lazro y Linton siempre llevaban chaquetas deportivas.

Lazro tenía debilidad por Arlyne. Un día vio que Luca le levantaba la mano y le susurró al oído: «Si salieras conmigo, yo jamás te pegaría». Incluso se ofreció a regresar a la Guayana Holandesa con ella. Lazro era guapo y no olía mal, pero a Arlyne ni se le pasaba por la cabeza la idea de acostarse con un negro. Un pensamiento que la atormentaba constantemente era que Tommy estuviera acostándose con una negra. No tenía pruebas, pero había empezado a sospechar una tarde en que ella y Luca asistieron a una fiesta en Brooklyn organizada por uno de los socios de Ricchiutti conocido como Terry el Alijos. Terry era un afroamericano bajito que rondaba la cuarentena y que tenía un apartamento cubierto con fotos de desnudos de mulatas. (Billy había utilizado aquel sitio como lugar de reunión antes de trasladar su cuartel general a Atlantic Beach). Terry no solo soñaba con mujeres de sedosa piel de color caramelo, sino que se las arreglaba para atraer un impresionante número de estas a sus fiestas. Arlyne acudió a una de esas juergas con Tommy. Terry ofreció grandes cantidades de cocaína y mujeres. En algunas habitaciones, los huéspedes se colocaban; en otras, echaban un polvo. Arlyne, cuya idea de una velada con clase derivaba de las fiestas de Ethel Becher, no consideraba aquello en absoluto elegante. Observó la reacción de Luca. Tommy nunca tomaba drogas, pero sí que le pareció detectar cierto interés y admiración por las mujeres de Terry.

Después de aquello, Arlyne no dejó en paz a Tommy. Le estuvo dando la lata con que se acostaba con negras, acusaciones que él, por supuesto, negó. Pero la idea la consumía por dentro. Cuando no pudo contenerse más, llamó a la mujer favorita de Terry y le preguntó si Tommy salía con alguna de las chicas. «Mira en tu propia casa», respondió la mujer lacónicamente.

Años después, Arlyne insistiría en que jamás fue capaz de involucrarse en asuntos de drogas ni en el ambiente que las rodeaba. Según afirmaba, la visión de un grupo de negros colocados hasta las orejas de coca y peleándose la indignaba. En su mayor parte, la cocaína y la heroína eran abstracciones. La hierba parecía más familiar, sobre todo cuando las habitaciones de invitados de su casa estaban llenas hasta los topes. Posteriormente, Arlyne insistiría en que la primera vez que dio una calada –después de su traslado a Atlantic Beach–, se «volvió loca» y empezó a tirar los platos de la cena. Después de aquello, según aseguraba, jamás volvió a probarla.

Su declarada aversión a las drogas, sin embargo, no disminuyó en modo alguno su entusiasmo por el narcotráfico. Tommy y Billy estaban ganando tanto dinero que se lo tiraban literalmente a los pies. «Ve de compras», le decían. «Ve y haz esto. Ve y haz aquello». Para Arlyne, todo tenía un extraño aire inocente. Por supuesto, bajo la tutela experta de los Ricchiutti había aprendido a pesar y embalar la hierba. En una ocasión, había conducido un coche hasta Florida con 348.000 dólares. Pero no se consideraba a sí misma una traficante. Desarrolló varias líneas de razonamiento que le permitían racionalizar su comportamiento. Primero, no le pagaban. No realmente. Prefería considerar la gratificación que recibía como «calderilla» para los gastos de la casa. Cuando más tarde se le preguntó por estas transgresiones, insistiría en que solo había estado involucrada «hasta cierto punto». Además, fuera lo que fuese que hacía con Tommy Luca, a ella le parecía más allá de cualquier responsabilidad moral. Lo que «yo» hacía podía ser personal. Pero lo que «nosotros» hacíamos eran negocios. Y en los negocios, los beneficios cubrían todo lo demás con un manto de virtud. Finalmente, Arlyne argumentaría –y quizás hasta llegaría a autoconvencerse– que su implicación en cualquier actividad relacionada con las drogas fue con el conocimiento, por no decir el permiso expreso, de la DEA o del FBI. Fue una postura que no abandonaría jamás. Sin embargo, los documentos obtenidos del gobierno indican que durante al menos los primeros seis meses aproximadamente de su asociación con los Ricchiutti, Arlyne ni se molestó en informar a ningún miembro de los estamentos oficiales de la empresa que empezaba a florecer bajo su techo.

No obstante, sus racionalizaciones más elaboradas se seguían centrando en Leslie.

Cuando el clima fue a mejor y las temperaturas subieron, Leslie finalmente accedió a trasladarse a Atlantic Beach con su madre. A Arlyne siempre le había preocupado el riesgo de que su hija viviera bajo el mismo techo que Tommy Luca. En lo más recóndito de su mente, todavía veía a Ethel Becher en su lecho de muerte, confesándole el temor de que Tony Mirra se estuviera aprovechando de su propia hija. ¿Había tratado de dar ese paso Tommy? De ser así, pensó Arlyne, con toda seguridad Leslie se lo habría dicho. Además, razonó Arlyne enérgicamente, era bueno que Leslie tuviera a Tommy cerca. Al fin y al cabo, era una figura paterna.

A los pocos días de que Leslie se presentara en un pequeño Mustang descapotable de color rojo, un regalo de su siempre considerado abuelo, Arlyne se dio cuenta de que tenía un
nuevo problema. Leslie, que pasaba la mayor parte del tiempo
tomando el sol con un bikini minúsculo en el jardín lateral, había llamado la atención de Billy Ricchiutti. Arlyne, que le había
explicado muy pocas cosas a Billy de su hija, se angustió al ver
cómo se la llevaba a un lado para hablar con ella, adulándola
y coqueteando con ella como si fuera uno de sus bomboncitos.
Aparentemente, fue durante una de aquellas conversaciones
furtivas cuando Billy reclutó a Leslie para que hiciera la ronda de Florida. Leslie se lo presentó a su madre como un hecho
consumado, dejándola sin posibilidad de oponerse. Sin duda,
una buena madre –una madre mejor– se habría plantado y habría dicho: «Se acabó. Nos largamos».

Pero, según pensó Arlyne, Leslie era muy obstinada y haría
lo que le viniera en gana. Además, solo era hierba. Si pillaban
a Leslie, probablemente no cumpliría condena. En lo más profundo de aquellos delirios interesados residía la idea de que
oponerse a Billy perjudicaría el negocio. Así que permaneció
callada.

Al final, Leslie no tuvo que conducir ningún coche. Se limitó
a interpretar el papel de acompañante cada vez que Billy quería
dar la impresión de ser una pareja joven de vacaciones. Algunas
veces iba con los hijos de Billy; otras, con un tipo raro que como
actividad suplementaria comerciaba con pájaros exóticos y que
cada vez que adquiría una de aquellas criaturas, insistía en hacer el viaje de vuelta de Florida con las ventanillas subidas y sin
aire acondicionado para que sus adquisiciones, que batían las
alas contra el asiento trasero, no se resfriaran.

Cada cierto tiempo, acompañaba a Billy. En uno de aquellos
trayectos, pararon a hacer noche en un motel cerca de Washing-

ton D. C. Leslie se despertó y se lo encontró en su cama. «¡Lárgate de aquí!», gritó. Ya no volvió a molestarla más.

Leslie estaba ganando mucho dinero, lo que la ponía de buen humor. A Tommy no le daban la lata los acreedores, lo que lo ponía de buen humor. Arlyne se gastaba la «calderilla» a espuertas, lo que la ponía de muy buen humor. Parecía que no podía irles mejor. Aquel verano, Arlyne y su familia extendida alquilaron una hermosa casa justo en la bahía y se mudaron. Tenía un embarcadero que era motivo de orgullo, y Billy podía recibir las entregas en barco. También había un enorme sótano para almacenar los envíos. Tommy se sentía generoso y ordenó redecorar el lugar de arriba abajo. El comedor se amuebló con una enorme mesa de época y cuatro sillas en cada lado y una a cada extremo, con lo que se podía acomodar sin estrecheces a todo el clan Ricchiutti, a Tommy, Arlyne, Leslie, y al par de conductores que los visitaban, a los capitanes de las embarcaciones o a los pilotos contratados por Billy.

Solo habían transcurrido tres semanas cuando alguien llamó a la puerta. Arlyne la abrió y se encontró con una «chica de color» que había enviado el casero por si los nuevos inquilinos necesitaban ayuda con las tareas del hogar. Arlyne dedujo que Beatrice «no era una santa». De hecho, más tarde se enteraría de que la muchacha acababa de salir en libertad condicional por haber atacado a su marido. Aun así, tenía una tribu de niños a los que mantener y a Arlyne le pareció una «pobre diabla».

–¿Sabes cocinar?

–Sí.

–¿Sabes limpiar?

–Sí.

Después de aquella somera entrevista, contrató a Beatrice. Arlyne quedó fascinada cuando descubrió que la nueva doncella tenía un gusto por la buena vida que rivalizaba con el de Sadie y una vena ladina que podía equipararse a la suya. Aunando esfuerzos, concibieron nuevas e ingeniosas maneras de rellenar los recibos de la compra y otros gastos para incrementar la «calderilla». Arlyne, por supuesto, se ocupó de que Beatrice recibiera una buena tajada. En su rol de patrona benevolente, Arlyne hizo la vista gorda cuando Beatrice birló hierba del sótano y la llevó a los vecindarios negros, donde la vendió para obtener un extra. Arlyne no tenía muchos amigos, y aunque no se fiaba del todo de Beatrice, acabó por convertirla en su confidente.

Incluso *Shadow* disfrutaba de periodos de relativa alegría. Se adueñó de un espacio ante los amplios ventanales que daban al mar y rara vez se apartaba de allí. Justo por ese motivo Arlyne se angustió tanto un día al ver que no estaba. Miró en el comedor, en el salón, en todos los dormitorios y en la bodega. Ni rastro de *Shadow*.

El pánico la invadió. Ataviada solo con el camisón, empezó a correr por la casa, después por el césped, gritando su nombre. Mientras ella llevaba a cabo aquella búsqueda frenética, Tommy, Billy y la banda estaban entrando en la casa un cargamento de hierba. Estaban esperando la llegada inminente de «los tipos de Siracusa» que iban a presentar una oferta de compra. Sin embargo, para Arlyne, los asuntos de la casa y del negocio se desvanecieron ante la preocupación que sentía por su chiquitín. Y llamó a la policía.

Cuando llegaron los agentes, la hierba ya estaba bien almacenada en el sótano. Aun así, Tommy y Billy se sorprendieron al ver que una patrulla doblaba la esquina. Mientras Arlyne recibía a los policías y les ofrecía una taza de café, empezaron a parlotear como locos en italiano. El agente no tardó mucho en localizar a *Shadow*, que estaba escondido en el piso de arriba, debajo de una cama. Justo después de que la patrulla se hubiese marchado y cuando estaba soportando un torrente de insultos por parte de sus agraviados socios, Arlyne se dio cuenta de que toda la casa estaba impregnada del acre aroma de la marihuana.

¿No lo habrían notado los policías? Aquello parecía poco probable. Además, las patrullas en servicio debían de haber reparado en la sucesión de Lincoln y Oldsmobiles y Cadillac que tomaban el camino de acceso ante el garaje. Sin embargo, cuando pasaron dos semanas aproximadamente sin que se produjera ningún arresto y Arlyne ya empezaba a creer que los policías eran más torpes e imbéciles de lo que había creído en un principio, alguien llamó a la puerta. Al abrirla, se encontró con un par de agentes de la Oficina Anticorrupción de la Policía Estatal de Nassau.

–Te vienes con nosotros. Vamos a interrogarte –informaron.

Más tarde, Arlyne afirmaría que no dijo nada importante en aquel interrogatorio inicial, que tuvo lugar en la Oficina Anticorrupción de Plainview. Sus interrogadores, sin embargo, quedaron completamente convencidos de sus vínculos con la notoria familia Ricchiutti como para pasar su caso a un par de colegas, Edward Lindberg y Louis Isnardi, detectives estatales de narcóticos que trabajaban codo con codo con la división de la DEA de Long Island en Melville. Según recordó posteriormente Arlyne, Isnardi, que era el más severo de los dos, la amenazó con arrestarla si no les explicaba lo que estaba ocurriendo. A lo que ella respondió: «No puede arrestarme... Trabajo para el Cuerpo de Narcóticos».

Sorprendidos, los dos detectives fueron a comprobarlo. Mientras tanto, Arlyne también hizo una llamada. La experiencia le había enseñado que, si te tenían a tiro, lo que había que hacer era causar estragos. A ser posible, conseguir que tus enemigos se volvieran los unos contra los otros (lo que ella llamaba «ponerles presión»), y una vez que empezaban a pelearse, podías escabullirte sin que nadie se diera cuenta. Mientras Lindberg e Isnardi telefoneaban a la DEA en Melville, Arlyne llamó a las oficinas de la DEA en la ciudad de Nueva York y pidió ayuda. Aparentemente celosos de sus privilegios, Nueva York envió un agente a Long Island para reclamar la propiedad del caso. Las disputas por los confidentes suceden con mucha más frecuencia de lo que le gustaría admitir al gobierno. Aquella acabó con un encuentro enconado en que el agente de Nueva York tuvo que admitir que la señora Brickman se encontraba técnicamente inactiva. Ante tal hecho, la DEA de Melville la registró formalmente como confidente.

Arlyne, habiendo fracasado en su intento de salir airosa de aquel enredo, se vio obligada a partir de aquel momento a conseguir el acuerdo más beneficioso. Según recordaba, el trato requería que siguiera con su vida en la casa de la playa, mientras facilitaba información sobre las idas y venidas de los Ricchiutti. A cambio, gozaría de inmunidad en el proceso. Más tarde, Arlyne insistiría que en el acuerdo también se incluía el dinero en efectivo que obtuvieran durante la detención.

Había una cuestión más. Aunque la habían advertido de que guardara silencio sobre su acuerdo con el gobierno, Arlyne no pudo resistir la tentación y se lo dijo a Tommy. Aparentemente, y al darse cuenta de que el cuento se había acabado, Luca la apremió para que también consiguiera un acuerdo para él. Mediante Louis y Eddie, Arlyne fue capaz de obtener de la oficina del fiscal del distrito estatal de Nassau unas tímidas garantías de que no procesarían a Tommy.

Una vez que había conseguido estar de buenas con la DEA de nuevo, Arlyne trató de cubrirse las espaldas con el FBI. A principios de septiembre, se encontró con el agente Hendrickson y le proporcionó información detallada sobre las operaciones de narcotráfico de Billy Ricchiutti. No solo importaba casi ochocientos kilos de hierba a la semana, sino que ahora se había metido en el negocio de la metacualona, de la que traía entre cincuenta y cien mil a la semana, la mayoría para un cliente de Staten Island.

Billy Ricchiutti, por lo que se desprendía de la información proporcionada por Arlyne, no era un delincuente menor. Incluso se rumoreaba que tenía conexiones con dos poderosos capos de los Colombo. Tanto la DEA como el FBI deseaban darle un escarmiento. A finales de aquel mes, las dos agencias enviaron representantes al despacho de Joel Cohen, fiscal especializado del distrito Este de Nueva York, pidiéndole que mediara en aquella disputa jurisdiccional. El fiscal concluyó que, en aquel caso concreto, Arlyne Brickman pertenecía a la DEA.

Con el telón de fondo de aquel baile burocrático, no sorprendió en absoluto que el ambiente en la casa de la playa se pusiera más tenso. Con la interrupción de los ingresos procedentes de la relación con los Ricchiutti, Tommy empezó a hacer negocios a espaldas de Billy, cerrando tratos con otros proveedores. Y aunque Arlyne y Tommy se las arreglaron para guardar el secreto, aquello no llegó a unirlos. El genio de Luca explotaba más a menudo y la golpeaba sin previo aviso. Billy, a pesar de sus defectos, quería a las mujeres y le molestaba verlas malheridas. Así que reprendió a Luca y le pidió que se calmara. Tommy se mantuvo imperturbable y siguió pegando a Arlyne con la brutalidad de los tiempos pasados. Un día, Billy y su hijo Frankie la encontraron ensangrentada e incapaz de moverse. Indignados, los Ricchiutti se mudaron.

Arlyne estaba sola en casa la noche en que Billy apareció para recoger las cajas. Y esto la colocó en una situación bastante incómoda, porque se las había entregado como pruebas a la DEA unos días atrás. «Billy —mintió—, pensábamos que ya no aparecerías por aquí, así que Beatrice y yo tiramos las cajas al agua». Al parecer, Billy aceptó aquella explicación tan ridícula y se acomodó para tomar unas copas y charlar un rato. Al observar a Billy con detenimiento a través de la mesa de época del comedor, Arlyne recordó que era un tipo bastante atractivo, incluso pese a tener barriga. Aquella noche acabó por chupársela. Era un gesto de cariño, pensó, apropiado para las circunstancias. No le afectó en absoluto que en aquel mismo instante estuviera en vías de cargárselo.

La información que Arlyne había estado facilitando a Lindberg e Isnardi supuso la base para una orden judicial de escuchas telefónicas durante treinta días en la casa de Billy en Roundtree Drive, Plainview. Los Ricchiutti habían estado el tiempo suficiente en el negocio como para no tratar asuntos empresariales por teléfono. Los detectives tuvieron que recurrir a métodos de vigilancia más innovadores. Por increíble que pudiera parecer, Billy y sus hijos realizaban sus actividades a tiro de piedra de la Oficina Anticorrupción. Si se subía a la azotea del edificio, se podía, de hecho, ver Roundtree Drive. La policía de Nassau instaló una cámara en el tejado para grabar las idas y venidas de los Ricchiutti. Pero aquella iniciativa también acabó en decepción. El equipo de vigilancia, facilitado por la DEA, no produjo imágenes de calidad. (La policía de Nassau siempre se quejó de que los federales les habían dado basura y se habían quedado con lo interesante).

Así que los agentes de Nassau fijaron su atención en Frankie, que vivía en la cercana Stony Brook. También Frankie era cauteloso con las llamadas que respondía en casa. Así que cruzaba la calle y entraba en una sinagoga que tenía un teléfono en el vestíbulo. Un detective que fingía ser un habitual del templo se acercó lo suficiente como para oír las conversaciones de Frankie, cuyo contenido permitió emitir varias órdenes de registro. El 10 de enero de 1980, la policía realizó sendas redadas en Roundtree Drive y Sycamore Drive, donde encontraron marihuana, hachís y metacualona por valor estimado en el mercado de trescientos mil dólares y un revólver del calibre 25 cargado. La operación resultó en las detenciones de Frankie, dos de sus hermanos y su madre. A Tommy y a Billy los atraparon más tarde.

Aquellas capturas no agradaron a Arlyne tanto como había esperado. Por un lado, durante las redadas, se habían confiscado entre sesenta y cinco y ochenta mil dólares en metálico. Confiaba en recibir al menos un porcentaje de aquella inesperada ganancia. Pero con el paso de las semanas quedó claro que la DEA no iba a darle ni un centavo. Y había algo más: por lo que había entendido Arlyne, Tommy Luca iba a librarse, pero no solo fue detenido, sino juzgado y condenado. Fuera cual fuese el beneficio que le había procurado a Tommy, la intervención de Arlyne solo fue visible en la sentencia: Tommy salió en libertad condicional mientras que Billy fue a la cárcel.

Incluso a pesar de que Arlyne continuaba trabajando en su favor, Luca redobló los ataques. Quizá le ofendiera aquella demostración de poder, pensaba Arlyne. Fuera lo que fuese, parecía incapaz de controlar su rabia. Una noche, poco después de Nochevieja, Luca explotó y golpeó con un bate de béisbol todas las ventanillas y parabrisas del Cobra alquilado de Arlyne. A continuación, se fue hecho una furia a su casa, con su esposa.

La casa de la playa, sin los Ricchiutti y a partir de aquel momento sin Luca, parecía desolada. Y si Arlyne confiaba en que Leslie iba a animarla, quedó decepcionada. Tan pronto como se vio que los días de abundancia habían terminado, la chica cargó su pequeño Mustang y se marchó a Nueva York.

Después de la deserción de su hija, Arlyne vagaba en camisón todo el día por las habitaciones vacías, perturbada solo por Beatrice y por el cada vez más irascible *Shadow*. Estaba molesta porque se daba cuenta de que la acción estaba en otra parte y no contaban con ella. De hecho, nada la ataba en aquel momento a Atlantic Beach. Varios meses antes, Fischetti y los otros se habían declarado culpables, así que ya no tenía obligación de testificar. Como tampoco tenía obligación de quedarse allí. Sencillamente, no tenía adónde ir ni dinero para hacerlo.

Y entonces, casi de milagro, como si un carcelero invisible hubiese hecho girar la llave, la puerta de la celda de Arlyne se abrió de par en par. Se enteró de que sus padres se mudaban a Florida, aquella vez de verdad. Irving pensaba abrir un concesionario de automóviles de lujo en Palm Beach. Aquello significaba que el fantástico apartamento de los Weiss quedaría vacante. Eludiendo a su padre, que todavía mantenía su silencio, Arlyne abordó a su madre y le propuso alquilarles el piso en unos términos favorables y bajo el argumento de que un regreso a Queens le permitiría vigilar a Leslie más de cerca. Billie, sin duda pensando que aquel acuerdo le permitiría tener a su propia hija vigilada –por no decir controlada–, accedió de nuevo a sus súplicas.

Arlyne cerró la casa de la playa y se encaminó hacia el fin de su exilio, hacia donde estaba la acción.

OCHO
Forest Hills

Había transcurrido casi un cuarto de siglo desde que Billie Weiss trajo a la familia a Queens en busca de un entorno mejor y con una moral más apropiada para sus hijas. Durante todo aquel tiempo, el apartamento en Forest Hills había ejercido una atracción irresistible en Arlyne, como un campo de gravedad del que no podía escapar. Como recién casada, después como madre joven y siempre como la eterna chica de la mafia, en todas las ocasiones que había vuelto a casa había sido solo para irse de un portazo más tarde y regresar otra vez cuando la suerte y el dinero no le sonreían. En el momento en que Arlyne giró la llave en la cerradura y abrió la pesada puerta verde, se sintió como si estuviera recuperando un dominio que le pertenecía por derecho. Allí estaba la misma enorme lámpara de araña, con sus hileras de bolas de cristal, y el antiguo reloj con su esfera de nácar. Sobre el piano colgaba un óleo familiar de las chicas Weiss: una Barbara rolliza y preadolescente; y Arlyne, con dieciséis años, uñas pintadas de rojo y su larga melena de color castaño rojizo enmarcando una expresión de menguante inocencia.

Arlyne había engatusado a Beatrice hasta Forest Hills con la promesa de que compartirían cualquier botín con el que se hiciera su señora. Las dos mujeres celebraron sus nuevas circunstancias cenando comida china para llevar. *Shadow*, privado de su habitual asiento ante la ventana, estaba enfurruñado. Arlyne siempre había pensado que el mal carácter del animal era resultado del maltrato que recibía por parte de Tommy. Tenía todos los motivos para confiar en que, con Luca fuera de la ecuación, las cosas mejorarían. Pero no fue así. A la hora del paseo, cuando trataba de ponerle la correa, *Shadow* gruñía enseñando los dientes. Aun así, Arlyne jamás había creído que iba a lastimarla, hasta que una tarde se le lanzó al brazo.

Cuando explicó a sus padres el ataque, Irving Weiss –en un gesto de carácter extraordinario– rompió temporalmente su voto de silencio y le aconsejó que sacrificara al animal. Pero cada vez que Arlyne miraba a *Shadow*, con aquel pelaje gris resplandeciente y aquellos ojos que brillaban con malicia, pensaba que era la criatura más hermosa que había visto en su vida. No se atrevía a sacrificarlo. En lugar de eso, lo llevó al veterinario de la familia, quien, después de examinar al perro, fue incapaz de sugerir un tratamiento convencional y le facilitó el nombre de un «conductista animal» con una gran reputación en la especialidad de trastornos de la personalidad.

El doctor Bouchard, el conductista, trabajaba a domicilio, con una tarifa de, según dijo, cincuenta dólares la visita. Arlyne fijó una tarde para que viniera al apartamento y viera a *Shadow* en su hábitat natural. Beatrice había servido una generosa fuente con salmón ahumado y panecillos, y el doctor Bouchard, un hombrecito delgado que rondaba la treintena, pareció encantado con la hospitalidad. Arlyne le pidió que se acomodara junto a ella en el sofá y le refirió con todo lujo de detalles los síntomas de *Shadow*. El perro dormitaba sobre la alfombra, ignorando el análisis al que estaba siendo sometido. Durante aproximadamente cuatro horas, Arlyne y el doctor tomaron café y charlaron. Su conversación pasó de la misteriosa dolencia de *Shadow* a la vida sexual de Arlyne y sus problemas con

Tommy. Se sintió halagada al ver que el doctor parecía disfrutar de su compañía. Finalmente, el doctor anunció que ya era hora de irse y Arlyne le tendió un billete de cincuenta dólares.

–Eran cincuenta dólares la hora –corrigió–. Me debe doscientos dólares.

Por aquella jugosa tarifa, el doctor no ofreció diagnóstico alguno, pero sí, al menos, dos posibles vías de tratamiento. La primera tenía que ver con el condicionamiento. Le facilitó a Arlyne un silbato y le dijo que no dudara en emplearlo cada vez que *Shadow* tratara de abalanzarse sobre ella. Arlyne lo probó durante unos pocos días y, sorprendentemente, el perro se detuvo a medio ataque, ladeando la cabeza en una mezcla de confusión y curiosidad. El tratamiento podría haber funcionado de no ser porque Arlyne no podía resistir el impulso de utilizar el silbato en momentos extraños solo para ver cómo *Shadow* se sobresaltaba, algo que, evidentemente, tiró por los suelos el trabajo anterior. *Shadow* comenzó a ignorar el silbato y su ama tuvo que recurrir a la segunda vía de tratamiento, que implicaba castrarlo.

Toda la atención que Arlyne ponía en *Shadow* sirvió para enmascarar durante algún tiempo la razón principal por la que supuestamente había regresado a Queens: vigilar a Leslie. No es que quisiera a su hija menos que a su perro, pero preocuparse por el perro resultaba más sencillo. *Shadow* era una bestia indefensa que, pese a su ferocidad, todavía estaba bajo su control. Leslie andaba suelta y sin correa. Arlyne básicamente no sabía cómo recuperar el mando sobre una chiquilla salvaje e imprudente.

Hasta la fecha, cada intento que Leslie hacía por asumir las riendas de su vida solo parecía conducirla de forma cada vez

LA CHICA DE LA MAFIA

más inexorable hacia la destrucción. Incluso si en teoría vivía en Atlantic Beach, había estado viniendo tres o cuatro noches a la semana a la ciudad para trabajar como camarera en Max's Kansas City, un bar de copas de mala muerte en el que se reunía una multitud de artistas. Era el lugar de encuentro de algunos grupos de la primera ola del punk, como Sex Pistols, New York Dolls y Siouxie and the Banshees. Arlyne, que en sus días había frecuentado un buen puñado de locales nocturnos, no estaba familiarizada con un lugar como Max's ni con la escena punk, así que no podía decir si tenía clase o no. Leslie se había aficionado a ir de compras en los almacenes de ropa de segunda mano del SoHo, lo que se suponía que era muy chic. Arlyne pensaba que tenía un aspecto andrajoso. Además, Leslie jamás se maquillaba e insistía en que no podía soportar dicha sensación en su rostro. Aun así, le garantizó a su madre que le daban buenas propinas y que se codeaba con famosos. A veces, traía a casa a su novio, un chico rubio y delgado llamado Richard, quien, según decía Leslie, estaba intentando montar un grupo. Era obsceno e insolente. Por estas y otras razones que no llegaba a señalar, a Arlyne no le gustaba.

Fue Beatrice la que advirtió las marcas de pinchazos en el brazo de Leslie.

En Arlyne Brickman había una ingenuidad curiosa con respecto a las drogas. Pese a su asociación con Joe Spione, Rusty y otros muchos traficantes de categoría, la heroína parece que había seguido siendo imponderable. Como afirmaría posteriormente, jamás había visto a nadie darse un chute. No tenía ni idea de lo que le hacía a la gente. Para ella era, sencillamente, una mercancía. Cuando Beatrice le confió sus sospechas de que Leslie estaba tomando heroína, Arlyne se negó a escucharla. Reconocer la dolorosa verdad habría comportado actuar. Era mejor fingir que no pasaba nada.

Si Arlyne hubiese reunido la suficiente valentía para preguntarle a su hija qué ocurría exactamente durante la primavera de 1980, habría confirmado lo que ya sospechaba: los nuevos amigos de Leslie eran heroinómanos empedernidos. Leslie recordaría años después que cuando empezó a trabajar en Max's todavía era relativamente virgen en ese aspecto y se limitaba a tomar metacualona. Pero en aquellas malas compañías, se pasó rápidamente a la cocaína, que no encajó con sus gustos porque la volvía asustadiza y nerviosa. Entonces comenzó a esnifar heroína. Y un día que estaba observando cómo uno de los parásitos del Max's se chutaba, la curiosidad se adueñó de ella.

–Déjame probar –pidió–. Déjame ver si duele tanto como en la consulta del médico.

Cuando la aguja entró en su vena, Leslie no sintió dolor. Solo «una especie de sensación apacible y ligera, como de adormecimiento», una sensación que le trajo la paz.

Desde aquel momento, Leslie se pasaba el día entero tratando de recuperar aquel radiante olvido. Aunque Richard era su «novio», se trataba de una relación esencialmente platónica. «No nos acostábamos ni nada de eso –explicaría más tarde–. Cuando te metes heroína, no mantienes relaciones sexuales. Es algo vacío, porque tu principal preocupación es... colocarte».

Sus días adoptaron una rutina embotada y llena de desesperación. «Te despiertas por la mañana. Te encuentras mal. Pero tienes que seguir adelante y arreglártelas. Y cuando regresas, te sientes como si hubieses malgastado la mitad del día. Entonces te colocas, y todo va bien».

Pero nada iba bien. Al menos, así lo creía su madre. Aunque Leslie cortó con Richard y dejó su trabajo en el Max's, se pasaba la mayor parte del día chutándose con amigos en un albergue. Para pagarse la adicción, consiguió un trabajo como bailarina de estriptis en un tugurio cerca de Canal Street regentado por Matty *el Caballo* Ianniello. (Supuestamente, Ianniello también había sido propietario del Wagon Wheel Bar). En lo más profundo de su ser, Arlyne albergaba la sospecha de que su hija, si se veía lo suficientemente desesperada, podría recurrir a la prostitución.

La prostitución, a diferencia de la adicción a la heroína, era algo que Arlyne Brickman podía entender. Al fin y al cabo, ella misma había formado parte del grupo de chicas de Ethel Becher y había intercambiado sexo por cajas de whisky y bolsas de verdura congelada. Aunque no era algo de lo que debía avergonzarse, se decía Arlyne. Ethel tenía clase. El fantasma que la perseguía era el de Leslie haciendo la calle, subiéndose a los coches y dando servicios en las callejuelas. Aquella idea le resultaba tan horrible que insistió en llevarla al local de estriptis. (En una concesión a sus jefes, Leslie llevaba rímel, pero se negó firmemente a ponerse maquillaje). A continuación, Arlyne aparcaba y se sentaba a esperarla, cerrando los ojos ante las insidiosas ondas de neón. Jamás se atrevió a entrar.

Poco después de regresar a Forest Hills, Arlyne recibió una visita de los detectives del condado de Nassau, Lindberg e Isnardi. No venían por ningún asunto en concreto, le dijeron, sino que pasaban por el vecindario y se les había ocurrido visitarla. A Arlyne aquello le pareció extraño, y no precisamente porque los polis, de hecho, estaban limitados a una jurisdicción. La relación laboral que mantenían con la DEA les daba licencia para pasearse por Long Island y aledaños. Lo que Arlyne encontraba extraño era aquel gesto tan amistoso pese a todas las ampollas que había generado el caso Ricchiutti. Pero, al parecer, los detectives estaban dispuestos a olvidar el pasado y, de hecho, empezaron a visitarla más asiduamente para tomar unas copas y cenar comida china.

Arlyne se sentía cada vez más atraída por Eddie Lindberg, el tipo musculoso y de aspecto elegante. Pensó que aquellos sentimientos podían ser correspondidos y que, de encontrarse solos, igual acabarían haciendo «piruetas horizontales». Sin embargo, jamás tuvo oportunidad de demostrar su teoría porque Lindberg siempre aparecía acompañado de Isnardi, al que Arlyne consideraba un espagueti pequeño y nervioso. Isnardi y Lindberg estaban tan unidos que Arlyne empezó a llamarlos «Strelka y Belka», por un par de perros que los soviéticos habían mandado al espacio. Los detectives, a su vez, la apodaron «tía Arlyne».

Louie y Eddie, según se hizo evidente para Arlyne, no se pasaban por allí simplemente porque disfrutaban de su compañía, sino porque confiaban en seguir labrando sus conexiones con el mundo del hampa. Desde que había establecido su cuartel general en Queens, Arlyne había estado haciendo las rondas, avisando a sus viejos conocidos de que estaba de vuelta. Día y noche la llamaban para proponerle supuestos golpes. «Su teléfono echaba humo –recordaba Lindberg risueño–. Creo que no se mantuvo ni una conversación legal».

Arlyne lanzó su propio desafío a Lindberg e Isnardi: que la instalaran en un piso franco y haría que los chicos listos se pasaran por allí con propiedad robada. Juntos podrían organizar una redada a gran escala. Los detectives no aceptaron su oferta por razones que jamás se hicieron públicas, aunque la más probable fuera que Arlyne, a largo plazo, podría convertirse en una unidad operativa difícil de controlar. En lugar de ello, la animaron para que les pasara cualquier chisme interesante. Y uno de ellos llegó a través de Tilly Palladino.

Tilly vivía en Long Island. Poco después del traslado a Atlantic Beach, Luca había entablado amistad con ella y ella le había hecho un préstamo. El marido de Tilly era supuestamente un usurero o un corredor de apuestas de poca monta que se relacionaba con la mafia del vecindario de Corona y que había desaparecido o lo habían matado. Y ella tenía varios novios.

A Arlyne le gustó enseguida el estilo de Tilly. Era una rubia atractiva y delgada que poseía un magnetismo animal innegable. Aunque se vestía con prendas de diseñador, siempre estaban arrugadas, como si hubiera dormido con ellas puestas. Y por muy informal que fuera su estilo, Tilly siempre usaba sombrero. De campana, con alas, de paja, de fieltro... No se sentía completamente vestida sin uno en la cabeza. Y siempre llevaba un revólver encima. Tilly se jactaba de que era una sicaria (nunca dijo para quién trabajaba). Su marca de la casa, según insistía, era «darles en las rótulas». Tilly solía inhalar mucho crac, así que Arlyne se creía la mitad de todo lo que le decía.

Tilly causaba estragos en su vida social. Uno de sus novios era un sargento de la policía del condado de Nassau, así que asistía a muchas fiestas del departamento. En aquellas comilonas, se paseaba con sus excéntricos sombreros y de vez en cuando revoloteaba alrededor de uno de los asistentes para susurrarle algo obsceno al oído. A los polis les encantaba. En aquellas fiestas, Tilly conseguía mucha información que luego almacenaba, supuestamente por si necesitaba presentar pruebas contra alguien. Cayó en el error de confesárselo a Arlyne Brickman.

Un día Tilly apareció por casa y mencionó de pasada que su novio, el sargento de policía, había sufrido cierta afrenta a manos de un inspector y que pensaba devolverle el golpe. Le detalló que, en una fiesta de jubilación, había tomado unas «fotos comprometidas». Arlyne, que no sentía ninguna lealtad hacia Tilly pese a que le caía bien, pasó alegremente dicha información a Strelka y Belka, quienes quedaron atónitos ante la noticia. El inspector en cuestión era su jefe.

Las noticias de las supuestas instantáneas de Tilly crearon consternación en el cuartel general. A Lindberg e Isnardi les encargaron la tarea de convencer a la confidente Brickman de que llevara un micrófono cuando se entrevistara con Tilly, quien, según esperaban, desvelaría sin más sus intenciones para que se pudieran incluir en el informe. Arlyne se opuso. Tilly Palladino tenía ciertas peculiaridades que hacían que Arlyne no estuviera tranquila. Siempre que se colocaba, Tilly afirmaba que en las yemas de sus dedos podía sentir unas vibraciones que le daban poderes de adivina. Arlyne se mostró escéptica hasta que un día tocó las manos de Tilly y vio que estaban «hirviendo». Aquel incidente la convenció de que era una bruja. Y si así fuese, de llevar un micrófono, lo sabría enseguida. La idea hacía que le flaquearan las piernas.

En lugar de enfrentarse a Tilly en persona, Arlyne la llamó por teléfono y consiguió que la autoproclamada sicaria le contara sus planes con el inspector. La cinta de la policía de Nassau seguía corriendo. Y decidieron neutralizar a Tilly Palladino. De nuevo, se apremió a Arlyne a entrar en servicio, en aquella ocasión para organizar un encuentro entre Tilly y un sargento en la división de Eddie y Louie que quería comprar una onza de cocaína. La detuvieron y, al presentarle las diferentes salidas, se convirtió en confidente. Arlyne jamás volvió a oír hablar de ella. O bien Tilly nunca se dio cuenta de quién la había vendido –algo poco probable– o, en su mismo estatus de confidente, le aconsejaron que guardara las distancias con Arlyne.

Arlyne se mantuvo en contacto con Lindberg e Isnardi. Pasaban por su apartamento a tomar algo; ella les ofrecía algún chisme que había recogido durante sus quehaceres cotidianos. Los quehaceres cotidianos de Arlyne Brickman, como siempre había sido, alcanzaban lo exótico y, a menudo, lo artero. Una vez a la semana iba a un salón en Brooklyn a que la peinaran. Allí, entabló amistad con una pequeña peluquera llamada Charo. A la chica le gustaba hablar y un día, mientras teñía de morena a Arlyne, se jactó de que el diamante de diez quilates que llevaba era un regalo de su novio, un cubano llamado Gamez. Arlyne transmitió el nombre a Eddie y Louie, que lo reconocieron de inmediato como un «tipo duro de verdad» y supuestamente traficante de cocaína a gran escala. Eddie y Louie tenían ganas de pillarlo.

Durante el transcurso de sus visitas semanales a Charo, Arlyne había dejado entrever que poseía importantes conexiones con el mundo de la droga y, en una de ellas, a petición de los detectives, Arlyne le sugirió a Charo que quizá podría presentarle a Gamez algunos amigos interesados en más o menos veinte kilos. (La totalidad del trato, según se figuró Arlyne, tenía un valor de aproximadamente un millón de dólares, de los que, según afirmó después, le habían prometido cuarenta mil). Charo mordió el anzuelo.

La noche de la supuesta compra, Arlyne recogió a Charo en su piso. Iba acompañada de un hombre delgado y bajito que llevaba las mangas arremangadas. Según dijo Charo, aquel no era Gamez, sino su mano derecha. No hablaba inglés, así que Charo hizo de traductora. Durante su paseo por la Long Island Expressway, el hombre permaneció básicamente en silencio mientras Arlyne y Charo discutían las cifras y los porcentajes. A ella también le habían prometido una parte del pastel.

Mientras Arlyne y los socios estaban de camino, un total de aproximadamente ocho agentes de narcóticos se habían reunido en la oficina de la fuerza especial. Eddie Lindberg quería llevar su Trans Am, limpio de micros y cables. El sargento al mando, inexplicablemente, insistió en que los detectives llevaran el Cadillac, que tenía un transmisor de radio de la DEA en el maletero.

Cuando Arlyne, Charo y el Mano Derecha llegaron al Holiday Inn –un lugar escogido por la proximidad a las oficinas centrales–, los detectives Lindberg e Isnardi y los refuerzos ya habían llegado. Mientras Arlyne entraba en el bar, sintió que el Mano Derecha se ponía rígido. Había notado que el lugar estaba lleno de agentes. (Una conclusión a la que no era muy difícil llegar, observó Arlyne después, puesto que los federales tienen una mirada particular). La tensión no desapareció cuando Arlyne presentó a los cubanos a sus amigos, que estaban sentados a una mesa cerca de la barra. Eddie llevaba unos pantalones de lona porque, según explicó, acababa de amarrar su «yate». No dejaba de levantarse con nerviosismo para echar monedas en la gramola. Arlyne podía advertir que su comportamiento era demasiado directo y agresivo.

El hombre se volvió hacia Charo y ella tradujo. «Déjame ver tu coche». Los detectives pensaron que aquello era poco corriente, pero llevaron al cubano al exterior y abrieron la puerta del Cadillac. El cubano negó con la cabeza y señaló el maletero. Lindberg e Isnardi se mostraron confundidos. Nadie les había pedido mirar en el maletero en el pasado. Y se encontraban en un aprieto. Por supuesto, no podían abrirlo, puesto que el transmisor de la DEA se encontraba ahí, a vista de todos. Sin embargo, si no accedían a los deseos del cubano, confirmarían sus sospechas. Lindberg los sacó del atolladero. Había cincuenta mil dólares en el maletero, dijo. No pensaba abrirlo ante un completo desconocido. El cubano hizo señas a las dos mujeres para que se subieran al coche y salió huyendo, dejando a los detectives y a su equipo de vigilancia sumidos en una nube de polvo.

En el Holiday Inn se sintió un abatimiento general, que se acrecentó por el hecho de que el cubano había sido identificado no como el supuesto Mano Derecha, sino como el mismísimo Gamez. Gracias a una pequeña metedura de pata, se les había escapado un pez gordo. Para paliar la desilusión, Lindberg e Isnardi se dirigieron a la barra y pidieron martinis, olvidándose, en medio de todas las quejas y lamentos, que «tía Arlyne» iba por la autopista en compañía de un hombre peligroso.

Durante el momento del maletero, Arlyne había estado demasiado lejos para saber qué sucedía. Solo notó que había algún problema. Y en aquel preciso instante, de camino a casa, Charo y su amigo no dejaban de discutir acaloradamente en español. Por lo que pudo entender Arlyne, Charo trataba de defenderla, insistiendo en que era su amiga, una persona de confianza. El cubano las dejó a las dos delante del piso de Charo sin tan siquiera despedirse. Arlyne sabía que, de no haber sido por la intervención de la pequeña peluquera, con toda seguridad la habrían asesinado.

La primera reacción de Arlyne al verse libre del peligro tan repentinamente fue de engreída satisfacción. El destino de nuevo le confirmaba que la tenía entre sus favoritos. Casi inmediatamente, sin embargo, aquella bravuconería dio paso al terror, al darse cuenta de lo poco que había faltado. Aquella misma noche o la siguiente reprendió con severidad a Eddie y Louie por haberla dejado tan expuesta. Pero ellos no le dieron tanta importancia. A Arlyne le pareció que los tipos del Cuerpo de Narcóticos eran bastante laxos en lo que concernía a la seguridad de sus confidentes. Es más, desconfiaba de la

Oficina de la DEA en Melville, la cual, según sospechaba, había revelado sin cuidado su identidad después de la detención de los Ricchiutti.

El FBI, concluyó Arlyne, tenía mucha más clase. Durante los primeros meses de 1980 después de su regreso a Forest Hills, Arlyne había retomado el contacto con el agente Hendrickson, quien también confiaba en recibir la información procedente de su «teléfono que echaba humo». A Arlyne siempre le había gustado Hendrickson, cuyo aspecto inocuo y afable le recordaba a un profesor de escuela. Siempre se comportaba con educación. Tras su huida sin previo aviso a Atlantic Beach, Arlyne había continuado facilitándole información sobre Vince Lamattina. Y en aquel momento, lo retomó en el mismo punto. Vince, dijo, estaba traficando a lo grande. Se daba demasiada importancia y se estaba granjeando problemas con los chicos listos. Además, se estaba volviendo muy paranoico. En algún momento le hizo un comentario a Arlyne que sugería que sabía que era confidente. Arlyne llamó presa del pánico a Hendrickson para ver cómo podía haber ocurrido aquello, a lo que el agente contestó que no lo sabía.

Durante la primera semana de mayo, Arlyne recibió una llamada de Vivian, una chica de la mafia en el pasado que trabajaba como azafata en el Blackjacks. Había sido también antigua amante y confidente de Vince Lamattina. Vivian estaba histérica. Había oído que unos extraños habían agarrado a Vince nada más salir del bloque de pisos en el que vivía, lo habían metido en un coche y se lo habían llevado.

Por lo que parecía, lo habían secuestrado. Vince había dejado su querido terrier de pelo áspero. Podía ser cruel con los humanos, pero amaba a su perro y Arlyne no podía creer que hubiese abandonado al animal por voluntad propia. Aun así, no podía quitarse de encima la sensación de que Vince seguía vivo, una sensación que se vio reforzada por el descubrimiento de que había vaciado una caja fuerte con todo su dinero. Quizás había orquestado un secuestro con el fin de quitarse a los acreedores de encima. Quizá se había convertido en confidente y se lo habían llevado volando a Protección de Testigos. Corría el rumor de que la policía había encontrado un código de una brigada del FBI garabateado en un papel junto a su cama. (El FBI rechazó posteriormente hacer comentarios).

Poco después de la desaparición, su coche apareció en el Bronx, abandonado. Fueran cuales fueran las dudas de Arlyne sobre la historia oficial, aquel nuevo avance en la investigación puso fin a la vigilancia que mantenía sobre Vince Lamattina.

Incluso pese a que Vince pasó a formar parte de los casos archivados, Arlyne le facilitó a Hendrickson otras tres pistas prometedoras. Una concernía a un tipo de Brooklyn involucrado en la lotería ilegal llamado Nathan Pincus, quien, supuestamente, había incendiado su tienda de recambios de automóvil para cobrar el dinero del seguro. Pincus, como se descubrió, también estaba siendo investigado por el fisco y según se decía había tratado de sobornar a un agente. Cuando Arlyne se lo dijo a Hendrickson, este sugirió que trataran de prepararle una encerrona a Pincus con un antiguo supervisor del IRS sospechoso de corrupción, esperando que Pincus tratara de comprar la influencia del burócrata para que resolviera su caso, lo que permitiría al FBI matar dos pájaros de un tiro.

La segunda pista implicaba a John Gotti. Durante sus conversaciones con Hendrickson, Arlyne había dicho que, cuando Luca estaba cumpliendo condena por correduría de apuestas en Jersey, era ella la que se encargaba de llevar los pagos de intereses a Ozone Park. Parecía recordar que entregó los pagos «una o dos veces» directamente en manos de John Gotti o de su hermano Gene, quien, según insistió Arlyne, estaba por casualidad en la acera frente al club. Por lo que sabía Arlyne, Tommy todavía debía unos treinta mil dólares a los Gambino. El FBI estaba encantado con cualquier información que tuviera que ver con los Gotti, y Hendrickson ordenó a Arlyne que contactara con sus viejos amigos Joey Scopo y Jackie Cavallo, y que los tentara con la perspectiva de un pago sustancial con la esperanza de fijar una reunión con «Johnny».

La tercera pista le llegó a Arlyne directamente de boca de Tommy Luca. Después de su marcha furiosa de Atlantic Beach, Tommy había regresado a casa con su mujer. Sin embargo, las discusiones por dinero eran habituales e impetuosas y él se había largado a vivir con su madre, algo que le pareció demasiado limitante, así que se las arregló para establecerse temporalmente con un amigo que trabajaba de chófer en el *Daily News* de Nueva York y que también estaba metido en robos y usura. Cuando Tommy, desarraigado como un nómada, se enteró de que Arlyne había tomado posesión del piso de sus padres, se presentó ante la puerta con su sonrisa de sinvergüenza.

Como siempre, la razón por la que Arlyne lo admitió de nuevo no estaba clara. No le prometió el oro y el moro. Le dijo que aquella vez había abandonado a su mujer de verdad, dando a entender que era libre, aunque en aquel punto de su vida, Arlyne ya había perdido la esperanza en el matrimonio. Sin embargo, estaba unida a Tom por un insidioso adhesivo hecho de obsesión, costumbre y, no en menor cantidad, avaricia. Formaban un buen equipo: Tommy con sus contactos en la calle, y ella con sus «amigos los federales». Juntos, podían jugar a dos bandas... y ganar.

Y Tommy le pasó un golpe. Había estado rondando por una cafetería en Jamaica, Queens, donde algunos tipos planeaban robar dinero en metálico de la American Airlines en el

Aeropuerto Internacional Kennedy. Luca fue deliberadamente impreciso sobre quiénes eran los conspiradores. Todo lo que Arlyne descubrió fue que eran italianos, que uno tenía una amiguita que trabajaba para la aerolínea y que era ella quien les había planteado el golpe. En cambio, Luca fue bastante más concreto con otros detalles. Describió una habitación, situada cerca de una escalera, en la que cada viernes por la mañana un coche blindado entregaba más de un millón de dólares en metálico. Un guardia se quedaba en el vehículo mientras otros dos transportaban el dinero. Al parecer, los conspiradores planeaban esperar hasta que entregaran el dinero al viejo que vigilaba la habitación. Entonces, entrarían utilizando un código de seguridad que les había filtrado su contacto en la aerolínea y se llevarían el dinero a punta de pistola.

La mismísima implicación de Luca en aquel robo a mano armada era, como mínimo, bastante turbia. Arlyne pensó que quizá se había confabulado con los tipos de Jamaica pero que no había llegado a acordar los términos. Fuera cual fuese el caso, en aquel momento Luca quería que Arlyne pasara aquella información a sus amigos los federales. Confiaba en que su valor fuera de diez mil dólares.

Por supuesto, el agente Hendrickson se puso muy contento al recibir las noticias e informó rápidamente a la aerolínea de la amenaza que suponía para su seguridad. Y a pesar de la ambiciosa tasación de Tommy, el Bureau estimó que aquella información tenía un valor de solo mil dólares. Hendrickson se reunió con Arlyne en una calle lateral cerca de su piso e hizo un pago de setecientos dólares. Ella se sorprendió.

–¿Por qué me das tan poco dinero? –preguntó.

–Es lo que vale para el FBI –respondió el agente.

Apresuradamente, se guardó cuatrocientos dólares en el bolsillo –figurándose que era su parte– y se preparó para subir las escaleras y explicarle a Luca el extraño déficit de nueve mil dólares.

Al parecer, fue en ese preciso momento cuando tomaron la decisión de grabar a Tommy, aunque años después, ni Arlyne ni Hendrickson fueron capaces de recordar los motivos. Arlyne recordaba que el gobierno quería oír cómo Tommy reconocía que él era la fuente de la información y que iba a recibir dinero por ello. El agente Hendrickson parecía recordar que Arlyne llevaba el micrófono «probablemente por seguridad». Sin embargo, había un motivo más concreto. Hendrickson quería que Arlyne siguiera pinchando a Tommy para sacarle las identidades de los futuros ladrones y para demostrar que el propio Luca formaba parte de la conspiración. Quería incluir dicha conversación en el informe.

La «cinta Luca», como se conoció en los canales subterráneos de los cuerpos policiales, era un documento notable que recogía y preservaba las traiciones circulares del mundo de Arlyne Brickman. Al escucharla, se puede oír a una confidente que graba al amante para el gobierno y a un conocido criminal que proporciona información al gobierno dueño del micrófono. Demuestra cómo la existencia de Arlyne se asentaba tan frágilmente y al azar en aquellas alianzas conflictivas que, diera el paso que diese, con toda probabilidad acabaría por traicionar a alguien. Sin embargo, las cuestiones morales no preocupaban a Arlyne Brickman lo más mínimo al coger el ascensor y pulsar el botón, con la Nagra en marcha, para enfrentarse a lo que prometía ser una tormentosa conversación con Tommy Luca.

Cuando hizo girar la llave en la cerradura, *Shadow* empezó a ladrar. El hecho de haberlo castrado no había mejorado su condición.

–Hola, *Shadow*, hola, chiquitín –dijo ella, acariciándolo.

Tommy estaba durmiendo en el sofá del estudio.

—Será mejor que te levantes –le dijo–, porque hay... un pequeño problema. He ido a ver a Greg, y tenía al tipo de American Airlines, ¿vale? Me han dado exactamente trescientos dólares, y no te estoy tomando el pelo. He ido a las apuestas ilegales y me lo he jugado, ¿vale?... Me he quedado diez dólares... Te juro por mi padre, que se muera si miento, que el único dinero que me he quedado son diez dólares.

Luca al principio no entendía nada. Pero a continuación, comprendió la magnitud de lo que estaba diciendo Arlyne.

—Trescientos dólares –dijo con desprecio–. ¿Sabes qué le habría dicho yo?: «Escucha, chulo de mierda, métete tus malditos trescientos dólares por el culo». Eso es lo que tendrías que haberle dicho. Pero tú no sabes hablar con la gente. Te crees que lo sabes todo y no sabes una mierda.

Si la información valía tan poco, le preguntó entonces, ¿por qué Hendrickson le había dado trescientos dólares?

Arlyne pensó con rapidez.

—Porque sabe que necesito el dinero. Lo que no sabe es que te lo doy a ti...

Arlyne sabía que a Luca le vencía un importante plazo de un interés y que contaba con el dinero por el chivatazo.

—Necesitas mil doscientos dólares hoy, ¿no? –presionó, y luego propuso–: Está bien. Te puedo conseguir diez mil dólares si me dices exactamente cómo conseguiste toda esa información... Esto no es la DEA... La palabra de Greg es sagrada, ya lo sabes.

—Demasiado tarde –gruñó Tommy–. No sé de qué me hablas... Así que olvídalo... Qué cara tienen –se quejó–. Trescientos malditos dólares... Necesito mil doscientos dólares en tres horas.

Luca hizo unos cálculos con aire preocupado.

—¿De cuánto dispongo ahora mismo aquí, sin lo de los caballos?

El pago, menos la parte de Arlyne y las apuestas, ascendía a tan solo cien dólares.

–Necesito mil cien dólares –observó con desánimo.

–Ya. –Arlyne se preparó para otro asalto–. Podríamos conseguirlos si me dijeras cómo obtuviste esa información.

Pero la mente de Tommy ya navegaba a la deriva por otros derroteros. Quería que Arlyne empeñara un anillo de diamantes. Era una de las pocas piezas que le quedaban. La sugerencia la sacó de quicio.

–Será mejor que pienses otra solución porque no voy a hacerlo. Haría lo que me pidieras, [pero] no voy a empeñar el anillo.

–Te digo que lo tendrás de vuelta mañana por la mañana antes de las diez –insistió Luca–. Un día... Veinticuatro horas. A las diez de la mañana. Te lo devolveré.

Arlyne se estaba poniendo histérica.

–¡No quiero hacerlo! No quiero... Quiero tener algo mío. Seguro que no te importará, ¿verdad?

–¡Te besaré el culo delante del escaparate de Macy's si no te traigo el dinero para desempeñar el anillo a las diez de la mañana!... No, haré algo mejor. ¿Sabes que voy a hacer? ¡Mañana conseguiré el divorcio y me casaré contigo!

–No quiero que... De ninguna de las maneras.

Tommy estaba desconsolado.

–Bueno, pues no tengo otra manera, a menos que ocurra un milagro y que ese caballo despunte... Entonces estaré de nuevo operativo. De lo contrario, estaré muerto a las siete [en punto], por las buenas o por las malas...

–El milagro es posible –insistió Arlyne–. Lo único que tengo que hacer es...

–No me lo pidas más –la interrumpió Tommy–. Es asunto cerrado.

La Nagra seguía grabando. Abajo, sentado en el coche, el

agente Hendrickson podía oír toda la conversación por el transmisor. Y había ciertas cosas que Arlyne quería que quedaran grabadas y que se incluyeran en el informe.

—Déjame preguntarte algo, Tommy —sondeó—. ¿Qué me dices de Pincus?

Luca actuaba con cautela, como si sospechara que alguien estaba escuchando sus palabras.

—Por ahí vas...

—Quiero enterarme de muchas cosas, Tommy. Me gustaría preguntarte algo, ¿vale? No tenemos dinero, ¿verdad?

—Verdad.

—Se lo repito una y otra vez a Greg, que no tenemos dinero... Y la única manera en que sobrevivo con Greg es ayudándolo en ciertas cosas, de las cuales he hecho muchas...

—¿Qué quieres decir? Ve al grano.

—Tengo que salir de esta casa... Vivo día a día, ¿vale? La mitad de las veces, ya me da igual lo que hago, ¿vale? Creo que aquí en Nueva York solo aguantaré un año o dos más. No quiero decir que haya algo entre tú y...

—¿Qué tratas de decir?

—Hemos hablado de muchas cosas. Hemos hablado de Nathan Pincus con Greg, ¿verdad?

—¿Qué tratas de decir?

—Te voy a preguntar algo. ¿Por qué no puedo ir yo a ver a los Gotti y pagarles por ti?

Ante la mención del nombre, el rostro de Tommy adoptó una expresión terrible.

—No. —Arlyne adivinó lo que se avecinaba—. ¡Está bien, no te enfades!

—¡Si te vuelvo a oír pronunciar ese maldito nombre otra vez, te meto una bala en la boca, zorra!

Y empezó a golpearla.

–No –protestó Arlyne, protegiéndose para evitar los golpes–. El perro, estás poniendo al perro...

Los golpes se detuvieron, pero la furia de Luca no se calmó.

–Te he dicho cuarenta veces que no me hables de eso. Cierra la boca. Corres por [sic] terreno peligroso. El FBI no puede protegerte. No pueden. Se llevarán a tu maldita madre, le atravesarán el cuello con una aguja y le sacarán la sangre poco a poco. Te estás metiendo con un demente. Si lo jodes, irá directo al grano y matará a todo el mundo, porque así es como funciona, y así es como se supone que debe funcionar. Así que, si esos maricas de los federales lo quieren, que vayan a buscarlo sin la ayuda de una zorra como tú.

–Voy a sacar al perro –anunció Arlyne–. Vamos, *Shadow*. Ven conmigo, cariño.

Para cuando llegó al coche de Hendrickson, su rostro estaba hinchado a causa de los golpes. Devolvió la Nagra y el agente, como recordaría más tarde Arlyne, le dio trescientos dólares más por las molestias.

Tommy consiguió su milagro. El caballo despuntó, lo que lo libró de sus acreedores. Durante días, disfrutó de aquella seguridad, sin saber que Arlyne estaba socavando a escondidas su felicidad y seguridad tratando de conseguir el acceso prohibido a John Gotti.

A la orden del FBI, Arlyne llamó a Joey Scopo a un taller mecánico que frecuentaba cerca del Club de Caza y Pesca Bergin. Jackie y Joey habían «removido cielo y tierra» en busca de Tommy y accedieron, según insistiría después Arlyne, en concertar una reunión con Johnny. Aproximadamente una semana después, Arlyne, con la Nagra en marcha, partió al encuentro de Jackie y Joey en una cafetería frente al club. Aquella reunión fue breve y resultó decepcionante. Los dos matones, como quedó claro, no tenían intención alguna de dejarla hablar con su jefe, quien, según decían, no estaba por allí. Al salir de la cafetería, a Arlyne le pareció ver a John Gotti subiéndose a un Lincoln gris.

Arlyne hervía de frustración. La vigilancia de Gotti estaba en punto muerto. No hacía progresos en lo que respectaba a las identidades de los conspiradores en el robo de la aerolínea. Al parecer, le fue mejor con el caso Pincus y consiguió organizar una reunión con el antiguo supervisor del fisco, un hombrecito delgado con gafas redondas que, después de insistir en que él no iba a participar en nada ilegal, anunció que había contactado a un agente con conexiones en el caso de Nathan y que pensaba que podían «dar un golpe de seis cifras». Pero aquella investigación, por razones que Arlyne no podía llegar a entender, también entró en un compás de espera. Y el trabajo en todas ellas se detuvo abruptamente cuando Greg Hendrickson anunció que lo transferían a Tampa.

A diferencia del traslado de Jeff Dossett, que Arlyne se había tomado como una traición personal, la marcha del agente Hendrickson fue como si no hubiera pasado nada. En los casi seis años que llevaba de confidente, Arlyne se había vuelto filosófica, destilando sus sentimientos en un aforismo sarcástico: nunca debes cogerles afecto a los agentes; siempre te abandonan. Formaba parte de convertirse en una profesional.

Y si había algo que Arlyne pensaba de ella misma, era que era una profesional.

Durante la primavera de 1980, su fama como confidente de alquiler se había extendido por una red considerable de organismos de seguridad locales, estatales y federales. Sus credenciales incluían no solo su trabajo para la Policía Estatal de Nueva York, sino también para la de Fort Lee, la del condado de

Nassau, la DEA, el FBI y más recientemente, para la de la ciudad de Nueva York, cuya División de Inteligencia había empezado a utilizarla como fuente. Nunca le pagaron mucho dinero. Más bien recibía unos pocos dólares aquí y allá, excepto por el ocasional trabajo importante que hacía entrar de mil a dos mil dólares. Y por supuesto, el gobierno reembolsaba sus deudas.

Sus excentricidades eran inconfundibles. Los investigadores podían decir al instante si una cinta era de Arlyne por ciertas frases marca de la casa que aparecían en ella –notablemente «¿Puedo hacerte una pregunta?» y «Léeme los labios»–, que Arlyne pronunciaba con un gemido zalamero. Su bravuconería sexual era igual de legendaria. En el cuerpo de policía de la ciudad de Nueva York circulaba la historia de que cuando dos detectives fueron a su apartamento para hacer el informe, plantó una botella de whisky sobre la mesa y dijo: «¿Alguien quiere que se la chupe?». Interpretaba el papel de la chica mafiosa espabilada y malhablada, básicamente porque pensaba que eso era lo que los polis esperaban de ella. Pero en el plano profesional contaba con una variedad considerable de papeles. Dependiendo de lo que reclamaban las circunstancias, podía interpretar a la despistada, a la preocupada madre judía o a la pobre alma que se apiadaba de las supuestas víctimas. La confidente Brickman era a menudo poco ortodoxa, a menudo desagradable, pero obtenía resultados muchas veces.

Arlyne se enorgullecía mucho de su trabajo. «Mi reputación me precedía», se jactaría años después. Pese a que no lo era, estaba encantada de pasar por una rata callejera y ordinaria que vivía extraoficialmente del crimen. No le gustaba el término «confidente» y prefería «cooperadora», una denominación más halagadora. Despreciaba el «dinero fácil», es decir, que le pagaran por explicar cuentos chinos o información inútil. Sentía que era indigno de ella involucrarse en el típico regateo confidente-policía del tipo «Vi a Frankie con Tommy. ¿No crees que me merecería cien dólares por eso? ¿No me merezco cincuenta dólares? ¿No me merezco...? Etcétera, etcétera».

Sin embargo, en lo referente a su condición esencial, Arlyne no se hacía ilusiones. Conocía el desdén con que los oficiales y agentes de policía trataban a los confidentes. Aunque intimases mucho con ellos, jamás confiarían en ti. Aunque se comportaran con simpatía, jamás debías responderles con un exceso de familiaridad. Aunque fueran muy estúpidos, jamás debías parecer más lista. «Varios de estos organismos me utilizaron –reflexionó después–. Pero mientras lo hicieron, me encantó, porque era peligroso. Era estar ahí fuera. Era trabajo».

El trabajo proporcionó a Arlyne un subidón más satisfactorio que el que había llegado a experimentar con las drogas, el alcohol o el sexo. Estaba la tensión que se acumulaba antes de una vigilancia y que culminaba en un tremendo clímax de alivio y autoestima, endulzado por la camaradería que Arlyne disfrutaba después con los agentes. Arlyne buscaba una y otra vez aquella sensación, y dicha búsqueda arrasó con lo que quedaba de sus lealtades pasadas. Al principio, había delatado a acreedores como Bobby Fischetti o a viejos enemigos como Vince Lamattina. Ahora, en pleno ardor de la cruzada, empezó a delatar sin mucho esfuerzo a viejos amigos.

En los últimos años, Arlyne no había oído hablar de Tony Mirra, algo poco sorprendente teniendo en cuenta que Tony pasaba casi la mitad de su vida cumpliendo condena. Sin embargo, en 1980, Arlyne se enteró de que su antiguo amante había vuelto a la acción. Aquella noticia entusiasmó a Tommy Luca, que urgió a Arlyne a contactar a Mirra con la esperanza de que le prestara dinero o quizás incluso de que lo invitara a participar en sus negocios con las drogas. Arlyne había transmitido todas aquellas novedades a Hendrickson, quien vio una oportunidad para recabar información sobre algunos de los socios de Mirra pertenecientes a la familia Bonanno, y en concreto sobre Nicky Marangello, copropietario junto a Tony de un club en Chinatown.

Tony, a quien habían trasladado desde la prisión de Riker's Island a la cárcel de West Street en Manhattan, incluyó el nombre de Arlyne en la lista de visitas. Cuando se presentó, ataviada con unos pantalones estrechos y un top, Tony le trasladó sus intenciones. Disfrutaba de una especie de permiso de trabajo en una obra en Park Avenue South. Aquella relativa libertad le permitía sobornar a los guardias, a quienes les ofrecía chicas. Estaba reclutando los servicios de Arlyne. La frialdad de la propuesta la hirió. Así que lo hizo esperar, diciéndole que tenía entre manos un negocio que igual le podía interesar. Sin embargo, Tony no tenía interés alguno en hacer negocios con Luca, al que correctamente catalogaba de «chapucero».

Arlyne persistió, y visitó dos veces a Mirra después de aquello. Una reunión tuvo lugar en el mercado chino de verduras justo al lado del club. Según pensó Arlyne, Mirra insistió en aquel sitio en concreto para que su conversación no pudiera oírse por encima del barullo. Y tenía razón, porque la grabación que consiguió Arlyne en aquel encuentro era demasiado confusa. De ningún modo pudo hacerle hablar de Marangello o de cualquier otro asunto de interés. Arlyne lo intentó de nuevo, esta vez en una cafetería en Madison Street. En aquella ocasión, Tony la llevó a dar un paseo en su Mercedes marrón hasta el puente de South Street y allí la obligó a chupársela.

Durante todo el tiempo en que llevó un micrófono para grabar a Tony, Arlyne no sintió remordimiento alguno. (Al fin y al cabo, Tony no era el objetivo. Solo lo estaba utilizando para sa-

LA CHICA DE LA MAFIA

car los trapos sucios de sus amigos). De haber necesitado una razón para justificar la frialdad que mostraba con él, podría haber encontrado una. Tony había sido violento con ella. Solo la quería por el sexo. Aunque, al fin y al cabo, Tony siempre había sido un animal. Su comportamiento cruel no invalidaba el hecho de que, en el pasado, Arlyne había estado bajo su protección. Había pegado a su marido por ella, un favor que debería haber asegurado una lealtad de por vida. Sin embargo, Tony Mirra se convirtió en una víctima del entusiasmo de Arlyne.

Al igual que Paulie Messina.

Durante los últimos años, Arlyne había seguido la trayectoria de su «tío» Paulie, el cual, según había oído, cumplía condena por tráfico de heroína. Había salido en libertad condicional cuando Arlyne se tropezó con él por casualidad en el aeropuerto Kennedy, al que había ido para recoger a su madre, que aterrizaba procedente de Florida. Su conversación, según recordó posteriormente Arlyne, fue así:

—Paulie, necesito un buen golpe. Necesito algo de dinero. Tengo que conseguir algo de dinero.

A lo que él supuestamente respondió:

—Lo único que tengo es polvo de metacualona.

Paulie era un hombre de buen corazón —mucho más que Tony Mirra— que le había hecho muchos favores a ella y a su familia. Su condicional podía ser revocada al primer paso en falso. La decencia ya dictaba que debían dejarlo en paz. Pero el espíritu de caza ya había despertado y Arlyne informó de aquella conversación con Paulie a Lindberg e Isnardi. Después de aquello, el pobre «tío» de Arlyne que no sospechaba nada fue sumiéndose en más y más problemas a cada día que pasaba.

Según afirmó después Arlyne, ante la insistencia de los detectives, presentó a Paulie a otro de sus blancos, un matón de

Brooklyn que había metido a Luca en el negocio del *popper*. Tommy se encontró en deuda con esta conexión, y ordenó a Arlyne que lo neutralizara. Por consiguiente, había concertado una reunión del traficante con un agente secreto de la DEA con la esperanza de que lo convenciera para venderle heroína. Con aquel drama en marcha, sugirió al objetivo que igual le gustaría comprar el polvo de metacualona de Paulie. Como resultado de aquella reunión, los dos hombres acordaron hacer negocios. Arlyne monitorizó el progreso de aquella unión con visitas a la zona de obras en Manhattan donde Paulie trabajaba para cumplir con los términos de su libertad condicional. Se presentó allí con un micrófono, y en las cintas de uno de aquellos encuentros se mencionaba por casualidad a un tal «Matthew Burton». Ante aquello, los detectives de la policía del condado de Nassau agudizaron el oído. Aparentemente, Burton había cometido una infracción con un agente de Nassau, quien desde entonces se la tenía jurada. Arlyne recuerda que le preguntaron si podía hacerles «un pequeño favor» a los «chicos de Nassau» y tratar de comprarle a Burton una onza o dos de anfetaminas.

Fue un trabajo rápido. Arlyne, como amiga de Paulie, contactó con Burton y concertó una reunión en un bar de su propiedad en un extremo de Long Island. Condujo toda la noche –seguida por una cola de policías– y al entrar en el bar, la condujeron al despacho de Burton, una pequeña estancia solo amueblada con un escritorio y varios archivadores. El propietario parecía un levantador de pesas, con amplios hombros y un torso cónico. Intercambiaron pocas palabras. Él sacó las anfetaminas de su bolsillo y ella le tendió algo menos de dos mil dólares. Lo importante, según le habían dicho Eddie y Louie, era salir de allí pitando. Y es lo que hizo.

Horas después de la compra de Arlyne, se armó la gorda.

Un equipo de agentes de la DEA y los policías de Nassau se lanzaron sobre Burton y el resto de las personas a las que Arlyne había atraído hacia su telaraña de intriga, realizando un buen puñado de detenciones. Por petición propia, también detuvieron a Arlyne. La recogieron en su piso en Queens y permitió que la llevaran hasta la oficina de la policía del condado de Nassau, donde pasó por las consabidas fotografías y toma de huellas. Y a continuación se la llevaron esposada por la escalera trasera hasta el juzgado. Durante su comparecencia, interpretó el papel de «novata». Fuera del campo de visión de los otros arrestados, Arlyne se quitó las esposas. La policía extendió un acta de detención, aunque solo fue en aras del espectáculo y más tarde se la enviaron por correo.

La charada no convenció a nadie. A oídos de Arlyne llegó que Paulie Messina sabía, o que al menos había adivinado, quién le había traicionado. Aunque Arlyne realmente no pensaba que Paulie fuera a hacerle algo, no lo tenía tan claro con Matthew Burton, quien, según sabía, era de una pasta más dura. Un agente de la DEA asignado a su caso alegó ante sus superiores que, basándose en la «tipología de las personas» detenidas como resultado de la cooperación de la confidente, «existía un alto riesgo de que la eliminaran, a menos que la reubicaran inmediatamente». De nuevo, ofrecieron a Arlyne ingresar en el programa de Protección de Testigos. Y de nuevo, Arlyne lo rechazó, aceptando en cambio un generoso y poco corriente pago de seis mil dólares para trasladarse.

Dinero en mano, Arlyne metió a Beatrice y a *Shadow* en el coche y se encaminó hacia Florida. Lo más lejos que llegaron fue a Dillon, en Carolina del Sur, donde se registraron en un motel llamado South of the Border. El motel, a medio camino entre Nueva York y Miami, era una de las escalas habituales de Arlyne. Normalmente cogía una habitación y echaba una cabezadita antes de conducir las once horas restantes hasta Florida. Pero en aquella ocasión se quedó. Un día. Después dos. Ella y su familia permanecieron en aquella sombría habitación durante una semana hasta que fue capaz de decidir qué hacer.

Cuando había aceptado el dinero para el traslado, lo había hecho con la idea de instalarse en algún lugar seguro. Sin embargo, en aquel momento, al considerar las consecuencias de un destierro permanente, su determinación flaqueó. Dejar Nueva York significaba que no podría volver a participar del juego. No más adrenalina. No más acción. Aquello era inconcebible. Arlyne Brickman dio media vuelta y se dirigió de nuevo hacia la ciudad. Si hacías algo realmente malo, reflexionó, lo último que se esperaba era que regresaras a casa. De acuerdo con esa lógica, su apartamento era el escondite perfecto. Al abrigo de la noche, se deslizaron en su interior y Arlyne y Beatrice pasaron los siguientes días caminando de puntillas y susurrándose la una a la otra. *Shadow* no parecía sentirse tan coartado. Cuando alguien pasaba por delante de la puerta, se ponía a ladrar a todo volumen.

Después de un par de semanas, la tensión aminoró. Arlyne tomó el dinero del traslado y fue a comprarse algunas joyas. Invitó a Tommy Luca a vivir con ella de nuevo y a compartir su riqueza. Una noche, mientras ella y Tommy cruzaban la calle camino del bloque de pisos, un coche les salió al paso. Era Paulie Messina.

—Quiero hablar contigo —dijo fríamente.

Los tres caminaron en silencio hasta el piso, con Paulie cerrando la marcha. Una vez que la puerta se cerró tras ellos, Paulie sacó un revolver.

—Paulie, por favor —suplicó Arlyne—. Guardaré silencio.

Tommy paseaba la mirada de uno a otro como si no entendiera nada.

–Paulie –rogó–, ¿cómo quieres que sepa lo que ha hecho? ¿Acaso yo me entero de algo?

«Escoria», pensó Arlyne.

Paulie tomó una silla que había junto al piano y esperó un momento. Después preguntó en voz baja:

–¿Por qué me lo hiciste, a mí precisamente?

Arlyne conocía a Paulie y sabía que tenía su corazoncito y que podía tragarse una mentira.

–Tengo que explicarte lo que pasó –comenzó con vacilación–. Lo entenderás, Paulie. Arrestaron a Leslie por posesión de drogas. Iban a encarcelarla a menos que cooperara. Sabían que éramos amigos. No sé cómo se enteraron. Era o tú o Leslie.

Paulie alejó la pistola.

–Eileen –dijo (Paulie era una de esas personas que jamás pudo pronunciar «Arlyne»)–, no quiero volver a verte. No quiero que nadie me llame. Y no quiero volver a oír tu nombre.

Y con eso, se marchó.

Arlyne estaba eufórica de alivio. En aquel momento, todo lo que le vino a la cabeza fue lo divertido que había sido volver a darle gato por liebre a Paulie. Años después, cuando los fantasmas de los amigos a los que había traicionado comenzaron a plañir en sus sueños, Arlyne recordaría aquel incidente como «lamentable».

Arlyne se quedó en Nueva York con la seguridad ilusoria de que la mejor manera de evitar el peligro era colocarse directamente en su camino. Permaneció en las listas de confidentes de la DEA y del FBI, mientras al mismo tiempo se involucraba –«hasta cierto punto»– en negocios más turbios con Tommy Luca.

El arresto de los Ricchiutti solo había interrumpido brevemente el negocio de hierba de Tommy. Pronto encontró nuevos proveedores y continuó con la venta al por mayor a los estancos. Dom Paterno ya no salía en la foto. Se había metido en problemas y unos tipos duros sicilianos lo retenían en la trastienda de una cafetería. Su hermano pagó el rescate –porque, al fin y al cabo, era familia–, pero después de aquello, Tommy y Nick decidieron que la estupidez de Dom era una carga y lo echaron de la banda.

En aquel momento, Luca había superado sus reparos con las drogas duras y se había pasado a la cocaína y la heroína. Mantenía deliberadamente la boca cerrada en lo que se refería a sus nuevos contactos, pero Arlyne sabía por fragmentos de conversación que había escuchado aquí y allá que se había juntado con un tipo llamado Pete El Busca. No pudo averiguar muchas cosas sobre Pete, excepto que operaba fuera de Brooklyn, cerca de Staten Island y que siempre estaba al acecho de nuevos proveedores. Tommy y Nick eran quienes exploraban el terreno.

Por primera vez, Luca empezó a llevar un busca encima. No quiso darle el número a Arlyne, algo que la puso furiosa, y solo le pedía ayuda cuando iba corto de personal. Aquello ocurría bastante a menudo, puesto que Nick, que disfrutaba de fama de ser un excelente cortador de coca, también era un cocainómano empedernido y con frecuencia se veía incapacitado por el vicio. En una de esas noches, Tommy tenía que hacer una entrega de coca a Lazro, el guayanés, a cambio de diez mil dólares. Nick, que era el que había cerrado el trato, no se presentó. Luca y Lazro se enfadaron. Así que Tommy presionó a Arlyne para que hiciera de mensajera. Arlyne se llevó a Beatrice como apoyo moral y condujo hasta Brooklyn, encontró a Lazro en la calle e intercambió el paquete marrón que llevaba por un sobre lleno de dinero. No lo insultó contando los billetes. Lazro no era ningún artista *beat*. Aproximadamente cinco horas después,

Lazro llamó al apartamento, balbuceando enfadado que la heroína que Tommy le había dado estaba tan adulterada que era «basura». Luca se limitó a soltar una carcajada. Le encantaba salir ganando con los negros.

Hubo otro incidente, notable no tanto por su importancia en el momento en que se produjo sino por la relevancia que tuvo en los tratos posteriores de Arlyne con sus amigos los federales. De nuevo, Nick no se había presentado a recoger unos trescientos mil dólares que Luca pensaba intercambiar por un cargamento de heroína en Avenue O. Así que volvió a reclutar a Arlyne como sustituta. Aquella misma tarde, ella y Luca fueron al encuentro de un tipo llamado Petey (no confundir con El Busca), que había negociado el trato con unos proveedores sicilianos. Tommy aparcó en doble fila en frente del piso de Petey, un ordinario edificio bifamiliar sin ascensor, y le tendió a Arlyne una bolsa de la compra. Al tomarla, comprendió por su peso que estaba llena de billetes. Arlyne siempre se ponía como un flan y sentía algo similar al placer sensual cuando había dinero cerca. El sentido común le dijo que no mirara en el interior de la bolsa, y continuó sin queja alguna mientras Tommy la escoltaba escaleras arriba hasta la cocina de Petey.

Era una escena sorprendentemente doméstica. Allí estaba Petey y su socio –un par de italianos treintañeros– y la esposa de Petey, una rubia bajita y desagradable que cargaba con un bebé en brazos y tenía un niño enredado entre las piernas. Petey le indicó a Arlyne una butaca en la cocina y esta se sentó, con la bolsa de la compra junto a ella. Tommy se marchó a recoger la mercancía.

Arlyne estuvo allí sentada durante lo que le pareció una eternidad, charlando sobre cosas sin importancia. Las drogas no se mencionaron, evidentemente, puesto que la esposa y los hijos de Petey estaban presentes. Arlyne reparó en que había dos pistolas: una encima de la mesa y la otra sobre la nevera. Al fin, el teléfono sonó. Petey le pasó el auricular. Era Tommy, quien le dijo: «Dale el dinero al tipo que sube ahora. Está todo en orden».

Al cabo de un momento, sonó el timbre. Era un italiano de mediana edad que llevaba un traje a cuadros y una gorra de béisbol. Petey le hizo un gesto para que le diera el dinero. «¿Dónde está Tommy?», preguntó Arlyne. El hombre del traje no contestó. Se limitó a coger la bolsa y se marchó. Tommy no apareció hasta las tres de la madrugada. A aquella hora, la esposa y los hijos de Petey ya se habían acostado, así que los hombres se pusieron a hablar de dónde conseguir hierba.

De camino a casa, Arlyne y Tommy volvieron a pelearse. Ella trató de salir del coche; él la metió adentro de nuevo. Se reconciliaron al cabo de unos días. Arlyne diría después que jamás recibió un céntimo por el trabajo de aquella noche, lo que, a su ver, la exculpaba. Sin embargo, la Navidad estaba a la vuelta de la esquina y Tommy le dio algo más de mil dólares y le dijo que se los gastara en algo para ella. Se compró un juego de comedor, cuya atracción principal era una enorme mesa octogonal de cristal.

No hacía falta ser un genio para ver que la incursión de Luca en las drogas duras estaba generando una situación doméstica poco sana. Aunque Leslie Brickman no vivía en casa, se dejaba caer de vez en cuando. Leslie y sus amigos se chutaban heroína y Tommy la vendía, así que solo fue cuestión de tiempo que se juntaran. Leslie presentó a Tommy a su nuevo novio, un puertorriqueño llamado Willie.

Arlyne no pudo averiguar muchas cosas sobre aquel supuesto novio. Cada vez que le preguntaba algo a su hija, Leslie empezaba a gritar. Sin embargo, y sabiendo que la muchacha confiaba en Beatrice, Arlyne le dio a la doncella unos pocos dólares para que consiguiera información. Se enteró de que Leslie había conocido a Willie cuando había ido a comprar droga al Lower East Side. Era un traficante de heroína de Allen Street, conocido por ser «uno de los hispanos más listos del lugar».

La pareja vivía en un edificio multifamiliar. Arlyne trató de telefonear a Leslie, pero la línea estaba desconectada, así que se pasó por allí sin avisar. Se quedó ligeramente más tranquila al ver que el piso estaba limpio. Sin embargo, al atisbar entre la penumbra, pudo distinguir conchas de caurí y velas en cilindros de cristal. Willie practicaba el vudú. También era el dueño de un enorme pit bull llamado *Midnight*, al que entrenaba para luchar. Arlyne no le encontró sentido a nada de aquello. Pese a que su hija podía ser muy fría en algunos aspectos, siempre había sentido simpatía por los animales. No pegaba con su manera de ser el tolerar el sacrificio de gallos o el tormento y destrucción de un perro. Y lo que todavía le parecía más extraño era su actitud con Willie, que parecía uno o dos años más joven. Lo mimaba como si fuera un niño. Arlyne, que siempre había preferido los hombres dominantes, no era capaz de entender qué era lo que la atraía de él.

Sin embargo, si había dudas sobre quién controlaba a quién, quedaron resueltas en las semanas posteriores a su visita al edificio multifamiliar. A partir de entonces, si Arlyne quería ver a Leslie, tenía que acercarse a Allen Street. En la esquina de la calle se cruzaba tanto con chiquillas bonitas como con otras consumidas que se prostituían para conseguir heroína. Leslie apenas salía a la diminuta plaza. Estaba, casi siempre, en un edificio abandonado. Arlyne tenía que persuadir a alguien para que la avisara. A veces, Leslie respondía; otras, estaba «ocupada». En su interior, Arlyne sabía que se estaba prostituyendo para Willie.

Con el paso del tiempo, Arlyne se llegaría a preguntar por qué, en aquel momento en que su hija necesitaba tanta ayuda, se sintió abrumada por la inercia. Uno de los motivos indudables es que no contaba con la fortaleza emocional para afrontar el hecho de que su hija era una prostituta drogadicta. El hacerlo habría comportado reconocer que era, al menos en parte, responsable. Y eso, a su vez, habría significado reconocer que Tommy no hacía ningún bien a ninguna de las dos. Todavía seguía aferrándose al cuento de que Leslie necesitaba la figura de un padre.

Años más tarde, la opinión de Leslie sobre su madre y su presunta figura paterna fue sobria e irrefutable: «Solía comprarle a él la coca y la heroína que consumía, así que ¿qué le importaba yo? Él y mi madre solo se preocupaban de que, en el caso de necesitar dinero, pudieran pedírmelo prestado. Bueno, pedírmelo prestado, no; más bien, ya sabes, pedírmelo y punto. Y yo se lo daba. Solían obligarme a pagar por adelantado si quería comprar algo. Tommy jamás me hizo un descuento ni nada parecido».

Arlyne mantendría hasta el final que fue Tommy, y no ella, quien le vendía heroína a Leslie. Pero un hecho parece evidente. Durante la mayor parte de 1981 y 1982, Arlyne conocía aquella alianza impía y –por miedo a perder a Tommy y su «calderilla»– no movió un dedo para que terminara.

Entre los miembros de la familia Weiss había una conspiración tácita para no hablarle a Irving de su nieta. Sentían que la verdad lo habría matado. El concesionario de Irving en Palm Beach había cosechado mucho éxito, pero Billie, que percibía que la gente de allí no era muy partidaria de los judíos, instó a su esposo para que cerrara. Se trasladaron a un rascacielos junto al mar un poco más al sur de la Gold Coast, donde Irving pudo disfrutar de la jubilación de un caballero, fumando Chesterfields y jugando a las cartas con sus amigos junto a la piscina. En la práctica, Arlyne no mantenía ningún contacto con su padre. Sin embargo, hablaba regularmente con su madre, a quien se lo contaba todo. Los años habían conferido a Billie cierta madurez y guardaba los secretos con una dignidad y tranquilidad dignas de Ida Blum.

Una tarde, Arlyne recibió una llamada de su madre. Billie titubeaba y se le quebró la voz al soltar la noticia. Irving tenía cáncer.

Arlyne propuso tomar un avión de inmediato, pero la persuadieron para esperar unas pocas semanas hasta que los médicos le extirparan un trozo de pulmón. Cuando finalmente fue a verlo al hospital Hollywood Memorial, Irving ni siquiera la miró. Su madre achacó aquel comportamiento a la medicación.

La operación no había sido un éxito total y absoluto, y según dijeron los doctores, sería necesario someter al paciente a un tratamiento de radiación. Pese a ello, el estado de Irving continuó deteriorándose. Arlyne realizó varios viajes a Florida para ayudar a su madre y a Barbara en los cuidados de su padre. Pero Irving no quiso que lo tocara. No dejó de decir que olía mal. Arlyne, que era escrupulosa hasta niveles obsesivos con el olor corporal, se dio cuenta de que las alucinaciones olfativas de su padre nacían del recuerdo de sus romances, abortos y mentiras. Se fue a la cama llorando.

A su regreso a Forest Hills, Arlyne trató de explicarle a Leslie lo que le sucedía a su «Poppy», pero la muchacha tenía sus propias preocupaciones. Willie la había dejado tirada y no podía pagar el alquiler. Viendo la oportunidad de recuperar el control sobre su hija, Arlyne le alquiló un pequeño piso detrás del suyo y lo amuebló sin reparar en gastos. Leslie vendió todo el mobiliario por doscientos dólares y se los gastó en drogas. Entonces, Arlyne la convenció para que viniera a vivir con ella, al menos durante un tiempo.

Leslie ya había tratado de desengancharse. Había ingresado por voluntad propia en una clínica cerca del hospital Beth Israel, donde había permanecido durante tres semanas. El resultado había sido su inclusión en un programa de metadona, lo que significaba que Arlyne había tenido que llevarla cada día a la 125 Street para que le dieran su medicación. Se afligió muchísimo cuando, al cabo de un tiempo, se enteró de que Willie y Leslie estaban vendiendo la metadona. Sin embargo, tras su ruptura, los deseos de recuperación de Leslie parecían más sinceros.

Al tener la oportunidad de observar a su hija de cerca, Arlyne se alarmó por lo que veían sus ojos. En un periodo de pocos meses, el cuerpo con formas de Leslie había desaparecido para convertirse en algo delgado. Padecía hepatitis, tenía fiebre y dormía mucho. Pero la convalecencia resultaba casi imposible en medio de todo el caos de llamadas y visitas de los acreedores furiosos con Tommy, que no cesaban en todo el día. El acreedor más persistente de ellos era un joven colombiano llamado Edgar Morales, un amigo de Willie y traficante de coca por derecho propio. Antes de romper, Willie se lo había presentado a Tommy, y Morales le había dado una parte de un kilo en consignación. Cuando llegó el momento de recoger los siete mil quinientos dólares, no se pudo encontrar a Luca por ningún lado. Exasperado, Morales se presentó ante la puerta de Arlyne, llamó al timbre y gritó: «Mamaíta, ¿dónde está tu hombre?».

Siempre que Tommy se dignaba a pasarse por allí, Arlyne le daba la lata para que le sacara a Morales de encima. Pero

Tommy se había acostumbrado a hacer oídos sordos con ella. Aunque últimamente parecía preocupado y receloso. Con toda seguridad, la idea de que Arlyne era capaz de entregarlo a la DEA revoloteaba en su mente. De hecho, en un buen número de ocasiones, Arlyne había tenido la tentación de delatarlo, aunque había dado marcha atrás cuando las cosas parecían ir mejor entre ellos. Arlyne tenía la costumbre de facilitar a sus amigos federales solo la información necesaria para cubrirse las espaldas si arrestaban a Tommy o a alguno de sus amigos –pero no la suficiente como para que el flujo de «calderilla» se viera interrumpido–. Era sencillo: Luca tenía que confiar en que Arlyne también protegería sus intereses. Y cuando dichos intereses lo llevaron a las drogas duras, su confianza empezó a esfumarse.

Completamente consciente de aquella tensión que no dejaba de aumentar, Arlyne no pudo resistirse a realizar algunos trabajos de poca relevancia para los federales. Una tarde en la que había salido a concertar una reunión para una compra de quinina a manos de la DEA, Tommy pasó por el piso. Al regresar, Arlyne se encontró con que Luca se estaba arreglando para salir, abrochándose una camisa negra que no había visto antes. «Solo una mujer te compraría una camisa así», arremetió.

«¿Y tú?, ¿qué has estado haciendo todo el día? –contraatacó él–. ¿Delatando lo de mis negocios con El Busca?».

Tommy golpeó la mesa de cristal con el puño y la partió limpiamente en dos. A continuación, salió dando un portazo.

Al parecer, el incidente le confirmó a Arlyne que Tommy tenía una amante y se obsesionó con averiguar quién era. Una vez distinguió su coche en un motel cercano al aeropuerto y recorrió todos los aparcamientos de todas las hosterías del vecindario. Una noche, lo pilló en el aparcamiento de un hotel en Conduit Boulevard. Había una mujer en el asiento del copiloto, pero como estaba oscuro, Arlyne no pudo distinguir su rostro. De espaldas parecía una «pequeña hispana».

Arlyne tenía que saber la verdad. Mantenía una buena relación con Nick, quien, pese a ser el socio de Tommy, siempre le había hablado con franqueza. Así que lo llamó.

–Nick –preguntó Arlyne sin tapujos–, ¿qué pasa con Tommy?

–¿No sabes con quién se está viendo? –preguntó Nick.

–No, no tengo ni idea –admitió.

–Se está viendo con Gina.

–¿La mujer de Vince? –preguntó Arlyne con incredulidad.

–Sí, lleva viéndola desde hace algún tiempo.

Las palabras «Desde hace algún tiempo» martillearon en su cerebro. Así que todo el mundo lo sabía, hasta la novia de Terry, que le había advertido lo de «mirar en su propia casa». Arlyne Brickman, que era capaz de averiguarlo todo sobre todos, había sido incapaz de ver lo que sucedía ante sus narices. Era una humillación horrible. Echando toda la cautela por la borda, llamó a Gina y preguntó: «¿Qué está pasando aquí?».

Gina se mostró sorprendida por lo apenada que estaba Arlyne. Tommy le había dicho que Arlyne y él jamás habían sido amantes y que solo eran socios empresariales.

Tommy tardó menos de una hora en enterarse de que Arlyne había llamado a Gina. Su reacción fue de rabia. Justo cuando Arlyne iba a subir a su Capri de alquiler para llevar a Leslie a hacer un recado, vio a Tommy acelerando directamente hacia ella. El guardabarros izquierdo chocó con el lateral del Capri. Arlyne aceleró para huir, pero Tommy les fue a la zaga, pisándoles los talones. Cuando Arlyne se detuvo en un semáforo, Tommy se apeó del vehículo, sacó una pistola y disparó dos veces. No hizo diana y al parecer dándose cuenta de que estaba metido en un buen lío, puso pies en polvorosa.

En aquel momento, le tocaba a Arlyne estar indignada. Interpuso una denuncia y los agentes que lo arrestaron no tuvieron dificultad alguna en localizar a Tommy, que se escondía en casa de Gina. Pero la cosa se complicaba. Luca probablemente le diría al fiscal que Arlyne era una confidente y que, si el caso llegaba a juicio, podría verse expuesta. Arlyne, que todavía trabajaba para el gobierno y para el Departamento de Policía de Nueva York, consideró las sombrías alternativas y, al final, optó por retirar los cargos.

Arlyne resolvió que, si quería que se hiciera justicia, tendría que encargarse ella misma.

Sigue siendo motivo de controversia saber el momento exacto en que Arlyne informó sobre el nigeriano a la autoridad federal. Hasta el día de hoy, ella insiste en que ya lo había mencionado antes de que Luca la atacara, a principios del mes de febrero de 1983. El detective Lindberg recuerda que no ocurrió hasta después de la ruptura. (De hecho, los documentos que detallan el trabajo de Arlyne en dicho caso están todos fechados en el mes de febrero en adelante). Dejando de lado las discrepancias irrelevantes sobre la fecha, la información que Arlyne facilitó fue la siguiente: una mañana, Luca y Nick Paterno estaban tomándose un café en la cocina cuando leyeron algo en el periódico que los alteró. Los de Aduanas del aeropuerto Kennedy habían detenido a un nigeriano llamado Komolafe con varios kilos de heroína encima. Tommy saltó de la silla y corrió hasta una cabina que había en la esquina de la calle. Arlyne supuso que hablaba con un tal «Charles», quien había estado llamando varias veces a su apartamento durante últimas semanas, pero fue incapaz de descifrar la procedencia del acento del tal Charles.

Lindberg pasó la información a Aduanas, desde donde le ordenaron a Arlyne indagar la identidad del contacto no identificado de Luca. Arlyne abordó a Nick, que estaba más hablador que de costumbre porque últimamente él y Tommy no dejaban de discutir. (Según había descubierto, Luca lo había estado estafando y había encontrado en la visera del coche de Tommy una contabilidad paralela). Por Nick, Arlyne averiguó que él y Tommy habían llegado a hacer negocios con Komolafe gracias a una presentación orquestada por Charles Anifalaje, también conocido como Anif. Nick desconocía si también era nigeriano. Aparentemente, habían perdido dinero con la detención del mensajero. Y Charles todavía los había jodido más al entregarles un paquete de heroína marrón de baja calidad. Así que Tommy no le devolvía las llamadas a Charles.

Arlyne telefoneó al hombre misterioso a un número que había dejado en uno de sus mensajes y le propuso encontrarse en el Floridian Diner de Brooklyn. Le dijo que podía hacer que Tommy volviera a estar de buenas con él. Eddie y los federales confiaban en que averiguara lo suficiente como para implicar a Luca y a Paterno y, en segundo lugar, que organizara una compra.

Un gélido día de febrero, Arlyne se presentó en el restaurante para la cita. Charles no había llegado todavía. Llamó a su casa, pero no obtuvo respuesta. Entonces lo vio: un negro imponente ataviado con un traje caro y una pulsera de Gucci.

–¿Qué tal estás, corazón? –saludó Arlyne.

Charles pidió una Heineken; Arlyne, un *bloody mary*. Se sentaron y se observaron, sin tocar las bebidas.

–Charles –dijo Arlyne–, permíteme que te pregunte algo. Ya sabes que Nick estaba en casa cuando te telefoneé la otra noche. Fue idea suya.

–¿Y por qué iba a ser idea suya? –preguntó Charles.

La miraba fijamente a propósito, algo que la cohibía.

–¿[Por qué] me miras...? Ya sé que estoy gorda... Estoy intentando adelgazar... Llevo un régimen muy estricto...

Charles fue al grano y manifestó sus quejas.

–Tommy es buen tipo, [pero] tiene mucho carácter.

–Tommy tiene mucho carácter –repitió Arlyne, compadeciéndose–. Tendrías que haber visto lo que le hizo a mi coche... Deja que te explique lo que pasó... No podía confiar en ti. Le diste la marrón. ¿Recuerdas la marrón?

–Les avisé –contrarrestó Charles– de que no es buena... como antes.

Arlyne dio un giro a la conversación para descubrir la relación de Tommy con Komolafe.

–Charles, voy a decirte algo. [Estaban] furiosos contigo el día que, que pillaron a aquel tío. De haberte tenido delante, te habrían matado.

–Bueno, ¿y cuál era el problema? –protestó él–. No habían hecho nada todavía...

–Te pagaron por adelantado... Charles.

–Eso es verdad, pero... sabes... mira, yo ya les comenté que... todos sabemos que eso puede costar doscientos cincuenta mil dólares, ¿vale?

–¿Cuánto? –tanteó Arlyne para la grabación.

–Doscientos cincuenta mil –repitió.

(Más adelante en la conversación, al parecer Charles insistió en que no había habido ningún pago por adelantado y Arlyne se quedó perpleja, tratando de averiguar por qué Tommy se había disgustado tanto con la detención del mensajero. Arlyne consiguió enterarse de que, un mes antes, Tommy había ido a casa de Charles para recoger una muestra de heroína y que los dos habían negociado el precio. Pero después Luca había ganado la lotería y, sin la presión por las necesidades financieras que lo empujaban a hacer un trato, ya no le planteó una oferta).

Arlyne alardeó de que, en verdad, ella había sido el cerebro detrás de la operación de Tommy.

–De acuerdo, cuando hago una compra... –(tuvo un lapsus, pero lo corrigió rápidamente)–, ay, no, disculpa, cuando hago una venta, siempre tratan conmigo... Es decir, que Tommy se sienta detrás de mí... ya me entiendes.

Quizás ella y Charles podían hacer negocios cuando él tuviera «cantidad». En aquel momento no tenía nada, explicó, pero ya llegarían los kilos.

–Si consigo colocarla –alardeó Arlyne–, te daré el dinero en el acto.

Charles mostraba cierta cautela, pero estaba intrigado.

Arlyne comprobó la hora en su reloj. Tenía que ir a recoger a su hija.

–Llámame si quieres hablar conmigo.

–Te llamaré el domingo –prometió Charles.

Pasaron tres semanas antes de que Arlyne se encontrara de nuevo con Anifalaje. En aquella ocasión subió al apartamento, dispuesto a hacer negocios. Pero en el ínterin, el plan de juego de los federales había cambiado. No sería ella la que haría la compra, sino que le presentaría a un agente de incógnito –en aquella ocasión, Louie Isnardi, que fingiría ser su amigo «Aldo»–. Arlyne no le dijo nada a Charles sobre el invitado por miedo a que se asustara y no acudiera a la cita.

Arlyne lo recibió en la puerta.

–Ya te dije que no vivimos mal –manifestó a modo de saludo–. ¿Qué te parece?

–Eh, sí, sí – canturreó con admiración.

Arlyne le sirvió un whisky.

–Solo hay tres negros que entran en mi casa hoy en día –le dijo–. Tú, Linton y Lazro.

Aquel comentario torpe tenía la intención no solo de halagar a Charles, sino también de ver si reconocía los nombres de los guayaneses de los estancos. Pero Charles no dio señal de haberlo hecho. Resultó ser que no era guayanés ni nigeriano, sino nativo de Ghana.

Shadow, que estaba agazapado en posición medio alerta sobre la alfombra, gruñó hacia el recién llegado, quien lo miró con inquietud. Desde el dormitorio, Leslie llamó a su madre.

–Vale, cariño –contestó Arlyne, demasiado ocupada para comprobar qué quería la muchacha. De hecho, Leslie estaba enferma con cuarenta de fiebre–. Tengo suerte con ella –se jactó Arlyne–. Acompaña... a Florida en coche, ¿sabes a qué me refiero?... Aquí todos trabajamos... Todos nos ganamos la vida.

Tras una pausa, Arlyne se puso manos a la obra.

–Necesito sacar algo de dinero... Tengo un serio problema. Tommy... me ha dejado muchas deudas.

Charles sacó un frasco de cristal.

–¿Qué es eso? –preguntó con poca sinceridad.

–Es coca –repuso Charles.

–¿Eso es coca? ¿Qué, te vas a hacer una raya?

–Sí.

–Déjame ver qué es. ¿Es buena?

Arlyne esnifó el polvo blanco.

–¿No te parece buena? –le preguntó Charles.

–Oh, Dios mío –exclamó ella–. Me acabo de despertar de golpe. Es buena, Charles. Bien –apremió Arlyne–, creo que congeniaremos... Tampoco tenemos que empezar a lo grande... Conozco a un tipo que tiene más [dinero] que Dios... He estado esperando toda la maldita noche a que ese cabrón llame. Tenía que aparecer con el dinero.

El teléfono sonó. Era Aldo.

–¿Te importa si sube? –preguntó Arlyne a Charles–. ¿O prefieres conocerlo en otra ocasión?

Charles no parecía muy contento con aquel vuelco inesperado de los acontecimientos. Durante toda la tarde, Arlyne había notado cómo la miraba. Parecía que le gustaban las mujeres entradas en carnes. Y en aquel momento, empezó a insinuarse entre susurros.

–¿Cómo quieres que tengamos privacidad? Mi hija... está aquí –protestó.

Finalmente, Charles accedió a que Aldo subiera, con la condición de que se marchara pronto.

–No –insistió Arlyne–. Va a quedarse... Tiene que quedarse... Tenemos que repasar los números... Habrá muchas otras noches, Charles. Deja que adelgace un poco.

–De acuerdo –cedió Charles–. Que venga.

Arlyne le dijo a Isnardi que subiera.

–Hola, perrito. Hola, perrito. –El detective saludó a *Shadow*–. Hola, Charles –dijo Isnardi, dirigiéndose hacia el invitado de honor–. Encantado de conocerte. –Isnardi tomó la copa que le tendía la anfitriona–. Arlyne [me] ha hablado mucho de ti –continuó–. Ya tenía ganas de que nos sentáramos... y ver si podemos hacer algo.

–Exacto –respondió Charles sin mucha efusividad.

–Nada en consignación, ¿vale?... En metálico. A la entrega... Y seremos muy muy buenos amigos.

Aldo afirmó que podía mover un kilo poco a poco si le avisaban con cinco días de antelación, excepto los viernes, que era imposible.

Arlyne, que había recibido una llamada telefónica, se unió a los hombres.

–Aldo –dijo–, adivina quién era. Lazro, buscando a Tommy. Por el dinero.

–No quiero oír nada de Tommy –dijo Aldo con monotonía.

Aquello tocó la fibra sensible de Charles, que intervino en la conversación:

–Verás… Tommy y Nick, me deben pasta.

Y pasó a explicar que conocía a Nick desde hacía veinte años más o menos, pero que aquella maldita deuda estaba destruyendo su amistad.

–Te entiendo –se compadeció Aldo–. Por eso yo lo hago de otro modo, ¿vale?

A causa de una reticencia natural, quizás, a discutir unos asuntos tan delicados con un completo extraño, Charles había bajado tanto la voz que era imposible que el equipo de vigilancia pegado al transmisor lo oyera. Eddie Lindberg telefoneó y le pidió a Arlyne que hiciera algo.

–Disculpa –le dijo a Aldo con el teléfono todavía en la mano–. ¿Tú lo oyes? Igual me estoy volviendo loca…, pero cada vez que nos vemos tengo la sensación de que me estoy quedando sorda.

–Vale –repuso Charles–, la razón por la que… no hablo en voz alta es porque [estos] asuntos no se discuten en voz alta.

–Vale. –Aldo reanudó la conversación–. Dinero al contado. ¿Que la quiero marrón? ¿Que la quiero blanca? Te lo digo por adelantado.

Charles murmuró algo como respuesta y de nuevo, Arlyne arremetió contra él.

–No te oigo –lo acosó–. ¿Podrías repetirlo?

Claramente preocupado por si se pasaba de lista, Aldo le sugirió:

–¿Por qué no vas a pasear al perro?

Con una voz lo suficientemente alta como para que se grabara en la cinta, Anifalaje le dijo a Aldo que a la semana siguiente le llegaba una remesa y que lo llamaría entonces. Harían negocios en el vecindario por doscientos mil dólares. El detective le dio el número de teléfono de su «hijo» en Hempstead y le dijo que preguntara por Aldo sénior, no por júnior. (La línea estaba intervenida por los de narcóticos).

–Yo me ocuparé de ella, ¿vale? –concluyó Aldo, indicando que le daría a Arlyne su parte correspondiente.

Contrariamente a la promesa de Arlyne, no hubo «muchas otras noches». Jamás volvió a ver a Charles. Después de que los presentara en su piso, Anif solo hizo negocios con Isnardi, confiándole al agente de incógnito secretos irrefutables. Formaba parte de una organización que metía narcóticos en el país a través de mulos, uno de los cuales era el nigeriano Komolafe. Él mismo había traído dos kilos. Anif incluso invitó a Aldo a acompañarle a India, Nigeria y Pakistán para presentarle a sus contactos.

Mientras el cerco se estrechaba alrededor de Anif, Arlyne se recreaba con la satisfacción ante la perspectiva de que también arrastraría a Tommy.

Durante todo el asunto Anifalaje, Edgar Morales se convirtió en una auténtica pesadilla. Las pocas veces que se había plantado ante la puerta gritando: «¡Mamaíta! ¡Mamaíta! Tienes que pagar», Arlyne se había sentido más molesta que alarmada. Edgar no era el muchacho más listo de la calle –era un chiquillo, en realidad– y pensaba que era inofensivo. Eddie Lindberg no lo tenía tan claro. Una noche en que el detective se había pasado por el apartamento para discutir los detalles de una vigilancia, sonó el timbre de la puerta. Arlyne hizo señas a Lindberg para que mirara por la mirilla, y al hacerlo, vio a Edgar con una pistola y gritando: «Mamaíta, voy a matarte». Eddie y Arlyne guardaron silencio. Al final, Edgar se rindió y se marchó a su casa.

Arlyne consiguió reunir pequeños pagos de cuatrocientos

o quinientos dólares y fue entregándoselos a Edgar. Aquello lo calmó durante algún tiempo, pero una semana después volvía a amenazarla presentándose ante su puerta o por teléfono. Las hostilidades aumentaron a principios de abril, cuando el persistente colombiano apareció para reclamar un pago y se encontró con Arlyne haciendo las maletas. Su padre estaba muy enfermo, le dijo. Tenía que ir a Florida, pero le pagaría nada más regresar. A Edgar Morales debió de parecerle que su intención era huir sin saldar la deuda, y decidió actuar con rapidez. La fecha elegida fue el 12 de abril de 1983.

Era el día después del cumpleaños de Leslie. Arlyne, que ya había regresado de Florida, estaba demasiado preocupada como para celebraciones, así que la muchacha daba vueltas por el apartamento con cierto aire sombrío. Todavía estaba delgada, y en ocasiones tenía fiebre, pero Arlyne estaba contenta de ver que seguía con el tratamiento a base de metadona. En privado, Arlyne reconocía que su hija se esforzaba para salir de las drogas y así poder tener los medios económicos suficientes y conseguir un apartamento propio. Leslie estaba obviamente desesperada por librarse de las garras de su madre.

Sobre la una de aquella tarde, Edgar Morales apareció ante la puerta, en aquella ocasión sin su habitual beligerancia. Según dijo, quería llevar a Leslie a almorzar con motivo de su cumpleaños. Arlyne sospechó, pero Leslie, que conocía a Edgar de sus días con Willie, parecía ansiosa por ir y salió disparada por la puerta, haciendo caso omiso de las advertencias de su madre. Arlyne vio cómo se metía en un Chrysler Cordoba de dos colores con Morales y otros dos tipos.

La tarde transcurrió sin noticias de Leslie. Un poco antes de las seis, sonó el teléfono. Era Edgar. Perdía el hilo, pero Arlyne entendió la cantidad –mil ochocientos dólares– y la palabra «secuestro».

–Edgar –soltó–, deja de hacer locuras. No hagas tonterías.

Edgar dijo que la llamaría en una hora. Y a continuación, colgó.

Era como si alguien le hubiese dado un fuerte puñetazo en el estómago. Arlyne trataba de respirar, pero se sentía paralizada. Cuando, después de unos segundos, se sintió lo suficientemente recuperada de la conmoción como para mover los brazos, alcanzó el teléfono y empezó a llamar a todos los policías que conocía.

Eddie Lindberg fue uno de los que respondieron a su llamada desesperada. Se apresuró a llegar al apartamento y se sorprendió al encontrar allí una muchedumbre. Había al menos veinte agentes, en su gran mayoría inspectores ya entrados en años y kilos de la brigada de secuestros de Queens. El comedor había sido reconvertido en una especie de sala de crisis. En mitad de toda aquella confusión, Arlyne gritaba y lloraba.

El teléfono sonó y todo el mundo guardó silencio. Arlyne respondió. Era Edgar, que subía sus condiciones de mil ochocientos a dos mil para cubrir los «gastos añadidos» por cobrar la deuda. Como rescate, era una cantidad irrisoria. Retrospectivamente, parece increíble que nadie lo tuviera a mano. La policía de Nueva York estaba dispuesta a darle el dinero, pero solo si los federales lo garantizaban en el caso de que se perdiera o lo robaran. Lindberg se ofreció voluntario para transmitir la propuesta a la DEA. Como diría más tarde, los polis de Queens odiaban a los federales y lo despreciaban, considerándolo un paleto del condado de Nassau. Pero accedieron y aceptaron el ofrecimiento. Lindberg cumplió su promesa y telefoneó, pero el Cuerpo de Narcóticos se negó a asegurar el dinero.

La histeria se intensificó. Alguien había filtrado la historia a la emisora de noticias 1010 WINS, que daba informes crípticos cada hora sobre un extraño secuestro en Queens. Edgar llamaba cada media hora, y cada vez sonaba más colocado. La brigada de secuestros determinó que Morales no llamaba desde una única ubicación, sino desde varios teléfonos de pago repartidos por Brooklyn. Aquello significaba que había dejado a Leslie en algún lugar y que se movía; o que arrastraba a su rehén con él. Sin embargo, las llamadas no mostraban pauta alguna, y los policías eran incapaces de anticipar su siguiente movimiento.

De nuevo, el teléfono sonó. Arlyne y los policías decidieron que era el momento de actuar con atrevimiento. Arlyne tomó el auricular y le comunicó a Edgar que tenía el dinero y que se pasara por el apartamento para recogerlo. Pero le insistió en que trajera a Leslie con él. Edgar, que sonaba desesperado y ansioso de acabar con aquel asunto, accedió.

Eddie Lindberg tomó posición en la camioneta de vigilancia aparcada frente al piso de Arlyne. De todos los agentes congregados para el rescate de Leslie Brickman, él era el único que conocía el aspecto del secuestrador. Sin embargo, solo contaba con un breve recuerdo del rostro de Edgar visto a través de una mirilla.

Cuando un joven hispano apareció por las cámaras de vigilancia, Lindberg vaciló un instante. Para cuando pronunció las palabras «Ahí está», Morales ya había doblado la esquina y había desaparecido por una calle lateral.

Cuando los detectives en el apartamento se enteraron de que la camioneta había perdido el rastro del sospechoso, se lanzaron a las calles, jadeando en busca de su presa. Aquello hizo que Arlyne se quedara sola en el apartamento. Se oyó el timbre de la puerta. Arlyne la abrió y se encontró cara a cara con Edgar Morales, que venía a por su dinero. En el apartamento no había micrófonos, así que no había modo de avisar a los policías de que Morales había conseguido subir hasta allí. Arlyne sabía que tenía que llevar a Morales al vestíbulo del edificio.

–Beatrice ha bajado a por el dinero –le dijo–. La esperaremos abajo y allí te lo daré.

Cuando los dos llegaron a la calle, Arlyne vio a Eddie junto a la camioneta. Sin embargo, Lindberg no podía actuar debido al protocolo jurisdiccional y tuvo que avisar por radio a los detectives de Queens, que en aquel momento corrían en desbandada por todo el barrio.

Antes de que pudiera darse cuenta de lo que ocurría, pescaron a Edgar, y rápidamente les indicó dónde encontrar a su rehén, que estaba sentada en el Cordoba a un par de manzanas. La única cosa que parecía retenerla era la presencia de los dos amigos de Edgar, a los que más tarde se identificó como Stanley Gonsalves y Barbara Belquaglio y que también fueron arrestados. La rehén parecía estar en buenas condiciones.

Los inspectores trasladaron a Leslie a comisaría. Pero el alivio que había sentido Arlyne tras haber recuperado a su hija fue inmediatamente sustituido por el ultraje. Por la manera displicente en que los detectives interrogaron a su hija, estaba claro que no creían que hubiera corrido un peligro real. Sus sospechas se basaban en una llamada en la que, de fondo, se oía a Leslie discutir con los amigos de Edgar en el restaurante al que podían ir a comer. Quizás incluso había tenido algo que ver y había planificado su propio secuestro, sugirieron. «¿Por qué no echaste a correr?», le preguntaron con desprecio.

–¿Y qué querían que hiciera? –respondió ella.

Arlyne hubiera dado rienda suelta a toda su indignación de no ser porque en su interior también albergaba la sospecha de que Leslie quizás había estado involucrada. Había visto a su hija trapichear con la metadona durante su temporada con Willie y sabía que la muchacha era ingeniosa. Leslie no escon-

LA CHICA DE LA MAFIA

día el hecho de que buscaba la oportunidad para marcharse por su cuenta.

En el trayecto de vuelta de la comisaría, Arlyne se enfrentó a ella.

—Mira —le dijo—, los polis me han preguntado... Leslie, ¿tuviste algo que ver?

—¿Tú crees que pasaría por esto si quisiera dinero? —replicó con tono glacial—. Sería más sencillo pedírtelo a ti.

Durante las semanas que siguieron, Arlyne consiguió arrancarle más detalles. Leslie insistía en que la habían secuestrado de verdad. Cuando Edgar le ofreció ir a almorzar, también le había prometido que se colocarían. Así que se drogaron y después la llevó al sótano de la casa de un amigo y le dijo: «Estás secuestrada». Leslie no creyó que Edgar tuviera el valor de matarla. No parecía ir armado. Pero cuando él y sus amigos se pusieron a fumar polvo de ángel, le dio miedo que se les fuera de las manos, se olvidaran de ella y la dejaran allí abajo hasta que muriera. Así que resolvió seguirle el juego y le dijo a Edgar: «Si te va a dar dinero, al menos llévame a un restaurante». La estratagema funcionó. Edgar la sacó del sótano, la metió en el asiento trasero del coche y condujo durante lo que parecieron horas. Cuando finalmente se detuvieron en la acera junto al apartamento, Edgar se volvió hacia ella y le dijo: «No te muevas. Tu madre me dará el dinero y te liberaré». No vio razón alguna para salir huyendo.

Arlyne reflexionó en lo que le había dicho. ¿Qué razones podía tener Leslie, al fin y al cabo, para montar toda aquella charada? Había sido una Brickman el tiempo suficiente como para saber que bastaba con patalear y alguien le daría dinero. En comisaría, había culpado a Edgar y estaba preparada para testificar contra él. No, concluyó Arlyne. No tenía sentido. Resolvió creer a su hija.

Después del incidente, Leslie pensaba que Tommy llamaría para preguntar cómo se encontraba. Pero transcurrieron un par de días y no hubo noticias. Al parecer, aquello la sumió en una depresión. Arlyne no podía ocultar su sorpresa. Leslie jamás mostraba sus necesidades. Su frialdad era como un escudo impenetrable. Verla pasar ante el teléfono esperando una llamada que jamás se produciría resultaba patético. Al parecer, Leslie confiaba en que el secuestro sirviera como grito de socorro, y en aquel momento esperaba la respuesta de alguien a quien había perdido. Su padre, quizá. Cualquier padre.

Tommy no llamó. Sin embargo, aproximadamente dos semanas después del incidente, Billie telefoneó con la noticia de que Irving había fallecido. No tenían por qué desplazarse hasta Florida, dijo. Iba a traer el cuerpo para enterrarlo en el norte.

Cuando Arlyne le dijo a Leslie que su abuelo había muerto, la muchacha no mostró emoción alguna. El único cambio perceptible en su actitud ocurrió la mañana del entierro de Irving. Se paseaba de arriba abajo, fumando un cigarrillo tras otro. Leslie y Arlyne caminaron hasta la funeraria sin intercambiar palabra. Había asistido mucha gente, incluyendo un buen número de ancianos vendedores de coches que querían presentar sus respetos al buen hombre. Billie estaba delgada y pálida, pero guardaba la compostura. Barbara estaba delgada y pálida, pero elegante. Sus hijos estaban a su lado, solemnes, impecables y de duelo.

Leslie parecía tranquila, pero al acercarse al ataúd, que tenía la tapa abierta para mostrar el rostro de su abuelo, amable y ajado por la enfermedad, la muchacha se detuvo en seco. Un temblor recorrió su cuerpo, y aumentó de intensidad hasta que sus hombros y toda ella se estremeció. Soltó un terrible grito ahogado. Su padre biológico la había abandonado. Tommy Luca la había traicionado. El único hombre que le había demostrado un amor constante, y cuya devoción ella había despreciado, estaba muerto. Leslie Brickman empezó a gritar.

Arlyne se llevó a la muchacha a una sala de espera y le mojó el rostro con agua fría para tratar de calmarla. Leslie consiguió aguantar el resto de la ceremonia sin más signos de histeria. Billie y los otros planeaban cumplir la *shivá* en casa de Barbara. Arlyne decidió que quizá sería mejor que ella y Leslie lo velaran por su cuenta. Sin embargo, para cuando llegaron al apartamento, la expresión de Leslie era de nuevo fría como el hielo. Tenía que salir, dijo. A continuación, desapareció, engullida por la ciudad, en busca, según sospechó su madre, de Willie.

Durante varias horas, Arlyne permaneció sentada, sola, tratando de recordar a su padre con el traje blanco en el automóvil, tan guapo como una estrella de cine. Su vida había sido como una fábula. ¿La había escrito él mismo? ¿O la había escrito ella para él? El resultado era el mismo. Había pasado su vida tratando de ser como él. Era un mafioso. Ella era una chica de la mafia. Amaba lo que veía en él, y él odiaba lo que veía en ella. En sí mismo. De una forma extraña, Arlyne envidiaba a Leslie, su dolor incontrolable y ruidoso. Leslie, al menos, todavía formaba parte de los vivos. Por mucho que lo intentara, Arlyne no conseguía llorar. Al pensar en su padre, se sentía completamente entumecida.

NUEVE
«Cariñito»

Durante la primavera de 1983, la única emoción que Arlyne fue capaz de conjurar fueron los celos. Presionó a Eddie y Louie para que le dieran toda la información posible sobre Tommy, quien se había instalado en un apartamento de Brooklyn con Gina Lamattina. Los detectives, al parecer divertidos ante la histeria de Arlyne, la atormentaban diciéndole lo bien que lucía su rival.

El gobierno fue el más beneficiado de la obsesión de Arlyne Brickman. Al haber llevado un micrófono durante sus encuentros con Anifalaje, estaba obligada a testificar en juicio público. La última vez que se había encontrado en una situación similar, Arlyne había huido. Pero, en aquella ocasión, lo consideró como una manera de vengarse. Durante sus conversaciones periódicas con Thomas Roche, un ayudante del fiscal del distrito, no escondió sus razones. «Ni el infierno [conoce] una furia como la de una mujer despreciada», recitaba con picardía. Aquello puso nervioso a Roche, y le aconsejó que no pronunciara esas palabras en la sala.

Arlyne se puso a trabajar con entusiasmo. Deseosa de ver a Luca entre rejas, le explicó a Roche el trato de Tommy de trescientos mil dólares en heroína. Al hacerlo, ella no salía bien parada. Pero le daba igual. Lo único que le importaba era herir al hombre que la había herido.

Aquel mes de junio arrestaron a Anif en el exterior de una cafetería, donde había parado tras una reunión con Aldo. Nick Paterno fue el siguiente. Arlyne esperó a oír las dulces noticias de la detención de Tommy, pero nunca llegaron. Y aunque Anifalaje y Paterno se declararon culpables, no se presentaron cargos contra Luca. Arlyne estaba atónita. Todo lo que le decía Roche es que no contaban con suficientes pruebas.

Arlyne no estaba segura del significado de aquellas palabras. Le habían llegado rumores de que Roche pensaba que sería una mala testigo. Pero mala, ¿en qué sentido? ¿Creía Roche que había mentido sobre Tommy? ¿Pensaba que, una vez en el estrado, se desmoronaría? ¿Tenía miedo de que se le escapara su opinión de «mujer despreciada»? Cuanto más lo pensaba, más se convencía de que Tommy había conseguido algún tipo de trato para salvar el pellejo. Al fin y al cabo, Luca se había beneficiado de la intimidad de Arlyne con los agentes de la ley. «Ve a ver a tus amigos —le decía—. Habla con tus amigos los federales». ¿Resultaba tan difícil de imaginar que hubiera hecho amistades por su cuenta? Si había un trato, no tenía manera de averiguarlo. No le quedó más opción que mantener un perfil bajo y esperar la siguiente oportunidad.

La decepción de Arlyne con el resultado del caso contra Anifalaje se acrecentó al darse cuenta de que la marcha de Luca la dejaba como mercancía devaluada. Cuando estaba con Tommy, pertenecía a una banda. Y aunque no era ningún iniciado y podía ser un chapucero, Tommy era italiano, y era un hombre. Cuando estaba con él, tenía potestad para negociar. Y pese a lo avariciosos que eran los chicos listos, en aquel momento se mostraban reticentes a hacer negocios con una judía que no tenía afiliación alguna. Pero lo que Arlyne consideraba sorprendentemente injusto era que los mismos tipos que la rechazaban como socia seguían haciéndola responsable de las deudas de Tommy. Entre los acreedores que llamaban a su puerta había un par de la pandilla de Brooklyn, que en los últimos años se había empezado a conocer como la Familia Colombo.

Arlyne y los Colombo eran viejos conocidos, de los tiempos de su breve y desagradable relación con Joe Colombo en el St. Moritz. Por aquella época, Funzie Mosca había puesto especial cuidado en explicarle que Colombo era un soldado que estaba escalando con rapidez en la organización de Joe Profaci. Como el viejo Profaci se estaba debilitando cada vez más, sus lugartenientes, incluyendo a Colombo, Carmine Persico y Joe *El Loco* Gallo, competían para conseguir un puesto en la línea de sucesión. Las hostilidades estallaron en lo que se conoció como las Guerras Gallo-Profaci, durante las que Colombo supuestamente liquidó a tantos de sus rivales que fue ascendido a capo con honores. Después de que Profaci falleciera por causas naturales, Colombo lo sucedió como cabeza de familia, y esta, por consiguiente, adoptó su nombre.

Pese a que lo recordaba como un pretendiente vulgar y mujeriego, Colombo proyectaba la imagen de un padre de familia decente que frecuentaba más la iglesia que los clubs sociales. Fingiendo ser un agente inmobiliario, Colombo transformó la banda de matones callejeros de Profaci en una organización criminal con oficinas en Manhattan, Queens y Long Island. Por mucho que lo intentaran, los fiscales federales jamás habían podido pillar a Colombo haciendo algo ilegal. De haberse contentado con mantener una fachada respetable, lo habrían dejado gobernar su imperio subterráneo tranquilo. Pero Colombo tenía una fascinación fatal por convertirse en el centro de atención.

Furioso porque el FBI estaba investigando a su hijo, Colombo declaró la guerra a Hoover y, en la primavera de 1970, encabezó una marcha de protesta ante las oficinas centrales del FBI en Nueva York. Justo tras aquella ofensiva, Colombo constituyó la Liga Antidifamación Italo-Americana (que más tarde se convirtió en la Liga Pro Derechos Civiles de los Italo-Americanos) y en junio de 1970 lideró un mitin con cincuenta mil partidarios en Columbus Circle para protestar por el «hostigamiento» gubernamental. Según se dice, la teatralidad de Colombo no solo enfureció al gobierno, sino también a su supuesto amigo y antiguo mentor, Carlo Gambino. Al año siguiente, cuando subió al estrado para iniciar su discurso en el segundo mitin anual de la liga, un hombre negro sin identificar se acercó a él y le disparó tres veces en la cabeza y el cuello. Colombo se sumió en un coma del que nunca se recuperó. El liderazgo de la familia pasó a Carmine Persico.

Tommy Luca había asistido al mitin en que liquidaron a Colombo. Aquella tarde, regresó al Executive House con Pete el Fontanero. Estaban visiblemente contrariados. «Han disparado a Joey», le dijo a Arlyne. «Un negrata» lo había hecho. A continuación, Tommy y Pete se marcharon a una reunión en un bar de Brooklyn. Durante los meses posteriores, se lanzaron muchas amenazas y se oyó ruido de sables, aunque nadie averiguó jamás quién había ordenado lo de Joe. Arlyne trató de recordar el aspecto de Colombo cuando lo dejó, allí plantado en la habitación del hotel, ataviado únicamente con aquellos calzoncillos sin rematar. Pensó que sería apropiado sentir cierto pesar. Pero no sintió nada en absoluto.

No fue hasta el final de la década de los setenta cuando Arlyne regresó al círculo de los Colombo. En su continua búsqueda de liquidez, Luca había convencido a su amigo chófer del *Daily News* de Nueva York para que le presentara a la gente de la Tercera Avenida en Brooklyn. «La Avenida», como se la conocía, era estrictamente territorio de los Colombo. La Tercera Avenida y su vecindario inmediato eran el hogar de la división de Brooklyn de la Liga Pro Derechos Civiles de los Italo-Americanos, así como de dos prominentes clubs sociales: el Diplomat, que servía de cuartel general de un subjefe de los Colombo llamado Gennaro Langella; y el Nestor, refugio y lugar de reunión de un influyente capo llamado Anthony Scarpati.

Cuando Tommy empezó a frecuentar La Avenida, Arlyne confiaba en que iría tras él cual perrito faldero. Pero Luca solo permitió que lo acompañara de vez en cuando. En una de aquellas ocasiones, Arlyne había reparado al otro lado de la calle en un hombre canoso y robusto que parecía mirarla con el ceño fruncido. Le preguntó a Tommy quién era, y al parecer Luca le respondió: «Ese es Scappy», refiriéndose a Anthony Scarpati. «Tenemos que ir con cuidado por aquí porque si les pides prestado, te metes en problemas».

Scarpati, según se enteró Arlyne, era íntimo amigo de Carmine Persico y de su hermano, Allie Boy. Desde que había entrado en la familia en 1976, su carrera no había dejado de ascender. En primer lugar, le habían encargado vigilar las operaciones a nivel de calle en los negocios de préstamos y apuestas de la familia. Dos años más tarde, se convirtió en capo. Cuando encarcelaron a Carmine, Scarpati se convirtió en miembro de la elite dirigente de los Colombo. Arlyne no se enteró de mucho más. Scappy era conocido por ser muy reservado y mantener una postura distante en La Avenida, dejando que los subordinados se encargaran de los préstamos y las recaudaciones. El factótum con quien trataba Tommy era un tal Vincent Manzo.

Vinnie era un tipo bajito y pulcro al que, por lo general, la gente de La Avenida tenía en buena estima. Aunque no era miembro de pleno derecho, disfrutaba de un estatus especial por haber sido el antiguo escolta de Allie Boy Persico. De hecho, Vinnie idolatraba tanto a su jefe que bautizó a uno de sus hijos con el nombre de Alphonse. Aunque era un hombre casado, tenía una atractiva amante rubia llamada Madeline Calvaruso. Los principales activos de Madeline eran un par de piernas bien torneadas, que lucía para su propio beneficio con tacones y pantalón corto, y una cabeza muy bien amueblada para los negocios. Allá donde fuese Vinnie, Madeline normalmente lo seguía, a unos pocos pasos por deferencia. Cuando se trataba de cerrar un trato, ella se encargaba de los detalles. Y se las arreglaba para hacer todo esto sin herir el orgullo de Vinnie, porque lo quería y ambicionaba grandes cosas para él. Con el tiempo, Manzo pagó el cariño que sentía por Madeline con su posición. La esposa de Vinnie, según oyó Arlyne, era pariente cercana de Gennaro Langella, y «Jerry Lang», como se lo conocía, decidió castigar a Manzo tratando de restringir su tajada en La Avenida. El capital de Manzo se desplomó todavía más cuando realizó varios préstamos fallidos, mayoritariamente a Tommy Luca.

Aprovechándose del buen carácter de Manzo, Tommy acumuló una deuda de doce mil dólares. Durante algún tiempo, financió los pagos de los intereses con el dinero procedente de las drogas de Billy Ricchiutti. Cuando arrestaron a Billy en enero de 1980, Tommy mantuvo un perfil bajo durante un año hasta que la desesperación lo condujo a La Avenida para pedir más dinero prestado a Vinnie. Apenas le explicó nada a Arlyne y esta tuvo que seguirlo para averiguar qué se traía entre manos. Una tarde de junio de 1981 –el día de la carrera de Belmont Stakes–Arlyne tomó la autopista y se pegó al coche de Tommy. En aquella ocasión, en lugar de sacarle un bate de béisbol, Tommy le hizo señas para que lo siguiera. Y Arlyne así lo hizo. Hasta La Avenida. Arlyne aparcó y permaneció en el vehículo, esperando a ver qué tenía en mente Tommy. Pronto se acercó a ella con otro hombre al que presentó como Manzo. Tommy, a su vez, la presentó a Vinnie como «una mujer muy rica», propietaria de una *boutique* de moda en Queens. La idea, según conjeturó Arlyne, era presentarla como una potencial prestataria. Así que cerró la boca y le siguió el juego. Aquella tarde, dio a Vinnie cincuenta dólares para que los apostara a un caballo llamado *Summing*. El caballo entró y se pagaron unos pocos cientos. Cuando Manzo la llamó unos días más tarde, Arlyne se hizo la importante y le dijo que cancelara el interés de Tommy con las ganancias.

Varios días después, Arlyne invitó a Vinnie a almorzar en un restaurante de Flatbush Avenue. Llevaba encima todas sus joyas, mezclando las reales con las imitaciones para conseguir mayor efecto. Vinnie, que también acostumbraba a llevar muchas joyas, pareció impresionado. Arlyne solicitó a Manzo un préstamo de cinco mil dólares. Lo necesitaba, dijo, para comprar inventario. «Ningún problema», respondió Vinnie. Al día siguiente ya lo tenía.

Arlyne se llevó el dinero a casa, cambió los billetes, los mezcló con nuevos fondos y se lo devolvió a Vinnie dos días después, con un extra de mil dólares de intereses.

«¿Qué tal me estoy portando contigo, chico?», le preguntó a Vinnie. Este le aseguró que su crédito era excelente. Después de aquello, Arlyne no tuvo ningún problema en conseguir préstamos. El dinero, por supuesto, fue a parar a manos de Tommy. Luca consideraba tan provechosa aquella asociación con una «mujer rica» que le dijo a Vinnie que era su novia. Todo se volvió tan natural y cómodo que las parejas Tommy y Arlyne y Vinnie y Madeline empezaron a quedar.

Por norma general, la aparición de una nueva chica de la mafia hacía emerger los instintos competitivos de Arlyne, pero

Madeline le gustó inmediatamente, con su contoneo descarado y manera de hablar sin rodeos que le recordaron a su propia juventud. Aunque a menudo se la veía en compañía de la amante de Allie Boy, Madeline parecía que tenía pocos amigos. Era también reservada, y revelaba más bien poco de su vida privada. Arlyne sabía que Madeline trabajaba durante el día en el departamento de planificación patrimonial de una correduría de seguros. Qué hacía exactamente, lo ignoraba. Para guardar las apariencias, Madeline declaraba que vivía en casa de sus padres, aunque de hecho se hospedaba con Vinnie en un diminuto piso en un sótano al que llamaban «la Casa de Muñecas». Arlyne iba a veces a visitarlos allí, entrando a través de la habitación de la colada, que daba a una pequeña cocina. Tras ella, estaba la sala de estar, decorada de forma absurda con figuritas Capodimonte, unas piezas de porcelana italiana muy caras que, al parecer, se habían caído de un camión.

La Casa de Muñecas le recordaba a Arlyne a un lindo y pequeño burdel. Más tarde oyó que a veces se utilizaba como piso franco, así como almacén de los registros de usura. Allí, Vinnie y Madeline jugaban a papás y mamás. Aquello le pareció un poco triste. Siempre la entristecía ver cómo una chica depositaba sus esperanzas en un hombre casado. Arlyne sabía, por experiencia en carne propia, que un chico listo raramente abandonaba a su mujer.

Durante los siguientes meses, Arlyne frecuentó bastante a menudo a los Quinella, como llamaba a Vinnie y Madeline. Ella y Madeline hablaban de moda y de hombres. Arlyne incluso le confesó que encontraba atractivo a Anthony Scarpati. Durante aquella época, le presentó a Vinnie posibles prestatarios, entre los que se incluía un amigo y a menudo amante de su vieja amiga Sweet Rose. Si se enteraba de algún golpe que tuviera que ver con joyas, los informaba al respecto. Una vez le llegó el cuento de una viuda que tenía problemas con la herencia a causa del hermano de su difunto marido. Arlyne se la presentó a Vinnie con la esperanza de que una visita de un emisario de la familia Colombo hiciera entrar en razón al cuñado. Sin embargo, Arlyne se sorprendió al enterarse de que la viuda quería matarlo. Se esforzó para detener la maquinaria que ella misma había puesto en marcha, pero no fue necesario. El plan fracasó cuando Vinnie pidió una paga semanal y la viuda no lo admitió en nómina.

Sin embargo, todo el fondo de comercio y buena voluntad que Arlyne conseguía ganarse con Vinnie y Madeline se evaporaba con los continuos actos delictivos de Tommy. Su interés alcanzaba en aquel momento los 550 dólares a la semana y no podía hacer frente a los pagos. Vinnie y Madeline rondaban los accesos al apartamento de Arlyne. Una noche estaban escondidos en el hueco de la escalera cuando Tommy llegó. Vinnie apareció de repente y arremetió contra él a puñetazos. A continuación, subieron todos al piso de Arlyne y encargaron comida china, solo para demostrar que no se guardaban rencor.

Cuando, durante el otoño de 1981, Vinnie empezó a presionar, Tommy y Arlyne se sacaron otro timo de la manga. Engatusaron a Manzo para entrar en un «negocio de apuestas deportivas» y le prometieron que conseguirían seis clientes adinerados. Manzo utilizaría las ganancias para cubrir los intereses de las deudas de Tommy. Pero no hubo clientes. Luca fue el único apostante. Al principio, parecía que el ardid iba a funcionar. Era la temporada de fútbol y Tommy pasaba por una buena racha gracias a Tilly Palladino, la autoproclamada asesina a sueldo, que llamó una noche.

–Ahora, escúchame –le dijo con cierta urgencia a Arlyne–, siento que la suerte está de mi lado. Sí, presiento que está de mi lado... y te voy a decir algo.

LA CHICA DE LA MAFIA

–¿El qué, Tilly? –preguntó Arlyne–. ¿El qué?

–El equipo que juega en casa siempre gana el lunes por la noche –anunció pomposamente.

Arlyne sinceramente pensó que Tilly se había vuelto loca de tanto colocarse, pero apostó cien dólares más en el equipo que jugaba en casa. Durante los siguientes lunes, contra todo pronóstico, llegaron a ganar de 5.000 a 10.000 dólares por semana. Pero entonces, Tommy, sintiéndose expansivo, empezó a apostar en baloncesto, y su suerte cambió. Para finales de mes, le debían a Vinnie otros 20.000 dólares, lo que sumaba una deuda total –contando los intereses– de unos alarmantes 90.000 dólares.

Arlyne sabía que tenían problemas serios. Una cosa era salir con Vinnie Manzo y otra muy diferente tener una deuda de aquella magnitud, que sin duda atraería la furia del elusivo Scappy. Con la espalda contra la pared, Tommy sacó su mejor carta.

–¿Por qué no acudes a tus amigos del FBI –le dijo, según recordaría Arlyne posteriormente–, y les damos a Vinnie?

Gracias a su trabajo con Greg Hendrickson, Arlyne todavía tenía a conocidos en la oficina central de Queens. Una mañana de diciembre se presentó allí y la condujeron ante el agente Ward, que escuchó atentamente su descripción de los enredos de Vinnie Manzo.

La llegada de Arlyne fue fortuita. Queens había estado dirigiendo una investigación limitada de los Colombo y recibieron con buena disposición la oferta de Arlyne de ayudarlos infiltrándose en la operación usurera de la familia. Arlyne accedió a llevar un micrófono con Vinnie. Poco después de una semana tras su visita al FBI, Arlyne se dirigió –con la Nagra en el bolso– a una cita con Manzo en Grand Street, cerca del Jewelry Exchange. Cuando Vinnie subió al coche de Arlyne, esta le preguntó a bocajarro: «¿Cuántas cuentas tengo que ajustar para que... esté de nuevo bien considerada?». Regatearon un rato antes de que Vinnie finalmente cediera exasperado. «Ya ni lo sé, Arlyne –se quejó–. Me has dejado hecho un lío».

Arlyne concluyó que había sido mala suerte que Vinnie hubiera caído en tal languidez. Como resultado, no pudo provocar una amenaza plausible. Los agentes de Queens decidieron abandonar la investigación y la cinta se consignó en el archivo del FBI, donde fue sepultada en el olvido.

Durante un año aproximadamente, Tommy y Arlyne se esforzaron por no toparse con Manzo. Vinnie dio un par de puñaladas poco efectivas para conseguir cobrar, pero demostró ser bastante fácil de eludir. Y así estaban las cosas en aquel día de febrero en que Tommy se estrelló contra el Lincoln y salió de su vida.

Poco después de su ruptura con Tommy, Arlyne llamó a Manzo con la intención de averiguar si la harían responsable de la deuda de noventa y cinco mil dólares de Tommy. Manzo le dio buenas noticias. Tommy, le dijo, estaba con una nueva banda que había accedido a pagar sus deudas. Pronto se encontrarían con Scarpati para resolver los detalles.

A Arlyne no le sorprendió que Tommy hubiera encontrado sangre fresca. Pero que aquella gente estuviera dispuesta a echarle un cable con tal cantidad de dinero era algo remarcable. A lo largo de todo el verano, Arlyne interrogó discretamente a su círculo de contactos para averiguar quién era la gente de Tommy y dónde se iba a producir aquel encuentro. No consiguió nada que valiera la pena. En septiembre habló de nuevo con Vinnie, y le aseguró que la noticia era cierta. Tommy había llegado a la reunión acompañado de unos «pesos pesados» que habían accedido a pagar el total de los novena y cinco mil dólares. Si Scarpati no hubiese reconocido al nuevo patrón de Tommy, insinuó Vinnie, los habría matado a los dos.

—Así que, en otras palabras, me perdonas la vida, ¿no?

—De momento —replicó Manzo—, te perdono la vida.

Aquellas eran las palabras que Arlyne había estado esperando. Para su seguridad, había grabado la conversación y la entregó a sus amigos de la División de Inteligencia del Departamento de Policía de Nueva York. Se archivó y, aparentemente, cayó en el olvido.

Sin embargo, la supuesta resolución de sus deudas no calmó la angustia diaria que sufría. Desde la muerte de Irving Weiss, Leslie había estado fuera de control, pidiendo más y más dinero en metálico. Arlyne sabía perfectamente que era para drogas, pero se sentía incapaz de detenerla. A Arlyne le mortificaba la idea de su hija caminando por Allen Street, prostituyéndose para conseguir un chute. La solución a corto plazo era darle el dinero y no hacer preguntas.

Además de las demandas de Leslie, Arlyne tenía que sacarse de la manga un extra de 850 dólares para pagar el arrendamiento de su Lincoln blanco. Toda aquella presión podría haber disminuido alquilando un vehículo más modesto, pero Arlyne sentía un apego irracional por aquel coche. Como el Lincoln era en un principio para Tommy, sentía satisfacción quedándoselo. Así que, el primer día de cada mes, Arlyne tenía que reunir el dinero para hacer los pagos.

Se desesperaba ante cualquier trabajo que pudiera encontrar. En aquella primavera de 1984, el Departamento de Policía de Nueva York y el FBI la reclutaron para concertar una venta de cocaína con el líder de una banda de Chinatown llamada los Fantasmas Grises. El trato fracasó cuando el objetivo se negó a encontrarse con una mujer. Sin embargo, en sus paseos por el Lower East Side, discurrió la manera de llegar hasta otro de los sospechosos habituales del Departamento de Policía de Nueva York: Herbert Kaminski.

Desde los viejos tiempos, Arlyne mantenía una relación cordial con Kaminski, un gorila con gafas al que se conocía con el apodo de «Lonigan». Pertenecía a la vieja pandilla del barrio de Williamsburg, de la que había formado parte en el pasado Irving Weiss. Por lo que Arlyne pudo saber, Herbie estaba trabajando en aquel momento en el Garment District, abordando y desviando cargamentos de abrigos de cachemira. Siempre estaba disponible para algún golpe. A petición de la División de Inteligencia, Arlyne fue a ver a Kaminski con una propuesta empresarial. Se presentarían al Jewelry Exchange como vendedores de joyas al por mayor, cogerían las gemas en consignación, las venderían y desaparecerían con el dinero. Herbie tragó el anzuelo y constituyeron una sociedad llamada Brick Gems.

Cada mañana, Arlyne cruzaba el puente de Queensboro para informar a los policías de sus progresos en una tranquila calle lateral. A continuación, se dirigía hacia el lugar del intercambio. Allí, con la bendición de la División de Inteligencia, sacaba las gemas a los desventurados vendedores al por mayor, y Herbie después las llevaba a un perista de joyas. Siempre que había una venta, ella y Herbie se repartían el botín. Cada tarde, estaba obligada a entregar su parte al Departamento de Policía de Nueva York. A Arlyne no le gustaba en absoluto ver cómo todo aquel dinero en metálico pasaba tan tentadoramente por sus manos sin detenerse, y en particular cuando todo lo que recibía por sus esfuerzos eran unos míseros veintidós dólares al día, veinte de los cuales iban al aparcamiento. Ni siquiera cubría los gastos. Pero incluso mientras a finales de aquel mes de junio arrestaban y acusaban de hurto mayor a Herbie Kaminski, Arlyne encontró un nuevo golpe y potencialmente más lucrativo.

Por aquel entonces, el fiscal del Estado en el distrito Este estaba tratando de formular cargos contra los miembros de la familia Gambino, entre los que estaba el viejo amor de Ethel Becher, Aniello Dellacroce, así como John Gotti. Al intentar demostrar la usura, los fiscales federales habían visto que no tenían testigos. El trabajo que había realizado Arlyne con Jackie Caballo y Joey Scopo parecía un diamante en bruto esperando que alguien lo sacara de debajo de aquella montaña de informes.

Durante sus largos años de asociación con Tommy, Arlyne se había contagiado de su miedo incontrolable a los hermanos Gotti. Su aprensión, sin embargo, se sometió al deseo de conservar el Lincoln. Por consiguiente, Arlyne accedió a acudir a una reunión clandestina con la ayudante del fiscal estatal, Diane Giacalone, en el interior de un vehículo en Brooklyn. Las dos mujeres se tomaron aversión al instante. Arlyne encontró que Giacalone era fría. Giacalone, según hizo constar en el informe, encontró que Arlyne era «indisciplinada». Aunque la fiscal albergaba serias dudas sobre que las cintas de Arlyne fueran lo suficientemente buenas como para imponerse a los ataques a la credibilidad de su persona, la persuadieron para que testificara ante el gran jurado. Aquella mañana, Arlyne se desenvolvió con soltura, aunque dio muestras de tener problemas de visión a la hora de identificar las fotos del equipo de vigilancia. Una vez que hubo terminado, Arlyne contó los billetes y se subió al Lincoln blanco, cuyo alquiler había sido prorrogado un mes más.

Al haberse presentado ante el gran jurado, existían muchas posibilidades de que Arlyne se viera obligada a testificar en un juicio público, una perspectiva que prefería no tener que admitir. Aun así, era poco probable que el caso saliera a juicio en los próximos meses, y podía suceder cualquier cosa que hiciera que su testimonio fuera innecesario. El tiempo, tal como había aprendido, tenía su manera de resolver las cosas. Y, de hecho, así ocurrió. Poco después de su aparición ante el jurado contra los Gambino, Arlyne se vio involucrada en otro torbellino de investigaciones, uno que tendría consecuencias históricas.

Hasta el verano de 1984, el gobierno utilizaba principalmente a Arlyne como una simple mercenaria alquilada *ad hoc* para hacer caer a objetivos aislados. Y lo había hecho extremadamente bien. Entre las victorias de Arlyne se incluían los Fischetti y su pandilla y los Ricchiutti y su pandilla, por no mencionar a Anifalaje. Sin embargo, como confidente de menor rango, Arlyne Brickman no comprendía la guerra global del gobierno contra el crimen organizado. Aquel día de junio en que Arlyne testificó en el distrito Este, los fiscales federales del distrito Sur al otro lado del río en Manhattan estaban a punto de solicitar un conjunto de autos de procesamiento inauditos, los cuales confiaban en que harían caer el liderazgo de la familia Colombo.

Hasta principios de la década de los ochenta, una operación de aquel calibre contra la mafia habría sido impensable. A lo largo de sus cincuenta años de carrera, el director del FBI J. Edgar Hoover había rechazado la existencia del crimen organizado. John Mitchell, fiscal general, seguía el ejemplo de su jefe prohibiendo a los empleados del Departamento de Justicia pronunciar la palabra «mafia». Los fiscales federales veían que sus acusaciones a grandes mafiosos se reducían a crímenes aislados y normalmente insignificantes, a menudo pasando por alto el alcance total de sus actividades en el sindicato.

La muerte de Hoover en 1972 liberó al FBI, que pudo pensar en términos más coherentes sobre el crimen organizado. Además, la aprobación de la Ley de Chantaje Civil, Influencia y Organizaciones Corruptas proporcionó a los fiscales federales la munición necesaria para atacarlo de raíz. La Ley RICO, como se la conoció por su sigla en inglés, convirtió el simple hecho de pertenecer a una organización criminal en un delito definido y punible.

Desafortunadamente, la Ley RICO era complicada. Los fiscales no la entendían y se mostraron reacios a utilizarla hasta finales de la década de 1970, cuando el recién nombrado director del FBI, William Webster, hizo del crimen organizado su primera prioridad. En la ciudad de Nueva York, hogar de cinco grandes familias del crimen, el FBI formó brigadas de investigación criminal por cada una, que más tarde se expandieron a cuerpos especiales que fueron reforzados con detectives procedentes del Departamento de Policía de Nueva York. El trabajo de cada una de estas unidades era verificar la existencia y documentar las actividades de los Gambino, los Lucchese, los Genovese, los Bonanno y los Colombo. Se esperaba que uno de aquellos crecientes dosieres produciría la suficiente cantidad de pruebas como para permitir que el Departamento de Justicia emprendiera acciones penales según la Ley RICO contra una familia entera.

La primera, al parecer, sería la de los Bonanno. A principios de 1981, un tal Victor DiPenta, el protegido de un capo llamado Sonny Red Indelicato, se retrasó en el cobro de sus deudas y acudió al FBI en busca de ayuda. El Bureau colocó a DiPenta en una falsa compañía de importación de pasta donde podía recibir a Sonny Red y a sus socios en presencia de cámaras ocultas.

Las esperanzas cayeron en saco roto cuando el día en que Sonny Red tenía que hacer su gran aparición, él y otros dos hombres de honor fueron acribillados a tiros en una emboscada. Habrían cerrado el negocio de Victor DiPenta de no haber llamado la atención de un tal Frankie *El Bestia* Falanga, quien, al percibir el vacío dejado por Sonny Red, se movió rápidamente para hacerse con el negocio de pasta. Frankie, como se descubrió más tarde, estaba asociado con la familia Colombo y se encargó de conducir a su nuevo «socio», DiPenta, y, sin quererlo, al FBI, al corazón de los dominios criminales de la familia.

Durante los tres años siguientes, la operación Starquest supuso la crónica de lo que un agente calificó como «los neandertales del crimen». La policía documentó la infiltración de los Colombo en el sector de la construcción y en los sindicatos de la restauración, su tráfico de drogas y sus descarados sobornos a funcionarios gubernamentales para que Carmine Persico tuviera un tratamiento de preferencia dentro del sistema federal de prisiones. Durante el verano de 1984, con la investigación a punto de terminar, solo una gran figura amenazaba con eludir los cargos: Anthony Scarpati.

Los agentes del FBI que seguían a Scarpati en sus desplazamientos desde su residencia en Bensonhurst hasta el Club Social Nestor pensaban que era un personaje enigmático y contradictorio. Aunque era un reputado mujeriego, vivía con su madre. Pese a que proyectaba un aspecto de caballero, era demencialmente peligroso y había cumplido una condena de dieciocho años por homicidio. Aunque supuestamente se encargaba de las operaciones de la familia a nivel de calle, estaba lejos de ser un simple matón. En una ocasión, lo habían grabado comentando los matices de la Ley RICO. Scarpati era cauteloso, y jamás decía nada que pudiera implicarlo. Durante el curso de la investigación, el FBI consiguió una víctima de Staten Island a la que Scarpati supuestamente había amenazado por no pagar sus deudas. Sin embargo, para satisfacer los requerimientos de la RICO, el gobierno tenía que probar que había cometido al menos una ilegalidad más. Y precisamente en aquel momento alguien recordó una grabación llevada a cabo por una confidente llamada Arlyne Brickman.

345

Aproximadamente un año antes, Arlyne había llamado la atención del sargento Philly Buckles, por aquel entonces detective en la Oficina de Lucha contra el Crimen Organizado del Departamento de Policía de Nueva York. Buckles y su compañero, Billy Vormittag, investigaban una operación de usura en Brooklyn y se tropezaron con un buen número de socios de los Colombo, uno de los cuales se pasaba habitualmente por un club regentado por Vincent Manzo. Al preguntar por el departamento, averiguaron que la División de Inteligencia estaba trabajando con una confidente que tenía tratos con Vinnie. Philly y Billy visitaron a Arlyne, que aquel día estaba de talante locuaz y les explicó la existencia de la grabación en la que Vinnie le aseguraba que le «perdonaba la vida».

En aquel momento, la conversación de Buckles con Arlyne no llevó a ningún puerto, pero después de que los trasladaran al cuerpo especial que investigaba a los Colombo en enero de 1984, el nombre de Scarpati reavivó su memoria. El sargento Buckles se lo comentó al jefe de brigada Damon Taylor, que envió a un agente especial llamado Oliver Halle a hablar con Arlyne. Arlyne, a la que habían avisado de esta visita, abrió la puerta ataviada con un vaporoso vestido de ir por casa y una enorme sonrisa.

–Oliver –dijo, sonriendo con afectación–, espero que tengas muuuucho dinero para mí.

A Arlyne le gustó enseguida el agente Halle. No se vestía como un hombre del FBI. Aunque llevaba la omnipresente maleta, iba ataviado con una camisa sahariana. Encontraba que su rostro delgado e intenso era «inteligente». Pero lo más importante, lo encontraba respetuoso. En los años en que Arlyne había trabajado con los agentes federales, había entendido que, pese a su pinta de buena voluntad, la opinión que tenían generalmente de los confidentes estaba a la altura del betún.

Al darse cuenta de que Arlyne estaba alerta ante cualquier señal de desdén, el agente Halle prestó especial atención en comportarse con amabilidad. Tomó asiento en la silla que le ofreció Arlyne ante la mesa de la cocina y le explicó que el gobierno necesitaba una conversación que estableciera sin atisbo de duda que Manzo trabajaba para Scarpati y que el dinero de los préstamos procedía del propio capo. Necesitarían que llevara un micrófono, y si obtenía resultados, le requerirían su testimonio. El significado implícito de aquella propuesta era la posibilidad de tener que subir al estrado y dar –ante el mismísimo Carmine Persico– el golpe de gracia a uno de sus lugartenientes de mayor confianza.

En sus diez años como confidente, Arlyne había tenido que vérselas con algunos tipos peligrosos. Tony Mirra había sido un reputado matón de los Bonanno. Había visto con sus propios ojos los sangrientos trabajitos de Jimmy Doyle en el cuerpo de Natie Nelson. Su testificación contra Jackie Cavallo y Joey Scopo en el gran jurado la habían situado en una posición de riesgo personal considerable ante John Gotti. Pero jamás se había puesto a malas con una figura tan poderosa y violenta como el jefe de los Colombo.

Carmine Persico venía de Brooklyn y, según se decía, su padre, Carmine sénior, había sido un soldado de la familia Genovese. Júnior, como era conocido en la calle, siguió los pasos de su progenitor y se convirtió en el líder de una banda llamada los Garfield Boys. Mostraba una habilidad mortal con las pistolas hechas con tuberías y, según los documentos que manejaba el gobierno, había matado a su primer hombre a los diecisiete años. Júnior se había librado de la prisión cuando su hermano, Allie Boy, se declaró culpable. Durante su carrera criminal, según alegaron los fiscales federales, Carmine Persico cometió una docena de asesinatos, jactándose ante un confidente de que él había sido uno de los encapuchados que habían acribillado a Albert Anastasia mientras se estaba afeitando en el hotel Park Sheraton. Durante las Guerras Gallo, al menos nueve miembros de la banda de Joe El Loco fueron asesinados bien por el mismo Persico o por orden suya. Carmine albergaba un odio especial hacia los polis. Golpeó sin cesar a los agentes que realizaron una redada en uno de sus clubs nocturnos y le disparó a otro en la cara. Por el contrario, Júnior no había sido afortunado en eludir la justicia. De sus primeros trece años como jefe de la familia Colombo, había pasado diez en la penitenciaria federal. Aun así, no había perdido la autoridad y continuaba dirigiendo los asuntos de la familia desde la cárcel, primero a través de su jefe en funciones Thomas DiBella y después a través de Gennaro Langella. De hecho, durante la mayor parte de la investigación Starquest, Carmine estuvo cumpliendo condena por haber violado la libertad condicional y por soborno. Lo soltaron durante la primavera de 1984, justo en el momento en que el gobierno estaba perfilando la operación que amenazaba con ponerle entre rejas durante mucho tiempo. Con toda seguridad, no iba a mostrar compasión alguna si se trataba de proteger su libertad.

Y ese era precisamente el hombre con el que se tenía que topar Arlyne Brickman. Pero el día en que el agente Halle la visitó, Arlyne se sentía llena de confianza. A su propuesta, respondió: «Si alguien es capaz de atrapar a Scappy, soy yo».

Oliver Halle sabía lo suficiente sobre el estilo espontáneo de Arlyne Brickman para darse cuenta de que tendría que someterla a estrictos controles. La pesadilla de un fiscal federal era que atraparan a un confidente y testigo a nómina del gobierno jugando a dos bandas. Por consiguiente, Halle previno a Arlyne de que no iba a tener de ninguna de las maneras contacto no autorizado con Vinnie y Madeline. Además, no debía involucrarse en ninguna conversación que los agentes federales no pudieran oír. Y bajo ninguna circunstancia podía grabar a los Quinella sin la aprobación del Departamento de Justicia. Aunque no había sido nombrada explícitamente de aquel modo, Arlyne debía considerarse un «brazo de la acusación» y, como tal, debía mostrar una conducta irreprochable.

A cambio, el gobierno accedió a no presentar cargos por los delitos que pudiera haber cometido en el pasado –siempre y cuando no cometiera más–. Por primera vez en su carrera, iba a recibir un contrato por escrito y un salario de 500 dólares a la semana. Y si resultaba necesario reubicarla por su seguridad, tenía derecho a «gastos de mudanza» de hasta 15.000 dólares. Aquellas cantidades estaban muy por debajo del estipendio de 1.000 dólares a la semana que el gobierno proporcionaba al testigo Victor DiPenta. Pero a Arlyne, que vivía al día, le pareció «muuuucho» dinero.

Su empleo dependía de si conseguía que Vinnie y Madeline volvieran a arriesgarse. Todo lo que Arlyne sabía era que el préstamo estaba finiquitado. No había oído nada de la pareja desde el otoño anterior, cuando Manzo le había dicho que le «perdonaba la vida». Al escuchar de nuevo la grabación, sin embargo, se percató de que Vinnie había condicionado su absolución con un «de momento». Aquello le proporcionó el pretexto para ponerse en contacto con ellos. Arlyne sospechaba que Vinnie estaría contento de hablar con ella, puesto que durante la ausencia de Carmine, y el ascenso de Jerry Lang, su fortuna había seguido deteriorándose. Quizás agradecería la oportunidad de sacar unos pocos dólares de un préstamo marchito.

Arlyne telefoneó a Manzo al club y echó el anzuelo. Le gustaría invitarlo a él y a Madeline a cenar para compartir unas «buenas noticias». Vinnie se quejó de que la deuda de Tommy todavía no había sido pagada, así que planearon encontrarse un par de días más tarde en un restaurante del West Village llamado The Old Homestead.

La misión de Arlyne era convencer a Vinnie y a Madeline de que había conseguido algo de dinero. Aquí, el FBI le permitió dar rienda suelta a su imaginación y se inventó un nuevo novio apellidado «Howie», un acaudalado comerciante de alfombras de Montreal. Howie, según dijo, se portaba bien con ella y quería sacarla de sus «penurias». Para que pareciera que estaba de nuevo montada en el dólar, Arlyne convenció al FBI de que recuperaran de la casa de empeño su corazón de diamante y varias pulseras. A continuación, ataviada con aquella mezcla de joyas reales y falsas, condujo el Lincoln hasta un encuentro en una acera con el agente Halle, quien activó su cinta de tres horas de duración poco después de las cinco de la tarde. Arlyne prosiguió hasta el restaurante y, al divisar a Madeline en el exterior, le hizo señas para que entrara en el vehículo. Casi inmediatamente percibió que algo no iba bien. Vinnie, según dijo Madeline, estaba «ocupándose de ciertos asuntos». Le había dado instrucciones para que las dos mujeres regresaran al piso de Arlyne, donde se reuniría con ellas a las siete y media de la tarde.

Arlyne insistió. No podía apagar la Nagra, y si la cinta corría durante dos horas y media hasta que apareciera Vinnie, aquello solo dejaría media hora de grabación.

–Esta noche trabajo –protestó–. Tengo algo gordo entre manos, ni te lo imaginas. Nos va a sacar a todos de la miseria.

Arlyne dejó entrever que tenía una «mierda» a entregar en Chinatown aquella tarde.

–¿Por qué no miras –instó a Madeline– si puedes contactar con él en el club... y le dices a ese hijo de puta que le veremos allí?

Madeline salió disparada a hacer la llamada, pero volvió igual de rápido con la noticia de que no estaba allí.

–Ni siquiera quiere oír mis buenas noticias... –se quejó Arlyne.

–Claro que quiere –le aseguró Madeline.

–Si esto sale, puedo ayudarle... Es decir, ¿cuánto tiempo llevamos con esto? ¿Dos años? –tanteó Arlyne.

–Ya llevamos cuatro años, Arlyne –replicó con amargura Madeline.

–No puedo creer que Scappy deje que alguien se vaya de rositas con noventa y seis mil dólares –continuó Arlyne–. Quiero decir... ¿Tú qué piensas? En serio.

–[Lo] creo capaz hasta de que haya alguna historia rara de por medio y que Vincent no sepa nada de nada –se confió Madeline.

–En otras palabras –intervino con incredulidad Arlyne–, ¿me estás diciendo que Scappy está cobrando el dinero sin que Vinnie lo sepa?

–No estoy diciendo que sea Scappy. Por lo que sé, que es una mierda, podría ser cualquiera... Que yo sepa, el único amigo que tiene Vincent ahora mismo es Scappy.

Arlyne se excusó y telefoneó a Oliver Halle. El agente había visto cómo llegaba Madeline, pero no podía oír lo que sucedía puesto que Arlyne trabajaba sin transmisor. Arlyne le explicó el aprieto en que se encontraba y el agente estuvo de acuerdo en que lo mejor sería llevar a Madeline a su casa e intentarlo de nuevo otra noche.

En el trayecto de regreso a Brooklyn, Arlyne se quejó de Vinnie.

–Es un idiota –provocó a Madeline–. Ya sé que es tu novio, pero [tenía] que decirlo.

–No es ningún idiota –protestó Madeline, sacando el instinto protector–. Su maldito problema es que trata de hacer muchas cosas a la vez.

–Soy tu amiga –presionó Arlyne–. Y como tal te tengo que decir que... jamás os casaréis. ¡Jamás!

–No me eches mal de ojo.

–Estoy hablando en serio... ¿Verdad que si todo iba bien en este trato con Tommy todo iba a ser de color de rosa?

–Bueno, no todo es de color de rosa... Ya no puede ofrecerme lo que ofrecía antes... ¿Sabes cuántas veces nos hemos peleado últimamente? Antes esto no ocurría...

–¿Y siempre por dinero?

Madeline se lamentó de que Vinnie ni siquiera podía permitirse invitarla a cenar. Había tenido que vender el reloj antiguo de su madre para comprar una batería para el coche.

–Y yo que pensaba mimarlo con un poco de Dom Pérignon esta noche –dijo Arlyne cuando llegaron ante la casa de Madeline.

A continuación, a las ocho menos cuarto, apagó la Nagra, disgustada porque la presa se le hubiera escapado.

Durante el informe posterior de aquella misma tarde, se decidió que Arlyne controlaría mejor aquellos encuentros si tenían lugar en su piso. Así que, a la semana siguiente, invitó a Vinnie y a Madeline a cenar. Varias horas antes de que llegaran los huéspedes, el grupo de Operaciones Especiales del FBI examinó el apartamento, buscando la mejor ubicación para una cámara de vídeo, que finalmente colocaron en el armario de la cocina. El objetivo apuntaba directamente a la mesa. Arlyne estaba inquieta por si a Madeline o Vinnie se les ocurría abrir la puerta del armario, pero Oliver le aseguró que lo cerrarían con llave.

Poco después de que los agentes se marcharan, los Quinella llamaron a la puerta. Arlyne los saludó con una botella de vino abierta y los recibió con una cena cuyo plato principal era la ternera.

–No bebas, Arlyne –advirtió Vinnie–. Después te duermes.

–No me duermo –protestó ella–. ¿Sabes? He estado pensando en el asunto durante un año y medio... y creo que Scappy se está llevando todo el dinero.

Al parecer, Vinnie pensaba lo mismo.

–Lo que pasa –respondió– es que no tengo ninguna prueba... ¿Crees que puedo presentarme ante Scappy y decirle: «¿Te estás llevando mi maldito dinero?»?

–¿Y por qué no? –interrogó Arlyne.

–Porque no tiene nada que lo corrobore –intervino Madeline–. ¿Cómo va a demostrarlo?

–¿Y qué necesitas para que lo corrobore? –preguntó Arlyne con aire teórico–. Necesitarías a alguien con dinero... que ofreciera tanto como haya recibido la otra persona. Suponte que aparezco con un montón de dinero. Cumplo con mi parte, la mitad. Quiero que ellos cumplan con la otra mitad en ese mismo instante.

Arlyne había recibido autorización expresa del FBI para ofrecer pagos que igualaran lo que Luca había pagado. De ese modo, si Scappy había estado engañando a Vinnie y llevándose los pagos de Luca a sus espaldas, saldría a la luz.

Vinnie la escuchaba.

–Claro –la animó.

–Y de ese modo, tú conseguirías tu parte... y no tendríamos que preocuparnos de nada más, y ella se casaría contigo y todo sería maravilloso.

Vinnie se entusiasmó ante aquellas perspectivas de mejora.

–Cuando tenga dinero, haremos más dinero con dinero... Y no tendré que preocuparme por una mierda.

–Eso si se carga a Scappy –insinuó Arlyne en voz baja a Madeline.

–A él no –replicó Vinnie.

–¿A alguien más? –presionó Arlyne.

–Sí... al pez gordo. Al pez gordo.

–¿A Carmine? –presionó Arlyne con insistencia.

–Hum –contestó Vinnie indirectamente–, siempre y cuando nos lo carguemos.

–Pero... Carmine sabe de todo este jaleo, ¿verdad? Lo de Tommy... ¿Lo de todo?

–Sí –contestó Manzo.

Aunque Oliver Halle había insistido en emplear un acercamiento cauteloso, se mostró encantado al enterarse de que Arlyne –mediante sus preguntas impertinentes– había conseguido implicar a Carmine Persico. Era una indiscreción que Manzo podría pagar con su vida. Sin embargo, todavía no había una referencia directa a Scappy. Dos semanas más tarde, Arlyne invitó a los Quinella y entregó a Vinnie quinientos dólares como muestra de sus buenas intenciones.

–Ahora me vas a hacer un pequeño favor –explicó– y se lo llevas a tu «amiguito».

(Vinnie había utilizado dicho término para referirse a Carmine Persico).

–Sí, tal como me pediste –accedió Vinnie–. Es lo que querías.

–Muy bien –dijo Arlyne–. En otras palabras, esto se entregará a Carmine y no a Scappy, ¿verdad?

–No, esto va a Scappy –respondió Vinnie imprudentemente.

–Oh –Arlyne siguió el rastro–, así que esto es para Scappy. Pero irás a Carmine y le explicarás toda la historia.

–Le voy a explicar toda la historia –le aseguró Vinnie–. Voy a ponerme en contacto con su hijo [y le diré]: «Dile a tu padre... que ella igualará lo que él iguale».

Vinnie, que había continuado sin prudencia alguna ante el ojo imperturbable de la cámara, se las había arreglado para involucrar al hijo de Carmine, Little Allie Boy, en la red de conspiradores.

El agente Halle revisó las cintas junto al ayudante del fiscal de los Estados Unidos, Aaron Marcu, que se maravilló ante la audacia de Arlyne. Sin embargo, le preocupaba el uso de palabras malsonantes. El juicio a los Colombo podía prolongarse durante muchos meses, y los fiscales seguramente se enfrentarían a un jurado de carteros y profesores jubilados, ciudadanos de bien que quizá pasarían por alto el uso de palabrotas en un hombre, pero que lo censurarían en una mujer. Marcu le preguntó a Halle si no podía persuadir a Arlyne para que cuidara su vocabulario. «Pero si yo hablo así... –contestó–. No sería natural si lo hiciera de otro modo».

Halle había observado que Arlyne no era una mujer que se tomara las críticas muy bien. Necesitaba que la mimaran y la acariciaran. Al final de cada vigilancia, estaba hecha un manojo de nervios y necesitaba que le dijeran lo maravillosamente bien que lo había hecho. El agente se esforzaba por elogiar su trabajo, que era claramente remarcable, y adular su aspecto –aunque, en verdad, le sobraban más de veinte kilos–. Cogió la costumbre de llamarla «Cariñito». Ella lo llamaba «Ollie».

Como supervisor del caso de Arlyne, le correspondía a Ollie sufrir su inacabable lista de quejas. Tenía la dentadura mal. No veía bien. Estaba preocupada por Leslie. *Shadow* estaba loco. El lunes por la tarde, cuando Oliver convocaba en casa de Arlyne a su equipo –entre los que normalmente se incluían Philly, Billy y un joven agente llamado Paul Scudiere– para planificar la estrategia, *Shadow* gruñía y arremetía contra ellos hasta que conseguían encerrarlo en el baño. Halle, al que le gustaban los animales, consiguió acercarse tímidamente a la bestia demente. Otros no tuvieron tanta suerte. En una ocasión, Philly Buckles se vio obligado a subirse a una mesita de centro y amenazó con disparar al perro con su revolver reglamentario.

Había veces en que las diatribas de Arlyne contra Tommy Luca podían con los nervios colectivos del destacamento. Durante una de aquellas arengas –suscitada como siempre por algún comentario inocente y sin relación–, Philly soltó: «Cierra la puta boca con Tommy Luca. Ya hemos escuchado bastante». Ollie temía que Arlyne cumpliera sus amenazas y aprovechara su comparecencia en el juicio para señalar a Tommy como confidente. «Mira –le dijo–, no puedo evitar que lo hagas. Pero lo que sí puedo decirte es que eso traerá problemas». En su fuero más profundo, Halle sabía que cuando llegara el momento, Arlyne iría directa a la yugular de Luca.

Sin embargo, una preocupación muy concreta era la espectral Leslie Brickman, cuyo problema con las drogas la convertía en una amenaza para la seguridad del grupo. Al vivir en casa de su madre, estaba enterada de detalles que pertenecían a una investigación con un alto nivel de confidencialidad. No había nada que les garantizara que no vendería –o sencillamente explicaría– aquella información en las calles. Arlyne trató de asegurarle a Ollie que tenía la situación bajo control, pero, de hecho, tampoco ella las tenía todas consigo. Leslie odiaba a los polis. Y odiaba todavía más a los agentes federales. Cuando Halle y compañía aparecían por allí, vagaba de la cocina al dormitorio sin cruzar ni media palabra con los hombres que se reunían en torno a la mesa de su madre. Una noche en que su madre había engatusado a Vinnie y Madeline para que vinieran a casa y así poder grabarlos, Leslie se colocó ante el armario y pegó la espalda contra la cámara.

Para complicarlo todo, a Leslie siempre le había gustado Vinnie, que se desvivía por ella. Uno de sus hijos era drogo-dependiente y cuando Arlyne una vez había acudido a él para que la ayudara con Leslie, Vinnie hizo todo lo posible para que la muchacha entrara en un programa de rehabilitación en Coney Island. Más tarde, Leslie Brickman insistiría en que no le gustaba que Arlyne «delatara a amigos». En ese sentido, su código ético resultaba más convencional que el de su madre. Sus lealtades, sin embargo, se corrompían con la misma facilidad. Arlyne le prometió a su hija la mitad del dinero que recibiría por parte del gobierno, y así compró su silencio.

Durante su conversación con los Quinella, Arlyne había insistido en la posibilidad de reunirse con Scappy, a lo que finalmente Vinnie le había dicho: «Si estás lista, concierto una cita». El encuentro se fijó a las ocho de la tarde del 23 de agosto. Arlyne tenía que encontrarse con Vinnie en la pizzería Di-Notte, en el cruce de la Quinta Avenida con Caroll, y Scarpati se uniría a ellos.

Aquella tarde, antes de salir, Arlyne se reunió con Ollie, que le entregó dos mil quinientos dólares. «No le des ese dinero a nadie que no sea Scappy –advirtió–. Si Scappy no está, no pagas».

Arlyne llegó a Brooklyn con media hora de antelación. Vinnie estaba esperando, de pie en la esquina. Se subió al asiento del copiloto del Lincoln y condujeron arriba y abajo por la Cuarta Avenida durante un buen rato. Aquello era un «hervidero», le dijo. Mucha policía. Por lo que Arlyne pudo ver, se refería a patrulleros. Lo que Vinnie no sabía, ni Arlyne tampoco, era que había seis agentes del grupo de Operaciones Especiales del FBI que también estaban recorriendo la avenida en vehículos camuflados. Desde el interior de una camioneta aparcada, los técnicos grababan todos sus movimientos.

Ya oscurecía cuando finalmente entraron en DiNotte. Arlyne se sentó al fondo de la sala mientras Vinnie se excusaba e iba en busca de Scappy. La puerta del local estaba abierta de par en par y pudo ver cómo Vinnie cruzaba la calle y empezaba a hablar con un hombre corpulento que llevaba una toalla alrededor del cuello. Se parecía a Anthony Scarpati. Unos minutos más tarde, Vinnie regresó, solo. Scappy no se reuniría con ella, le dijo, porque aquello era un hervidero. A continuación, le tendió un trozo de papel en el que Scarpati supuestamente le facilitaba un desglose de todos los pagos que Tommy había hecho desde noviembre de 1983. Ascendía a veinticinco mil dólares.

Vinnie estaba esperando su pago y Arlyne, recordando la advertencia de Oliver, tuvo que darle largas para poder recibir nuevas instrucciones.

–Olvídalo –le dijo a Vinnie–. Me voy a casa.

Pero no se lo quitaría de encima tan fácilmente.

–Te veré allí –le dijo.

En el trayecto de vuelta, Arlyne se pasó por el juzgado federal, donde Ollie la estaba esperando para que le explicara sus progresos. Al oír las malas noticias, el detective reflexionó durante unos instantes. A continuación, le dijo que se encontrara con Vinnie y le ordenó que no entregara los veinticinco mil dólares a menos que sintiera que su vida corría peligro.

El encuentro prometía ser tirante. Arlyne estaba furiosa por el desaire de Scappy. Y también perpleja ante aquel trozo de papel que demostraba que Tommy aparentemente había pagado veinticinco mil dólares. Cuando el FBI se había ofrecido a igualar los pagos de Luca, era bajo la impresión de que no había pagado nada y que unos pocos miles de dólares bastarían para hacer salir a Scappy. Arlyne sospechaba que la lista de pagos era falsa y que la habían inventado para sacarle hasta el último centavo.

Vinnie y en aquel momento también Madeline parecían listos para la batalla.

–Vale –resopló Arlyne–. ¿Sabíais que se habían pagado [veinticinco mil dólares] más o menos?

–Mil dólares a la semana –replicó Vinnie.

–Y entonces, ¿por qué Scappy no te dijo que los [veinticinco mil dólares] ya se habían pagado?

–¿Y por qué iba a decírmelo? –respondió Vinnie, esquivando la pregunta.

Arlyne vio la oportunidad de concretar la fuente del préstamo.

–En otras palabras, ¿me estás diciendo que es dinero de Scappy?

–Bueno, ¿quién...? –Vinnie dejó la frase sin terminar.

–Un momento. –Arlyne no iba a dejar que se escabullera–. Es dinero de Scappy, ¿verdad?

–Sí –confirmó Manzo.

–Y entonces, ¿por qué estuvo de acuerdo en reunirse conmigo y, de repente, cambió de idea?

–Porque aquello era un hervidero –replicó Vinnie.

–Yo no vi que fuera ningún hervidero.

–¿Y qué se suponía que tenía que hacer Scappy, acompañarte a comprobarlo por ti misma... y que vieras si era o no un hervidero? –contraatacó Vinnie malhumorado.

–Scappy no entra en la recaudación –intervino Madeline.

Le preocupaba que le «tendieran una trampa», dijo Vinnie.

–Bueno, y entonces –preguntó Arlyne–, ¿qué hace Scappy?

—Es su dinero y punto —afirmó Madeline con naturalidad. Acababa de darle el beso de la muerte a Anthony Scarpati. Y a continuación, pícaramente, preguntó—: ¿Por qué te interesa tanto pagarle a Scappy? Me gustaría saberlo.

Arlyne se sintió invadida por la incómoda sensación de que Madeline sabía algo. Ella y Vinnie estaban empezando a hacer amenazas mucho menos sutiles. En un momento de la conversación, señalaron que Arlyne «seguía viva» solo porque Vinnie había intercedido en su nombre. En otro, Vinnie le dijo sin tapujos que, si le pasaba algo a Scappy, la colgaría «de un puto gancho carnicero».

Sin duda, Vinnie estaba desesperado por conseguir aquel pago. Si volvía a La Avenida con las manos vacías, le dijo, quedaría mal a ojos de Scappy. Así que Arlyne concluyó que no era buena idea seguir presionándolo y le entregó los veinticinco mil dólares.

El agente Halle y sus superiores no se alegraron en absoluto cuando oyeron que Arlyne había entregado el dinero del gobierno a Manzo. Sin embargo, se pusieron muy contentos cuando oyeron lo de las amenazas de muerte de Vinnie. Y la afirmación de Madeline de que era «su dinero y punto» era todavía más alentadora, porque señalaba a Scappy como la fuente del préstamo. Arlyne también se las había arreglado para conducir a Manzo hacia otra discusión sobre la jerarquía de la familia y él se había entusiasmado tanto que incluso se había referido a Carmine Persico como «el jefe de jefes». Además, Vinnie le había prometido que la pondría a buenas con Scappy. En el futuro, explicó, tenía que acudir cada miércoles por la tarde a una tienda de dulces de La Avenida. Allí tenía que entregar su pago de mil dólares a un dependiente llamado Ronald y decirle: «Esto es para tu amigo». El mismo Scappy estaría allí, sentado. Entonces, dirigiéndose a él, debía preguntarle: «¿Está todo bien?». Y él le diría: «Todo en orden, gracias». A continuación, él sonreiría y aquello sería la señal de que ya podía irse.

En ninguna circunstancia debía tratar de entablar conversación con él.

La tarde en que Arlyne tenía que hacer su primera entrega, Oliver le dio los mil dólares y le aconsejó que los contara ante el dependiente billete a billete. El grupo de Operaciones Especiales intentaría grabar la transacción tanto como fuera posible. Sobre las ocho, Arlyne se encontró con Vinnie en el exterior del Nestor y caminaron hacia la tienda de dulces. Había una ventana abierta por la que los clientes podían comprar lo que quisieran desde la calle. Al mirar a través de ella, Arlyne vio a un hombre sentado al otro extremo del mostrador. Llevaba gafas oscuras y una camisa de color azul claro. Iba vestido casi como Scappy la noche del episodio de la pizzería. Solo que aquel hombre en el mostrador no era en absoluto Anthony Scarpati. Era mucho más joven, más delgado y tenía más pelo. Y lo más revelador, no fruncía el ceño de aquella forma tan característica.

–No parece él –susurró Arlyne a Vinnie.

Vinnie se giró hacia Ronald.

–¿Quién es ese? –preguntó, gesticulando hacia el hombre del mostrador–. Dile quién es.

–Scappy –replicó Ronald sin pestañear.

–Pero Vinnie –insistió Arlyne–, no es él.

–Es él –aseguró Vinnie–. ¿Qué te pasa? ¿Tienes alucinaciones?

–Pues sí que ha cambiado... ¿Qué ha hecho con su pelo?

–Se lo ha cortado –contestó Vinnie.

–Este tipo ha cambiado muchísimo... –persistió Arlyne.

–Todos envejecemos, querida –replicó Vinnie con indulgencia.

Arlyne tendió el sobre hacia Ronald –estaba tan aturdida que olvidó contar los billetes– y después de recibir un cortante «Vale» del hombre al otro extremo del mostrador, se dirigió hacia la salida.

Al llegar a la cita con los agentes, farfullo indignada: «¡Oliver! ¡Ese no es Scappy!».

Aquello ya había ocurrido en otra ocasión durante la investigación Starquest. Un sospechoso había enviado a uno de sus socios para que se hiciera pasar por él en una reunión con un agente de incógnito. Así que Oliver Halle no se sorprendió de que Scarpati hubiese enviado a un doble. El equipo de vigilancia había tomado algunas fotos del hombre y como ni Halle ni nadie de su equipo fueron capaces de reconocerlo, se enviaron a la oficina del fiscal, donde un investigador especializado identificó al misterioso personaje como Robert Nigro, que más tarde se describió en un expediente como miembro de la banda de Scarpati. Aquel engaño reforzó la decisión de Arlyne de darle a probar a Vinnie Manzo su propia medicina. Llamó a Madeline y, aceptando que quizá se hubiese equivocado sobre el hombre del mostrador, confirmó que continuaría realizando los pagos.

El miércoles siguiente, Arlyne se presentó en la tienda de dulces. En aquella ocasión, contó los billetes mientras los depositaba en la mano de Ronald con el pretexto de que quería que apostara por ella. A continuación, se giró hacia Vinnie y le preguntó: «¿Puedo hablar con él?».

Vinnie, figurándose que se refería a Ronald, contestó: «Sí, claro, por supuesto».

Arlyne se encaminó hacia Scappy, que estaba sentado en su lugar habitual al final del mostrador y dijo con entusiasmo:

–Estás estupendo. ¿Qué te has hecho?

–Me he cortado el pelo –murmuró Nigro.

–Pareces más joven –persistió Arlyne–. Te lo juro. Oh, ¿sabes a quién vi el... domingo? A Joey Silvestri.

Joey, le dijo, le mandaba un saludo.

Silvestri era un matón de Queens. Si el hombre del mostrador era Scappy, sin duda conocería a Joey.

–Sí –replicó Nigro–. ¿Qué tal le va, bien?

–Sí –dijo Arlyne–. Todavía está dentro.

Nigro la miró con aire inexpresivo.

–¿Dónde?

–Está en Otisville –soltó Arlyne, secretamente complacida por su actuación en la grabación, que más tarde se reproduciría durante el juicio.

Aquella misma tarde llamó a Vinnie y dijo cacareando:

–Hoy lo he puesto a prueba, Vinnie. Lo he puesto a prueba. No tenía ni puta idea de lo que le estaba diciendo.

Vinnie se mostró despectivo.

–No va a ponerse a hablar contigo [de] sus amistades.

–Vinnie –le recordó Arlyne–, ¿sabes? Nos conocemos desde hace mucho..., ya me entiendes. No nací ayer. ¿Sabes a lo que me refiero?... Sé qué aspecto tiene, y no es él.

Vinnie colgó el teléfono. Impertérrita, Arlyne lo llamó de nuevo y en aquella ocasión habló con Madeline.

–Sé qué aspecto tiene –continuó con su diatriba–, porque, no sé si lo recuerdas, pero te dije que me gustaba... Así que, como mujer, me acuerdo de él. ¿Vale?

Madeline se acordaba, pero no dio su brazo a torcer. El hombre en el mostrador de la tienda de dulces era Anthony Scarpati.

Arlyne le explicó la tozudez de Vinnie y Madeline a Oliver Halle, que lo discutió con Marcu, el ayudante del fiscal, y se resolvió que no resultaba razonable esperar un cara a cara con Scarpati. Ante aquella decisión, la llevaron varios días más tarde a los juzgados de Foley Square, donde describió ante un gran jurado federal los detalles laberínticos de sus tratos con Manzo.

De nuevo, le ofrecieron Protección de Testigos. De nuevo, la rechazó, eligiendo en su lugar tomar los quince mil dólares para la mudanza y trasladarse a una zona de su elección. Oliver Halle y Aaron Marcu se inquietaron al enterarse de que se había establecido en Florida. Ningún lugar fuera de Nueva York albergaba una mayor concentración de mafiosos. Pero Arlyne se apresuró a garantizarles que estaría bastante segura en Miami, un lugar que, desde sus visitas en la infancia bajo el ala indulgente de su padre, había sido como su segundo hogar. El gobierno tenía reservado un trabajo más para ella antes de que empezara la larga hibernación a la espera del juicio: querían que concertara una reunión más con Vinnie y Madeline, un encuentro para que los Quinella entraran en contacto con los agentes federales.

El gobierno no tenía interés alguno en procesar a Manzo. Starquest tenía como objetivo los líderes de la familia y Vinnie era demasiado insignificante. Sin embargo, si pudiesen conseguir que cambiara de bando, sería un golpe sustancial. Era cierto que Vinnie no era un hombre de honor. No obstante, sus vínculos con Allie Boy Persico y Anthony Scarpati lo situaban en una posición desde la que podía revelar los entresijos de las operaciones callejeras de la familia Colombo.

El plan era que Arlyne propusiera un pago subvencionado por su novio ausente, Howie. Arlyne había seguido con la charada de Howie a lo largo de todas las conversaciones con Vinnie y Madeline, embelleciéndola con invenciones propias. Le había dado apellido, «Grossman». Por descontado, era judío e insistió en que era un empresario legal. Howie, como sugirió con la aprobación de sus apuntadores federales, estaría dispuesto a pagar su parte de la deuda solo para sacarla del apuro. Así que se decidió que era hora de que *monsieur* Grossman entrara en escena.

Arlyne realizó un pago más en la tienda de dulces, a la que llegó con un Cadillac proporcionado por el FBI. Vinnie estaba allí, como era habitual, y Arlyne mencionó que había vendido su coche. Cuando se revelara su identidad como confidente –algo que pasaría con toda seguridad– no quería que los Colombo fueran recorriendo los aparcamientos en busca del enorme Lincoln blanco. Le dijo a Vinnie que quizá no vendría la semana que viene porque era un día festivo en la liturgia judía e iba a pasarlo con Howie en Montreal.

Transcurrieron dos semanas antes de que Arlyne se pusiera en contacto de nuevo con los Quinella. Para entonces, ella y Leslie ya habían llegado a Miami, donde se habían establecido temporalmente cerca de Billie Weiss. A la orden del FBI, Arlyne llamó a Madeline al trabajo: Oliver Halle pinchó la llamada desde Florida a través de la oficina del FBI en Manhattan. Cuando Madeline escuchó la voz de Arlyne, se mostró irritada. «Llevo dos semanas tratando de contactarte», se quejó. Vinnie se estaba poniendo nervioso y Scappy lo acosaba. Arlyne le recordó que había estado con Howie. Ambos vendrían a Nueva York la semana que viene y a Howie le encantaría sentarse con Vinnie para llegar a un acuerdo.

Desde la última vez que Arlyne había hablado con Madeline, la amante de Allie Boy, Mary Bari, había sido asesinada en lo que parecía un golpe con recompensa. Los agentes ordenaron a Arlyne que presionara a Calvaruso sobre el tema. Sin embargo, Madeline se negó a hablar del asunto, excepto para decir que la gente no debería olvidar a quién le debía lealtad.

Madeline y Arlyne acordaron verse para cenar en el St. Moritz, un lugar designado por el FBI. A Arlyne no se le pasó por alto la ironía de la elección del lugar, puesto que era allí donde había contactado por primera vez con Joe Colombo veinticinco años atrás. Y en aquel momento, se erigía como el lugar de su adiós final. Arlyne casi lamentaba no poder interpretar la escena en persona. Oliver Halle y sus superiores habían acordado que era demasiado peligroso que estuviera cerca cuando Vinnie se enterara de que era confidente. La doble cita en el St. Moritz, por lo tanto, tendría que interpretarse sin ella.

Se ideó una operación secreta *light*. En otras palabras, los agentes no llevarían micros y se limitarían a colocar a Vinnie y Madeline contra la pared, a reproducir sus temerarias afirmaciones sobre Scappy y los Persico, e intentar persuadirlos de que estarían más seguros si probaban suerte con el gobierno.

Como Arlyne no estaría disponible para recibir a Vinnie y Madeline en el St. Moritz, necesitarían a alguien que hiciera de «Howie». Arlyne había perfilado su invención romántica con tanto detalle que el FBI se vio obligado a encontrar un agente de incógnito que fuera tanto judío como lo suficientemente mayor para ser su amante. Una posibilidad era el agente Mike Dennehy, hermano del actor Brian Dennehy. Mike había hecho de jeque durante la operación secreta ABSCAM. Pero, desafortunadamente, el agente Dennehy estaba asignado a otra investigación. Así que el papel recayó en el jefe de brigada Damon Taylor. Aunque tenía barba y estaba calvo, Taylor no parecía precisamente judío. También era bastante joven para Arlyne y mucho más bajito que ella. (Cuando Arlyne oyó que Damon haría de Howie, soltó que, si se subía encima de él, lo hundiría en el colchón). Sin embargo, era un agente secreto muy hábil que había interpretado el papel de un rico comprador de arte robado en uno de los anteriores engaños de Starquest. Se decidió que sin duda podría interpretar a un comerciante de alfombras enamorado.

Varias horas antes de que llegaran Vinnie y Madeline, Howie y su grupo se registraron en el St. Moritz y pidieron un par de habitaciones contiguas separadas por una puerta comunicante. El agente Taylor se posicionó en una de ellas; los agentes Halle y Scudiere, junto con Philly Buckles, en la de al lado. Cuando alrededor de las 23.30, Vinnie y Madeline llegaron, Howie abrió la puerta y se presentó. En la habitación contigua se podía escuchar el agua correr. Arlyne, dijo, se estaba dando una ducha.

Vinnie y Howie estuvieron unos incómodos minutos charlando sobre deportes. Al otro lado de la puerta, Oliver escuchaba y tomaba notas. La conversación, como más tarde describiría en el juicio público, fue como sigue: Vinnie reconoció que era un «usurero». El hecho de haberle prestado dinero a Arlyne había perjudicado su reputación en La Avenida. Cuando Howie sugirió llegar a un acuerdo, Manzo dijo que no contaba con suficiente autoridad y pidió permiso para hacer una llamada. Aproximadamente quince minutos después, regresó y anunció que podía aceptar un pago de 25.000 dólares más un extra de 5.000 dólares de incentivo para sí mismo, un total de 30.000 dólares.

En el momento en que Vinnie pronunció la cantidad, la puerta de la habitación contigua se abrió, pero no reveló la llamativa figura de Arlyne Brickman, sino las de dos agentes federales y un policía de la ciudad de Nueva York. Vinnie estaba visiblemente afectado. Madeline murmuró: «Lo sabía». Oliver Halle se sentó sobre la cama, al lado de Vinnie, y explicó con tranquilidad:

–Arlyne ha estado colaborando con nosotros. Es confidente del gobierno.

–No tengo nada que decir –gruñó Vinnie.

–Mira, vamos a hacer una cosa. Te vamos a poner una cinta –continuó Halle.

–No quiero oír ninguna jodida cinta –contraatacó Vinnie.

Pero Madeline protestó:

–Yo sí quiero oírla.

Oliver se giró hacia el agente Scudiere y le dijo:

–Paul, ¿puedes pulsar el botón?

Mientras Vinnie escuchaba las palabras que habían salido de su propia boca, notablemente la conversación en la que se había referido a Carmine Persico como el jefe de jefes, pareció que iba a ponerse a llorar.

–Sabía que no debería haber cruzado el puente –gimió, gesticulando ante su garganta–. Ahora estoy metido hasta los huevos con la pasma.

Cuando el agente Halle sugirió que serían bienvenidos como testigos de la causa, Vinnie contestó:

–Oye, ¿podemos hablarlo en privado unos minutos? Necesitamos pensarlo.

La decisión de dejar que Vinnie Manzo y Madeline Calvaruso salieran por la puerta se discutió larga y tendidamente el lunes siguiente en el cuartel general del Departamento de Justicia. Pero, en aquel momento, les pareció lo adecuado. La pareja no estaba bajo arresto. Además, aquella muestra de cordialidad podría ser una manera de ganarse su confianza. Los Quinella prometieron que estarían de vuelta en una hora.

Los agentes Taylor, Halle y Scudiere y el detective Buckles se dirigieron a un bar de los alrededores y se dedicaron a apostar si Vinnie y Madeline regresarían. De hacerlo, sin duda era para convertirse en soplones. Philly Buckles, por su parte, pensaba que Manzo se cruzaría de brazos. Para un chico listo, el barrio es su mundo. Y si de repente se encontraba que era *persona non grata*, no tendría adónde ir. Aun así, los agentes concluyeron que estaba la incalculable influencia de Madeline. A lo largo de todo el encuentro en la habitación de hotel, se había quedado sentada, con aire duro y desafiante. Sin duda, Madeline tendría la última palabra.

Era casi la una de la madrugada cuando los agentes regresaron a la habitación del hotel. Esperaron durante una hora, y después dos. Finalmente, todos se marcharon, excepto Oliver Halle, que se mantuvo en su puesto hasta el amanecer. Vinnie y Madeline no se presentaron. La Policía de Nueva York emitió una orden de busca y captura en calidad de testigos esenciales. La única pista de la pareja era el coche de Vinnie, que la grúa se había llevado por estar mal aparcado. A pie, en taxi o en metro, los Quinella se habían convertido en fugitivos de la justicia, aunque en aquella noche de octubre de 1984 no quedó claro si huían de la vara de la justicia o de la ira de Anthony Scarpati.

DIEZ
Testigo

Dejar que Vinnie y Madeline salieran del St. Moritz no había sido, según las declaraciones de uno de los ayudantes del fiscal, «la idea más brillante». La perspectiva de convencer a Manzo para que delatara prometía un enorme botín informativo. Pero, de hecho, había cegado a los estrategas gubernamentales ante las dificultades que podrían surgir si rechazaba la oferta. Existía la posibilidad de que Vinnie, al advertir la situación comprometida en la que se hallaba, huiría de la ciudad y se establecería en algún lugar seguro. Pero ¿dónde? Manzo ya consideraba «haber cruzado el puente» como una gran excursión. Montana le parecería como ir a la Luna. Ante aquellas opciones tan limitadas, era muy posible que los Quinella regresaran a La Avenida y suplicarían clemencia a Scappy. Si aquello ocurría, la seguridad de la operación Starquest se vería comprometida.

Aunque los agentes habían sido lo suficientemente cuidadosos como para no revelar ningún detalle en el encuentro en el St. Moritz, una mente perspicaz como la de Scarpati deduciría que era objeto de la investigación de un gran jurado. ¿Adivinaría que el alcance de esta se extendía hasta el jefe de jefes? Aparentemente, Scappy, cuyos impresionantes conocimientos prácticos de la Ley RICO habían podido corroborar los oídos de los federales que lo escuchaban, estaba llevando a cabo un contraespionaje propio. Scarpati frecuentaba el club de un extorsionador de sindicatos llamado Jackie DeRoss. Un micrófono en el establecimiento proporcionó una grabación extraordinaria en la que Scappy y DeRoss se juntaban para escuchar transmisiones del FBI sobre sus personas.

La ansiedad por lo que podía saber Scappy o lo que podía acabar averiguando pasó a ser de repente irrelevante a causa de un *boom* informativo que apareció en el *New York Post*. Aproximadamente una semana después del asunto del St. Moritz, el periódico publicó una noticia titulada: «El aguijón del FBI alcanza a un grande de la mafia». En ella, se informaba de que los cargos contra Carmine Persico y seis «esbirros» sin identificar estarían listos en dos semanas. Aquella divulgación causó un gran alboroto entre los fiscales, y el Departamento de Justicia se movilizó para investigar de dónde procedía la filtración. Sin embargo, en aquel punto, no había otra cosa que hacer más que tratar de paliar los daños. El gobierno presentó las conclusiones del caso ante el gran jurado y el 24 de octubre –poco más de una semana después desde el precipitado anuncio del *Post*– llegaron once acusaciones.

En aquel momento, la cuestión era: ¿cuántos de aquellos sospechosos todavía estaban al alcance? El FBI seguía de cerca al menos a uno. Jerry Lang era técnicamente un fugitivo acusado de perjurio, pero la Inteligencia del FBI había conseguido rastrearlo hasta un piso franco en Brooklyn. Los agentes tratarían de interceptar a los otros en sus viviendas o en refugios de la familia.

Las detenciones tenían que producirse en un operativo único e integral, dirigido por el puesto de mando del FBI en Lower Manhattan. La víspera, los miembros del equipo Starquest se reunieron en Federal Plaza, donde echaron una cabezadita tumbados en el suelo hasta cerca del amanecer. A continuación, se dirigieron a los lugares asignados previamente y esperaron la orden. El plan original establecía que todas las detenciones debían producirse exactamente a las seis en punto para evitar que la alarma se extendiera en las filas de los Colombo. Además, cada coche había sido equipado con circuitos seguros para la comunicación por radio con el objetivo de que ni la prensa ni la mafia se hiciera con un receptor a galena y monitorizara la frecuencia. Pero unos acontecimientos inesperados causaron el caos en el plan.

Oliver Halle y Billy Vormittag eran los encargados de la vigilancia de Scappy. Poco antes del amanecer, cuando ocupaban sus posiciones en el exterior de la casa del usurero en Bensonhurst, un Cadillac rojo se detuvo a su lado. El coche no les resultó familiar, pero al echar un vistazo al interior, Halle reconoció en aquel momento el ya familiar perfil de Anthony Scarpati. Halle y Vormittag se miraron alarmados y, a continuación, gritaron al unísono: «Queda detenido». Scappy se apeó del Cadillac con las manos en alto. Sin embargo, antes de que Vormittag pudiese pescar al conductor, este los ignoró y salió gritando hacia los recovecos silenciosos de Bensonhurst.

Halle avisó por radio al cuartel general de la posibilidad de que el compañero no identificado de Scappy alertara al resto de los sospechosos y, a partir de aquel momento, se sucedieron las detenciones. Langella, DiBella y cuatro más cayeron en la primera oleada. La élite de los Colombo fue conducida a Federal Plaza, donde fueron recibidos por una muchedumbre de reporteros que habían recibido el aviso de su llegada inminente. El fiscal general William French Smith voló hasta allí para la ocasión y anunció exultante que el gobierno iba a procesar «a todos los líderes de la familia Colombo sin excepción».

Solo una nube oscurecía aquella escena de otro modo jubilosa: cuatro de los acusados seguían desaparecidos, entre ellos, Carmine Persico.

Durante los cuatro meses posteriores, el gobierno marchó hacia el juicio con arrojo, quitándole importancia al hecho de que su principal objetivo no estuviera sentado en el banquillo de los acusados. Persico se convirtió en el objetivo de una enorme cacería, basada en especulaciones sobre si había huido bien a Sudamérica o al sur de Europa para reunirse con su hermano fugitivo, Allie Boy. El Año Nuevo llegó y pasó. Carmine se convirtió en uno de los «Diez Más Buscados» del FBI.

Entonces, durante la primera semana de febrero, un agente de la Costa Oeste recibió un chivatazo por teléfono. Carmine Persico se escondía en una casa en Long Island. Al parecer, Júnior se había enterado de las acusaciones gracias a un reportero del *Post* incluso antes de que la noticia llegara a las páginas del periódico. Alertado, huyó con su esposa a un lugar llamado Gurneys Inn en Montauk Point, en la punta más oriental de Long Island. Desde allí, había convocado una reunión de estrategia con Gennaro Langella y Anthony Scarpati. En aquel consejo se decidió que Carmine se entregaría para no violar su libertad condicional y que, a continuación, trataría de que lo absolvieran de los cargos. Alguien tendría que «quedarse fuera» y encargarse de dirigir la familia. El reconocimiento recayó en Langella, que ya era un fugitivo de la justicia y –según suponían– se escondía en un lugar seguro de Brooklyn.

Aquellos planes tan bien ponderados se torcieron la mañana del 24 de octubre, cuando el FBI arrestó a Langella en la batida general. Sin otra alternativa, Persico asumió el rol de líder en la clandestinidad. Sorprendido y enervado por el hecho de que aparentemente alguien hubiera traicionado a Jerry, decidió encontrar un escondite insólito, uno lejos de sus «viejos amigos». Escogió la casa de Fred DeChristopher en Wantagh, Long Island.

Frederick DeChristopher era un vendedor de seguros de cincuenta y ocho años que, en apariencia, llevaba una vida normal. Era también primo político de Carmine Persico. DeChristopher había entrado en la órbita de la familia dos décadas atrás, cuando le habían encargado a él, y no al primo de sangre de Carmine, un soldado llamado Andrew Russo, que resolviera los problemas sindicales de sus clientes corporativos. Unos pocos años después, DeChristopher se casó con Catherine, la hermana de Russo, y aunque siguió vendiendo seguros, se beneficiaba también de las migajas que le lanzaba la familia. Cuando, a finales de octubre de 1984, Carmine se presentó ante su puerta buscando refugio, Fred no estaba en posición de negarse.

El fugitivo Persico se acomodó en el desván de la casa DeChristopher y estableció una rutina más o menos regular. Cada tarde a las tres, bajaba las escaleras para tomar un desayuno ligero acompañado de un expreso anisado. Durante el resto del día, leía los periódicos y miraba la televisión en busca de noticias sobre las detenciones y las acusaciones. A la hora de la cena, echaba una mano en la cocina. A Carmine le encantaba cocinar. A medianoche, jugaba a las cartas con Fred, y finalmente se iba a dormir a las tres de la madrugada.

Durante las siguientes semanas, Carmine le reveló a DeChristopher ciertos detalles íntimos del negocio familiar. Por ejemplo, Carmine Galante, el difunto jefe de la familia Bonanno, había sugerido en una ocasión un acuerdo matrimonial entre su propia hija, Nina, y el hijo de Persico, Alphonse. Supuestamente, se fue de la lengua con el tema de Mary Bari, de quien dijo que había sido asesinada porque había tratado de localizar al fugitivo Allie Boy. Y también trató de involucrar a DeChristopher en un divertido ardid para engañar al FBI. Si moría por causas naturales, le dijo a DeChristopher, quería que lo enterrara bajo el estanque de peces del jardín trasero.

A continuación, Fred debía llamar cada par de meses al FBI para informarles de que había visto a Persico en ese o aquel lugar. De aquel modo, Carmine confiaba en que los agentes lo persiguieran durante los siguientes diez años.

Persico también estableció una «avenida» para que le llegara la información sobre la investigación en marcha sobre el caso Colombo a través de Andrew Russo. En aquel momento, en lugar de jugar a las cartas hasta altas horas de la noche, Carmine y Fred se sentaban y revisaban grabaciones de audio y vídeo. Entre ellas, se encontraba la realizada en la cocina de Arlyne Brickman en la que Vinnie Manzo comparaba a Persico con el presidente de una corporación.

–Vaya mierda de tío –resopló supuestamente Carmine–. Yo fui quien lo sacó de la nada. Solía salir con mi hermano Allie. Era su chófer. Y ahora ese mierda se atreve a pronunciar mi nombre.

Cada vez que Persico oía algo en una grabación que lo ponía de mal humor, reflexionaba en voz alta sobre las alternativas que tenía. Había decidido «mantenerse al margen» durante el inminente juicio para que salieran todas las pruebas y que su abogado pudiese evaluarlas. Si pensaba que podían absolverlo, se rendiría. Pero si parecía que la suerte no iba a estar de su lado, se reuniría con Allie Boy y llevarían una vida de fugitivos.

Durante las semanas que tuvo que interpretar el papel de anfitrión de su notorio primo político, Fred DeChristopher se comportó con cordialidad escrupulosa. Pero no estaba ni mucho menos contento. Aunque se había aprovechado de su asociación con la familia Colombo durante años, más tarde confesó que no les tenía ningún afecto. Él y Catherine no eran un matrimonio totalmente feliz y, en su fuero interno, Fred odiaba al hermano de su esposa. De hecho, menos de tres meses después de la boda había acudido al FBI y les había facilitado información tanto sobre Andrew Russo como sobre Allie Boy Persico. Sus razones, como explicaría después, eran sencillamente las de un ciudadano corriente que cumplía con su deber civil. No recibió pago alguno y después de un año desapareció de los registros de confidentes del FBI.

Sin embargo, a finales de 1984, se encontró pensando de nuevo en el FBI. Aunque Carmine en un principio había prometido que se quedaría solo dos semanas, permaneció en su refugio en el desván de DeChristopher hasta el día de Navidad, en que se marchó a lo que él mismo definió como un escondite secreto al norte del estado de Nueva York. DeChristopher nunca dejó claras sus razones para delatar a Carmine. Algunas de sus afirmaciones posteriores parecieron indicar que estaba resentido por haber pasado tanto tiempo «bajo arresto domiciliario», como él mismo lo describió, haciéndole compañía a Carmine. Temía por su vida y no deseaba verse implicado. En otra declaración durante el juicio, dio la impresión de que se había ofendido con Persico porque este había cambiado su casa por otro refugio. También estaba la recompensa de cincuenta mil dólares por la cabeza del mafioso, aunque DeChristopher afirmó que no sabía nada del tema hasta que Persico cayó de nuevo en manos de la ley. Algunos especularon que Fred tenía la intención de empezar una nueva vida con otra mujer.

Independientemente de sus motivos, en la primera semana del mes de febrero, DeChristopher se metió en una cabina telefónica y delató a Júnior.

Aquello sucedió una semana antes de que detuvieran a Persico. En los días que siguieron a su marcha, Persico regresó a Wantagh, dando como explicación que el escondite en el norte de Nueva York no era tan seguro como había pensado. El FBI vigilaba constantemente la casa de DeChristopher. Una tarde a mediados del mes de febrero, Persico recibió la visita de un capo llamado Dominic *Donny Shacks* Montemarano y del hijo de Andrew Russo, Jo Jo. Mientras los tres estaban reunidos en el desván, el teléfono sonó. Tras responder a la llamada, Fred DeChristopher dijo a sus huéspedes: «El FBI quiere hablar con vosotros». Los cuatro salieron de espaldas y con las manos en alto para encontrarse en el jardín a más de veinte agentes federales, polis de Nueva York y miembros de la policía del condado de Nassau. DeChristopher fue también arrestado y fichado para preservar su coartada, pero, al parecer, nadie se tragó el ardid. En los días posteriores, los Colombo mantuvieron reuniones en secreto a las que DeChristopher no fue invitado. Más tarde testificaría que recibió una llamada de Jo Jo Russo en la que lo invitaba a cenar para discutir «el problema de la detención». DeChristopher preguntó si debía traer a «tía Catherine» y Russo contestó: «No, déjala en casa. Tú y yo tenemos que ir a un sitio».

Sospechando que le quedaban pocas horas de vida, DeChristopher huyó de su casa –sin la prótesis dental y solo con seis dólares en el bolsillo– y llamó al FBI. Nada más hacerlo, lo sacaron rápidamente de escena para incluirlo en el Programa Federal de Protección de Testigos.

Durante todo aquel intenso drama, Arlyne Brickman tuvo que conformarse con quedarse sentada, aislada y echando pestes. Se había establecido –mantenía que de forma temporal– en una ciudad de la costa al norte de Miami. El plan inicial había sido alquilar un apartamento en el mismo edificio que su madre frente a la playa, en Hollywood. Sin embargo, los administradores no aceptaron a *Shadow*, así que Arlyne tuvo que buscar un alojamiento más modesto en las cercanías.

Durante las primeras semanas en el exilio, Arlyne estuvo muy ocupada. Leslie había accedido a ingresar en un programa de rehabilitación, aunque su recuperación se truncó con la llegada de Willie a Miami. Arlyne le rogó a su hija que lo rechazara, pero Leslie se negó y se fue a vivir con su amante a Coconut Grove. No pasó mucho tiempo antes de que volviera a caer en las drogas y se comportara como una desconocida peligrosa. Ella y Willie encontraron la agenda de Arlyne en la que estaba anotado el número de teléfono de Anthony Scarpati y la amenazaron con decirle dónde se escondía. Arlyne les dio cinco mil dólares para que mantuvieran la boca cerrada.

Bajo aquel asedio perpetrado por sangre de su sangre, la angustia de Arlyne se vio acrecentada al comprobar que algo iba mal con *Shadow*. Su habitualmente carácter peligroso estaba dando paso a la melancolía. Lo llevó al veterinario, confiando en que le dijera que aquella depresión era una fase pasajera, pero se sorprendió cuando se enteró de que su «chiquitín» tenía un tumor cerebral. Por primera vez en su vida, *Shadow* parecía contento de que lo auparan y lo llevaran en brazos. Arlyne lo mimaba, lo consentía y lo cuidaba con ternura, con la intención de que su final fuera lo más tranquilo posible.

Durante aquellos tiempos difíciles, Arlyne todavía podía sentir en el ánimo la adrenalina que había supuesto la operación Starquest. Durante las seis semanas en las que había perseguido a Scarpati, había disfrutado de una atención y prestigio sin precedentes. Y aunque ya se había trasladado a Florida, no la habían dejado al margen en la intriga del St. Moritz, y rememoraba batallitas en largas conversaciones telefónicas con Ollie, Philly y Paul Scudiere.

«¡Vinnie y Madeline se tragaron el numerito de Damon Howie! ¡Y vosotros dejasteis que salieran del St. Moritz!».

Sin embargo, con el transcurso de las semanas, Arlyne empezó a estar incómoda y molesta al caer en la cuenta de que el espectáculo de verdad la estaba dejando de lado. El foco de la investigación se había desviado hacia la persecución y captura de Carmine Persico. Y, en aquel asunto, Arlyne poco podía aportar. Se convirtió en ritual diario llamar insistentemente a los miembros de la brigada Starquest en busca de detalles. Gracias a aquella persistencia pura y dura, fue capaz de enterarse de algunos detalles del interrogatorio a DeChristopher. Le encantó escuchar que, mientras estaba escondido, Persico había visto una de las cintas que habían grabado en su apartamento –aquella en que Vinnie se refería a él como el presidente de una corporación– y que había etiquetado a Vinnie como un «mierda». Pero con el ajetreo de las nuevas acusaciones que siguieron a la detención de Carmine, y el vaivén de fechas para el juicio –que en aquel momento parecía que no empezaría hasta el otoño–, Arlyne Brickman se sintió abandonada y, lo que fue peor, prescindible.

Su aislamiento de Nueva York la llevaba de nuevo una vez más a buscar el contacto constante con su madre. Billie, que todavía estaba recuperándose de la muerte de Irving, parecía disfrutar de las visitas de su hija pródiga y fue extraordinariamente comprensiva con el dilema en que se encontraba Arlyne en aquel momento. Pese a sus peleas y gritos histéricos, Arlyne tuvo que admitir que su madre siempre había sido una amiga fiel.

Fue durante una de sus visitas diarias a Hollywood que Arlyne hizo un asombroso descubrimiento. Estaba delante del edificio de su madre una mañana cuando divisó a un joven en una cabina telefónica. Desde los dieciséis años, Arlyne gozaba de un don infalible: reconocer a los chicos listos. Y en aquel momento, su radar señalaba enemigo a la vista. Interrogó discretamente a las amigas de su madre y se enteró de que su nombre era Jo Jo Russo. Estaba allí con su hermano, visitando a su madre, que tenía un apartamento en el edificio. Arlyne apenas podía creer lo que estaba oyendo. Jo Jo era el hijo de Andrew Russo, persona de confianza de Carmine Persico y cuñado del testigo estrella del gobierno, Fred DeChristopher. Las perspectivas eran casi increíbles. Arlyne informó a Oliver Halle, quien dijo: «¿Estás loca?».

Ya resultaba suficientemente peligroso para Arlyne tropezarse con los Russo en cualquier circunstancia, pero, en aquel momento más aún; el nombre de Andrew Russo había sido mencionado en la nueva ronda de acusaciones, convirtiéndolo en coimputado junto a Carmine Persico y Anthony Scarpati. Oliver le dijo que, por el bien de su madre y por su propia integridad, Arlyne debía mantenerse alejada de Hollywood. Sin embargo, a falta de otra diversión, Arlyne no tenía intención alguna de abandonar el campo de batalla. No solo continuó con las visitas diarias a su madre, sino que se esforzó por sentarse en la piscina justamente al lado de los Russo, e incluso se atrevió a charlar con ellos. Aquellos jueguecitos con fuego la pusieron de muy buen humor, más de lo que había estado desde hacía mucho tiempo. Cuanto más osada era, más vulnerable se sentía. Con la adrenalina que le provocaba la «vigilancia», se sentía como si fuera a vivir eternamente. Solo por las noches, al cerrar los ojos e intentar conciliar el sueño, sentía que aquel coraje la abandonaba.

«Un gancho carnicero», había dicho Vinnie. ¿Y qué sabía el pequeño Vinnie sobre ganchos carniceros? ¿Había visto a alguien colgado de uno de ellos alguna vez? Arlyne lo dudaba. Alguien le había ordenado que lo dijera. Pero ¿quién? ¿Scappy? Arlyne se esforzaba por recobrar la valentía imaginándose, subiendo al estrado de los testigos con todos los ojos posados so-

bre ella. Se había puesto a régimen y cuando llegara el momento –¿cuánto faltaba, siete, ocho meses?– estaría igual de esbelta
que cuando tenía veinte años. Bueno, igual treinta. Y tendría un
cutis suave. Se quitaría todas las arrugas químicamente. Se pondría una funda en los dientes rotos. Y se compraría un traje elegante y a la moda. Algo clásico, con hombreras, que apartara la
atención de su trasero. Y al subir al estrado, se comportaría igual
de altiva e irrefutable que lo había hecho Virginia Hill al desviar
los dardos enviados por el Comité Kefauver desde debajo del ala
de su pamela.

Con aquella fantasía llegaba a dormirse, pero una pesadilla
recurrente la despertaba. Era sobre Abe Reles, la pobre sabandija que se había cruzado en el camino de tío Meyer. Sin embargo, en su versión, Abe no se encontraba en el interior del
ataúd de la funeraria Blum and Oxman, maquillado y en paz.
En su versión, caía, caía, gritando, hasta que se golpeaba con
el suelo como si fuera un estornino destrozado.

Sin embargo, los fiscales federales no habían olvidado a Arlyne, sino más bien al contrario: se había convertido en el objeto
de un tira y afloja entre los distritos Sur y Este, entre los que
existía una rivalidad de toda la vida que se extendía al control
de los testigos. Cuando la ayudante del fiscal Diane Giacalone,
que todavía planeaba utilizar a Arlyne en la acusación contra Gotti, se enteró de que la investigación Starquest se había
apropiado de su testigo, llamó a Aaron Marcu para quejarse.
Aquella conversación se convirtió en una pelea a gritos en la
que Marcu afirmó que la testigo estaba en aislamiento y que
no podía ser contactada.

Para salvaguardar la credibilidad de Arlyne, era primordial
mantenerla alejada del circuito de testigos federales, y así evi-

tar reforzar la impresión de que era una soplona de alquiler. Por lo que a Marcu se refería, Arlyne era una víctima. Aquella era una propuesta algo difícil de hacer creer si se consideraba que nunca había conocido a Anthony Scarpati, y mucho menos había recibido sus amenazas.

Pese al comportamiento encomiable de Arlyne durante sus seis semanas en el equipo Starquest, subsistía un detalle inoportuno: no había conseguido reunirse con el sospechoso. Además, el laboratorio criminal del FBI en Washington no había podido hallar las huellas del usurero en el trozo de papel con las cantidades de los intereses. Aaron Marcu seguía convencido de que podía conseguir una condena. Su optimismo aumentó por un comentario casual que oyó en boca de un miembro del grupo de Operaciones Especiales la noche en que dejaron plantada a Arlyne en la pizzería. Después de aquella vigilancia, había llegado a oídos del fiscal que un agente especial llamado Ron Andachter había visto hablando a Vinnie y Scappy, y se había acercado lo suficiente como para captar algunos fragmentos de su conversación. Afirmaba que había oído decir a Scarpati: «¿Y cuál es el jodido problema? Esa tía nos debe la puta pasta».

Aunque la integridad de Arlyne podía ponerse en duda, Andachter era un joven y pulcro agente federal cuyo testimonio no resultaba fácil de atacar. La estrategia de Marcu sería centrar la atención del jurado hacia aquel comentario oído casualmente, así como hacia otras «pruebas no-Arlyne», como las fotografías, las grabaciones y los documentos, en resumen, hacia materiales que no podían ser refutados.

En lo más profundo de la mente de los fiscales estaba la preocupación de cómo Arlyne soportaría el severo tratamiento que seguramente recibiría de manos de los abogados defensores. Cuando explicaba la historia a agentes simpáticos y fiscales que apoyaban la causa, se mostraba con suficiente confianza. Pero su valor se desmoronaba ante la más mínima crítica. Su naturaleza excitable no le sería de utilidad alguna en el estrado de los testigos. Si decidían hacerla pasar por aquello, debían prepararla cuidadosamente. Y Marcu asignó aquella potencialmente ardua tarea a un joven ayudante llamado Frank Sherman.

Sherman, que había sido transferido desde la oficina del fiscal en Filadelfia durante la primavera de 1985, era un recién llegado al caso Colombo. Sin embargo, parecía complementarse perfectamente con la errática Arlyne Brickman. Tranquilo y de voz suave, no era el típico carácter que se dejara llevar por la histeria. Su amplia experiencia como abogado litigante le permitía identificar de forma extraordinaria los puntos vulnerables de un testigo. En resumen, era un apagafuegos muy efectivo.

Su primera lectura del expediente Brickman lo dejó con una preocupación principal. Para empezar, Arlyne había colaborado con un buen número de delegaciones. Contó dieciséis. Mientras que el gobierno haría lo posible para presentar a Arlyne como una víctima, la defensa fácilmente podía venderle al jurado la imagen de que era una mercenaria despiadada. Se podría decir que el largo historial de empleo de Arlyne dejaba en buen lugar su credibilidad como confidente, pero estaba claro que no era una víctima.

Durante el verano de 1985, Sherman voló a Florida para reunirse con la testigo. Sus preocupaciones se multiplicaron. No solo se excitaba y entusiasmaba con facilidad, sino que también tenía una terrible memoria para las fechas. Había dicho al gran jurado que había conocido a Vinnie en 1979, pero una revisión concienzuda de los hechos parecía sugerir que aquella fecha era demasiado temprana. Arlyne se empeñaba en decir que Tommy le había presentado a Manzo el día en que había apostado por el caballo *Summing*, que participaba en la Belmont. Al parecer, *Summing* no había ganado la carrera de 1979, sino la de 1981.

El abogado también se sorprendió y en un principio palideció al enterarse de que ya en 1981, Arlyne había colaborado en una grabación subrepticia a Manzo bajo la supervisión de los agentes del FBI de Queens. La oficina de Manhattan se encargó posteriormente de la investigación Colombo y no había ningún registro del anterior trabajo de Arlyne. En todas sus conversaciones con Oliver Halle, Philly Buckles y Aaron Marcu, Arlyne, sencillamente, había olvidado mencionarlo.

Incluso mientras emitía una orden para encontrar la cinta extraviada, Sherman se mostró inquieto. Por supuesto, cabía la posibilidad de que contradijera el relato de Arlyne, en cuyo caso la acusación tendría que ser revocada. Cuando la grabación llegó finalmente a su despacho, se sintió aliviado al oír que Arlyne le insistía a Vinnie con que tenían que espabilarse para que «la gente de La Avenida volviera a respetarla». La cinta no solo corroboraba su versión de los hechos, sino que establecía que ya en 1981 sabía de la existencia e incluso temía a Scappy, cuyo nombre mencionaba varias veces.

Aunque las discrepancias accidentales de Arlyne tenían fácil remedio, su pasado criminal era lo que más preocupaba a Sherman y al equipo del fiscal. Comparada a testigos gubernamentales como Jimmy Fratianno y Joseph Cantalupo, estaba relativamente limpia. No tenía expediente federal, solo uno local de Fort Lee, una pena menor por apuestas ilegales por la que no había cumplido condena. Lo que preocupaba a Sherman no eran los crímenes registrados, sino los que se habían podido pasar por alto. Sería necesario realizar una reconstrucción concienzuda de la historia de Arlyne con el mundo del hampa. Una de las razones para hacerlo era que el gobierno estaba obligado a procurar a la defensa no solo los registros por las detenciones y condenas reales, sino también cualquier información accidental sobre cualquier «fechoría» que un testigo del gobierno pudiese haber cometido. El juez John Keenan parecía dispuesto a que este requisito se cumpliera categóricamente.

Una segunda razón era que el gobierno no deseaba sorpresas ante cualquier minucia que saliera a la luz sobre el pasado de un testigo. La intimidad de Arlyne Brickman con el crimen organizado se extendía, por lo menos, treinta años atrás. Se necesitarían las habilidades de un arqueólogo para desenterrar cualquier fechoría imaginable que hubiese podido cometer durante ese tiempo. De hecho, Arlyne había visto tantas cosas que era posible que ni siquiera recordara ciertas travesuras criminales. Desafortunadamente, otros sí lo harían. Al parecer, la defensa tenía contactos en Brooklyn, Queens, Jersey y en el Lower East Side que podían sacar más trapos sucios en una tarde de lo que Arlyne desearía, o podría, proporcionar en meses. Era posible que Vinnie y Madeline hubiesen recurrido a la compasión de Scarpati y que en aquel momento estuviesen bajo su protección para recusar su testimonio. Pero, al fin y al cabo, ¿qué podían decir? Que se lo había inventado todo, en cuyo caso, las grabaciones se erigirían como prueba irrefutable de lo contrario. Otro escenario más probable era que Vinnie asumiera la responsabilidad y afirmara que el dinero no pertenecía a Scarpati, sino a él, y que solo había mencionado el nombre del capo como táctica intimidatoria. En aquel caso, el gobierno tendría que confiar en que el jurado creyera al agente Andachter, que insistía en que había oído a Scarpati diciéndole a Vinnie: «Esa tía nos debe la puta pasta».

El abogado defensor de Scarpati no tendría que cavar muy hondo para descubrir el prolongado vínculo de Arlyne con

Tommy Luca. Al hacerlo, podría también tropezarse con sus flirteos con las drogas. Si Arlyne hubiese sido un hombre, aquello no habría comportado tales posibilidades devastadoras. Los jurados parecían tomarse con filosofía las pruebas de depravación en el caso de los testigos gubernamentales masculinos. Pero si una chica de la mafia malhablada se veía relacionada, por muy vagamente que fuera, con el tráfico de drogas, podrían considerarla como un monstruo.

El gobierno disfrutaba de una ventaja táctica en aquellos casos. Al ser el primero, el fiscal federal podía introducir potencialmente información nociva con el objetivo de neutralizarla. Para cuando la defensa interrogara al testigo en busca de supuestas incongruencias, ya no pillaría por sorpresa al jurado. Aquella táctica se conocía como «sacar el aguijón». Sin embargo, para disminuir el impacto de la implicación de Arlyne, el gobierno tenía que saber hasta dónde llegaba.

Por lo tanto, el interrogatorio preparatorio requirió de todo el tacto y delicadeza que Frank Sherman pudo reunir. Aunque Arlyne ni se inmutó cuando sacó a colación el tema de las drogas, tampoco respondió con su candor característico. Cada vez que la abordaba, ella se lanzaba a un refugio semántico igual de vago que de impenetrable. Sí, ella y Tommy habían proporcionado hierba a los estancos, pero aquello no significaba que fuera una «traficante». No eran sus drogas. No estaba comprando ni vendiendo. No vivía de eso. Tommy era el cerebro; ella, solo una espectadora que se limitaba a conducir el coche. Sobre la cocaína admitió que sabía de una pequeña venta que Tommy realizó en 1981 pero en la que no participó. Aquel mismo año, Tommy había negociado una transacción de heroína, pero al final no salió nada. Según afirmó Arlyne, durante aquel episodio ya estaba pasando información al gobierno.

Arlyne tenía una tendencia a retratar todas sus incursiones en el mundo de la droga como secundarias a su trabajo como confidente. En algunos casos, existían registros que lo corroboraban, pero en otros, no. Por lo poco que conocía de la irregular vida personal de Arlyne, Sherman dedujo que, durante ciertos interludios felices, ella y Luca habían hecho cosas que no había explicado a los agentes. En un momento determinado, dio un paso en falso. En su afán por que pillaran a Luca, Arlyne había descrito a los fiscales del distrito Este la compra de heroína que Tommy había realizado por valor de 300.000 dólares. Aquel incidente había tenido lugar a finales de 1982, pero no lo explicó a la DEA hasta 1983. Con toda seguridad, algún miembro del equipo de la defensa se aprovecharía de aquella evidencia de doble juego y plantearía dudas sobre si Arlyne no habría estado delinquiendo ante las mismísimas narices del equipo Starquest.

Sherman, como Grady O'Malley, no creía que Arlyne hubiese sido una pieza importante del juego. E incluso había perdido fuerza en las calles cuando Luca la había abandonado. Estaba seguro de que la ruptura con Tommy señalaba el final de la carrera de Arlyne en el negocio de las drogas. Y se podía alegar que, ante aquella encrucijada crucial, se había arrepentido de sus fechorías –incluso del doble juego– y se había alineado final e inequívocamente al lado de la justicia.

Con la fecha del juicio cada vez más próxima, se enviaron un torrente de emisarios federales a Florida para atender las necesidades de Arlyne Brickman. Sherman, que hacía el viaje cada pocas semanas, se reunía con ella en las oficinas del FBI en Fort Lauderdale, donde continuaban con su laborioso interrogatorio. A Arlyne le gustaba Sherman, básicamente porque no se sentía amenazada por él y porque seguía confiando en que era lo suficientemente hábil como para desviar sus preguntas. Pero Sherman era más tieso que un palo de escoba y no mostraba intención alguna de convertirse en su amigo. También solía mantener la boca cerrada, algo que no pegaba con Arlyne, que adoraba un buen chisme más que nada en el mundo. Para satisfacer su hambre de camaradería, Arlyne tuvo que esperar a la llegada de Philly Buckles, Billy Vormittag y Paul Scudiere, cuya misión principal era mantenerla de buen humor. Cuando aquella banda desembarcó en la ciudad, empezó la fiesta. Scudiere los llevó a todos a restaurantes que servían sorbetes entre plato y plato. Arlyne quedó impresionada ante su capacidad de leer una carta en francés y pedir buenos vinos. Desde aquellos domingos por la tarde de su niñez en que Irving Weiss llevaba galantemente a su familia al Grotta Azzurra, Arlyne sentía un estremecimiento de placer cuando cenaba en compañía de un hombre que sabía lo que se hacía. En aquellas veladas, Arlyne estuvo en la gloria y se sintió adorada e importante.

En momentos como aquel, el anhelo de regresar a Nueva York era tan fuerte que casi la abrumaba. Y por mucho que temiera testificar, aquel año escondida la había dejado sintiéndose desplazada. Nueva York estaba en aquel preciso instante sumida en un frenesí mafioso, con el fiscal del Estado, Rudolph Giuliani, declarando la guerra a varios frentes a la vez. El distrito Sur estaba dispuesto a procesar a veintidós acusados que supuestamente habían utilizado pizzerías como centros de distribución de heroína. Además del caso conocido como Pizza Connection, el gobierno presentaba casos RICO contra dos «peces gordos mafiosos», como gustaba llamarlos la prensa: Paul Castellano, jefe de los Gambino, cuyo círculo de robo de coches también cometía asesinatos y ajustes de cuentas, y Matthew *El Caballo* Ianniello, cuyas prácticas de extorsión supuestamente le habían procurado el control de los clubs y restaurantes más importantes. La presunta pieza central de la campaña de Giuliani era el caso de La Comisión, por el que se llevaría al banquillo de los acusados a los líderes de las cinco familias de la mafia por delitos que iban desde la extorsión sindical hasta el tráfico de drogas. El caso de La Comisión sería un espectáculo legal de una magnitud raramente vista en el pasado, ni siquiera en Nueva York. Incluso el fiscal gubernamental aparecería para presentar los cargos. Sin embargo, a pesar de lo trascendental que prometía ser, el caso de La Comisión le debía su vida y probablemente su resultado al caso Colombo, el cual estaba previsto que se juzgara cinco meses antes. Gran parte de las pruebas contra La Comisión derivaban del proceso a los Colombo, y si el gobierno no conseguía ganar un caso contra una de las familias, con toda seguridad las posibilidades de derrocar a su consejo de gobierno serían mínimas. Arlyne no pasaba por alto la importancia del caso Colombo y empezaba a considerar la fecha del juicio no tanto como un suplicio, sino como su billete de vuelta a Nueva York. Y regresaría, estaba convencida, dejando una estela de gloria.

El 4 de noviembre de 1985, el gobierno encausó a Carmine Persico y a diez coimputados por crimen organizado. No fue un comienzo auspicioso. El caso había sido relegado a una de las salas pequeñas, lo que dejó a los acusados, a sus abogados y a los fiscales federales agolpados codo contra codo. Aquel hacinamiento creó una atmósfera de tensión que se vio exacerbada por una tendencia de los acusados a reírse de forma ruidosa y aparentemente orquestada cada vez que los fiscales presentaban pruebas en detrimento de sus intereses.

El juicio empezó con un ritmo lento, desbaratado por las preocupaciones sobre la salud de los acusados. Thomas DiBella sufría de problemas cardíacos y habían llegado a un acuerdo previo. Lo mismo había ocurrido con Dominic Montemarano, que estaba en lista de espera para extirparse un tumor. Poco después de una semana del inicio del juicio, uno de los acusados, Ralph Scopo, sufrió un ataque durante el cual se agarró al pasamanos del estrado del jurado y tuvieron que llevárselo a toda prisa al hospital, donde le diagnosticaron una angina de pecho e hipertensión. Durante las primeras seis semanas, solo se produjeron cuatro días reales de declaraciones. Un agente del IRS fue el primero en subir al estrado y allí permaneció aproximadamente cuatro semanas, explicando los detalles de los intentos de soborno de Carmine Persico para obtener un trato preferente en el sistema federal penitenciario. Durante el mes siguiente, una sucesión de contratistas explicó los métodos de extorsión de la familia Colombo para conseguir que los sindicatos estuvieran calmados. El juicio se eternizó durante los meses de noviembre, diciembre y enero. Desde su apartada atalaya, Arlyne Brickman se desgastaba con cada aplazamiento. Los detalles laberínticos de sobornos y recompensas la aburrían. Se sintió depresiva hasta principios de febrero, cuando el juicio entró en una fase marcadamente más glamurosa. El gobierno llamó a declarar a Jimmy *Comadreja* Fratianno.

Fratianno, un anciano de setenta y dos años, ya no poseía la formidable planta que lucía en el pasado. Testigo estrella del gobierno durante nueve años, un veterano con más de una docena de juicios contra la mafia a sus espaldas, el prestigio del Comadreja estaba de capa caída. Cuando entró en el circuito en 1977, poseía información profunda y actualizada sobre la organización estructural de la mafia, algo que el gobierno estaba encantado de pagar generosamente. Pero la información tiene fecha de caducidad, y una vez que un testigo cambia de bando, pierde los contactos y socios que lo mantenían al corriente de los chismes. En algún momento, se ve obligado a ceder la corona de favorito del gobierno a un chaquetero más joven o de aparición más reciente, como Joseph Cantalupo. Aun así, el nombre de Jimmy Comadreja tenía caché y por encima de las protestas de la defensa de que una aparición de Fratianno sería sencillamente «exceso procesal», el gobierno hizo pasar a Jimmy por el aro para que identificara a Jerry Lang y a Andrew Russo como capos de los Colombo y, por lo tanto, como miembros de una organización criminal.

La aparición de Jimmy Comadreja hizo emerger sentimientos contradictorios en Arlyne Brickman. Si le hubiesen preguntado si lo admiraba, Arlyne habría respondido con insultos. (Es bastante habitual que un confidente ataque la experiencia y honradez de otro para incrementar las suyas propias). Pero, en secreto, lo envidiaba. Arlyne seguía el concierto de Jimmy en el caso Colombo igual que una cantante de un bar de Las Vegas trataría de colarse entre bambalinas para ver si podía ver a Sinatra.

Según sabía, tenían a Jimmy altamente vigilado en un piso franco en Governors Island, el mismo sitio al que la habían destinado a ella. Había oído que lo trataban a cuerpo de rey. Los agentes del FBI y del Departamento de Justicia tomaban el ferri para cenar con él. A menudo, Jimmy ejercía de cocinero, guisando un conjunto impresionante de pasta y salsas en un hornillo.

Arlyne pensó que quizá llegaran a conocerse. Pero, de suceder, ¿qué iba a decirle? ¿Charlarían del tiempo? Al fin y al cabo, Jimmy había matado a cinco hombres y ella era una simple chica de la mafia con una condena chapucera por regentar un negocio de lotería ilegal. A medida que el viaje hacia el norte se acercaba, una idea continuaba aguijoneándola: que su momento de gloria podría verse ensombrecido por la presencia de Jimmy Fratianno.

En la mañana en que estaba prevista su salida, Arlyne se sentó a esperar en su apartamento con solo una bolsa. En su juventud, habría sido impensable partir en un viaje como aquel con menos de dos maletas, preferiblemente tres. El hecho de viajar con poco equipaje indicaba cierta desesperación. Sus esperanzas de perder peso habían sido desbaratadas por la ansiedad. La comida le calmaba los nervios y se había atracado hasta conseguir el récord de 80 kilos. Ante aquellas circunstancias, carecía de sentido encargar costosos trajes a medida. En lugar de ello, rebuscó en su armario algunas prendas que la «estilizaran» y encontró varios jerséis y pantalones ajustados. Como zapatos, eligió unos glamurosos y seductores zuecos de tacón alto.

Billie Weiss pasó para despedirse. Estaba llorando. Un agente muy educado llamado Hughes apareció para escoltar a Arlyne hasta el aeropuerto. Mientras bajaba las escaleras con la bolsa de Arlyne, Billie le gritó: «¡No dejes que le ocurra nada malo!».

En el Aeropuerto Internacional de Miami, Hughes le tendió un billete para un vuelo comercial. El agente inspeccionó el avión vacío. Se le permitió embarcar antes que el resto de los pasajeros. Arlyne reparó en que el nombre que figuraba en el billete no era el suyo. El FBI había decidido que era más seguro evitar Nueva York y la hicieron aterrizar en Newark, Nueva Jersey. En el aeropuerto, la recibió una pequeña escolta armada, encabezada por Paul Scudiere, quien le explicó que no iban a alojarla en el piso franco, puesto que Fratianno todavía estaba allí.

La primera reacción de Arlyne ante esta noticia fue la irritación, puesto que parecía confirmar sus sospechas de que le tocaba ser segundo plato después del Comadreja. Sin embargo, su resentimiento disminuyó cuando la escolta la depositó en el Meadowlands Hilton. Aunque no era ni la mitad de lujoso que el Seacoast Towers u otros apartamentos donde había aprendido el oficio de mantenida, en verdad era lo suficientemente elegante como para que su vanidad se sintiera halagada. Paul Scudiere revoloteaba atento a su alrededor, al igual que lo hacían Oliver Halle y la agente femenina obligatoria, una mujer sencilla y decente que respondía al nombre de Colleen. Desde el caso Fischetti, durante el cual la habían obligado a sufrir los cacheos en busca de drogas y la colocación de los micrófonos a manos de Dewanna Stratton, Arlyne sentía aversión hacia las mujeres policía. Sin embargo, Colleen era discreta y despertó los instintos maternales de Arlyne. Antes de que se diera cuenta, ya estaba arengando a la chica para que mejorara su aspecto. «Colleen –le imploraba–, ¿cómo demonios puedes ir por la vida así? ¡Sin maquillaje! Necesitas ir a la peluquería. ¡Si yo te cogiera!».

Colleen era de buena pasta. Permitió que Arlyne le pintara las uñas de los pies, aunque no dejó que le tintara el pelo. Y durante la semana que Arlyne pasó encerrada en el Meadowlands Hilton, se divirtieron juntas. Colleen consistió que a Arlyne se le fuera la mano con el servicio de habitaciones, y esta, que había dejado por completo el régimen, pidió tarta recubierta con chocolate, *mousse* y doble ración de carne asada. Colleen abonó el canal de pago para que Arlyne pudiera pasarse el día viendo películas. Su favorita era *El honor de los Prizzi*, que vio diez veces consecutivas. Y sin escatimar críticas. En su opinión, Kathleen Turner tendría que haberse basado en Tilly Palladino, pero había acabado siendo un bombón acaramelado. Se sintió más cautivada por Anjelica Huston, y en concreto por la escena en la que besa el anillo del padrino. Eso era «estrictamente mafioso».

Paul Scudiere recibió la cuenta y, haciendo honor de su galantería habitual, preguntó: «¿Qué coño está pasando aquí?».

En aquel momento, sin embargo, Jimmy Fratianno había ya ratificado su testimonio y había desalojado sus aposentos en Governors Island. Era hora de que Arlyne se mudara.

En el espacio de una tarde, se llevaron a Arlyne del Hilton hacia el piso franco –lugar donde algunos testigos gubernamentales míticos daban audiencia–, que le pareció una humillación. El piso franco, según pensó Arlyne, era un «agujero infernal». Estaba compuesto por dos apartamentos contiguos: uno para ella y otro para su escolta federal. Ambos hedían al puro de Fratianno. Arlyne echó un dudoso vistazo al cuarto de baño y procedió a fregarlo a fondo con un bote de Lysol que llevaba siempre en el bolso por si se presentaban aquel tipo de ocasiones. Cada vez que uno de los agentes que la atendían utilizaba el excusado, repetía la operación y le daba un lavado furtivo. Entre los lujos de su pequeño nido en el Hilton, Arlyne no había sido consciente del frío extremo que se había apoderado del área metropolitana. En Governors Island, se evidenció de un modo doloroso. La calefacción en sus compartimentos era débil y funcionaba de forma errática. El agente Scudiere sintió lástima al verla traquetear de aquí para allá con sus zuecos descubiertos y la acompañó al economato para militares PX a comprar calcetines y unas zapatillas de lona. Pero aquellas medidas no evitaron que acabara resfriándose.

Los sucesivos aplazamientos no hicieron más que aumentar las miserias de Arlyne. Le habían dicho que subiría al estrado un par de días después de su llegada, pero en aquel momento ya habían pasado dos semanas. Tenía demasiado tiempo libre. Para ocuparse, empezó a tejer un pequeño jersey amarillo para una de las agentes, embarazada de varios meses. Metía las narices en las conversaciones de Paul y Oliver, y sorprendentemente empezó a esperar con impaciencia las sesiones con Frank Sherman, que la visitaba cada tarde para continuar con el maratón de interrogatorio. Arlyne, sin embargo, era plenamente consciente de que no estaba recibiendo visita alguna de los de arriba, quienes, según había oído, sí habían pasado a presentar sus respetos a Jimmy Fratianno. Estaba molesta por aquel desaire. Cada noche hacía lo imposible para conseguir un teléfono, solo para hablar con alguien del mundo exterior. Normalmente, ese alguien era Billie, aunque una tarde la abordó tal desesperación y deseos de intimidad que se planteó la idea de llamar a Tommy Luca. Se sentía como una rea condenada, que temía el momento de iniciar el camino hacia la silla, pero que era incapaz de afrontar otro día de espera ansiosa en el corredor de la muerte. Cuando, finalmente, Oliver Halle le notificó que a la mañana siguiente sería el gran día, se sintió aliviada y aterrorizada a partes iguales.

En la fecha fijada, el 24 de febrero, Oliver pasó a buscarla a las seis de la madrugada. Tomaron el ferri hasta Manhattan, y allí metieron a Arlyne en una furgoneta. Un coche con hombres del FBI armados hasta los dientes abría la comitiva, otro la cerraba, y la furgoneta recorrió el camino programado sin obstáculos desde el muelle del ferri hasta Foley Square, donde se deslizó rápidamente hacia el interior del sótano de la sede del Tribunal Federal. Desde allí, se la apremió tanto como lo permitió su abultada figura a subir por una escalera trasera hasta una habitación que se utilizaba para prácticas de tiro. Al parecer, se quedó allí un buen rato, sentada y temblorosa.

Frank Sherman acudió a tranquilizarla. Se desalentó al ver la pinta que llevaba. Aunque sabía que era poco realista esperar que Arlyne apareciera vestida de Laura Ashley, se sorprendió al encontrarla ataviada con unos pantalones y un par de zapatos de tacón de aguja. Estaba, además, visiblemente nerviosa, una condición que o bien provocaba que el jurado la menospreciara por poco creíble o bien la hacía parecer más amable y simpática de lo que transmitía su duro aspecto. No había manera alguna de saber qué pensarían doce ciudadanos corrientes de Arlyne Brickman hasta que subiera al estrado.

Cuando entró en la sala, Arlyne sintió como si todo ocurriera a cámara lenta. Subió al estrado y percibió unos cuchicheos a sus espaldas. Carmine y sus amigos se reían de ella. Levantó el mentón y fingió no haberse dado cuenta. Una inyección de adrenalina despertó sus instintos callejeros, que le recordaron que era una imprudencia demostrar el miedo. Se acomodó en el asiento de los testigos, se irguió y, obviando a los abogados, miró directamente a los ojos de Anthony Scarpati.

–Señora Brickman –empezó su interrogatorio Sherman–, ¿puede decirnos dónde se crio?

–En Nueva York –respondió ella sin emoción.

–¿Conoce a alguien llamado Tommy Luca? –interrogó Sherman.

–Sí –respondió ella–. Lo conozco.

Arlyne explicó entonces su convivencia «a intervalos» con Luca durante quince años, tiempo en el que él contrajo serias deudas de apuestas.

«¿Y cómo consiguió Luca los ingresos para pagar aquellas deudas?», preguntó Sherman. Arlyne respondió que había tenido que pedir grandes cantidades de dinero prestado de los usureros, entre los que se incluía Vincent Manzo.

–¿En algún momento... –procedió Sherman con cautela– estuvo usted envuelta en algún negocio de lotería ilegal?

–Sí –replicó Arlyne, y a continuación titubeó–. Bueno, a mediados de 1975 pusimos en marcha un negocio de trámite único.

–¿A quién se refiere exactamente por «pusimos»? –preguntó Sherman.

–A Tommy Luca y a mí –respondió Arlyne.

Arlyne continuó explicando cómo ella y Luca llevaban el negocio de la lotería ilegal, que condujo a su detención en 1975. Contó que se había declarado culpable y que la habían condenado a un año de libertad condicional y a pagar una multa.

–Después de aquello... ¿continuaron usted y el señor Luca en el negocio de la lotería ilegal? –insistió Sherman.

–Sí –contestó Arlyne–. Nos metimos de cabeza otra vez. Teníamos que ganarnos la vida.

–Durante ese periodo... –Sherman siguió presionando–, ¿tiene usted conocimiento de que el señor Luca se involucrara en alguna otra actividad ilegal?

–Nos metimos en otro negocio... –respondió Arlyne.

–¿Y usted también participó de ese negocio con él?

–Bueno –objetó Arlyne–, digamos que yo ayudaba.

–¿En qué consistía el negocio?

–Era un negocio de hierba... De marihuana.

Arlyne explicó que había empezado en 1978 o 1979 y que había continuado hasta 1983.

–Durante ese periodo desde 1978 a 1983 –presionó Sherman–, usted y el señor Luca ¿se involucraron con otro tipo de drogas, además de la marihuana?

–También hicimos negocios con cocaína y heroína –replicó Arlyne de forma inexpresiva.

–¿Y la naturaleza de ese negocio era la venta?

–Sí.

A continuación, Sherman preguntó con intención:

–¿Cuándo fue la última vez que vio al señor Luca?

–En 1983.

–Y desde ese momento en adelante, ¿ha tenido usted algo que ver con las drogas?

–No. –Fue la contundente respuesta.

Arlyne había salido de aquel aprieto con bastante dignidad. Durante el resto del día, Sherman la condujo de manera metódica por el camino que habían recorrido juntos tantas veces en el pasado. Arlyne explicó cómo conoció a Vinnie el día de la Belmont Stakes, cómo Tommy le había pedido que fuera a pedirle dinero y cómo Luca le había dicho después que el dinero pertenecía a Scarpati. Cómo habían tratado de pagar sus deudas cada vez más abultadas con un negocio fingido de apuestas deportivas y cómo, cuando aquello fracasó, había acudido al FBI. Arlyne se sintió frustrada cuando el juez no le dejó explicar la historia de cómo Tommy le ordenó que delatara a Vinnie a los federales.

El gobierno reprodujo algunos fragmentos de la primera grabación que Arlyne le había hecho a Vinnie en Canal Street, en la que le decía que quería saldar las deudas para que «la gente de La Avenida volviera a respetarla». Posteriormente, Jack Evseroff, abogado de Anthony Scarpati, inició su ronda de preguntas interrogándola sobre si se le había permitido controlar la Nagra. Por instinto, Arlyne supo que estaba en terreno peligroso. Desde que la Nagra se le había desenganchado y había quedado suelta durante la cena con Billy David, Arlyne había insistido en llevar la grabadora en el bolso, lo que amenazaba con hacer emerger la sospecha de que podía apagar el dispositivo durante los intercambios que pudieran incriminarla. Arlyne miró intrigada a Frank Sherman, y el fiscal le devolvió una mirada inescrutable. Sin referente alguno, Arlyne explicó que, aunque teóricamente podía apagar la Nagra a su antojo, los agentes que la supervisaban habían trucado los botones. Para su sorpresa y alivio, Evseroff pareció satisfecho con la explicación y abandonó aquella línea de interrogatorio.

Hacia el final de la jornada, Sherman introdujo la grabación que Arlyne había hecho a escondidas con Vinnie y Madeline, en la que Vinnie aseguraba que los nuevos fiadores de Tommy habían llegado a un acuerdo y que Arlyne «podía estar tranquila». Arlyne explicó que había seguido viendo a Vinnie y Madeline «todo el tiempo» hasta que suscribió el acuerdo con el FBI. No concretó cuál había sido la naturaleza exacta de su relación con los Quinella ni qué motivos la habían empujado a ir a por ellos.

Cuando poco después se produjo un receso, Arlyne estaba aliviada y ansiosa por oír los comentarios sobre su actuación. Oliver Halle, que la escoltó de vuelta a Governors Island, le dijo que había estado estupenda. De hecho, Frank Sherman estaba muy contento por la manera en que su testigo se había absuelto a sí misma. Ante aquel baño de aprobaciones, Arlyne adquirió nueva confianza, que la arropó en su regreso a los juzgados al día siguiente.

Arlyne disfrutó de otra jornada sin problemas, sorteando las preguntas del fiscal Sherman con unas respuestas cuidadosamente ensayadas. Solo un episodio al parecer sin mayor importancia en un principio dio pistas sobre lo que podría esconderse detrás. Durante una discusión sobre las grabaciones secretas realizadas en su apartamento, Arlyne sin darse cuenta se refirió a los asteriscos que marcaban los pasajes borrados como «asteroides». El abogado de Jerry Langella, David Breitbart, aprovechó alegremente aquel desliz, refiriéndose a partir de aquel momento a las elisiones como «asteroides». Los abogados reían, el jurado reía y Arlyne se sintió incómoda al advertir que se burlaban de ella.

La incomodidad surgida de aquella broma se convirtió en humillación durante el tercer día de declaraciones, cuando el gobierno concluyó su interrogatorio y cedió el testigo a Evseroff. Basándose en su anterior intercambio sobre la Nagra, Arlyne sintió que podía manipular a Evseroff. Y, de hecho, el interrogatorio empezó con unas preguntas decepcionantes e inocuas sobre su edad y sobre cuánto tiempo llevaba divorciada.

–En 1981 –continuó Evseroff–, ¿cómo se ganaba usted la vida?

–En 1981, cómo me... –titubeó Arlyne–, ¿podría repetirlo, por favor?

El juez intervino, esperando poder ser de ayuda.

–¿En qué trabajaba, si es que trabajaba, en 1981?

–Era ama de casa –contestó Arlyne.

Las carcajadas retumbaron por toda la sala.

Evseroff activó su habilidad inquisitorial para determinar el momento en que Arlyne había realizado su primera grabación secreta para el gobierno. Pero no pudo cazarla. Al principio, Arlyne pensaba que había sido en 1975. Después, 1967. Y posteriormente, 1970. (De hecho, fue en 1977). Aparentemente desesperado por establecer aquella fecha concreta, el abogado dio la lata con una lista parcial de los organismos para los que había trabajado y le preguntó cuál había sido el primero. La Policía del Estado de Nueva York, respondió ella. En 1970. (De hecho, había sido en 1972).

–En 1970, ¿estuvieron usted y Tommy Luca envueltos en algo relacionado con la Policía Estatal? –presionó Evseroff.

–Estábamos suministrando información –respondió.

–¿Ambos?

El interpelante parecía incrédulo.

–Así es. –Fue la contundente respuesta.

Evseroff, al parecer, no podía dar crédito a lo que oía.

–Eran confidentes de la Policía Estatal, ¿es eso correcto?

–A través de mí.

–¿A través de usted?

–Así es.

Arlyne había cumplido con su determinación de señalar a Tommy como confidente –una decisión que había madurado durante los tres años posteriores a su ruptura–. Aunque se había imaginado que la escena sería mucho más dramática –como una denuncia llena de reproches e ira–, había acabado por surgir como si de una ocurrencia se tratara. Sin embargo, los fiscales federales no pasaron por alto la revelación y sus posibles consecuencias, y, a través del abogado de Luca, se apresuraron a advertirle de que Arlyne Brickman lo había señalado.

Aparentemente inconsciente de los estragos que acababa de causar, Arlyne continuó confundiendo a su interpelante cuando este abordó el asunto de las drogas.

–¿Es cierto –preguntó– que usted, junto al señor Luca, participó, es decir, actuó de manera concertada, ayudó e incitó la distribución y la venta de marihuana con [Billy] Ricchiutti en 1980?

–No –contestó Arlyne.

–¿Estuvo usted involucrada?

–Hasta cierto punto.

–¿Ganaba dinero con ello?

–Sí.

–¿Cuánto dinero?

–Dinero para los gastos de la casa. Calderilla –respondió.

De nuevo, la sala estalló en carcajadas.

–Hay gente que tiene su casa en una chabola, y otros que la tienen en la Torre Trump –insistió Evseroff–. ¿Qué quiere decir con «calderilla»?

Arlyne explicó que había utilizado el dinero para pagar las facturas y los intereses.

Evseroff abordó entonces el tema de la heroína y consiguió que admitiera que había tenido en sus manos los trescientos mil dólares, pero Arlyne insistió en que jamás había visto las drogas y que tampoco había estado presente durante la transacción.

–¿Y cuál era su parte? –acosó Evseroff–. Y no me refiero a la calderilla, sino a una cantidad en dólares.

–Recibí un regalo de Navidad –replicó Arlyne con aire inocente–. Me regalaron un juego de comedor para mi casa.

El juego, explicó, costaba mil cien dólares.

Los fiscales se revolvieron en sus sillas con evidente incomodidad, puesto que Arlyne jamás había mencionado haber recibido algún tipo de retribución por su papel en el asunto de la heroína.

–¿Es usted consciente –continuó Evseroff– de que, en el estado de Nueva York, la venta y posesión de una gran cantidad de heroína, una sustancia ilegal, se considera un delito mayor y la pena es de veinticinco años de cárcel a cadena perpetua? ¿Es usted consciente de eso?

Arlyne lanzó una mirada suplicante hacia los fiscales.

–Por favor, no mire al señor Sherman cuando la estoy interrogando –ordenó Evseroff.

–Sí –contestó ambiguamente. No quedó claro si era una pregunta o una respuesta.

–¿Lo sabía?

–No, no lo sabía –objetó.

Evseroff consiguió que Arlyne afirmara no haber tenido nada más que ver con la cocaína una vez que había empezado a trabajar con el FBI en 1984. Sin embargo, nada más se registró dicha afirmación, el abogado trajo a colación un comentario que le había hecho a Madeline durante su frustrada cena en Homestead: «Llevo cuatro kilos de esta mierda encima».

–¿Realmente cree que lo llevaba encima? –respondió Arlyne desdeñosamente.

–¿Ha participado alguna vez en la venta de cocaína? –continuó con astucia Evseroff.

–No.

Evseroff le hizo notar que, en su testimonio del día anterior, cuando el fiscal le había preguntado si había vendido heroína y cocaína, ella había respondido con un «Sí».

–¿Declara usted que [lo que] dijo en un interrogatorio directo no fue cierto, que no estaba vendiendo heroína y cocaína, o la respuesta que le dio al señor Sherman en interrogatorio directo era la verdad? ¿Con cuál nos quedamos, señora Brickman?

–Era verdad hasta cierto punto –admitió Arlyne–. En otras palabras, le dije que el señor Luca llevaba los negocios y que yo recibía algo. Así que... éramos un «nosotros».

Evseroff le recordó que Sherman le había preguntado si «la naturaleza del negocio era la venta» y que ella había contestado afirmativamente.

–Señora Brickman –insistió–, en ese «nosotros», ¿qué rol tenía «usted»?

–No puedo responder a la pregunta.

Al final del día, Arlyne estaba histérica. Había llegado al juzgado aquella misma mañana henchida de confianza y en aquel momento sentía que había perdido completamente el control, algo que la llenaba de inquietud. Durante todo el camino de regreso a Governors Island no dejó de repetir: «No voy a volver mañana. No voy a volver a pasar por esto». Oliver trató de calmarla: «Venga, cariñito –la engatusaba–, salgamos a cenar esta noche. Relájate y olvida el tema». Pero Arlyne no dejaba de dar vueltas a todas las humillaciones a las que la había sometido Jack Evseroff.

Por su parte, Frank Sherman estaba contento –o quizás aliviado– por la manera en la que Arlyne había llevado su primer día de interrogatorio de la defensa. Aunque Evseroff se las había arreglado para sacar a la luz el hecho de que en la transacción de heroína Arlyne había recibido una mesa de comedor a cambio de sus servicios, no había conseguido asestar ningún golpe real. Su estilo era el de ganar al testigo con sus razonamientos, algo que no había funcionado al cien por cien ante la exasperante vaguedad de Arlyne. Lo que preocupaba al ayudante del fiscal era cómo se las arreglaría contra el siguiente bateador: David Breitbart, el abogado de Gennaro Langella. Hasta la fecha, Breitbart había sacado el máximo provecho de los testigos gubernamentales, particularmente de Jimmy Fratianno, cuya hombría había puesto en entredicho al preguntarle si, en su ceremonia de ingreso en la familia, había llevado vestido. En las preguntas en que Evseroff engatusaba, Breitbart golpeaba, acelerando el interrogatorio hasta un *crescendo* abusivo. No parecía el tipo de arremetida que Arlyne fuera a soportar con calma.

Habían advertido a Arlyne de las tácticas de Breitbart, pero nada pudo prepararla para la terrible experiencia que la esperaba. Cuando, al día siguiente, Jack Evseroff cedió el puesto a su colega, Breitbart empezó su lento pero rítmico asalto.

–Señora Brickman –preguntó–, ¿conoce las medidas que se utilizan en el negocio de las drogas?

–Sí –contestó ella.

–¿Y las cucharas? –preguntó–. ¿Sabe lo que es una cuchara?

–Sí.

–¿Sabe lo que significa «esnifar cocaína»?

–Sí.

–¿Sabe lo que significa «inyectarse heroína»?

–Sí.

–¿Se ha visto envuelta en el consumo de drogas en el terreno personal?

Frank Sherman protestó, pero el juez permitió la pregunta, matizando que «por "terreno personal" se refería a usted misma».

–No –respondió Arlyne.

–¿Ha podido comprobar personalmente las consecuencias del consumo de heroína y cocaína en su propia familia?

Sherman protestó de nuevo y en aquella ocasión, el juez aceptó la protesta.

–Sí –contestó Arlyne de todos modos.

–Durante aquella temporada en la que se sentó en el interior de un coche con trescientos mil dólares en dos bolsas a la espera de tres kilos de heroína, ¿sabía los efectos de la heroína en las personas?

Protesto. Procedente.

–¿Sabe cuántas muertes pueden atribuirse a las decenas de miles de dosis de heroína que circulan por las calles?

–Sí –replicó Arlyne medio aturdida.

–¿Y lo tuvo en cuenta mientras estaba sentada en aquel coche con aquellos trescientos mil dólares en efectivo?

–No.

–¿Le importaba?

–Sí.

–¿Así que fue después de preocuparse y de considerarlo que se involucró en la transacción de heroína?

–No lo sé.

–Cuando estaba sentada con aquellas bolsas llenas de dinero para comprar los tres kilos de heroína, ¿sabía la DEA que estaba allí sentada?

–No lo recuerdo.

–¿No se le formuló la misma pregunta ayer por la tarde?

–Sí.

–¿Y no es cierto que usted indicó que no informó de aquella transacción de drogas hasta después de la transacción?

–Sí.

Arlyne se sintió mareada e indispuesta. Breitbart continuó con su implacable martilleo:

–Estuvo en el negocio de la hierba durante muchos años, ¿verdad?

–No muchos, no... –negó de manera ineficaz Arlyne.

–¿No ha indicado en el interrogatorio que durante 1978 y 1983 usted y Tommy Luca estaban en el negocio de la hierba?

–Sí.

–¿Es eso una droga?

–Sí –admitió Arlyne.

–¿Sabía usted en aquel momento que estaba violando las leyes antinarcóticos?

En aquel momento, Arlyne respondió con un «Sí».

–¿Y lo hizo consciente y deliberadamente?

–No lo sé.

–¿No [sabe] si lo hizo «conscientemente»? –musitó Breitbart–. ¿La obligó alguien a hacerlo?

–Sí –contestó.

–¿La obligó Tommy Luca a hacerlo?

–No lo sé –contrarrestó débilmente Arlyne.

–¿La obligó Tommy Luca a consumir drogas?

–Sí –respondió.

–¿Amaba a Tommy Luca?

–Sí.

–¿Estaba dispuesta a hacer cualquier cosa que le pidiera?

–Sí.

Durante el resto del día, Breitbart buscó las debilidades de Arlyne y trató de hacer blanco. Adivinando sus pretensiones de convertirse en una chica de la mafia, insinuó que era una simple «gánster aficionada». Hizo que cayera en la trampa y que describiera el negocio de lotería de trámite único, y Arlyne se cubrió de lodo con su propia explicación.

–No hay duda de que perdió dinero con la lotería –se burló de ella.

–Ahora ya sabe el porqué... El señor Luca lo necesitaba –replicó con ingenio Arlyne.

La sala estalló en una gran carcajada.

Breitbart llevó a su presa mareada hasta el punto de reconocer que Manzo habría podido llegar a sospechar que era confidente. Incluso sugirió que quizá Vinnie también habría trabajado para el FBI, haciendo surgir la sospecha de que los dos estaban compinchados para implicar a Scarpati.

Y dio en el clavo.

El fantasma de que le estaban «tendiendo una trampa» seguía aguijoneando la conciencia de Arlyne. La primera vez que había confiado sus temores a Oliver, y después a Frank Sherman, estos habían puesto especial cuidado en asegurarle que todo lo que había hecho se encontraba sin duda dentro de los límites de la ley. No la habían reclutado para persuadir a Scappy y que este le hiciera un préstamo ilegal. Más bien al contrario, habían requerido sus servicios porque ya le debía dinero. Arlyne sabía que aquello era verdad. Y estaba segura de que el dinero pertenecía a Scarpati. Pero, aun así, se preguntaba si todo aquello era justo. Al fin y al cabo, ella jamás había intercambiado una palabra con Anthony Scarpati.

Durante sus años como confidente, la equidad no le había importado a Arlyne en lo más mínimo. La equidad, la amistad y la lealtad eran víctimas de una compulsión predominante por hacerse con otro trofeo y disfrutar del favor y aprobación de los agentes. Incluso su traición a Paulie Messina, que habría podido despertar en ella cierta vergüenza o al menos lástima, se había convertido en aquel momento en otra razón para cantar victoria. Quizás era una venganza llevada a cabo en un terreno tan subterráneo de la consciencia que Arlyne era incapaz de reconocerla. Quizá consideraba que con aquellas desalmadas campañas contra antiguos tíos, amantes y tíos-amantes se estaba tomando la justicia por su mano. Aunque una cosa era cierta: Arlyne jamás había tenido que aguantar la mirada del hombre que estaba poniendo entre rejas. En aquel momento, por primera vez en casi quince años, tenía que explicar sus historias incriminatorias ante los acusados.

Durante los días en que Arlyne ocupó la tribuna de los testigos, Scarpati estaba sentado directamente frente a ella, un poco más abajo. A diferencia de Carmine, que parecía como si acabara de llegar del sastre, Scappy lucía un aspecto desaliñado y paternal, ataviado normalmente con un suéter y mascando un chicle ya sin sabor. Estaba a años luz del Scappy que Tommy le había señalado en La Avenida. Quizá su inaccesibilidad de aquella época había hecho que pareciera más imponente. Pero allí, cautivo en los estrechos confines del juzgado, el señor de la Tercera Avenida daba la sensación de ser un ridículo inepto. Era una imagen que, por lo general, solo habría despertado desprecio en Arlyne Brickman. Pero en aquel momento, le picó la curiosidad. Una cálida sensación fue subiendo como una ola fosforescente desde su pelvis hasta los músculos de su torso.

Se sentó allí, sin aliento, fantaseando con la idea de las manos de Scappy cogiéndola por la nuca, apartándole el pelo y besándola por todo el cuello. Se sintió como si se hundiera en el espacio y después de una larga caída, aterrizara en el suelo. Y a continuación, la lenta y sofocadora presión de un cuerpo encima del suyo. En aquella oscura brecha que había abierto en su imaginación, era una joven de sedosos cabellos color caoba y largas piernas. Mediante un peculiar juego mental de prestidigitación, se vio a ella misma retorciéndose en el abrazo de un hombre moreno de rasgos indefinidos. ¿Scarpati? ¿Tony Mirra? ¿Tommy Luca? Ansiaba con desesperación que aquel fantasma la poseyera, que la hiciera suya. Al mismo tiempo, luchaban encarnizadamente un combate a muerte.

En algún momento de aquella ensoñación fantasmagórica, oyó la voz de David Breitbart que le preguntaba: «¿El señor Halle u otro de los agentes asignados le dijeron en algún momento que estaban interesados en encausar a algún miembro de la familia Colombo?».

–No lo recuerdo.

–Entonces –continuó–, ¿mencionó usted de manera accidental el nombre del señor Scarpati durante la grabación? ¿Fue deliberado o por casualidad?

–No puedo contestar a eso.

–Pero ¿la inserción deliberada del nombre del señor Scarpati fue a petición del FBI? –presionó Breitbart.

–No lo recuerdo.

Cuanto más martilleaba Breitbart, menos recordaba Arlyne.

Aquella tarde, la terrible experiencia de Arlyne Brickman llegó a su fin, no sin antes sufrir dos encuentros inquietantes con dos miembros más del equipo de la defensa. El abogado de Carmine Persico, Frank Lopez, le preguntó si conocía a alguien llamado «John Gannon». Ella respondió que no.

–¿No le dijo usted a Manzo que, según su opinión, John Gannon... era la persona más peligrosa del mundo? –preguntó López.

–No lo recuerdo –respondió.

Arlyne se figuró que Lopez se refería a John Gotti y que, al hacerlo, estaba tratando de asustarla. No entendía por qué pronunciaba mal el nombre. Frank Sherman, que estaba muy atento al interrogatorio, creyó haber detectado unas motivaciones secretas. En los meses venideros, iban a juzgar a Gotti en el distrito Este y cabía la posibilidad de que llamaran a Arlyne para testificar en su contra. Si constaba en acta que no le conocía, dañaría su credibilidad. El fiscal adivinó, aunque no podía estar seguro, que Lopez estaba haciéndole un favor al abogado de Gotti. En el receso, Sherman notificó al servicio de taquigrafía que no habían pronunciado bien el nombre.

Después de Lopez llegó Michael Coiro, abogado de Dominic Cataldo. Coiro fue breve. Tras burlarse de su memoria imperfecta –había contestado «No lo recuerdo» unas 150 veces hasta el momento–, la acusó de participar en un complot del FBI contra los acusados.

–Y ahora solo le queda una cosa por hacer –interrogó enigmáticamente–. ¿Verdad que solo le queda una cosa por hacer? –Se produjo una pausa, y después continuó–: Explíquele a este jurado cómo piensa desdibujarse.

Sherman protestó al instante y señaló que no había necesidad de responder, pero la amenaza planeó en el aire incluso cuando Arlyne descendió por última vez de la tribuna de testigos. ¿Cómo «desdibujarse»? Repetidas veces, durante el transcurso de la investigación Starquest, Oliver Halle, Frank Sherman y Aaron Marcu habían insistido en que ingresara en el Programa de Protección de Testigos, pero en cada ocasión, Arlyne lo había rechazado. En el fondo tenía la esperanza de que podía mantener un perfil bajo hasta que se calmaran las aguas, y después regresar a Queens. Le había confiado sus intenciones a Frank Sherman, quien le había advertido de que vivía en un cuento de hadas. Su trabajo para el gobierno había concluido.

Nada más bajar del estrado, fue escoltada rápidamente hasta el despacho del fiscal de los Estados Unidos. No era una vuelta de honor. La había fastidiado como testigo. Estaba segura. Y gracias a su actuación, no solo había hecho enemigos mortales entre la mafia, sino que había caído en desgracia con el gobierno. Arlyne Brickman se sintió totalmente hundida. Cuando llegó al despacho de Aaron Marcu, él y Frank Sherman insistieron en que había hecho un trabajo estupendo. Pero los halagos cayeron en saco roto. Arlyne podía ver que estaban ansiosos por librarse de ella. Así era como funcionaba con el gobierno. Cuando te necesitan, eres la reina de la fiesta. De lo contrario, pasaban a otra cosa. A otro caso. A otra detención. A otro confidente. Jamás volvería a ser importante.

A Arlyne le hubiese gustado quedarse un poco más y comentar la jugada como en los viejos tiempos. Pero un par de agentes a los que no reconoció estaban esperándola para conducirla al aeropuerto. Ya habían hecho su equipaje y lo habían cargado en el coche. Tendrían que darse prisa si querían tomar el vuelo de las cuatro. Como había ocurrido en el viaje de ida, los agentes la escoltaron hasta el avión antes de que los otros pasajeros embarcaran y después se despidieron.

El avión se fue llenando y Arlyne esperó. Y esperó. Jamás pudo recordar con seguridad cuánto tiempo pasó. Probablemente menos de una hora, aunque a ella le pareció mucho más. Finalmente, un miembro de la tripulación anunció por el intercomunicador que había problemas técnicos y les pidió a los pasajeros que desembarcaran. Arlyne se unió al torrente de empujones y cuerpos, y llegó de nuevo a la zona de embarque. No se veía a los agentes por ningún lado.

De repente, se sintió muy vulnerable. Alguien chocó con ella y se estremeció. El transeúnte desapareció por el pasillo sin mirarla. De hecho, al examinar la multitud, se dio cuenta de que nadie la vigilaba y sintió que un gran alivio la invadía. Era libre. Cogería un taxi hasta Queens, volvería a su apartamento, que todavía estaba vacío y esperaba su regreso. Retomaría su vida en el punto en que la había dejado. Pero la euforia cayó en picado con la misma rapidez con la que había aparecido. En aquel momento, Queens y el apartamento, con todas las alfombras y antigüedades que mostraban el buen gusto de Irving Weiss, eran, a efectos prácticos, un espejismo. Arlyne se sintió de pronto muy cansada. Tomó asiento en la zona de embarque. Y esperó. Sola e invisible bajo el reflejo fluorescente.

EPÍLOGO
Desdibujarse

Durante aquel solitario interludio en la zona de embarque del aeropuerto, Arlyne se resignó a su destino en el exilio y a última hora de la tarde, tomó un vuelo a Miami. Pero su entrada en la jubilación no fue tan apacible.

Nada más el avión tocó tierra, la enormidad de lo que acababa de hacer cayó con todo su peso sobre ella. Durante varios días, no abandonó el apartamento. El aburrimiento, al final, la llevó a salir, aunque cada vez que ponía la llave en el contacto del Lincoln blanco, dudaba y no se atrevía a respirar hasta que oía el ronroneo seguro del motor.

En marzo, Oliver Halle la telefoneó para darle la noticia de que Carmine, Scappy y toda la banda habían sido condenados. Más tarde, Scarpati sería sentenciado a treinta y cinco años. El jurado la había creído, o al menos había creído sus grabaciones. O quizás habían creído al agente Andachter. En cualquier caso, Arlyne se había reivindicado. También podía respirar más tranquila sabiendo que la columna vertebral de los Colombo estaba rota y que, en aquel momento, la última preocupación de la familia sería ir tras ella. Sí, era todo un alivio. Pese a ello, al pensar en Scappy se puso a llorar.

En su mente siempre estaba la intención de regresar a Nueva York. Aquello era solo un exilio temporal, se dijo. Cuando las aguas se calmaran, volvería a la ciudad y retomaría su anterior vida. Pero un golpe final del destino la convenció de que el destierro era irrevocable: una citación para declarar como testigo contra John Gotti.

Impertérrita ante los obstáculos que colocaban desde el distrito Sur, la ayudante del fiscal general, Diane Giacalone, todavía tenía intención de utilizar a Arlyne Brickman como testigo contra las supuestas actividades de usura de los Gambino. Mientras el juicio se desarrollaba en el distrito Este, la fiscal convocó a Arlyne a otra entrevista. Las dos mujeres se tenían el mismo poco aprecio que cuando se habían reunido por primera vez dos años atrás. Giacalone mostró una irritación creciente ante la vaguedad de Arlyne sobre las circunstancias de sus supuestos pagos a los Gotti. Interrogó con exhaustividad a Arlyne sobre si, de hecho, había conocido a los acusados o había tenido algún contacto con ellos. Pero ante aquellas circunstancias, fue evidente que no podía subir al estrado como testigo y la enviaron de regreso a Florida.

Por un lado, Arlyne se sintió aliviada al haberse librado de las molestias de declarar como testigo. Pero, por otro, su situación se había deteriorado claramente. Aunque no subiera al estrado, cabía la posibilidad de que los Gotti averiguaran de alguna manera los detalles de su testimonio en la Sede del Tribunal Federal. Y con Giacalone en pie de guerra, Arlyne contaba con pocos amigos entre los federales. No podía arriesgarse a regresar a Nueva York sin autorización.

En las semanas siguientes, Arlyne se sintió cada vez más sola. El tumor cerebral de *Shadow* lo había dejado incapacitado y permanecía tumbado en los brazos de Arlyne hasta que esta se vio obligada a sacrificarlo. Para paliar el dolor de la pérdida, adquirió un cachorro Shih Tzu, al que llamó *Lucky* en honor al socio de tío Meyer, Lucky Luciano. *Lucky* era una bestia afable, aunque poco inteligente, que se dejaba mimar como si fuera un bebé y permitía que le dieran la comida con cuchara. Pero no llenaba la necesidad de compañía humana. Lo que Arlyne más echaba de menos era alguien con quien poder comentar sus días de gloria. Leslie, que siempre había considerado a su madre como una soplona, no quería oír nada de sus cuentos. Y Billie, aunque menos crítica, jamás tuvo claro que su hija hubiese obrado correctamente al delatar a sus amigos.

Los pensamientos de Arlyne a menudo vagaban hacia Tommy Luca, quien, por lo que sabía, todavía estaba viviendo en Brooklyn con Gina. El hecho de haberlo señalado como confidente no parecía haber tenido consecuencias aparentes. Arlyne supuso que los italianos preferían creer en la versión que daba uno de los suyos que en la de una tipa judía. Por lo que se enteró, Tommy tenía cáncer y supo que no volvería a verlo de nuevo. Prácticamente, todas las personas por las que Arlyne había profesado cierto afecto estaban muertas, en la cárcel, fugadas, se habían distanciado, como Leslie, o desconfiaban, como su madre. Se hallaba en el umbral de sus años crepusculares sin una amistad.

Sin embargo, no tuvo mucho tiempo para explayarse en su soledad, ya que en el norte se sucedieron unos acontecimientos que la arrastrarían de vuelta al circuito. Desde que se había marchado de Nueva York, Arlyne se había preguntado qué había ocurrido con Vinnie y Madeline. Últimamente había tenido remordimientos sobre lo que le había hecho a Scappy, y ni siquiera era amigo suyo. A pesar del hecho de que la habían amenazado, Vinnie y Madeline habían sido sus compinches ocasionales. Al volver la vista atrás, recordaba la amabilidad de Vinnie con Leslie. Y recordaba también a la pequeña Madeline contoneándose, embutida en aquellos pequeños pantalones cortos y hablando como una mafiosa. Nadie sabía nada de la pareja desde que habían abandonado el St. Moritz. (Claramente, Scappy no los había mencionado durante el juicio para refutar el testimonio de Arlyne). Cabía la posibilidad de que estuvieran muertos. La idea provocó un dolor pesado tras los ojos de Arlyne.

Entonces, de repente, un año después de las penas a los Colombo, Vinnie y Madeline resurgieron, al menos en el papel. En abril de 1987, Anthony Scarpati presentó un recurso para que se reabriera el juicio basándose en «pruebas recientemente descubiertas». Adjuntaba al recurso un afidávit de Manzo y Calvaruso que demostraba que el dinero prestado a Arlyne Brickman era suyo y no de «Anthony Scarpatti» [sic]. El documento estaba fechado en marzo de 1987.

De haber esperado solo unos pocos meses más antes de salir a la luz, Vinnie y Madeline se habrían librado de las acciones judiciales, puesto que la prescripción de sus delitos de usura habría expirado. Sin embargo, en aquel momento, eran presas fáciles. El fiscal general los imputó por intento de cobro de préstamos a través de la extorsión y el FBI emitió una orden de detención. Pero Vinnie y Madeline desaparecieron de nuevo de la faz de la tierra. En el otoño de 1989, el agente que llevaba el caso, Lenneth Brown, se enteró mediante un confidente que los fugitivos habían buscado refugio en la casa de un hombre del cual solo conocía su apodo, un tal «Jim el Misterioso». Al parecer, el tal Jim era un pariente de Scarpati y lo visitaba con regularidad en la prisión. Brown examinó el libro de visitas y encontró a un «James» de Staten Island, quien, según se descubrió, tenía un criadero de caballos en Reeders (Pensilvania), un tranquilo pueblecito junto a las montañas Pocono. Al momento, Ken Brown y Oliver Halle visitaron Reeders y enseñaron fotos de los Quinella a la cartera local, que identificó a la pareja y afirmó que iban a la oficina de correos casi cada día. Halle y un destacamento de agentes y de Policía Estatal prepararon una operación de vigilancia en el centro de Reeders. Según lo previsto, Vinnie apareció en un pequeño coche de color rojo, y cuando entró en la estafeta de correos, una agente le dio un golpecito en el hombro y le dijo: «Señor Manzo». Después de protestar airadamente, Vinnie permitió que lo esposaran y que lo condujeran con docilidad al criadero de caballos donde los agentes encontraron y arrestaron a una Madeline Calvaruso muy abatida.

Vinnie y Madeline fueron extraditados a Nueva York, donde –ante su costumbre de desaparecer–, fueron retenidos sin fianza a la espera del juicio.

Cuando Arlyne se enteró de que estaban vivos, al principio se sintió aliviada y después, inquieta. Tal como lo veía, sus enemigos se replegaban tras una frontera lejana. El significado de aquella alianza le resultaba difícil de comprender, pero pronto vio claro que tendría que regresar a Nueva York para testificar, y que en aquella ocasión sería la testigo estrella. Como ya era habitual, sus sentimientos eran ambivalentes. Arlyne no había superado la sensación de que nunca le habían reconocido su parte de gloria en la investigación Starquest. (Durante el periodo en que Arlyne había subido al estrado para testificar, el juicio a los Colombo había sido desplazado de las páginas de los periódicos de Nueva York por un escándalo de corrupción en la ciudad y su nombre jamás fue mencionado). Sin embargo, al mismo tiempo, temblaba ante la idea de regresar al escenario de una paliza previa. Su pasado era lo que era; si en 1986 habían podido sacar algo que la incriminaba, lo mismo podía resurgir y amplificarse en los procesos subsiguientes. Sus miedos aumentaron cuando se enteró de que el abogado que representaría a Vinnie era nada más y nada menos que el abogado personal de Carmine Persico, Frank Lopez. En aquella ocasión, se las tendría que ver con un peso pesado. Arlyne no estaba segura de querer someterse a aquello.

Aquel asunto, como resultó ser, estaba completamente fuera de su control. Los actores gubernamentales habían cambiado. Aaron Marcu y Frank Sherman habían dejado el despacho del fiscal general y se habían establecido por su cuenta, dejando el proceso Manzo en manos de un joven ayudante llamado Jon Liebman. Mientras que Sherman y Marcus solían animar a Arlyne en sus episodios obsesivos, Liebman no parecía igual de predispuesto, y la advirtió de que, si no aparecía por voluntad propia, la citaría. En abril de 1989, una huraña Arlyne tomó un vuelo hacia el norte para testificar. Su trayecto hasta el estrado, sin embargo, se vio interrumpido.

Estaba previsto que el juicio empezara un lunes por la mañana. La noche del sábado anterior, Arlyne –en compañía de Oliver Halle y del resto de su comitiva federal– salieron a cenar. El ambiente progresó desde la tensión inicial hasta la alegría y los gritos con los que rememoraron los buenos momentos que Arlyne había pasado con los agentes. Regresó al piso franco sintiéndose más feliz de lo que se había sentido en años. Fue entonces cuando recibió una llamada de su hermana Barbara. Su madre había muerto. Billie había volado a Nueva York poco después de Arlyne para hacer unas consultas fiscales a su gestor. Durante la cena con la familia de Barbara, se había quejado de dolor de estómago y tuvieron que llevarla a toda prisa al hospital. Su estado se había deteriorado rápidamente y al final había sufrido un infarto.

En tiempos más felices –e incluso en los que no lo habían sido tanto– Arlyne bromeaba diciendo que, si su madre moría, tendría que embalsamarla y disecarla. Billie siempre había estado a su lado, y su hija no podía imaginarse la vida sin ella. En aquel momento, ante aquella pérdida, Arlyne se sumergió en tal aturdimiento que incluso el fiscal Liebman reconoció que no se encontraba en condiciones para subir al estrado. Al enfrentarse a la elección de tener que retirar los cargos contra Manzo y Calvaruso o tratar de ir a juicio sin su testigo estrella, Liebman escogió la última opción, claramente más arriesgada.

Durante el resultante proceso de cuatro días de duración, Madeline subió al estrado e insistió en que solo le había prestado dinero a Arlyne como amiga, que el dinero procedía de sus ahorros y que ella y Vinnie solo habían nombrado a Scarpati para impresionar a Arlyne. (Los observadores gubernamentales consideraron que aquello era un intento orquestado a manos de Scarpati, a quien le habían denegado el recurso en 1987, con el objetivo de establecer una base para un nuevo juicio). Sin embargo, la jueza, dirigiéndose al jurado, ordenó que no tuvieran en cuenta el testimonio sobre el origen del dinero, puesto que la única cuestión que tenían que resolver era si Vinnie y Madeline habían reclamado los pagos de los préstamos mediante amenazas. El fiscal Liebman había presentado las grabaciones de Arlyne, diseccionándolas metódicamente y recalcando el comentario sobre el gancho carnicero y otras frases ominosas. Vinnie y Madeline fueron hallados culpables, condenándolos a cinco y cuatro años de prisión respectivamente.

Cualquier sentimiento de alegría o arrepentimiento que pudo sentir Arlyne al oír la noticia se vio empañado por su dolor personal. Cuando regresó a Florida después de haber enterrado a Billie, se sintió aturdida. Desde que había dejado Nueva York, Arlyne y su madre se llamaban por teléfono al menos una vez al día. Sus respectivas facturas ascendían a alrededor de los seiscientos dólares al mes. En aquel momento, Arlyne se sintió empujada a hacer las paces con su hija. Ansiaba establecer con Leslie el mismo vínculo que había sentido siempre con Billie, y el vínculo que Billie, a su vez, había sentido con su propia madre.

Durante el año anterior, se habían producido ciertos avances que daban esperanzas a Arlyne ante la posibilidad de una reconciliación. Leslie había roto con Willie y, libre de su influencia, había conseguido completar con éxito un programa de desintoxicación. También se había echado un nuevo novio, Jim. Aunque salía con un grupo de moteros, Jim tenía trabajo fijo como carpintero. También tenía la custodia de una hija de tres años de un matrimonio anterior. Cuando Leslie se mudó a vivir con Jim, se hizo cargo no solo de la casa, sino también del cuidado de la niña. Arlyne siempre había dicho que Leslie tenía mucho instinto maternal. En el pasado, aquellos impulsos maternales se habían dirigido perversamente hacia sus novios yonquis, pero en estos momentos parecían haber renacido, y se jactaba ante sus viejas amistades de que «ahora tenía una niña». Arlyne pensó que, por una vez en sus vidas, Leslie y ella podían mantener una charla tranquila.

Cada vez que Arlyne pensaba en los amigos a quienes había hecho daño, la embargaba la culpa. Pero en aquel momento, era la manera en la que había tratado a Leslie la que hacía surgir el remordimiento más agudo. Recordaba cómo había llevado a Leslie en los recados que hacía para Tony Mirra. En aquel momento, su único pensamiento era que nadie iba a hacerle daño a una mujer que cargaba con un bebé en brazos. Y también pensó en aquel día en que le había dicho a una Leslie de cinco años que se iba de compras y había huido a Florida seis meses. También estaban las mentiras sobre Norman Brickman. Y, por supuesto, las drogas. Arlyne todavía se negaba a admitir que había contribuido a los problemas de adicción de su hija. Los negocios que llevaba con Tommy eran justo eso, negocios. La adicción de Leslie a las pastillas y a la heroína era resultado de sus propias debilidades. De vez en cuando oía la voz estridente de David Breitbart.

«¿Ha podido comprobar personalmente las consecuencias del consumo de heroína y cocaína en su propia familia?».

«¿Sabía los efectos de la heroína en las personas?».

«¿Le importaba, señora Brickman?».

Arlyne se tapaba los oídos y resistía a la reprimenda moral.

En la primavera de 1988, Leslie Brickman cogió un resfriado. Este se prolongó durante semanas hasta que se convirtió en una bronquitis. Tomó antibióticos, pero parecían no tener efecto alguno. Finalmente, la ingresaron en un hospital, donde le hicieron una serie de pruebas. Hallaron que era seropositiva.

Al principio, Arlyne no entendía nada. No sabía mucho sobre el sida y tenía la ligera impresión de que era algo de lo que avergonzarse. Era la enfermedad de los homosexuales, y su hija no era uno de ellos. Su infección probablemente había sido causada por una jeringuilla contaminada. En su interior, Arlyne estaba furiosa con Willie y con Tommy. Pero seguía sin señalarse a sí misma.

Hubo un tiempo durante el periodo yonqui de Leslie en que su vida significaba tan poco para ella que no habría movido un dedo por salvarse. En aquel momento, con Jim y su pequeña hija por los que vivir, se desesperó por curarse. Descansaba, comía fruta y verdura fresca, se sentaba al sol y bronceaba su pálida piel para que tuviera el reflejo de la salud. Pero el recuento de células blancas seguía cayendo.

Arlyne la llevó de un doctor a otro. Leslie no toleraba la AZT. Un medicamento llamado pentamidina parecía detener la enfermedad, aunque solo durante un tiempo. Leslie se debilitó tanto que se pasaba las tardes durmiendo. Ya no podía cuidar a la niña. La madre de la chiquilla reapareció y se la llevó. Leslie se volvió apática y catatónica. Finalmente, Jim no pudo –o no quiso– seguir cuidando de ella. Arlyne se la llevó a su apartamento. Aunque contrató a una enfermera, insistió en atender a su hija con el mismo grado de intimidad y de amor que Billie había profesado a Irving en sus últimos días.

Un año después de que diagnosticaran a Leslie, se la llevaron al hospital con un virus cerebral. Arlyne trató de ganar tiempo. Gritaba a los médicos. Los despedía. Contrataba a nuevos. Trasladó a Leslie a un hospital católico, reputado por su compasión y dinamismo con los pacientes de sida. No fue suficiente. Durante toda su vida, Arlyne siempre había sabido a quién acudir para pedir un favor, quién podía sacarla del apuro. Pero en aquel momento sabía que no había nadie tan poderoso como para salvar a su pequeña. Por primera vez en su vida, Arlyne experimentó una emoción completamente desinteresada: el deseo de dar su propia vida si con ello salvaba la de su hija.

Leslie Brickman entró en coma. Al principio, la mantuvieron con alimentación intravenosa y un respirador. Arlyne la visitaba cada día a mediodía y se quedaba hasta bien entrada la noche. En ocasiones pensaba que Leslie sabía que estaba en la habitación, puesto que parecía respirar más profundamente. Pero decidió que aquello era una ilusión nacida de las falsas esperanzas. Algunas veces le hablaba a su hija; otras veces, se limitaba a mirarla, postrada allí como una pequeña muñeca en una cama enorme. Y sin razón alguna, venía a su memoria el costoso cochecito que Irving había comprado para Leslie, el que le recordaba a un Cadillac.

Arlyne no estaba completamente sola. Un amable vecino de su edificio a menudo se sentaba junto a ella. Barbara también llegó para acompañar a su hermana en aquellos duros momentos. Como siempre, estaba hermosa y serena. Por una vez, Arlyne no se molestó ante aquellos atributos. Las hermanas no hablaron mucho del pasado. En lugar de eso, ocuparon el tiempo con asuntos mortuorios: disponer qué pasaría con los bienes de Billie y determinar dónde enterrarían a Leslie. Arlyne encontró que la presencia de su hermana la confortaba y estaba contenta de que en aquel momento de malicia tanto tiempo atrás no hubiera persuadido a su hermana de tres años a saltar desde el tejado de Knickerbocker Village. Sin embargo, el peso de contemplar cómo Leslie se quedaba en los huesos empezó a hacer mella en Barbara, que regresó con su familia saludable y metódica.

Cada mañana y cada tarde, las enfermeras lavaban el rostro de Leslie, así que ahí estaba, tumbada y consumiéndose, pero con aspecto aseado. Casi sano.

La vigilia se alargaba. Y por la noche, Arlyne escuchaba las voces de su conciencia.

«¿Ha podido comprobar personalmente las consecuencias del consumo de heroína y cocaína en su propia familia? ¿Le importaba, señora Brickman?».

Los médicos sentenciaron que no había esperanzas de que Leslie Brickman se recuperara. Tras una larga agonía, Arlyne decidió desconectar a su hija de las máquinas que la mantenían con vida. Relegaron a la muchacha al ala que albergaba el hospicio del hospital y le colocaron un gotero de morfina. Pero su corazón era fuerte y continuó respirando. «Solo es cuestión de tiempo», se decía Arlyne, y se obligó a hacer el viaje cada día. Pensó en lo que había supuesto para Billie ver morir a Irving. Y empezó a llorar porque echaba de menos a su madre.

«¿Sabía los efectos de la heroína en las personas? ¿Le importaba, señora Brickman?».

Era normalmente a las altas horas de la noche cuando Arlyne conseguía conjurar con éxito los recuerdos de Ida Blum, que la liberaban brevemente de la tristeza. En su mente, veía a la abuela, toda enjoyada y empolvada con la harina del *matzá*, ser el centro de atención en aquella cocina ruidosa. Y trataba de recordar el aroma del perfume de la anciana y la textura de sus blusas de seda. Arlyne no llegaba a imaginarse a Ida de luto, aunque sabía que en algún momento había tenido que llevarlo. Había enterrado a dos de sus hijos. (Según había dicho Ida, era antinatural que un progenitor viviera más que su descendencia). Y a continuación se había ido al Concord para recuperar la alegría perdida. Arlyne no podía imaginarse su vida más allá del lecho de Leslie.

La vigilia continuó. Los signos vitales de Leslie se tornaron tan débiles que parecía que su frágil organismo no podría resistir ni una hora más. Arlyne se resignó al dolor. Poco después, el cuerpo recobraría algo de fuerza, y la vigilia saldría de su ritmo natural. Leslie solo recuperó la consciencia en una ocasión. Miró a su madre y susurró: «Ayúdame». Finalmente, su corazón se rindió.

Leslie Brickman fue sepultada un agradable domingo del mes de diciembre. Se invitó a los seres queridos a reunirse aquella mañana en la funeraria de Forest Hills, donde siete años antes habían enterrado a Irving Weiss rodeado de una multitud de amigos de toda la vida y admiradores. Nadie acudió a llorar la muerte de Leslie, excepto su madre y su tía. El ataúd estaba cerrado. (Ante las circunstancias, la funeraria pensó que era lo mejor). Solo lo abrieron brevemente para que Arlyne se despidiera por última vez. Cuando levantaron la pesada tapa, ahogó un grito y exclamó: «¡Su rostro!».

La persona que vio tumbada en las nubes de satén no era la niña a la que las enfermeras lavaban cada mañana. No era la Leslie que repudiaba el ideal de belleza de su madre y que caminaba por la vida sin maquillaje. Con la esperanza de que «tuviera mejor aspecto», los rasgos de Leslie habían sido cubiertos con lo que parecía un maquillaje teatral muy espeso. Una vez, Ethel Becher había dicho de manera enigmática que los hijos cargan con los pecados de los padres. Y de ser así, aquellos rasgos inmóviles reflejaban todos los pecados que Arlyne había cometido: codicia, venalidad, traición y una vida de egoísmo gratuito. Con el ataúd cerrado y Leslie sepultada bajo tierra, Arlyne Brickman quedó condenada a seguir viviendo, atormentada por la visión de su hija, lo único bueno que le había pasado en la vida, maquillada cual parodia grotesca de una chica de la mafia.

Arlyne Brickman vive sola en un lugar no revelado en compañía de su perrito faldero, *Lucky*.

Agradecimientos

Me gustaría agradecer a las siguientes personas su colaboración y apoyo:

Nick Pileggi, Victor Kovner, Laura Handman, Emily Remes, Sterling Lord, Flip Brophy, David Kanter, Mervyn Keizer, George Diehl, Joe Spina, Mike Minto, Bill Vormittag, Philly Buckles, Greg Hendrickson, Jeff Dossett, Tom Roche, Diane Giacalone, Grady O'Malley, Eddie Lindberg, Bill Noonan, Paul Scudiere, Aaron Marcu, Bruce Repetto, Jon Liebman, Rich Tofani, Mary Ellen Luthy, Joseph Smith, Steve Markardt y Loren Feldman. Un agradecimiento especial a Ken Brown y Oliver y Molly Halle, así como a Esther Newberg, con quien he contraído una deuda de gratitud eterna. También me gustaría dar las gracias a mi siempre atenta editora, Alice Mayhew, y a mi complaciente esposo, Steven Levy.

Bibliografía

LIBROS

Bonnano, Joseph, con Sergio Lalli. *A Man of Honor: The Auto-biography of Joseph Bonnano* [*Un hombre de honor: la autobio-grafía de Joseph Bonnano*]. Nueva York: Simon and Schuster, 1983.

Cantalupo, Joseph, y Thomas C. Renner. *Body Mike: An Unspa-ring Exposé by the Mafia Insider Who Turned on the Mob* [*Mi-cro corporal: Una revelación implacable sobre el mafioso que delató a la mafia*]. Nueva York: Villard Books, 1990.

Cummings, John y Ernest Volkman. *Goombata: The Improba-ble Rise and Fall of John Gotti and His Gang* [*Goombata: el im-probable auge y decadencia de John Gotti y su banda*]. Boston: Little, Brown and Company, 1990.

Demaris, Ovid. *The Last Mafioso: The Treacherous World of Jimmy Fratianno* [*El último mafioso: El mundo traicionero de Jimmy Fratianno*]. Nueva York: Times Books, 1981.

Drake, St. Clair y Horace Cayton. «Policy': Poor Man's Rou-lette», en *Gambling* [*Apuestas*]. Editado por Robert D. Herman. Nueva York: Harper & Row, 1967.

Eisenberg, Dennis, Uri Dan y Eli Landau. *Meyer Lansky: Mogul of the Mob* [*Meyer Lansky: Magnate de la mafia*]. Nueva York: Paddington Press, 1979.

Gosch, Martin A., y Richard Hammer. *The Last Testament by Lucky Luciano* [*El último testamento de Lucky Luciano*]. Boston: Little, Brown and Company, 1974.

Joselit, Jenna W. *Our Gang: Jewish Crime and the New York Jewish Community 1900-1940* [*Nuestra banda: el mundo del crimen judío y la comunidad judía de Nueva York 1900-1940*]. Bloomington: Indiana University Press, Edición First Midland Book, 1983.

Meskil, Paul. *The Luparelli Tapes* [*Las grabaciones Luparelli*]. Nueva York: Playboy Press, 1977

Messick, Hank. *Lansky*. Nueva York: G. P. Putnam's Sons, 1971.

Mustain, Gene y Jerry Capeci. *Mob Star. The Story of John Gotti, the Most Powerful Criminal in America* [*Estrella del hampa: la historia de John Gotti, el criminal más poderoso de América*]. Nueva York: Franklin Watts, 1988.

O'Brien, Joseph F. y Andris Kurins. *Boss of Bosses: The Fall of The Godfather. The FBI and Paul Castellano.* [*El jefe de jefes: la caída de El Padrino. El FBI y Paul Castellano*]. Nueva York: Simon and Schuster, 1991.

Pileggi, Nicholas. *Wiseguy: Life in a Mafia Family* [*Chico listo: La vida en una familia de la mafia*]. Nueva York: Simon and Schuster, 1985.

Pistone, Joseph D. con Richard Woodley. *Donnie Brasco: My Undercover Life in the Mafia* [*Donnie Brasco: Mi vida de incógnito en la mafia*]. Nueva York: New American Library, 1987.

Turkus, Burton B. y Sid Feder. *Murder Inc.: The Inside Story of the Mob* [*Asesinato, S.A.: La historia secreta de la mafia*]. Nueva York: Farrar, Straus y Giroux, 1951.

Wolf, George con Joseph DiMona. *Frank Costello: Prime Minister of the Infraworld* [*Frank Costello: Primer ministro del mundo del hampa*]. Nueva York: William Morrow and Company, Inc., 1974.

PUBLICACIONES
American Lawyer: «*Surprise! They're Winning the War on the Mafia*» [«*¡Sorpresa! Están ganando la guerra contra la mafia*»], Steven Brill, diciembre 1985; «*Rudolph Giuliani*», Connie Bruck, marzo 1989.

American Mercury: «*Underworld Confidential: Virginia Hill's Success Secrets*» [«*Mundo del hampa Confidencial: los secretos del éxito de Virginia Hill*»], Lee Mortimer, junio 1951; «*The Auction Party for Virginia Hill*» [«*La subasta de Virginia Hill*»], febrero 1952.

Bergen Record: «*Seven Arrested in Gambling Ring in N.J. and N.Y.*» [«*Siete detenidos en una redada contra las apuestas en Nueva Jersey y Nueva York*»], 20 de diciembre de 1974.

Harper's: «*Secret Agent on Skis*» [«*Agente secreto con esquís*»], Struthers Burt, febrero 1952.

The New York Daily News: «*Sally Burns Got Ambitious–And He Got Dead*» [«*Sally Burns fue ambicioso... y encontró la muerte*»], William Federici, 8 de octubre de 1970; «*Three Found Guilty of Racketeering*» [«*Condenan a tres personas por actividad delictiva*»], Natalie P. Byfield y Don Gentile, 31 de julio de 1989.

Revista *New York*: «*After Gotti: Though Cornered in Court, the Mob's Still in Business on the Street*» [«*Después de Gotti: Aunque acorralada en los juzgados, la mafia sigue operando en la calle*»], Nicholas Pileggi, 27 de octubre de 1986.

New York Post: «*Informant: Persicos Now Head Colombos*» [«*Los Persico mandan ahora sobre los Colombo, afirma un confidente*»], Dan Hays y Don Gentile, 21 de junio de 1980; «*Mafia Boss Suffers a Fate Worst than Death*» [«*El destino que le espera a un jefe mafioso es peor que la muerte*»], Jerry Capeci, 10 de noviembre de 1981; «*Woman, 25, Rescued in Bizarre Coke Kidnap*» [«*Mujer de 25 años rescatada en un extraño secuestro por coca*»], Cy Egan y Leslie Gevirtz, 13 de abril de 1983; «*FBI Sting Hooks Mob Big*» [«*El aguijón del FBI alcanza a un grande de la mafia*»], Jerry Capeci, 17 de octubre de 1984; «*From Profaci to Persico*» [«*De Profaci a Persico*»], 25 de octubre de 1984; «*Colombo Gang's Rise and Fall*» [«*Auge y decadencia de la banda de los Colombo*»], Mary Ann Goordano y Stuart Marques, 25 de octubre de 1984; «*FBI Yatch Landed Them*» [«*El yate del FBI asesta el golpe*»], Frank Faso y Paul Meskil, 25 de octubre de 1984; «*Love Boat: Trap Snares Mob Family's Top Brass*» [«*El barco del amor: el gran jefe de una familia de la mafia cae en la trampa*»], Marvin Smidon y Jerry Capeci, 25 de octubre de 1984; «*The Snake Took His First Prey on B'klyn Mean Streets*» [«*La serpiente consiguió su primera presa en las malas calles de Brooklyn*»], David Ng, 16 de febrero de 1985; «*Mafia*

Boss Boasted of 1957 Rubout» [«Jefe de la mafia detenido en la purga de 1957»], Jerry Capeci, 3 de junio de 1986; «Mafia Turncoat Reveals Mob Blood Rite» [«Mafioso renegado revela su rito de sangre»], Marvin Smidon, 20 de mayo de 1989; «Three Mobsters Guilty in Cop Slaying» [«Tres mafiosos, culpables del asesinato de un policía»], Michale Shain, 31 de julio de 1989.

The New York Times: «East Side "Village" Under Way May 1» [«El "pueblo" del East Side se mueve para el 1 de mayo»], 1 de abril de 1933; «New Dewey Drive Begins on Racket in Electrical Jobs» [«El nuevo objetivo de Dewey: la extorsión de los trabajadores eléctricos»], 14 de enero de 1937; «Two Seized in Drive on Truck Racket» [«Dos detenidos en la operación contra la extorsión al sector de los transportes»], 20 de marzo de 1937; «Two go on Trial in Truck Racket» [«Dos personas irán a juicio por extorsión al sector de los transportes»], 3 de junio de 1937; «Racket Shooting Challenges City, Dewey Declares» [«Los tiroteos por extorsión suponen un reto para la ciudad, dice Dewey»], 4 de octubre de 1937; «Gurrah and Lepke Slip Hands of Law» [«Gurrah y Lepke se escabullen de la justicia»], 21 de noviembre de 1937; «Dewey To Tell How Thugs Went Scot-Free For Years» [«Dewey explica cómo los matones salieron inmunes durante años»], 8 de diciembre de 1937; «Reputed Chief Aide of Lepke Gives Up» [«Reputado ayudante de Lepke se rinde»], 11 de febrero de 1938; «Gurrah Convicted Gets 3-year Term as Fur Racketeer» [«Gurrah, condenado a tres años por extorsión al sector peletero»], 18 de junio de 1938; «Lepke Surrenders to FBI; Racketeer Never Left City» [«Lepke se entrega al FBI; el mafioso jamás abandonó la ciudad»], 25 de agosto de 1939; «Roseland Ballroom 25 years old» [«El salón de baile Roseland cumple 25 años»], 14 de enero de 1944; «City Apartments and Hotels Keep Full Occupancy» [«Los pisos de la ciudad y los hoteles mantienen *una ocupación total*»], 12 de marzo de 1944; «*Capone Dead at 48: Dry Era Gang Chief*» [«*Muere Capone a los 48 años: un mafioso de la era de la Ley Seca*»], 26 de junio de 1947; «*Tampering Trial Opens: Futterman is Accused of Bribing Witness in Macri Case*» [«*Primeros altercados en el caso: acusan a Futterman de sobornar a un testigo en el caso Macri*»], 10 de diciembre de 1952; «*Jury Here Convicts Macri Case Figure: Futterman is Found Guilty of Subornation of Perjury and of Bribing a Witness*» [«*La sentencia del jurado del caso Macri: Futterman, culpable de perjurio y soborno a un testigo*»], 20 de diciembre de 1952; «*Little Augie Pisano is Slain with a Woman in Auto Here*» [«*Little Augie Pissano asesinado junto a una mujer en un coche*»], 26 de septiembre de 1959; «*Police Pressing Gangland Leads in Killing Of Pisano and Woman*» [«*La policía presiona a los jefes mafiosos en el asesinato de Pisano y su acompañante*»], 27 de septiembre de 1959; «*Phone Clue Found in Pisano Murder*» [«*Se encuentra una prueba telefónica en el asesinato de Pisano*»], Emanuel Perlmutter, 29 de septiembre de 1959; «*Little Augie Linked to Raceway Project*» [«*Vinculación de Little Augie con el proyecto de autopista*»], Emanuel Perlmutter, 29 de septiembre de 1959; «*Little Augie Faced Questioning by Senate Rackets Committee*» [«*El Comité del Senado contra la Extorsión interrogó a Little Augie*»], Emanuel Perlmutter, 30 de septiembre de 1959; «*New Lead on Pisano Slaying Provided by Racketeer Friend*» [«*Un amigo mafioso facilita una nueva pista en el asesinato de Pisano*»], Emanuel Perlmutter, 1 de octubre de 1959; «*Pisano Hurried to His Death After Mysterious Phone Call*» [«*Pisano salió corriendo hacia su muerte después de una llamada misteriosa*»], 2 de octubre de 1959; «*Governor Studies Little Augie Case*» [«*El gobernador estudia el caso de Little Augie*»], 3 de octubre de 1959; «*Big-Time Gangs Still Function: Technique is Shown in Pisano Murder*» [«*El asesinato de Pisano demuestra que las pandillas de primer nivel todavía funcionan»*], Emanuel Perlmutter, 4 de octubre de 1959; *«Little Augie Buried»* [*«Entierran a Little Augie»*], 7 de octubre de 1959; *«Agent at Racketeering Trial Denies Accusation of Theft»* [*«Agente en el juicio al crimen organizado niega la acusación de robo»*], Arnold H. Lubasch, 10 de agosto de 1982; *«Eleven Indicted by U.S. as the Leadership of a Crime Family»* [*«Once personas imputadas como líderes de una familia criminal»*], Arnold H. Lubasch, 25 de octubre de 1984; *«F.B.I. Hunting 4 Indicted as Colombo Mob Chiefs»* [*«El FBI busca a cuatro imputados como jefes mafiosos de los Colombo»*], Arnold H. Lubasch, 28 de octubre de 1984; *«Reputed Leader of Colombo Crime Group is Arrested as a Fugitive on L.I.»* [*«Célebre líder del grupo criminal Colombo fugitivo, detenido en Long Island»*], Arnold H. Lubasch, 16 de febrero de 1985; *«Tapes Said to Reveal a 'Comission' of Mobsters»* [*«Las grabaciones revelan una "Comisión" de mafiosos»*], Selwyn Raab, 18 de febrero de 1985; *«U.S. Indictment Says 9 Goberned New York Mafia»* [*«Los cargos dicen que 9 personas gobernaban la mafia de Nueva York»*], Arnold H. Lubasch, 27 de febrero de 1985; *«Reputed Crime Bosses Arraigned»* [*«Célebres jefes del crimen procesados»*], Arnold Lubasch, 4 de marzo de 1985; *«The Snake, a.k.a. Junior»* [*«La serpiente, también conocido como Júnior»*], 6 de marzo de 1985; *«Persico Relative is Found Dead»* [*«Encuentran muerto a un pariente de Persico»*], 14 de junio de 1985; *«Eleven Plead Not Guilty to Ruling Organized Crime in New York»* [*«Once se declaran inocentes ante los cargos de dirigir el crimen organizado en Nueva York»*], 2 de julio de 1985; *«More Trials Are Due on Organized Crime»* [*«Se esperan más juicios al crimen organizado»*], 1 de octubre de 1985; *«Reporter's Notebook: Picking Racketeering Trial Jury»* [*«Las notas del reportero: la elección del jurado para el juicio contra el crimen organizado»*], M. A.

Farber, 4 de noviembre de 1985; «*Trial Jury Picked for Colombo Case*» [«*Ya hay jurado para el caso Colombo*»], 2 de noviembre de 1985; «*Opening Statements Made in Racketeering Trial of 11*» [«*Presentaciones del juicio contra los 11 del crimen organizado*»], M. A. Farber, 5 de noviembre de 1985; «*Defense Lawyers are Split at Colombo Rackets Trial*» [«*Los abogados de la defensa, divididos en el juicio a Colombo*»], M. A. Farber, 6 de noviembre de 1985; «*Tax Agent Tells of Bribe for a Persico Visit Here*» [«*Un agente tributario nos cuenta aquí cómo lo intentaron sobornar para una visita de Persico*»], M. A. Farber, 7 de noviembre de 1985; «*Jury in Persico Trial Hears Bribe Tapes and Testimony*» [«*El jurado en el juicio a Persico escucha las grabaciones con los sobornos y el testimonio*»], M. A. Farber, 9 de noviembre de 1985; «*Illness Interrupts Racketeering Trial*» [«*La enfermedad interrumpe el juicio al crimen organizad*»], 14 de noviembre de 1985; «*Defense Bid Fails in Colombo Trial*» [«*La declaración de la defensa fracasa en el juicio a Colombo*»], 22 de noviembre de 1985; «*Tapes at Colombo Trial Offer Glimpse into the Undercover World*» [«*Las grabaciones en el juicio a Colombo dejan entrever el mundo del agente encubierto*»], M. A. Farber, 25 de noviembre de 1985; «*Colombo Witness Tells of $3,000 Bribe*» [«*Un testigo de Colombo informa de un soborno de 3.000 dólares*»], M. A. Farber, 27 de noviembre de 1985; «*Colombo Witness Testifies About Bribe Attempt*» [«*Un testigo de Colombo testifica sobre intento de soborno*»], M. A. Farber, 4 de diciembre de 1985; «*Defense Says Key U.S. Witness Terrorized Persico*» [«*La defensa dice que uno de los testigos clave de la acusación aterrorizaba a Persico*»], M. A. Farber, 8 de diciembre de 1985; «*Colombo Trial Defense Complains About Pressure*» [«*La defensa del juicio a Colombo se queja de presiones*»], M. A. Farber, 10 de diciembre de 1985; «*F.B.I. Varied Tactics in Colombo Case*» [«*Tácticas variadas del FBI en el* *caso Colombo»*], M. A. Farber, 15 de diciembre de 1985; *«Five Organized-Crime Factions Operating in New York Area»* [*«5 facciones del crimen organizado operan en el área de Nueva York»*], Glenn Fowler, 7 de diciembre de 1985; *«Concrete Contractors Tell of Payoffs to a Union Leader for Labor Peace»* [*«Contratistas de la construcción hablan de pagos a un líder sindical para conseguir la paz»*], M. A. Farber, 18 de diciembre de 1985; *«Federal Jury Hears Tapes on Labor Payoffs»* [*«El jurado federal escucha las grabaciones sobre pagos a sindicalistas»*], M. A. Farber, 19 de diciembre de 1985; *«Contractor Says Head of Union Made Threat»* [*«Un contratista dice que sufrió amenazas a manos de un líder sindical»*], M. A. Farber, 20 de diciembre de 1985; *«Court Orders Lawyers to Tell of Fees from Crime Figure»* [*«El juez ordena a los abogados que informen de las tarifas de cierta figura criminal»*], Arnold H. Lubasch, 10 de enero de 1986; *«Jury is Told Crime Families Control Concrete Business»* [*«Le dicen al jurado que las familias del crimen controlan el negocio de la construcción»*], Ronald Smothers, 15 de enero de 1986; *«Persico Trial Wittness Reports Project Payoffs»* [*«Un testigo en el juicio a Persico informa de pagos en el proyecto»*], 16 de enero de 1986; *«Tapes Played at Mob Trial Focus on Money and Power»* [*«Las grabaciones en el juicio contra la mafia hablan de dinero y poder»*], Ronald Smothers, 26 de enero de 1986; *«Informer in Persico Trial Testifies on Restaurant Extortion»* [*«Un confidente en el juicio a Persico testifica sobre la extorsión a un restaurante»*], Ronald Smothers, 2 de febrero de 1986; *«Evidence of a Murder Excluded from 'Pizza' Trial»* [*«Una prueba de asesinato, excluida del juicio "Pizza"»*], Arnold H. Lubasch, 6 de febrero de 1986; *«Mobster Tells Jury 3 Defendants Were Members of Colombo Group»* [*«Un mafioso le dice al jurado que los tres acusados eran miembros del grupo Colombo»*], Ronald Smothers, 9 de febrero de 1986; *«Persico In-*

former Says He Got $50,000 Bonus» [«*El confidente de Persico dice que obtuvo un extra de 50.000 dólares*»], 24 de abril de 1986; «*Persico Convited in Colombo Trial*» [«*Condenan a Persico en el juicio a Colombo*»], Arnold H. Lubasch, 14 de junio de 1986; «*Peter Marino Strikes Again*» [«*Peter Marino contraataca*»], Charlotte Curtis, 13 de mayo de 1986; «*Gotti's Courtrooom Foe: Diane Frances Giacalone*» [«*Diane Frances Giacalone, la enemiga en la sala de Gotti*»], George James, 25 de septiembre de 1986; «*Informer Calls Persico Colombo Boss*» [«*Confidente llama a Persico el jefe de Colombo*»], Arnold H. Lubasch, 30 de septiembre de 1986; «*Persico Opposed 1979 Slaying of Mafia Boss, An Informer Testifies*» [«*Según un confidente, Persico se opuso al asesinato de un capo de la mafia en 1979*»], Arnold H. Lubasch, 3 de octubre de 1986; «*Persico, His Son, and 6 Others Get Long Terms as Colombo Gangsters*» [«*Persico, su hijo y otros 6 reciben largas condenas como gánsteres de Colombo*»], Arnold H. Lubasch, 18 de noviembre de 1986; «*What's Ahead in '87: Family Quarrels*» [«*¿Qué nos depara 1987?: Peleas de familia*»], Selwyn Raab, 29 de diciembre de 1986; «*Jury Convitcts 3 Mob Figures in Rackets Case*» [«*El jurado condena a 3 personalidades de la mafia en el caso contra el crimen organizado*»], Glenn Fowler, 31 de julio de 1989; «*About New York: A Union Head Forever Rooted to Delancey St.*» [«*Sobre Nueva York: un líder sindical arraigado en Delancey Street*»], Douglas Martin, 20 de enero de 1990.

Revista *People*: «*On Trial in New York, Mafia Chieftain Carmine Persico Takes the Law into his Own Hands*» [«*En los juzgados de Nueva York, el jefe de la mafia Carmine Persico se toma la justicia por su mano*»], Ken Gross, 3 de noviembre de 1986; «*Cold-blooded King of a Hill Under Siege*» [«*El despiadado rey de una colina bajo sitio*»], Ken Gross, 27 de marzo de 1989.

Associated Press: 12 de marzo de 1987.

United Press International: 18 de enero de 1982; 5 de agosto de 1982; 9 de agosto de 1982, 17 de junio de 1985; 14 de noviembre de 1985; 13 de diciembre de 1985; 24 de agosto de 1987.

Esta primera edición de *La chica de la mafia*,
de Teresa Carpenter, se terminó de imprimir en *Grafica
Veneta S.p.A. di Trebaseleghe* en Italia en septiembre de 2021.
Para la composición del texto se ha utilizado la tipografía
FF Celeste diseñada por Chris Burke en 1994
para la fundición FontFont.

Duomo Ediciones es una empresa comprometida con el medio
ambiente. El papel utilizado para la impresión de este libro
procede de bosques gestionados sosteniblemente.

PEFC
PEFC/18-31-226

Este libro está impreso con el sol. La energía que ha hecho
posible su impresión procede exclusivamente de paneles
solares. Grafica Veneta es la primera imprenta
en el mundo que no utiliza carbón.

GRAFICA VENETA